논어

논어

박종연 옮김

을유문화사

옮긴이 박종연

경북 군위에서 태어나 영남대학교 중문과를 졸업하고, 같은 대학교 대학원에서 근대한어(近代漢語)를 연구하여 문학석사와 문학박사 학위를 취득했다. 영남대, 동국대, 안동대에서 강의를 했으며, 2000년에는 중국 남경대학(南京大學) 박사과정에 입학하여 중고한어(中古漢語) 분야를 전공하여 문학박사 학위를 취득했다. 현재 인제대학교 중국학부 교수로 재직 중이다. 옮긴 책으로는 〈논어역주〉(공역, 1997), 〈경서천담〉(공역, 2003), 〈진고응이 풀이한 노자〉(공역, 2004), 〈담판〉 등이 있다.
parkjy@inje.ac.kr

논어

발행일
2006년 3월 20일 초판 1쇄
2021년 8월 20일 초판 9쇄

옮긴이 박종연
펴낸이 정무영
펴낸곳 (주)을유문화사

창립 1945년 12월 1일
주소 서울시 마포구 서교동 469-48
전화 02-733-8153 | FAX 02-732-9154
홈페이지 www.eulyoo.co.kr
ISBN 89-324-5243-1 03150

- 저작권법에 의해 보호를 받는 저작물이므로 무단전재와 복제를 금합니다.
- 이 책의 전체 또는 일부를 재사용하려면 저작권자와 을유문화사의 동의를 받아야 합니다.
- 책값은 뒤표지에 있습니다. 잘못된 책은 구입하신 곳에서 바꾸어 드립니다.

옮긴이의 말

동서고금을 막론하고 시대를 초월하여 읽히고 있는 고전은 변화하는 시간 속에서 변하거나 부식될 수 없는 인간의 도리를 헤아려 성찰해 주는 데 그 매력이 있다. 〈논어〉가 바로 그런 책 중의 하나로, 의미의 해독은 단순한 묵독의 차원을 넘어 마음으로 해득되어야 한다.

이번에 새롭게 출간된 〈논어〉는 지난해 창립 60주년을 맞은 을유문화사에서 기획한 을유사상고전 시리즈 중의 한 권이다. 처음 이 책의 출판을 권유받았을 때 영광스러움에 앞서 과분할 정도의 심적 부담을 떠안은 듯한 기분이었다. 지금까지 〈논어〉라는 이름으로 저명한 책들이 출간되었고, 또 최근 모 신문에서 "최고의 번역본을 찾아서"라는 제목으로 지금까지 간행된 〈논어〉 관련 서적을 대상으로 전문가들의 평가를 게재한 기획기사가 나온 적도 있다. 어느 면으로 보나 옮긴이의 학식이 지금까지 〈논어〉를 번역한 그 어떤 분들보다 결코 나은 점이 없지만, 이처럼 무모하게 집필에 임하게 된 것은 독자들에게 다소나마 새로운 각도에서 〈논어〉를 접할 수 있는 기회를 제공하고 싶은 바람이 앞섰기 때문이다.

이 책의 특징을 간략히 소개하면, 형식적인 부분과 내용적인 부분에서 기존에 출판된 〈논어〉와 약간의 차이가 있다. 형식 면에서는 기존에 번역된 〈논어〉의 장점을 최대한 살려 보기 편하고 읽기 쉽게 했다. 내용 면에서는 독자들에게 상세한 주석을 제시함으로써 본문의 번역이 왜 그렇게 해석될 수 있는지에 대한 의문을 최소화하고 최대한 그 신빙성을 갖추는 데 주력하였다. 원문의 해당 한자에는 각기 한자의 발음을 달았고, 한글로 토를 달았으며, 기존에 출판된 〈논어〉와는 전혀 다른 편집 스타일로 한 단락씩 원문을 대조해 볼 수 있게 하여 번역이 쉽게 이해되도록 했다. 또한 본문에 들어가기 전에 독자들이 이 책을 이해하는 데 있어 반드시 알아두어야 할 사항에 대해 간략히 언급했으며, 각 편 서두에는 해제를 달아 편장 전체를 이해하는 데 도움이 되도록 했다.

〈논어〉를 출판하기로 마음먹고 가장 고심한 것은, 어떻게 해야 기존에 출판된 〈논어〉와 차별성을 가질 수 있는가였다. 그러한 연유에서 양백준(楊伯峻) 선생의 〈논어역주〉를 선택하였다. 〈논어역주〉의 저자 양백준 선생은 중국의 문법학자이지만 어려서부터 경서를 익혀 고문에도 매우 능했다. 개인적으로는 정치의 희생양으로 불행한 삶을 살았지만, 그가 남긴 〈논어역주〉와 〈맹자역주〉, 〈춘추좌전주〉는 중국 국내외에 많은 영향을 끼친 저작이라고 할 수 있다. 특히 이 책의 주요 저본이 된 〈논어역주〉는 치밀한 고증과 훈고의 방법으로 기존에 당연하게 받아들이던 〈논어〉 해석을 다른 각도에서 새롭게 볼 수 있도록 했다.

세상 모든 것에 인연이 있듯이 책과 사람 사이에도 인연이 있다고 생각한다. 옮긴이와 이 책의 인연을 이어 주는 데 가장 큰 역할을 한 사람은 대학 은사이신 이장우 선생님이시다. 선생님은 대학에서 처음으로 〈논어〉를 알게 해주셨고, 대학원에 입학해서는 선생님께서 강의하시던 학부과정 〈논어〉 과목에 강의조교로 참여하도록 배려해 주셨다. 뿐만 아니라 을유문화사에서 을 유사상고전 시리즈를 기획하여 출판하려고 했을 때 중간에서 소개해 주신 분도 선생님이셨다. 지면을 통해 감사의 뜻을 올린다. 또한 동양신경정신과 원장이시면서 사단법인 동양고전연구소 이사장으로 계시는 조호철 선생님과 동양고전에 대한 저변 확대를 위해 노력하는 동양고전연구소에도 감사드린다. 특히 해방되던 해인 1945년 12월 1일에 창립되어 '문화 건국'이라는 신념으로 60년 동안 출판 외길을 걸어온 을유문화사의 한결같은 열정에 찬사를 보내며, 이 책이 나오기까지 애써 주신 권오상 부장님을 비롯한 편집부 직원 여러분에게도 깊은 감사를 드린다.

새롭게 내놓은 또 하나의 〈논어〉가 먼지 가득히 쌓여 책꽂이 한구석에 꽂혀 있는 책이 아니라, 늘 손에서 떠나지 않으며 평생 독자들의 삶에 꼭 필요한 책이 되기를 깊이 소망한다. 옮긴이의 짧은 학식과 연륜으로 책 속에 적지 않은 오류가 있음을 걱정하며, 이 점에 대해 독자들의 질정(叱正)이 있기를 희망한다.

2006년 2월
신어산자락 인제대학교 연구실에서
박종연

차례

옮긴이의 말 5   일러두기 10

〈논어〉 이해를 위한 첫걸음 11

1. 배우고 난 뒤에(學而篇) 23

2. 정사를 다스리는 것은(爲政篇) 47

3. 예순네 명을 세워 놓고(八佾篇) 75

4. 사는 곳에는 인덕이 있어야(里仁篇) 105

5. 공야장에게(公冶長篇) 125

6. 염옹은(雍也篇) 157

7. 명백히 논술하되(述而篇) 187

8. 태백은(泰伯篇) 219

9. 공자께서는 드물게(子罕篇) 241

10. 고향에서(鄕黨篇) 271

11. 먼저 배우고(先進篇) 303

12. 안연이(顔淵篇) 341

13. 자로가(子路篇) 373

14. 원헌이(憲問篇) 409

15. 위 영공이(衛靈公篇) 455

16. 계씨가(季氏篇) 487

17. 양화가(陽貨篇) 513

18. 미자는(微子篇) 549

19. 자장이(子張篇) 569

20. 요임금이 말했다(堯曰篇) 593

찾아보기 607

| 일러두기 |

1. 이 책은 비교적 쉽고 간단하게 〈논어〉의 본문만을 읽고자 하는 독자와 〈논어〉를 깊이 있게 읽고 혼자서 고서(古書)를 읽는 능력을 배양하고자 하는 독자들의 욕구를 충족시킬 수 있도록 구성하였다.
2. 이 책의 텍스트는 양백준의 〈논어역주〉를 기준으로 삼았고, 역대 주석들을 참조하여 가능한 한 상세하게 주석을 달았다.
3. 모든 원문의 한자에 우리말 음을 달고 현토까지 하였다. 주석과 해설에서는 한자를 괄호 안에 넣었다.
4. 각 편의 첫머리에 해제를 달아 독자들이 이해하기 쉽도록 설명하였고, 편명은 우리말로 풀었다.
5. 〈논어〉 장절(章節)의 분합은 역대 판본과 각 학자들의 주석본에 따라서 서로 약간의 차이가 있는데, 이 책에서는 양백준의 〈논어역주〉의 체례(體例)에 따랐다.
6. 번역문의 경우 원문의 뜻을 살리면서 너무 간략한 경우 일부 문장을 추가하였다. 이 경우 원문에 내포한 뜻 이외의 문장은 〔 〕로 표기하였다.
7. 글자의 음과 뜻에 대한 주석은 단지 낯선 벽자(僻字)나 파독(破讀), 쉽게 다른 뜻이 생기기 쉬운 것으로 제한했다. 음을 다는 경우에는 일반적으로 한어병음(漢語拼音)을 사용했다.
8. 〈논어〉에 나오는 어떤 지명의 경우 오늘날의 어디인지에 대해서 여러 주장이 있지만 비교적 믿을 만한 것만을 선택하였고, 다른 주장들은 더 인용하지 않았다. 지명의 근거로는 〈중화인민공화국행정구획간책(中華人民共和國行政區劃簡冊)〉에 의거했다.

〈논어〉 이해를 위한 첫걸음

1. 왜 필요한가?

16세기 〈논어언해〉가 우리말로 번역된 이래로 정확한 통계를 낼 수는 없지만 현재 시중에 출판된 〈논어〉의 우리말 번역본은 대략 160여 종에 이르고, 절판된 책까지 합치면 300여 종이 넘는다고 한다. 그리고 일본의 학자 하야시 다이스케(林泰輔) 박사가 편찬한 〈논어연보(論語年譜)〉에 수록된 역대 〈논어〉와 관련된 책이 3,000여 종에 이른다. 도대체 〈논어〉에 어떤 매력이 있기에 이처럼 오랜 시간 동안 많은 사람들이 관심을 갖는 것일까? 〈논어〉를 단순히 공자라는 한 개인의 어록으로 보거나 유가의 사상을 집대성한 책 정도로 판단한다면 이러한 현상은 선뜻 이해하기가 어려울 것이다.

〈논어〉는 개인과 시대의 차원을 뛰어넘어 인류의 보편적인 가치를 담고 있는 바이블이라고 평가할 수 있다. 때문에 시대를 초월하여 많은 유가들의 경전 중에서도 한나라 이래로 지식인들의 손을 떠나지 않았다. 사상가로서의 공자를 이해하고, 유가의 참된 정신을 이해하고자 한다면 그 출발은 바로 〈논어〉가 되어야 할 것이며, 이를 바탕으로 인류의 보편성을 찾을 수 있는 끝도 바로 〈논어〉가 되어야 할 것이다. 다시 말하자면 〈논어〉는 우리의 삶을 이해하는 처음이자 끝이라고 할 수 있다.

그렇다면 왜 반드시 〈논어〉이어야만 하는가? 1960년대 이후로 동양철학에서 회자되기 시작한 '아시아적 가치'라는 말은 물질문명으로 대표되는 서구사상의 한계와 이것을 대체할 수 있는 정신문명으로서의 동양적 가치에 대한 갈구를 잘 나타낸다. 우리는 동양적 가치의 중심에 바로 〈논어〉가 있다고 본다. 〈논어〉에 담긴 진정한 인간의 가치를 발견하고 그것을 서로 나누는 노력이 필요하다. 공자가 추구했던 인간에 대한 인(仁)과 덕(德)은 물질적 문명으로 인해 병든 우리 사회를 치유할 수 있는 대안이 될 것이다.

2. 공자, 그는 누구인가?

공자의 이름은 구(丘), 자는 중니(仲尼)로, 일설에는 노나라 양공(襄公) 21년에 태어났다고 하고, 노나라 양공 22년(〈사기(史記)〉「공자세가(孔子世家)」)에 태어났다는 주장도 있다. 노나라 창평향(昌平鄉) 추읍(郰邑)에서 태어나 노나라 애공(哀公) 16년(BC 479년)에 죽었으니, 향년 72세였다.

공자 스스로 "이름은 구이고, 은나라 사람이다"라고 했으니, 그가 은나라의 후손이라는 것을 알 수 있다. 주나라 무왕이 은나라를 멸하고 주왕(紂王)의 형 미자계(微子啓)를 송나라에 봉했는데, 공자의 6대조인 공보가(孔父嘉)는 송나라의 대부로, 대사마(大司馬)를 지낸 적이 있으나, 궁중의 내란으로 화보독(華父督)에 의해 무고하게 살해당했다. 〈사기〉「공자세가·색은(孔子世家·索隱)」에 의하면, 공보가의 후손인 방숙(防叔)이 화보독의 핍박을 두려워하여 노나라로 도망쳐 왔고, 방숙이 백하(伯夏)를 낳았으며 백하가 숙량흘(叔梁紇)을 낳았으니, 그가 바로 공자의 부친이라고 한다.

공자는 어린 시절 늘 궁핍한 생활을 하였고, 한때 창고지기나 가축을 먹이는 승전(乘田)이라는 직책으로 일을 하기도 했다. 이처럼 불우한 생활 속에서도 배움에 대한 열의가 있어 소년기에 육예(六藝)를 익혔고 30세에 예악을 완성하였다. 공자 스스로의 말처럼 포부가 매우 커서 "늙은이를 편하도록 하고, 친구가 나를 신임하도록 하며, 젊은이들이 나를 생각하도록" 하려고 했지만, 노나라에서는 그의 뜻을 제대로 펼치지 못했고, 56세에 제자들을 거느리고 진(晉)나라, 채(蔡)나라, 위(衛)나라 등지에서 약 12년 동안 머무르게 된다. 이 기간 동안 여러 임금을 찾아서 자신이 갖고 있던 포부를 펼치려고 노력했지만 크게 중용되지는 못했다. 말년에는 결국 노나라로 돌아와 여생의 대부분을 교육과 고대 문헌 정리에 쏟았는데, 그가 후대에 남긴 가장 큰 공헌도 역시 여기에 있다.

3. 왜 〈논어〉인가?

〈논어〉는 공자의 언행을 기록한 책으로, 일부 공자 제자들의 언행도 적고 있다. 반고(班固)의 〈한서(漢書)〉「예문지(藝文志)」에서는 다음과 같이 말하고 있다.

> 〈논어〉는 공자가 제자나 그 당시 사람에게 응답하거나 제자들이 서로 말하거나 공자의 말을 전해들은 것이다. 당시 제자들은 각기 기록한 것이 있었으니, 스승이 죽자 문인(門人)들이 그것을 서로 모아서 논찬하였으므로, 〈논어〉라고 했다.

〈문선(文選)〉「변명론(辯命論)」주석에서 〈부자(傅子)〉를 인용하여 역시 다음과 같이 말했다.

옛날 중니가 죽고, 중니의 제자들이 공자의 말을 좇아 논의하니, 그것을 〈논어〉라고 한다.

이 두 글에서 우리는 〈논어(論語)〉에 대한 두 가지 개념을 얻을 수 있다. 하나는 〈논어〉의 '논(論)'은 '논찬(論纂)하다'라는 뜻이고, '어(語)'는 '말'이라는 뜻으로 〈논어〉는 바로 '선생님에게 전해들은 말'을 '논찬(論纂)하다'라는 뜻이고, 다른 하나는 〈논어〉라는 이름은 당시에 이미 있었던 것으로, 후에 다른 사람이 갖다 붙인 것은 아니라는 것이다.

이 외에도 〈논어〉의 명칭에 대해 후대에 일부 다른 견해들이 있다. 예를 들면, 유희(劉熙)의 〈석명(釋名)〉「석전예(釋典藝)」에서는 다음과 같이 말하고 있다.

〈논어〉는 공자가 제자들에게 한 말을 기록한 것이다. 논(論)은 질서이니, 조리가 있다는 것이요, 어(語)는 서술이니 자기가 말하고 싶었던 바를 서술한 것이다.

유희의 이 해석은 다소 억지가 있는 듯하다. 이 밖에도 '논(論)' 자를 '토론하다'로 해석하여 〈논어〉를 '문장의 뜻을 토론한' 책이라고 말하는 사람도 있다. 이는 하이손(何異孫)의 〈십일경문대(十一經問對)〉에서 주장한 것으로, 더욱 후에 나온 주관적 견해이다.

〈논어〉라는 이름으로 부르게 된 내력에 대해서도 역시 여러 가지 다른 견해들이 있다. 왕충(王充)의 〈논형(論衡)〉「정설(正說)」에서는 "처음, 공자의 12대손 공안국이 그것을 노나라 사람 부경(扶卿)에게 전수했고, 부경의 관직이 형주자사(荊州刺史)에 이르자 비로소 이 책을 〈논어〉라고 부르게 되었다"고 한다. 마치 〈논어〉라는 이름을 한나라 무제(武帝) 때 공안국과 부경이 처음으로 부른 것처럼 말하고 있다. 이 주장은 유흠(劉歆)과 반고(班固)의 견해와 다를 뿐만 아니라, 사실에 반드시 부합한다고 볼 수도 없다.

결론적으로 〈논어〉라는 책 이름은 당시의 편찬자가 명명한 것이고, 말을 논하여 엮은 것[論纂]이라고 할 수 있다.

4. 누가, 언제 만들었나?

〈논어〉는 다소 단편적인 문장을 모아놓은 책으로, 이들 문장의 배열에 반드시 어떤 원칙이 있는 것은 아니다. 즉, 전후 두 장 사이에 반드시 어떠한 연관성을 갖고 있는 것은 아니며, 단편적인 문장이 한 사람의 손에 의해 쓰인 것도 아니다. 〈논어〉는 편폭이 짧지만, 오히려 적지 않은 부분에 중복되는 장절이 출현한다. 그 중에 어떤 문장은 완전히 일치하기도 한다. 예를 들면 '巧言令色鮮矣仁' 장이, 먼저 「학이 편」에 보이며, 또 「양화 편」에 다시 나온다. '博學於文' 장은 먼저 「옹야 편」에 보이고, 또 「안연 편」에 다시 나온다. 또 기본적으로 중복되지만 단지 상세함과 간략함에 차이를 보이는 것이 있다. 예를 들면 '君子不重' 장은 「학이 편」에서 11글자가 더 나오지만, 「자한 편」에서는 단지 '主忠信' 이하의 14자만 기록되어 있다. '父在觀其志' 장은 「학이 편」에서는 10자가 더 나오며, 「이인 편」에는 단지 '三年' 이하의 12자만 기록되어 있다. 이러한 사실을 통해서 볼 때 〈논어〉는 공자의 말을 당시 제자들이 각자 기록했다가 후에 모아서 책으로 만들었다고 추론할 수 있다. 따라서 〈논어〉는 결코 한 사람의 저작으로 볼 수 없다.

그렇다면 〈논어〉의 저자는 어떤 사람들인가? 가장 유력한 사람은 당연히 공자의 제자들일 것이다. 오늘날 이를 추측해 볼 수 있는 두 장이 있다. 한 장은 바로 「자한 편」이다 :

뢰(牢)가 말했다 : "공자께서는 내가 나라에 쓰인 적이 없기 때문에, 몇 가지 기예를 익혔다"고 말씀하신 적이 있다.

'뢰(牢)'는 사람 이름으로, 그의 성은 금(琴)이고, 자는 자개(子開), 또는 자장(子張)이라고 한다. 이 말의 신뢰성을 따지지 않더라도, 여기서 성씨를 부르지 않고 단지 이름만을 부르는 기술(記述) 방식은 〈논어〉의 일반적인 체제와는 맞지 않는다. 따라서 이 장은 금뢰 자신이 기록한 것으로, 〈논어〉를 편집하는 사람이 "직접 그 기록된 것을 취하여 실었다"라는 것이다. 다른 한 장은 바로 「헌문 편」의 제1장이다 :

원헌이 어떻게 하는 것을 치욕적이라고 하는지 묻자, 공자께서 말씀하셨다 : "나라의 정치가 깨끗하면 벼슬을 해서 봉록을 받지만, 나라의 정치가 부패했을 때 벼슬을 하여 봉록을 받는 것이 바로 치욕인 것이다."

'헌(憲)'은 원헌(原憲)으로, 자는 자사(子思)이고 역시 「옹야 편」의 '原思爲之宰'의 원사(原思)이다. 여기서도 성을 제외하고 이름을 불렀으며, '자(字)'는 부르지 않았다. 〈논어〉의 일반적인 체제와 부합하지 않기 때문에 이것은 원헌 자신의 글이라고 확실하게 추론할 수 있다.

〈논어〉의 문장은 공자의 다른 학생들의 손에서 나왔을 뿐만 아니라, 또 그의 다른 재전제자(再傳弟子)의 손에서도 나왔다. 그 속에는 증삼(曾參)의 학생에 의해 기록된 것도 적지 않다. 「태백 편」의 3장이 바로 좋은 예다.

증자가 병이 나자 자기의 제자들을 불러모아 말했다 :
"내 발을 살펴보아라! 내 손을 살펴보아라! 〈시경〉에 이르기를, '조심하고 신중하여, 마치 깊은 물웅덩이 옆에 있는 것처럼 하고, 마치 살얼음 위를 걸어가듯이 하라'고 하였으니, 지금 이후에야, 내가 스스로 몸의 화를 면할 수 있음을 알겠노라! 제자들아!"

이는 증삼의 제자들이 기록한 것이 아니라고 할 수 없을 것이다.

〈논어〉에는 공자 제자들의 글이 있고, 또 재전제자들의 글도 있다. 또 그 저작 연대가 앞선 것도 있고 늦은 것도 있다. 이 점은 단어의 뜻을 운용하는 데 있어서도 적당하게 나타난다. 예를 들면 '부자(夫子)'라는 단어는 비교적 이른 시기에 일반적으로 제3자를 가리키는 말로 '그 어르신네[他老人家]'와 비슷한데, 전국시대에 이르러서 비로소 보편적으로 2인칭 존경을 나타내는 대명사로서 '어르신네[你老人家]'와 비슷하게 쓰였다. 〈논어〉의 일반적인 용법은 모두 '그 어르신네[他老人家]'와 비슷한데, 공자의 학생들이 바로 앞에서 공자를 부를 때는 '자(子)'로 불렀고, 뒤에서는 '부자(夫子)'라고 불렀으며, 다른 사람도 공자에 대해서 뒤에서 '부자'라고 불렀다. 그리고 공자가 다른 사람을 부를 때도 뒤에서는 '부자'라고 불렀다. 단지 「양화 편」에서 두 군데 예외가 있으니, 언언(言偃)이 공자에 대해서 '昔者偃也聞諸夫子'라고 했고, 자로가 공자에 대해서도 '昔者由也聞諸夫子'라고 말했으니, 모두 앞에서 '부자'라고 부르고 있다. '부자'를 '어르신네[你老人家]'처럼 쓰기 시작한 것은 전국시대 때 '부자'라는 단어를 한 단어의 뜻으로 쓰기 시작한 것이 계기가 되었다. 최술(崔述)은 〈수사고신록(洙泗考信錄)〉에서 이를 근거로 〈논어〉는 원래 소수 편장들이 뒤섞여 있다고 단정했다. 물론 너무 주관적인 면이 있지만, 〈논어〉의 원문은 앞선 것도 있고 늦은 것도 있으나 그 차이가 많이 나도 아마 30~50년에 지나지 않는다는 것은, 대략 여기에서 추측해 낼 수 있다.

〈논어〉가 많은 사람들의 손에 의해 만들어졌고, 이 저자들의 연대 차이가 아마 30~50년에 지나지 않는다면, 가장 마지막에는 누구의 손에 의해서 만들어진 것일까? 〈논어〉의 구절을 상세히 살펴보면 〈논어〉를 편찬한 사람은 아마 증삼의 학생 가운데 한 명이었을 것으로 추정된다.

따라서 우리는 〈논어〉가 춘추 말기부터 편찬되기 시작하여 책으로 만들어진 것은 전국 초기라고 생각하며, 이것은 역사적 사실과도 대체로 근접해 있다.

5. 〈논어〉, 어떻게 읽을 것인가?

틈틈이 읽는 습관

〈논어〉는 중국인들에게 있어서 필독서일 뿐만 아니라, 우리 선조들에게서도 필독서로 인식되어 왔다.

한문에 기초가 있는 사람이라면 〈논어〉를 읽기란 그리 어려운 것은 아니며, 대략 그 의미를 파악하면서 읽어 내려간다면 절반의 뜻은 이해할 수 있다.

〈논어〉는 장별로 읽을 수도 있으며, 한 장의 의미를 이해하면 그 나름대로 쓰임이 있다. 읽다가 이해할 수 없는 곳이 있으면 우선 건너뛰고, 두 번 세 번 읽으면 이전에 이해하지 못했던 부분도 조금씩 이해할 수 있게 된다. 만약 열 번 이상 반복해서 읽게 되면 60~70퍼센트의 뜻은 이해하게 된다. 그 정도 이해하는 것만 해도 충분하다고 할 수 있다.

누구든지 장소에 상관없이 매일 몇 분의 시간만 낸다면 한 장이나 두 장 정도는 읽을 수 있을 것이다. 〈논어〉 전체가 498장으로 이루어져 있지만 중복된 부분도 있고, 한 구절이 한 장으로 구성되어 있거나 두 구절이 한 장으로 구성된 것도 매우 많다. 잘 이해가 안 되는 부분을 건너뛴다고 하더라도 최소한 1년에 한 번은 읽을 수 있다.

올바르게 읽는 방법

〈논어〉를 읽을 때에는 반드시 주석을 함께 읽어야 한다. 〈논어〉에 관한 주석서 중에서 추천할 만한 책으로는 세 종류가 있다. 첫째는 위나라 하안(何晏)의 〈집해(集解)〉이고, 둘째는 송나라 주희(朱熹)의 〈집주(集注)〉이며, 셋째는 청나라 유보남(劉寶楠)의 〈정의(正義)〉이다. 보통 〈논어〉를 읽으면 주자의 주석을 읽는다. 그렇지만 〈논어〉를 좀더 깊이 있게 이해하고자 한다면 주자의 〈집주〉를 읽고서 하안의 〈집해〉를 읽은 다음 다시 유보남의 〈정의〉를 읽는 것이 좋다. 하안과 유보남의 주석을 읽지 않으면 주자 주석의 잘못된 점을 알지 못하며, 또한 주자 주석의 뛰어난 점도 이해할 수 없다.

제일 처음에는 따로 나누어서 우선 주자 주석을 읽고 다시 하안과 유보남의 주석을 읽는 것이 효과적이다. 그 다음에 매 장마다 동시에 세 가지 주석을 함께 읽으면, 서로 비교하면서 읽게 되어 자연히 그 의미가 분명해진다.

청나라 유학자들은 〈논어〉를 읽는데 고증과 문장의 내용이나 이치, 수사(修辭)에 신경을 써야 한다고 했다. 어떤 사람은 〈논어〉를 읽는데 문장의 내용이나 이치에 주의하면 될 것이지 어째서 고증이나 수사에까지 주의를 해야 하는지 의문을 제기할 수도 있다. 아래에서 구체적인 예를 들어 이 의문에 답하고자 한다.

〈논어〉를 읽는데 고증을 소홀히 해서는 안 된다. 예를 들면 다음과 같다.

人而無信, 不知其可也. 大車無輗, 小車無軏, 其何以行之哉.

〔사람으로서 신의가 없다면, 그것이 어떻게 옳은 것이라 할 수 있는지 모르겠구나. 큰 수레에 멍에 채가 없고, 작은 수레에 멍에 채가 없다면, 어떻게 갈 수가 있겠느냐?〕

이 장을 보다 잘 이해하려면 고고학적인 지식이 있어야 한다. 고대의 대

거(大車)와 소거(小車)가 어떤 구분이 있으며, 예(輗)와 월(軏)이 수레에서 어떤 부분인지 모르고 단지 공자가 생각하기에 사람으로서 신의가 없다고 말하지만, 어째서 사람으로서 신의가 없다는 것인지 이 비유를 알지 못하게 되며, 결국 공자의 진의가 어디에 있는지를 알 수가 없게 된다. 다행히도 이전의 주석에서 이 부분에 대해 분명히 밝혀 두었다. 만약 주자의 주석이 다소 간략하다면 하안과 유보남의 주석을 참고할 수 있다. 이 사물에 대해 분명히 알게 되면, 본 장의 함의 역시 분명해질 것이다.

〈논어〉를 읽는데 수사(修辭)를 소홀히 해서는 안 된다. 여기서 말하는 수사는 글자의 뜻과 구법, 장법(章法) 등을 말하며, 순수문학의 관점에서 말하는 수사도 포함한다. 예를 들면 다음과 같다.

子曰：晏平仲善與人交, 久而敬之.
〔공자께서 말씀하셨다 : 안평중은 사람들과 잘 사귀니, 사귐이 오래될수록 다른 사람이 더욱 그를 존경한다.〕

이 장은 매우 이해하기 쉬운 것처럼 보이지만, 중간에 문제가 있으니 '지(之)'자를 어떻게 해석하느냐 하는 것이다. 안자가 다른 사람을 존경하는 것인지? 아니면 다른 사람이 안자를 존경하는 것인지? '지(之)'자의 해석에 따라 전혀 다른 내용이 될 수 있다. 주자는 다른 사람이 안자를 존경한다고 해석했지만, 하안의 주석에서는 안자가 다른 사람을 존경한다고 해석했다. 오늘날 우리가 이 두 해석에 대해 어느 것이 낫다고 판단할 수는 없으며, 먼저 공자 스스로가 어떻게 말했는가를 물어봐야 한다. 이것은 문장의 내용이나 이치의 문제가 아니라 수사의 문제이다. 즉, 통사적으로 여기서의 '지(之)'자가 안자를 가리키는지 아니면 다른 사람을 가리키는지를 따져봐야 한다. 통사적으로 본다면 여기서의 '지'자는 안자를 가리키지만 여기에는 또 다른 문제가 내포되어 있다. 〈논어〉의 판본에 따라 차이가 있어서, 어떤 판본에는 분명하게 '晏平仲善與人交, 久而人敬之'라고 되어 있다. 뒷구절에 '인(人)'자가 더 들어가 있다. 만약 뒷구절에 원래 '인'자가 있었다면 하안의 주석이 맞게 된다. 여기서는 다시 고증학적인 교감의 문제와 관련이 있게 된다.

교감에서는 이 두 다른 판본 중에서 어느 판본이 더 가치가 있는가를 고려해야 한다. 정현(鄭玄)본은 '인'자가 빠져 있고, 황간(黃侃) 의소본은 '인'자가 들어가 있다. 그러나 황간본은 다른 곳에서도 지금까지 전해지는 〈논어〉와는 달리 자구(字句)가 추가된 경우가 있어서, 신뢰성이 떨어지기 때문에 여기서 '인'자가 더 들어간 것 역시 지나치게 신뢰할 필요는 없다. 다른 판본에 '인'자가 들어간 것이 많지만 그것은 황간본을 답습한 것으로 무게감이 떨어진다.

보다 깊은 이해를 위해

어떤 사람들은 앞에서 단지 문장의 고증에만 치중하여 내용이나 이치를 구하고, 공자의 인(仁)이나 충서(忠恕), 효제(孝悌) 등과 같은 사상 방면은 소홀히 하지 않았는지 의구심을 가질 수도 있다. 〈논어〉는 자신이 읽는 것만큼 얻는 것이 있다는 장점이 있다. 〈논어〉의 문구를 따라서 하나씩 해석해 나가면 매 구절마다 들어 있는 공자의 뜻을 이해하게 된다. 만약 〈논어〉의 문구를 많이 이해하게 되면 공자가 인을 말하고, 도를 말한 진정한 의도를 자신도 자연스럽게 이해할 수 있게 된다. 〈논어〉의 각 장이나 절의 한 구절 한 글자를 정확하게 이해하려고 하지 않고 단지 몇 가지 중요한 부분만 읽는다면 공자의 뜻을 멋대로 해석하게 되어 자신의 의견을 내세울 수는 있으나, 진정으로 〈논어〉를 이해하거나 수용할 수는 없게 된다.

앞에서 언급했듯이 〈논어〉를 읽을 때에는 마음대로 한 장씩 선택하여 읽을 수도 있고, 또 우선 자신이 이해할 수 있는 부분만 읽고 이해가 되지 않는 부분은 넘어가는 방법을 택할 수도 있다. 만약 〈논어〉를 정독하고자 한다면 매 장을 따로 나누어서 꼼꼼하게 한 문장씩 읽는데, 고증과 훈고, 교감의 방법으로 문장의 맛을 음미하면서 읽을 수 있다. 공자께서 자공에게 "너와 안회 가운데 누가 더 나으냐?"고 묻자, 자공이 대답하기를 "안회는 한 가지 일을 들으면 열 가지 일을 미루어 알 수 있지만, 저는 한 가지 일을 들으면 겨우 두 가지 일을 미루어 알 수 있습니다"라고 했다. 안연과 자공은 공자의 제자 중 뛰어난 사람들임에도 그러했는데, 우리가 〈논어〉를 한 장씩 읽으면서 그 속에 담긴 뜻을 하나씩 이해할 수 있다면 그 또한 참으로 대단하다고 할 수 있지 않은가?

---

* 이 글은 양백준 선생의 〈논어역주(論語譯注)〉 서문에 나오는 글과 치엔무(錢穆) 선생의 〈공자와 논어[孔子與論語]〉라는 책에 수록된 「공자 탄신일을 맞아 논어 읽기를 권장하고 논어의 독법에 대해 언급함[孔子誕辰勸人讀論語並及論語之讀法]」이라는 글을 참고하여 옮긴이가 정리한 것이다.

1 배우고 난 뒤에
學而篇

　〈논어〉의 편명은 특별한 의미가 없이 각 편의 처음 두 글자 또는 세 글자로 만들었다. 또 각 편의 내용은 복잡하고, 한 편 안에서 공통적인 주제를 정하기 어려운 경우가 많다.
　「학이 편」은 모두 16장으로 되어 있으며, 공자가 당시에 제자를 가르칠 때 교학의 목적이나 태도, 방법 그리고 공자의 근본 사상 등을 주 내용으로 삼고 있다. 16장 중에서 공자의 말을 기록한 것은 아홉 장이고, 일곱 장은 제자들의 말이다.

1

子¹曰
자 왈

공자께서 말씀하셨다.

學²而時³習⁴之면,
학 이 시 습 지

배우고 난 뒤 일정한 시간에 따라 그것을 실습하면,

不亦說⁵乎아?
불 역 열 호

또한 기쁘지 않은가?

有朋⁶이 自遠方來면,
유 붕   자 원 방 래

뜻하는 바가 같은 사람이 먼 곳에서 오면,

---

1 자(子) : 〈논어〉에 나오는 '자왈(子曰)'의 '자(子)'는 모두 공자를 가리킨다.

2 학(學) : 여기서 말하는 '배움[學]'은 자신을 수양하는 도리와 세상을 구해 남을 이롭게 하는 지식을 배우는 것을 가리킨다.

3 시(時) : 주진(周秦) 시대에는 '시(時)' 자가 부사처럼 사용되었다. 〈맹자(孟子)〉「양혜왕상(梁惠王上)」에 나오는 "도끼와 낫을 때에 맞추어 산림에 들이대면[斧斤以時入山林]"에서 '이시(以時)'와 같은 뜻으로 '일정한 때' 혹은 '적당한 때'의 뜻이다. 왕숙(王肅)의 〈논어주(論語注)〉에서도 이와 같이 해석했다. 주희(朱熹)의 〈집주(集注)〉에서는 그것을 '항상'이라고 해석했으나, 이것은 후대에 통행되는 글자의 의미로 옛날 책을 해석한 것이다.

4 습(習) : 일반 사람들은 '습(習)' 자를 '복습하다[溫習]'로 해석하지만, 고서에서는 '실습하다'·'연습하다'라는 뜻으로 해석했다. 예를 들면 〈예기(禮記)〉「사의(射義)」의 "예악을 실습하다[習禮樂]"·"활쏘기를 연습하다[習射]"와 같은 것이다. 〈사기(史記)〉「공자세가(孔子世家)」의 "공자께서 조나라를 떠나 송나라로 가서 제자들과 더불어 큰 나무 밑에서 예를 익혔다[孔子去曹適宋, 與弟子習禮大樹下]"에서 '습(習)' 자도 역시 연습하다라는 뜻이다. 공자가 이야기했던 과목들은 일반적으로 모두 당시 사회·정치 생활과 밀접한 관계가 있었다. 예(禮 : 각종 예절을 포함했음)·악(樂 : 음악)·사(射 : 활쏘기)·어(御 : 수레 몰기) 등은 연습이나 실습을 해야 하는 것이기 때문에, '습(習)' 자를 '실습하다'로 번역하는 것이 좋을 것 같다.

5 열(說) : 독음과 뜻이 '열(悅)' 자와 같으며, 기쁘다·유쾌하다라는 뜻이다.

6 유붕(有朋) : 고본(古本)에는 '우붕(友朋)'이라고 되어 있다. 옛날 주석에서 "동문수학(同門修學)한 사람을 붕(朋)이라고 한다[同門曰朋]"라고 했다. 송상봉(宋翔鳳)의 〈박학재찰기(樸學齋札記)〉에서는 여기에서의 '붕(朋)' 자는 곧 '제자(弟子)'를 가리킨다고 했으

不亦樂⁷乎아? 불 역 락 호	또한 즐겁지 않은가?
人不知⁸, 인 부 지	다른 사람이 나를 이해하지 못해도,
而不慍⁹이면, 이 불 온	오히려 원망하지 않으면,
不亦君子¹⁰乎아? 불 역 군 자 호	또한 군자가 아닌가?

며, 바로 〈사기〉「공자세가」에서의 "그런 고로 공자께서 벼슬을 하지 않으시고, 물러나 시·서·예악을 닦으시자, 제자들이 더욱 많아지고, 먼 곳에서부터 찾아왔다[故孔子不仕, 退而修詩·書·禮樂, 弟子彌衆, 至自遠方]"의 의미이다. 번역문에서 사용한 '뜻하는 바가 같은 사람'이란 곧 이러한 뜻이다.

7 락(樂) : 〈논어〉에 사용된 '樂' 자는 세 가지 음이 있는데, 예악(禮樂)이나 음악(音樂)의 '악'과 희락(喜樂)의 '락', 좋아하다라는 의미의 '요'라는 음이 있다. 공자는 평생 "배움을 싫어하지 않고, 가르침을 게을리 하지 않았다." "배우고 난 뒤 일정한 시간에 따라 그것을 실습하는 것"을 기뻐하는 것은 바로 '배움을 싫어하지 않는' 기상이고, "뜻이 맞고 지향하는 바가 같은 사람이 먼 곳에서 오는 것"을 기뻐하는 것은 '가르침을 게을리 하지 않는' 기상이다.

8 인부지(人不知) : 이 구절의 '지(知)' 자 뒤에 목적어가 없는데, 다른 사람이 몰라주는 것이 무엇인가? 당시 실제 상황에서는 말하지 않아도 곧 이해할 수 있었으므로 말하지 않았다. 어떤 사람은 이 구절이 앞 구절과 이어져, 먼 곳에서 찾아온 친구가 나에게 가르침을 청하여, 내가 그에게 말해 주었지만 여전히 이해하지 못해도 오히려 그를 원망하지 않는다는 뜻이라고 말한다. 그렇게 되면 '인부지(人不知)'는 "다른 사람이 내가 말한 것을 알지 못하다"라고 해석이 된다. 이는 억지로 끌어맞춘 것 같아서, 일반적인 해석을 따랐다. 이 구절은 「헌문 편」의 "다른 사람이 나를 알아주지 않는 것을 안타까워 말고, 스스로 능력이 없는 것을 안타까워하라[不患人之不己知, 患己不能也]"는 정신과 통한다.

9 온(慍) : 발음은 yùn이고, 원망하다라는 뜻이다.

10 군자(君子) : 〈논어〉에 나오는 '군자(君子)'는 '덕이 있는 사람[有德者]'을 가리키기도 하고 또 '지위가 높은 사람[有位者]'을 가리키기도 한다. 여기서는 '덕이 있는 사람'을 말한다.

2

有子[11]가 曰
유자 왈

유자가 말했다.

其爲人也가 孝弟[12]요,
기 위 인 야 효 제

그 사람됨이 부모에게 효도하고
윗사람을 공경하면서,

而好[13]犯[14]上者가,
이 호 범 상 자

오히려 상급자를 거스르기
좋아하는 사람은

鮮[15]矣니라.
선 의

드물다.

---

11 유자(有子) : 공자의 학생으로 성은 유(有)이고, 이름은 약(若)이다. 공자보다 13살 혹은 일설에는 33살이 적었다고 하며, 33살이 적다고 하는 설이 비교적 믿을 만하다. 〈논어〉에 나오는 공자의 학생들은 일반적으로 자(字 : 성인이 되면 이름 대신 부르는 애칭)를 불렀으나, 유독 증삼(曾參)과 유약(有若)만 '선생님[子]'이라는 칭호로 불렀기 때문에 많은 사람들은 〈논어〉가 이 두 사람에 의해 찬술된 것이 아닌가 의문을 갖기도 한다. 그러나 유약의 '자(子)' 칭호는 아마도 공자가 죽은 후에 그가 잠시 공자의 제자들에 의해 존중을 받은 적이 있었기 때문인 듯하다(이 사실(史實)은 〈예기〉「단궁 상(檀弓上)」과 〈맹자〉「등문공 상(滕文公上)」· 〈사기〉「중니제자열전(仲尼弟子列傳)」을 참고). 〈좌전(左傳)〉「애공(哀公) 8년」에 유약을 국사(國士)였다고 말한 것 때문에, 그를 '자(子)'로 불렀다고 보는 것은 설득력이 부족하다.
12 효제(孝弟) : 효(孝)는 노예사회에서 자녀가 부모를 모시는 올바른 태도로 여겼다. 제(弟)는 독음(讀音)과 뜻이 '제(悌)'와 같으며, 아우(아랫사람)가 형(윗사람)을 대하는 바른 태도이다. 봉건시대에도 '효제(孝弟)'를 그 사회제도나 질서를 유지하는 일종의 도덕역량으로 삼았다.
13 호(好) : 좋아하다는 뜻이다.
14 범(犯) : 저촉하다 · 위반하다 · 무례한 짓을 하다라는 뜻이다.
15 선(鮮) : 발음은 xiǎn으로, 적다[少]라는 뜻이다. 〈논어〉의 '선(鮮)'은 모두 이런 용법으로 쓰였다.

不好犯上이요,
불 호 범 상

상급자를 거스르기 좋아하지
않으면서,

而好作亂者가,
이 호 작 란 자

오히려 반란 일으키기 좋아하는
사람은

未之有也[16]니라.
미 지 유 야

일찍이 없었다.

君子는 務[17]本[18]이니,
군 자 무 본

군자는 온 힘을 다해 근본이 되는
일에 힘쓰니,

本立而道生하나니라.
본 립 이 도 생

근본이 서면 도가 곧 생길 것이다.

孝弟也者는,
효 제 야 자

부모에게 효도하고 윗사람을
공경하는 것은

其爲仁之本[19]與[20]인저!
기 위 인 지 본 여

곧 인의 근본일 것이다!

---

16 미지유야(未之有也) : '미유지야(未有之也)'의 도치 형식이다. 고대 구법(句法) 중에 부정문에서 목적어가 만약 대명사이면, 대명사의 목적어는 일반적으로 동사 앞에 위치한다.
17 무(務) : '온 기력을 한 곳에 다하다'라는 뜻이다.
18 본(本) : 기본이나 근본이 되는 일을 가리킨다.
19 효제위인지본(孝弟爲仁之本) : '인(仁)'은 공자의 최고 도덕의 명칭이다. 어떤 이들은 (송나라 사람 진선(陳善)의 〈문슬신어(捫蝨新語)〉에서부터 이 설이 시작되었으며, 후에 찬동하는 사람이 많아졌다.) 이 '인(仁)'자는 곧 '인(人)'자로, 고서에서는 '인(仁)'과 '인(人)' 두 글자를 혼용해서 많이 쓰고 있으며, 여기서 말하는 것은 "효도와 공경은 사람의 근본이다"라고 주장한다. 이처럼 해석하면 말은 통하지만, 앞에 나오는 '본립이도

3

子曰
자 왈

공자께서 말씀하셨다.

巧言令色[21]이,
교 언 영 색

교묘하게 꾸며대는 말과 위선적인 얼굴을 하는 사람은,

鮮矣仁[22]이니라!
선 의 인

인덕이 많지 않을 것이다.

4

曾子[23]**가 曰**
증 자 왈

증자가 말했다.

생(本立而道生)'과 호응이 되지 않아 유자(有子)의 원래 뜻에 부합되지 않는다. 〈관자(管子)〉 「계(戒)」에서 말하는 "효도와 공경은 인의 근본이다[孝弟者, 仁之祖也]"라는 뜻도 같은 의미이다.

20 여(與) : 독음과 뜻이 '여(歟)' 자와 같다. 고서에서는 감탄이나 의문을 나타내는 말로 많이 사용되었는데, 〈논어〉에 나오는 '여(歟)' 자는 모두 '여(與)' 자로 쓰고 있다.

21 교언영색(巧言令色) : 주희의 주석에서는 "그 말을 듣기 좋게 하고 그 얼굴빛을 보기 좋게 하며, 외모 꾸밈을 지극히 하여 애써 남을 기쁘게 하면[好其言, 善其色, 致飾外, 務以說人]"이라고 했다. 그래서 번역문에서는 '교언(巧言)'을 '교묘히 꾸며대는 말'로, '영색(令色)'을 '위선적인 얼굴'로 번역했다.

22 선의인(鮮矣仁) : 주희의 〈집주〉에서는 "오로지 적다고만 말하였으니, 그렇다면 절대 없음을 알 수 있다. 배우는 자들이 마땅히 깊이 경계해야 할 것이다[專言鮮, 則絶無可知, 學者所當深戒也]"라고 했다.

23 증자(曾子) : 공자의 학생으로, 이름은 삼(參), 자는 자여(子輿)이고, 남무성(南武城 : 오늘날의 산동성(山東省) 조장시(棗莊市) 부근) 사람으로, 공자보다 46살이 적다(BC 505~435).

吾가 日三省²⁴吾身하느니라.
오 일삼성 오신

나는 매일 여러 차례 스스로 반성한다.

爲²⁵人謀而不忠乎아?
위 인모이불충호

다른 사람을 위해 일 처리하면서 최선을 다했는가?

與朋友交而不信²⁶乎아?
여붕우교이불신 호

친구와 사귀는 데 성실했는가?

傳²⁷不習²⁸乎아니라.
전 불습 호

선생님이 나에게 전수해 준 것을 복습했는가?

---

24 삼성(三省) : '삼(三)' 자를 거성(去聲)으로도 읽지만, 사실은 그렇게 고쳐 읽지[破讀] 않아도 된다. '성(省)' 자의 발음은 xǐng으로, 스스로 검사하다·반성하다·안으로 살펴보다라는 뜻이다. '삼성(三省)'의 '삼(三)' 자는 여러 차례의 뜻이다. 고대에는 동작성(動作性) 동사 앞에 숫자를 첨가하여, 이 숫자가 일반적으로 동작의 빈도를 나타내도록 했다. 그리고 '삼(三)' '구(九)' 등의 숫자는 일반적으로 횟수가 많음을 나타내며, 실제적인 수로 간주해서는 안 된다. 왕중(汪中)의 〈술학(述學)〉「석삼구(釋三九)」에 상세히 설명되어 있다. 본문에서 반성하고 있는 것이 세 가지 일로, '삼성(三省)'의 '삼(三)'과는 우연히 일치한다. 만약 이 '삼(三)' 자가 뒤 문장의 세 가지 일을 말한다고 하면, 〈논어〉의 구법(句法)에 따라서 '오일성자삼(吾日省者三)'으로 되어야 한다. 「헌문 편」의 '군자도자삼(君子道者三)'과 마찬가지다.
25 위(爲) : 돕다라는 의미가 포함되어 있다.
26 신(信) : 성실하다는 뜻이다.
27 전(傳) : 평성으로, 발음은 chuán이며, 원래는 동사지만 여기에서는 명사로 쓰였다. 선생님이 전수해 준 것이라는 뜻이다. 그러나 일설에는 자신이 다른 사람에게 전해 준다는 뜻이라고 한다.
28 습(習) : 이 '습(習)' 자는 '학이시습지(學而時習之)'의 '습(習)' 자와 같으며, 복습하다·실습하다·연습하다라는 뜻을 포함해서 말하는 것으로, 여기서는 개괄적으로 '복습하다'로 번역했다.

5

子曰
자 왈

공자께서 말씀하셨다.

道²⁹千乘之國³⁰하되,
도   천 승 지 국

천 대의 병거(兵車)를 갖고 있는 국가를 다스리되,

敬事³¹而信하며,
경 사   이 신

엄숙하게 일을 대하고 성실하게 속이지 않으며,

節用而愛人³²하며,
절 용 이 애 인

비용을 절약하고 관리를 아끼며,

---

29 도(道) : 동사로, '다스리다[治理]'라는 뜻이다. 황소본(皇疏本)과 정평본(正平本)에는 '도(導)'로 되어 있다.

30 천승지국(千乘之國) : 고대에는 말 4마리가 끄는 병거(兵車)를 사용했다. 춘추(春秋) 시대에는 전쟁을 할 때 병거를 사용했기 때문에 국가의 강약을 병거의 숫자로 계산했다. 춘추 초기에는 대국이라 해도 병거 1천 대를 가지고 있는 나라가 없었다. 〈좌전〉「희공(僖公) 28년」에 기록된 성복(城濮)에서의 싸움에서, 진(晉)나라 문공은 겨우 700승의 병거를 갖고 있었다 한다. 그러나 그 당시 전쟁이 빈번해지자, 침략자나 침략을 당하는 자 모두가 필수적으로 군비를 확충하게 되었다. 침략자는 합병의 결과로 더 많은 병거를 보유하게 되었다. 예를 들면, 진(晉)나라가 평구(平丘)의 회합(會合)에 갔을 때, 숙향(叔向)의 말에 의하면 이미 4천 승의 병거가 있었다고 한다〈좌전〉「소공(昭公) 13년」에 보인다). 공자가 살았던 당시에는 천승의 나라를 이미 대국으로 볼 수 없었기에, 자로는 "천승의 나라가 대국 사이에 끼여 있다[千乘之國攝乎大國之間]"라고 말했다.

31 경사(敬事) : '경(敬)'자는 일반적으로 일에 대한 태도를 나타내는 데 사용되며, 그 때문에 자주 '사(事)'자와 함께 사용된다. 예를 들면, 「위영공 편」에 나오는 "임금을 섬기되 먼저 그 일을 진지하게 하고 봉록 받는 일을 뒤에 둔다[事君敬其事而後其食]"와 같은 것이다.

32 애인(愛人) : 고대의 '인(人)'자는 광의·협의의 두 가지 뜻이 있었다. 광의의 '인(人)'이란 무리·군중을 가리키며, 협의의 뜻으로는 단지 사대부 이상의 각 계층의 사람을 가리킨다. 여기서는 '민(民)'(使 '民'以時)과 반대되는 말로, 협의의 뜻으로 사용되었다.

使民以時(사민이시)[33]니라.   백성을 부릴 때에는 농한기에 해야 한다.

6

子曰(자왈)   공자께서 말씀하셨다.

弟子(제자)[34]가,   나이가 어린 사람은

入(입)[35]則孝(즉효)하고,   부모 슬하에서는 부모에게 효도하고,

出(출)[36]則悌(즉제)하며,   자기 집을 떠나서는 연장자를 공경하며,

謹(근)[37]而信(이신)하며,   말을 적게 하되 말을 하면 성실하고 미덥게 하며,

---

[33] 사민이시(使民以時) : 고대사회는 농업 위주의 사회로, "백성들을 때에 맞추어 부렸다[使民以時]"는 것은 곧 〈맹자〉「양혜왕 상(梁惠王上)」에 나오는 "농사 시기를 어기지 않았다[不違農時]"는 뜻이기 때문에, 번역문에서는 이 뜻으로 의역했다.

[34] 제자(弟子) : 일반적으로 두 가지 뜻이 있다. (1) 나이가 어린 사람. (2) 학생. 여기에서는 첫 번째 뜻으로 사용되었다.

[35] 입·출(入·出) : 〈예기〉「내칙(內則)」에서는 "명사(命士 : 왕명으로 벼슬을 받은 사(士)) 이상은 부자(父子)가 모두 집을 달리 한다[由命士以上, 父子皆異宮]"라고 했는데, 여기에서 말하는 '제자(弟子)'는 '명사(命士)' 이상의 인물을 가리킨다는 것을 알 수 있다. '입(入)'은 "부친이 거하는 집에 들어가는 것[入父宮]"이고, '출(出)'은 "자기 집에서 나오는 것[出己宮]"이다.

[36] 주(注) 35)를 참조.

[37] 근(謹) : 말을 적게 하는 것[寡言]을 근(謹)이라 한다. 양수달(楊樹達)의 〈적미거소학금

汎³⁸愛衆하되,
범 애 중

여러 사람을 두루 사랑하되,

而親仁³⁹이니라.
이 친 인

인덕이 있는 사람을 가까이
할 것이다.

行有餘力이어든,
행 유 여 력

이렇게 몸소 실천하고서 남는
힘이 있으면,

則以學文⁴⁰이니라.
즉 이 학 문

다시 나아가 문헌을 공부할 것이다.

7

子夏⁴¹가 曰
자 하   왈

자하가 말했다.

賢賢하되 易色⁴²하며,
현 현   이 색

아내에 대해 인품을 중히 여기되
용모를 중히 여기지 않으며,

석논총(積微居小學金石論叢)〉권 1에 상세히 설명되어 있다.
38 범(汎) : '범(泛)' 자와 같으며, '광범위하게'의 뜻이다.
39 인(仁) : '인(仁)'은 곧 '어진 사람[仁人]'을 말한다. 「옹야」편에서 "우물 안에 어진 사람이 빠졌다[井有仁焉]"의 '인(仁)' 자와 같다. 고대에는 단어를 운용하는 데 어떤 한 구체적인 사람이나 사물의 성질·특징, 심지어는 원료를 사용하여 어떤 구체적인 사람과 사물을 대표하는 규칙이 있었다.
40 문(文) : 주희의 〈집주〉에서는 정현(鄭玄)의 견해에 따라서 여기서의 '문(文)'이 고대 귀족들이 반드시 익혔던 예(예의)·악(음악)·사(활쏘기)·어(수레몰기)·서(서법)·수(계산) 등 여섯 가지 기예라고 생각했다. 여기서는 문헌을 가리키는 말이다.
41 자하(子夏) : 공자의 학생으로, 성은 복(卜)이고, 이름은 상(商), 자는 자하(子夏)이다. 공자보다 44살이 적다(BC 507~?).
42 현현이색(賢賢易色) : 이 구절에 대한 일반적인 해석은 "뛰어난 인품을 귀하게 여기는

事父母하되, _{사 부 모}	부모를 모시되,
能竭⁴³其力하며, _{능 갈 기 력}	최선을 다할 수 있으며,
事君하되, _{사 군}	임금을 섬기되,
能致⁴⁴其身하며, _{능 치 기 신}	목숨을 내놓을 수 있으며,
與朋友交하되, _{여 붕 우 교}	친구와 사귀되,
言而有信이니라. _{언 이 유 신}	그 말에 성실하고 신의를 지킨다.
雖曰未學이라도, _{수 왈 미 학}	〔그런 사람이라면,〕 배운 적이 없다고 말하더라도,

마음을 미색을 좋아하는 마음으로 바꾼다"이다. 그러나 그렇게 해석하면, 이 구절의 뜻이 약간은 공허해져 버린다. 진조범(陳祖范)의 〈경지(經咫)〉와 송상봉(宋翔鳳)의 〈박학재찰기(樸學齋札記)〉에서는 이하 세 구절, 즉 부모 모시기[事父母]·임금 섬기기[事君]·친구 사귀기[交朋友]는 각각 일정한 인간관계를 가리키는 것이라고 했다. 그렇다면 '현현이색(賢賢易色)' 또한 마땅히 어떤 한 인간관계를 가리켜서 말하는 것이지, 일반적으로 총괄해서 가리킬 수는 없다. 노예사회와 봉건사회에서는 부부간의 관계를 대단히 중요시했으니, 이는 이것을 '인륜의 시작[人倫之始]'과 '왕의 교화의 바탕[王化之基]'으로 여겼기 때문이다. 본문에서 처음부터 부부관계에 대해 이야기한 것은 이상히 여길 것이 못된다. '易' 자는 교환하다·바꾸다라는 뜻이 있는데(이 경우에 발음은 역), 또한 경시하다(예를 들면, '輕易')·소홀히 하다라는 뜻도 있다(이 경우에 발음은 이). 이 때문에 여기서는 〈한서(漢書)〉「이심전(李尋傳)」의 안사고(顔師古) 주석에 따라 '이색(易色)'을 "용모를 중히 여기지 않는다"라고 번역했다.

43 갈(竭) : 다하다라는 뜻으로, 온 힘을 다하는 것이다.
44 치(致) : '버리다[委棄]'·'헌납하다[獻納]'라는 뜻이 있기 때문에 "목숨을 내놓다"라고 번역했다.

吾必謂之學矣라 하리라. _{오 필 위 지 학 의}	나는 반드시 그가 이미 배운 적이 있다고 말할 것이다.

8

子曰 _{자 왈}	공자께서 말씀하셨다.
君子⁴⁵가 不重⁴⁶, _{군 자 부 중}	군자가 장중하지 않으면,
則不威⁴⁷니, _{즉 불 위}	곧 위엄이 없으니,
學則不固니라. _{학 즉 불 고}	비록 공부를 하여도 배운 것이 공고할 리가 없다.
主忠信⁴⁸하니라. _{주 충 신}	충(忠)과 신(信) 이 두 가지 도덕을 위주로 해야 한다.
無⁴⁹友不如己者⁵⁰요, _{무 우 불 여 기 자}	자기보다 못한 사람을 친구로 사귀지 말며,

---

45 군자(君子) : 이 단어는 문장 끝까지 계속 연결되기 때문에, 번역문에서는 이 단어 뒤에서 잠시 쉬었다.
46 중(重) : 언행이 장중한 것을 말한다.
47 위(威) : 위엄이 있다는 뜻이다.
48 주충신(主忠信) : 「안연 편」에서도 "충성과 믿음을 위주로 하며, 단지 의를 따르는 것이, 곧 덕을 높일 수 있는 것이다(主忠信, 徙義, 崇德也)"라고 했으며, 여기서의 '충신(忠信)'은 '도덕(道德)'으로 볼 수 있다.
49 무(無) : 옛날에는 '무(毋)' 자를 많이 차용했으며, '무(毋)'는 금지를 나타내는 말이다.
50 무우불여기자(無友不如己者) : 예로부터 이 구절에 대해 많은 의혹을 갖고 있었다. 이

過,
과

則勿憚⁵¹改니라.
즉 물 탄   개

잘못을 했으면,

고치는 것을 두려워하지 마라.

9

曾子가 曰
증자   왈

증자가 말했다.

愼終⁵²하고,
신 종

부모의 죽음에 대해 신중히 대처하고,

追遠⁵³이면,
추 원

먼 조상을 추모하면,

民德이 歸厚矣니라.
민 덕   귀 후 의

백성들이 자연히 충직하고 성실해질 수 있다.

때문에 여러 가지 해석이 나왔으며, 번역문에서는 단지 글자 표면상에 나타나는 뜻으로 번역했다.

51 탄(憚) : 두려워하다라는 뜻이다.
52 신종(愼終) : 정현의 주석에서는 "늙어서 죽는 것을 종(終)이라 한다[老死曰終]"라고 했으니, 여기서의 '종(終)' 자는 부모의 사망을 가리킴을 알 수 있다. 신종(愼終)의 내용은 유보남(劉寶楠)의 〈논어정의(論語正義)〉에서 「단궁(檀弓)」에 나오는 증자(曾子)의 말을 인용한 것이 있는데, 입관[殮]하고 매장하는 일은 반드시 정성스럽고 성실하게 해야 후회가 없다는 것을 가리킨다.
53 추원(追遠) : 구체적으로 말하고 있는 것은 "제사는 그 공경을 다해야 한다[祭祀盡其敬]"는 것으로, 두 가지 해석 모두 글자의 표면적인 뜻만으로 해석했다.

10

子禽⁵⁴이 問於子貢⁵⁵曰
자 금   문 어 자 공   왈

자금이 자공에게 물었다.

夫子⁵⁶至於是邦⁵⁷也하사,
부 자 지 어 시 방   야

선생님께서는 어느 나라에 도착하시면,

必聞其政하시나니,
필 문 기 정

반드시 그 나라의 정치에 대해 들으실 수 있으시니,

求之與아?
구 지 여

〔그것은 선생님께서〕 구하신 것입니까?

抑⁵⁸與之與아?
억   여 지 여

아니면 다른 사람이 스스로 선생님께 알려준 것입니까?

---

54 자금(子禽) : 진항(陳亢), 자는 자금(子禽)으로, 「자장 편」의 기록을 볼 때, 아마도 공자의 학생은 아닌 것 같다. 〈사기〉 「중니제자열전」에도 이 사람은 빠져 있다. 정현 주석의 〈논어〉와 「단궁(檀弓)」에는 그를 공자의 학생이라고 했으나, 그 근거가 분명치 않다. 장용(臧庸)의 〈배경일기(拜經日記)〉에서는 자금이 바로 「중니제자열전」에 나오는 원항금(原亢禽)이라고 했지만, 간조량(簡朝亮)의 〈논어집주보소(論語集注補疏)〉에서는 이러한 주장에 대해 반박한 것이 있다.

55 자공(子貢) : 공자의 학생으로, 성은 단목(端木), 이름은 사(賜)이며, 자는 자공(子貢)이다. 위(衛)나라 사람으로 공자보다 31살이 적다(BC 520~?).

56 부자(夫子) : 이것은 고대의 경칭(敬稱)으로 대부분 대부를 지낸 적이 있는 사람은 모두 이렇게 불렀다. 공자는 노나라의 사구(司寇)를 지낸 적이 있기 때문에 공자의 제자들은 그를 부자(夫子)라고 불렀다. 후에 이러한 것을 답습하여 '선생님[老師]'의 칭호로 사용되었다. 일정한 상황에서는 특별히 공자를 가리킬 때도 사용되었다.

57 방(邦) : 나라를 가리킨다.

58 억(抑) : '혹은'·'아니면'의 뜻이다.

子貢이 曰
자 공 왈

자공이 말했다.

夫子는 溫·良·恭·儉·讓以得之시니라.
부 자 온 량 공 검 양이득지

선생님께서는 온화함과 선량함·엄숙함·절약함·겸손함으로 얻으신 것이니라.

夫子之求之也는,
부 자 지 구 지 야

선생님께서 얻으신 방법은

其諸[59]異乎人之求之與인저?
기 저   이 호 인 지 구 지 여

아마도 다른 사람이 얻는 방법과는 다르지 않겠는가?

11

子曰
자 왈

공자께서 말씀하셨다.

父在에,
부 재

그 부친이 살아 있을 때에,

---

59 기저(其諸) : 홍이선(洪頤烜)의 〈독서총록(讀書叢錄)〉에서 "〈공양전(公羊傳)〉「환공(桓公) 6년」전(傳 : 주석)에 '아마 이것으로 환공을 책망하는 것인가[其諸以病桓與]?' 「민공(閔公) 원년」전에 '제나라의 중손이 아마 곧 우리 노나라의 중손인 것인지[其諸吾仲孫與]?' 「희공(僖公) 24년」전에 '여기서 바로 이 일을 말한 것인가[其諸此之謂與]?' 「선공(宣公) 5년」전에 '이것은 아마 혼인을 해서 친정에 돌아가는 것이라[其諸爲其雙雙而俱至者與]?' 「선공 15년」전에 '아마 노나라 선공은 이때 마땅히 생각을 바꾸어 옛 제도를 시행해야 한다[其諸則宜於此焉變矣]'가 있는데, '기저(其諸)'는 제나라와 노나라의 사투리다"라고 했다. 살펴보건대, 위에 서술한 저(諸)의 예를 보면 모두 긍정하지 않는 말투를 표시할 때 사용되었다. 황가대(黃家岱)의 〈흥예헌잡저(嬹藝軒雜著)〉에서 '기저(其諸)'의 뜻은 '아마도'라고 한 것이, 대체적으로 맞는 것 같다.

觀其[60]志요, 관 기 지	〔자식은 혼자 행동할 권리가 없으므로〕 그 자식의 뜻을 관찰해야 하고,
父沒에, 부 몰	그 부친이 죽은 후에,
觀其[61]行[62]이니, 관 기 행	그 자식의 행동을 살펴봐야 하니,
三年[63]을 無改於父之道[64]라야, 삼 년　　　무 개 어 부 지 도	그 자식이 부친의 합리적인 부분에 대해 오래도록 바꾸지 않아야,
可謂孝矣니라. 가 위 효 의	효를 다했다고 할 수 있다.

12

有子가 曰 유 자 　 왈	유자가 말했다.

---

60 기(其) : 부친을 가리키는 것이 아니라 자식을 가리키는 말이다.
61 기(其) : 위와 같음.
62 행(行) : 거성으로, 발음은 xìng이다.
63 삼년(三年) : 옛날 사람들이 사용한 이러한 숫자에 대해 너무 융통성 없이 보아서는 안 된다. 이 숫자는 자주 긴 기간을 표시할 뿐이다.
64 도(道) : 어떤 때에는 일반적인 뜻의 명사로서, 좋고 나쁨·선악을 막론하고 모두를 도라고 한다. 그러나 적극적인 의미의 명사로, 좋다는 의미·선하다는 의미를 나타내는 것으로 더 많이 사용되었다. 여기에서는 후자의 경우로 보아, '합리적인 부분'이라고 번역했다.

禮之用이,
_{예 지 용}

예의 작용은

和⁶⁵爲貴하니.
_{화 위 귀}

일이 생겼을 때 합당하게 처리하는 것을 귀하게 여겼다.

先王之道가,
_{선 왕 지 도}

과거 현명한 군주가 나라를 다스리는데,

斯爲美라.
_{사 위 미}

가장 고귀한 점이 바로 여기에 있다.

小大由⁶⁶之니라.
_{소 대 유 지}

그들은 크고 작은 일 모두 합당하게 처리했다.

有所不行⁶⁷하니,
_{유 소 불 행}

그러나 행해지지 않는 곳이 있으면,

---

65 화(和): 〈예기〉「중용(中庸)」에서 "희로애락이 드러나지 않는 것을 중(中)이라 하며, 드러났으나 모두 절도에 맞는 것을 화(和)라고 한다[喜怒哀樂之未發謂之中, 發而皆中節謂之和]"라고 하였고, 양수달은 〈논어소증(論語疏證)〉에서 "일이 절도에 맞는 것을 모두 화(和)라고 하지, 유독 희로애락이 드러나는 일만을 말하는 것은 아니다. 〈설문해자(說文解字)〉에서 '화는 조화로운 것이다[龢, 調也]', '화는 조미하는 것이다[盉, 調味也]'라고 했는데, 음악을 조화롭게 하는 것을 화(龢)라고 하고, 맛을 조화롭게 하는 것을 화(盉)라고 하며, 일을 조화롭게 하는 것을 화(和)라고 하는데, 그 뜻은 모두 하나이다. 오늘날에는 적합하고 · 적당하고 · 적절하게 잘 처리하는 것을 말한다"라고 했다.
66 유(由): '따르다'라는 의미이다.
67 유소불행(有所不行): 황간(皇侃)의 〈의소(義疏)〉에는 이 구절을 앞 문장에 연결시키고 있으며, 그렇게 되면 본문은 다음과 같이 읽어야 한다. "禮之用, 和爲貴. 先王之道, 斯爲美. 小大由之, 有所不行. ……" 그는 '화(和)'를 음악으로 해석해서 "이하는 임금의 도를 밝히고 백성을 교화하는 데에는 반드시 예악(禮樂)이 서로 따라야 된다는 것이다.

知和而和요,
지 화 이 화

곧 합당한 것을 위해 합당한 것을 구하고,

不以禮節⁶⁸之면,
불 이 례 절 지

일정한 규율 제도로써 통제하지 않으면,

亦不可行也니라.
역 불 가 행 야

또한 행할 수 없는 것이다.

13

有子가 曰
유 자 왈

유자가 말했다.

信近於義⁶⁹면,
신 근 어 의

지켜야 하는 언약이 의에 부합하면,

言可復⁷⁰也니라.
언 가 복 야

하는 말이 곧 실행될 수 있다.

······음악을 변화시켜 조화를 말하는 것은 음악의 공덕이라 볼 수 있다. ······큰일 작은일 모두 예에 따라서 처리했으나 만약 행할 수 없는 일이 있으면, 매사에 크고 작은 일에 모두 예로써 했으나, 음악과 조화를 이루지 못해서 그 정치가 행해지지 않는 바가 있다고 말한대[此以下明人君行化必禮樂相須. ······變樂言和, 見樂功也. ······小大由之有所不行者, 言每事小大皆用禮, 而不以樂和之, 則其政有所不行也.]"라고 했다. 이러한 구두법(句讀法)은 고려해 볼 만하지만, '화(和)'를 음악으로 해석하고, 또 '소대유지(小大由之)'의 '지(之)'가 '예(禮)'를 가리키는 말이라고 한 것은 억지가 있다.

68 절(節) : 제약하다·통제 관리하다라는 뜻이다.
69 신근어의(信近於義) : 주희의 〈집주〉에서 "신은 약속이고, 의는 일의 마땅함이대[信, 約信也, 義者事之宜也]"라고 했다.
70 복(復) : 〈좌전〉「희공(僖公) 9년」에 순식(荀息)이 "나와 선군(先君)이 약속하였으니, 배신할 수 없으며, 약속의 말을 실행하려 하는데 어찌 몸을 아끼리오[吾與先君言矣, 不

恭⁷¹近於禮면,
공 근 어 례

태도와 용모의 정중함이 예에 합당하면,

遠⁷²恥辱也니라.
원 치 욕 야

모욕을 당하지 않는다.

因⁷³不失其親이면,
인 불실기친

관계가 깊은 사람을 의지하면,

亦可宗⁷⁴也니라.
역 가 종 야

또한 믿음직하다.

14

子曰
자 왈

공자께서 말씀하셨다.

君子⁷⁵는 食無求飽하며,
군자   식 무 구 포

군자는 밥을 먹는 데 배부른 것을 요구하지 않으며,

可以貳, 能欲復言而愛身乎]?"라고 했으며, 또 「애공(哀公) 16년」에 섭공(葉公)이 "내가 듣기에는 승(勝)은 약속 지킴을 좋아하고, ······ 약속만 지키는 것이 신의가 아니다[吾聞勝也好復言, ······ 復言非信也]"라고 했다. 이 '복언(復言)'은 약속을 실천한다는 뜻으로, 본문의 뜻과 같이 쓰였다. 주희의 〈집주〉에서는 "복은 말을 실천하는 것이다[復, 踐言也]"라고 했으나, 이에 대한 예를 들고 있지 않았기 때문에, 후대 훈고학자들이 많은 의문을 갖고 있다.

71 공(恭) : 한 사람의 태도가 공손하고 겸손한 것을 가리킨다.
72 원(遠) : 거성으로, 발음은 yuàn이며, 동사로 사용되었다. 사동용법(使動用法)으로, '멀리 떨어지게 하다'라는 뜻이다.
73 인(因) : 기대다·의지하다라는 뜻이다. 어떤 사람은 '인(姻)' 자로 읽지만, 그렇게 되면 '인불실기친(因不失其親)'은 "혼인을 한 사람들이 모두 친해졌다"라고 해석되기 때문에, 이처럼 번역해서는 안 된다.
74 종(宗) : 주관하다·믿을 만하다라는 뜻이다. 일반적으로 '존경하다'라고 해석하지만 적절하지는 않다.

居無求求安하며,
거무구안

사는 데 편안한 것을 요구하지 않으며,

敏⁷⁶於事而愼於言이요,
민 어사이신어언

일에 대해 부지런하고 민첩하게 하지만 말하는 것은 신중하게 하며,

就有道⁷⁷而正⁷⁸焉이면,
취유도 이정언

도가 있는 사람에게 가서 자신을 바로잡으면,

可謂好學也已⁷⁹니라.
가위호학야이

학문을 좋아한다고 말할 수 있다.

15

子貢이 曰
자공 왈

자공이 말했다.

---

75 군자(君子) : 〈논어〉에 나오는 '군자'는 '지위가 있는 사람'을 가리키기도 하고, 또 '덕이 있는 사람'을 가리키기도 한다. 그러나 어떤 때에 지위가 있는 사람을 가리키는지, 덕이 있는 사람을 가리키는지는 분별해 내기 어렵다. 여기에서는 덕이 있는 사람을 가리킨다.

76 민(敏) : 부지런하고 민첩하다라는 뜻이다.

77 유도(有道) : 주희의 〈집주〉에서 "무릇 도라고 말한 것은 모두 사물의 당연한 이치이니, 사람이 누구나 함께 행해야 할 것을 말한다[凡言道者, 皆謂事物當然之理, 人之所共由者也]"라고 했다.

78 정(正) : 〈논어〉에서 여러 차례 '정(正)' 자가 쓰였다. 동사로 쓰일 때에는 모두 '바로잡다[匡正]' 혹은 '단정히 하다[端正]'라는 뜻이며, 여기서도 예외가 아니다. 일반적으로 '정(正)' 자를 "그 시비를 바로잡다[正其是非]"·"그 득실을 판단하다[判其得失]"라고 해석하지만, 여기서는 취하지 않았다.

79 야이(也已) : 황소본과 정평본에는 '야이의(也已矣)'로 되어 있고, 한석경(漢石經)에는 '야(也)' 자가 없이 '이의(已矣)'로 되어 있으며, 당석경(唐石經)에는 '의(矣)' 자가 없이 '야이(也已)'로 되어 있다.

貧而無諂[80]하며, 빈 이 무 첨	가난하지만 아첨하지 않으며,
富而無驕하면, 부 이 무 교	부유하지만 교만하지 않으면,
何如[81]하니잇고? 하 여	어떻습니까?
子曰 자 왈	공자께서 말씀하셨다.
可也[82]나, 가 야	괜찮지만,
未若貧而樂[83]하며, 미 약 빈 이 락	가난하지만 도를 즐기며,
富而好禮者也니라. 부 이 호 례 자 야	부유하지만 겸허하고 예를 좋아하는 것만 못하다.
子貢이 曰 자 공 왈	자공이 말했다.
〈詩〉云 시 운	〈시경〉에서 말했다.

---

80 첨(諂) : 아부하다 · 아첨하다라는 뜻이다.
81 하여(何如) : 〈논어〉에 나오는 '하여(何如)'는 모두 '어떠한가'로 해석된다.
82 가야(可也) : 오늘날의 표현으로 하자면 '그런대로 괜찮은 편이다'라는 뜻이다.
83 빈이락(貧而樂) : 황간본에는 '락(樂)' 자 뒤에 '도(道)' 자가 있다. 정현의 주석에서는 "락(樂)은 도에 뜻을 두고서, 가난한 것을 걱정하지 않는 것을 말하는 것이다[樂謂志於道, 不以貧爲憂苦]"라고 했다. 그래서 번역에 '도(道)'라는 글자를 덧붙여 썼다.

如切如磋하며, 여 절 여 차	〔마치 짐승의 뼈나 뿔 · 상아 · 옥과 같은 것을 다루듯이〕 먼저 재료를 자르고 다시 다듬고,
如琢如磨[84]라 하니, 여 탁 여 마	세밀하게 쪼은 후에, 갈아 빛을 내야 한다.
其斯之謂與인저? 기 사 지 위 여	그것은 바로 이런 뜻이지요?
子曰 자 왈	공자께서 대답하셨다.
賜[85]也는, 사 야	사야,
始可與言[86]〈詩〉已矣로다, 시 가 여 언 시 이 의	이제 너와 〈시경〉을 토론할 수 있겠구나,
告諸往而知來者[87]은여. 고 저 왕 이 지 래 자	너에게 한 가지를 말해 주면 너는 한 가지 일로써 다른 것을 미루어 알 수 있게 되었다.

---

84 여절여차(如切如磋), 여탁여마(如琢如磨) : 이 말은 〈시경(詩經)〉「위풍 · 기오(衛風 · 淇奧)」에 나온다.
85 사(賜) : 자공(子貢)의 이름으로, 공자는 학생들을 부를 때 이름을 불렀다.
86 가여언(可與言) : '가이언(可以言)'과 같다. 공자는 자공이 하나로부터 추리하여 다른 것을 알 수 있기 때문에 자공과 같은 사람과는 시를 이야기할 수 있다고 했다.
87 고저왕이지래자(告諸往而知來者) : '저(諸)'는 여기서 '지(之)'와 같은 용법으로 사용되었다. '왕(往)'은 과거의 일, 여기서는 이미 알고 있는 일을 비유한 것이다. '래자(來

16

子曰
자 왈

공자께서 말씀하셨다.

不患人之不己知요,
불 환 인 지 불 기 지

다른 사람이 나를 이해해 주지
않아도 나는 걱정하지 않는다.

患不知人也니라.
환 부 지 인 야

내가 걱정하는 것은 내 자신이 다른
사람을 이해하지 못하는 것이다.

者)'는 미래의 일, 여기서는 아직 알지 못하는 일을 비유했다. 번역에서는 의역을 했다.
공자는 자공이 〈시경〉을 운용하여 비유를 들 수 있는 것을 칭찬했으며, 이는 학문과 도
덕이 한 걸음 더 나아졌다는 것을 나타낸다.

2 정사를 다스리는 것은

爲政篇

개인이 학문을 하는 데 있어서의 내적인 수양을 말하고 있는 것이 「학이 편」이라면, 「위정 편」은 학문이 밖으로 드러나 사용되는 이치에 대해 말하고 있으며, 정사(政事)와 관련된 가르침이 많다. 모두 공자의 말로만 구성되어 있다는 점에서 「학이 편」과 다르다.

그러나 여기에서 한 가지 주의해야 할 점은, 많은 사람들이 '위정'이 공자의 '정치사상'이나 요즘 말하는 '정치철학'이라고 생각하지만, 여기에 대해서는 신중한 판단이 필요하다.

1

子曰
자 왈

공자께서 말씀하셨다.

爲政¹以德이,
위 정 이 덕

도덕으로 국정을 다스리는 것은,

譬如北辰²이 居其所어든 而衆星이 共³之니라.
비 여 북 진   거 기 소   이 중 성   공 지

자신이 마치 북극성처럼 일정한 위치에 있고, 다른 별들은 모두 그것을 에워싸고 있는 것과 같다.

2

子曰
자 왈

공자께서 말씀하셨다.

---

1 위정(爲政) : 정치적인 일을 집행하는 것을 가리킨다.
2 북진(北辰) : 지구의 자전축은 천구(天球)의 북극과 똑바로 향하고 있기 때문에, 지구의 자전과 공전에서 반영되어 나오는 항성의 매일 매년 운동 중에서는, 천구의 북극은 움직이지 않고, 다른 항성들이 감싸 돌면서 선회한다. 황하(黃河)의 중·하류 지역은 대략 북위 36도로, 이 때문에 천구의 북극도 북방 지평선의 36도보다 높이 나온다. 공자가 말한 북진(北辰)은 천구의 북극을 가리키는 것이 아니고 북극성을 가리킨다. 천구의 북극은 비록 움직이지 않으나, 다른 별들이 천구의 북극을 감싸 돌며 움직인다. 그러나 북극성도 움직일 뿐만 아니라 또한 매우 빠르게 회전한다. 단지 지구와의 거리가 약 782광년으로, 너무 멀어서 사람들이 그것이 이동하는 것을 느낄 수 없을 뿐이다. 지금으로부터 4천 년 전의 북극은 우추(右樞 : 북두칠성의 오른쪽 첫째 별. 天龍座∝) 부근에 있었으며, 현재에는 작은곰자리에 있다.
3 공(共) : 공(拱) 자와 같다. 〈좌전〉「희공(僖公) 32년」에 "너의 무덤에 나무가 한 아름짜리나 될 것이다[爾墓之木拱矣]"의 '공(拱)' 자와 뜻이 비슷하며, 둘러싸다·에워싸다라는 뜻이다.

〈詩〉三百⁴을,　　　　　　　〈시경〉 300편을
　시　삼　백

一言以蔽⁵之하니,　　　　　한마디로 개괄하면,
　일 언 이 폐 지

曰　　　　　　　　　　　　말하기를
　왈

思無邪⁶니라.　　　　　　　바로 생각이 순수하다이다.
　사 무 사

3

子曰　　　　　　　　　　　공자께서 말씀하셨다.
　자 왈

道⁷之以政하고,　　　　　　정치와 법으로 백성들을 인도하고,
　도 지 이 정

齊⁸之以刑이면,　　　　　　형벌로써 그들을 바로잡으면,
　제 지 이 형

---

4 시삼백(詩三百) : 〈시경〉은 실제 305편으로, '삼백(三百)'이라 한 것은 단지 정수(整數)를 든 것뿐이다.

5 폐(蔽) : 개괄하다·망라하다라는 뜻이다.

6 사무사(思無邪) : '사무사(思無邪)'는 본래 〈시경〉「노송·경(魯頌·駉)」의 문장으로, 공자가 그것을 빌려서 모든 시편을 평론했다. '사(思)' 자는 본래 「경편(駉篇)」에서 아무런 의미 없이 문장의 첫머리에 오는 어조사로 쓰였으나, 공자가 그것을 인용할 때는 오히려 생각 사(思) 자와 같은 뜻으로 해석하여, 스스로 단장취의(斷章取義)했다. 유월(俞樾)의 〈곡원잡찬(曲園雜纂)〉「설항(說項)」에서는 이것을 어사(語辭)라고 말했으니, 아마 공자의 원래 뜻과는 맞지 않을 것이다.

7 도(道) : 어떤 사람은 이것을 '도천승지국(道千乘之國)'의 '도(道)'와 같다고 보아서 다스리다라는 뜻으로 해석했다. 또 다른 사람은 '도(導)' 자로 보아서 인도하다라는 뜻으로 해석했는데, 여기서는 인도하다라는 뜻으로 보았다.

8 제(齊) : 바로잡다·손질하다라는 뜻이다.

民免⁹而無恥니라.
민 면   이 무 치

백성들은 잠시 죄를 면하고자 할 뿐 염치를 모르게 된다.

道之以德하고,
도 지 이 덕

도덕으로 그들을 인도하고,

齊之以禮면,
제 지 이 례

예교(禮敎)로써 그들을 바로잡으면,

有恥且格¹⁰이니라.
유 치 차 격

백성들은 염치를 알게 되고 또한 인심이 돌아오게 된다.

4

子曰
자 왈

공자께서 말씀하셨다.

吾¹¹十有¹²五而志于學하고,
오 십 유 오 이 지 우 학

나는 열다섯 살에 학문에 뜻을 두고,

---

9 면(免) : 선진(先秦) 시기 고서에서 '면(免)' 자가 단독으로 사용되면, 일반적으로 '면죄하다[免罪]'·'형을 면하다[免刑]'·'화를 면하다[免禍]'로 번역한다.

10 격(格) : 본래 이 글자에는 여러 가지 뜻이 있으며, 여기서는 '오다[來]'라고 해석했다. 이외에도 '이르다[至]'나 '바르게 하다[正]'라고 해석하며, 또 때로는 '각(恪)' 자로 써서 '공경하다[敬]'로 해석하기도 한다. 그러나 이러한 여러 가지 다른 해석이 반드시 공자의 원래 뜻과 부합하는 것은 아니다. 〈예기〉「치의(緇衣)」에서 "대체로 백성을 덕으로써 가르치고, 예로써 바로잡으면 백성들은 임금을 사모하는 마음이 생기게 된다. 정치로써 가르치고, 형벌로써 바로잡으면 백성들이 도망할 마음을 가진다[夫民, 敎之以德, 齊之以禮, 則民有格心. 敎之以政, 齊之以刑, 則民有遯心.]"라고 했는데, 이 말은 공자가 본문에서 한 말에 대한 최초의 주석(注釋)으로 볼 수 있으며, 비교적 믿을 만하다. 이 문장에서 '격심(格心)'과 '둔심(遯心)'은 서로 대립되는 문장으로, '둔(遯)'은 곧 '둔(遁)' 자로 피하여 숨다라는 뜻이다. 피하여 숨다라는 것의 반대는 당연히 가까이하다·돌아오다·동경하다라는 뜻으로, 번역문에서는 "인심이 돌아오다"라고 번역했다.

11 오(吾) : 〈설문해자〉에서 "오는 자기 스스로를 칭하는 것이다[吾, 我自稱也]"라고 했다.

三十而立[13]하고,
삼 십 이 립

서른 살에는 [예의를 알게 되어] 말하고 일하는 것에 모두 자신이 있게 되고,

四十而不惑[14]하고,
사 십 이 불 혹

마흔 살에는 [여러 가지 지식을 익혀서] 미혹되지 않았고,

五十而知天命[15]하고,
오 십 이 지 천 명

쉰 살에는 천명을 알게 되었고,

六十而耳順[16]하고,
육 십 이 이 순

예순 살에는 다른 사람의 말을 들으면, 곧 참과 거짓을 분별하게 되고, 시비를 가릴 수 있게 되었으며,

여기서의 '오(吾)'는 공자 스스로를 칭하는 말이다.

12 유(有) : '우(又)'자와 같다. 옛날 사람들은 정수(整數)와 작은 단위 숫자 사이에 '유(有)'자를 많이 사용했으며, '우(又)'자는 사용하지 않았다.

13 립(立) : 「태백 편」에서 "예는 사회에서 나를 바로 설 수 있게 한다[立於禮]"라고 했으며, 「계씨 편」에서도 "예를 배우지 않으면 제대로 설 수 없을 것이다[不學禮, 無以立]"라고 해석했기 때문에, "예의를 알게 되어"라고 몇 자 덧붙였다. '립(立)'은 서다라는 뜻으로, 여기서는 '혼자 설 수 있다'는 의미이며, 상하 문장을 매끄럽게 연결하기 위해서 "일을 하는데 모두 자신이 있게 되다"라고 의역했다.

14 불혹(不惑) : 「자한 편」과 「헌문 편」에 모두 '지자불혹(知者不惑)'이라는 말이 있기 때문에, 번역문에 "지식을 습득하게 되어"라는 말로써 '불혹(不惑)'을 설명했다.

15 천명(天命) : 공자는 숙명론자는 아니지만, 천명에 대해 언급하고 있다. 이것에 대해서 후대 사람들이 여러 가지로 이야기하고 있으나, 공자의 본래 뜻과 반드시 부합되는 것은 아니다. 이 때문에 여기서는 이 두 글자에 대해 잠시 해석을 피했다.

16 이순(耳順) : 이 두 글자에 대해 단언하기는 어려우며, 많은 사람들이 해석을 시도했으나, 모두가 억지가 많다고 생각된다.

七十而從心所欲하되,
칠 십 이 종 심 소 욕

일흔 살이 되어서는 마음속에
하고 싶은 대로 하되,

不踰矩[17]호라.
불 유 구

어떠한 생각도 법도에
어긋나지 않게 되었다.

5

孟懿子[18]가 問孝한대.
맹 의 자   문 효

맹의자가 〔공자에게〕 효도에 대해
물으니,

子曰
자 왈

공자께서 말씀하셨다.

無違[19]니라.
무 위

예절을 어기지 않아야 된다.

---

[17] 종심소욕불유구(從心所欲不踰矩) : '종(從)' 자는 '종(縱)'으로도 쓰며, 황간의 〈의소〉에서도 '종(縱)'으로 읽고, '방종하다[放縱]'로 해석했다. 유종원(柳宗元)의 「양회에게 보내는 서신[與楊晦之書]」에서 '공자칠십이종심(孔子七十而縱心)'이라 하여, '종(從)' 자를 '종(縱)'으로 쓰고 있을 뿐만 아니라, 또한 '심(心)' 자에서 끊어 읽고, '소욕(所欲)'을 아래에 붙여서 '칠십이종심, 소욕불유구(七十而縱心, 所欲不踰矩)'라고 읽고 있다. 그러나 '종(縱)' 자는 옛날 사람들이 비방하는 의미로 쓰던 글자로, 예를 들면 〈좌전〉「소공(昭公) 10년」에 "나는 정말 방종하고 욕심을 부리어[我實縱欲]"라고 쓰인 적이 있기 때문에, 유종원의 주장을 따라서 읽기는 어렵다.

[18] 맹의자(孟懿子) : 노나라의 대부로, 삼가(三家) 중의 하나이며, 성은 중손(仲孫), 이름은 하기(何忌)이다. '의(懿)'는 시호로, 그의 부친이 맹희자(孟僖子) 중손확(仲孫玃)이다. 〈좌전〉「소공(昭公) 7년」에 따르면 그의 부친이 죽기 전에 그에게 유언하기를 공자에게 가서 예를 배우라고 했다.

[19] 무위(無違) : 황식삼(黃式三)의 〈논어후안(論語後案)〉에서 "〈좌전〉「환공(桓公) 2년」에 말했다. '덕을 밝히고 그릇된 것을 막대[昭德塞違]', '덕을 멸하고 나쁜 이를 세우대[滅德立違]', '군주가 잘못함에 덕으로 충간(忠諫)함을 잊지 않았대[君違, 不忘諫之以德]';

樊遲[20]가 御러니,
번지 어

〔얼마 되지 않아서〕 번지가 공자의 수레를 모는데,

子告之曰
자 고 지 왈

공자께서 그에게 말씀하셨다.

孟孫이 問孝於我어늘,
맹 손   문 효 어 아

맹손이 나에게 효도에 대해 묻기에,

我對曰,
아 대 왈

내가 대답하여 말하기를,

無違라호라.
무 위

예절을 어기지 않아야 된다고 했다.

樊遲가 曰
번 지   왈

번지가 말했다.

何謂也니잇고?
하 위 야

그게 무슨 뜻입니까?

「6년」전(傳)에서 말했다. '아름다운 마음을 가지고 있고 사악한 마음을 가지고 있지 않았다[有嘉德而無違心]', 「양공 26년」전(傳)에서 말했다. '그 잘못은 바로잡고 복잡한 일을 다스리다[正其違而治其煩]'…… 옛날 사람들은 대개 예(禮)에 위배되는 것을 위(違)라고 했다'라고 말했기 때문에 본문에서 '위(違)' 자를 "예절을 어기다[違禮]"라고 번역했다. 왕충(王充)의 〈논형(論衡)〉「문공(問孔)」에서는 공자가 왜 '무위례(無違禮)'라고 말하지 않고, 고의로 생략해서 '무위(無違)'라고 말했는가에 대해 질문한 적이 있다. 설마 사람들이 '무위지(毋違志)'로 오해할까 두려워해서인가? 여기서 살펴보건대 후한(後漢) 때에 이미 '위(違)' 자의 함의(含義)를 몰랐던 것이다.

20 번지(樊遲) : 공자의 학생으로, 이름은 수(須), 자는 자지(子遲)이고, 공자보다 46살이 적다〈사기〉「중니제자열전」에는 공자보다 36살이 적다고 하고, 〈공자가어(孔子家語)〉에서는 46살이 적다고 한다. 만약 〈좌전〉「애공(哀公) 11년」에 기록된 번지의 일로 그것을 참고해 볼 때, 아마도 〈사기〉의 '삼(三)'은 '亖(옛날의 四字)'의 착오인 것 같다).

子曰 _{자 왈}	공자께서 말씀하셨다.
生, _생	부모가 살아 계실 때에는,
事之以禮²¹하며, _{사 지 이 례}	정해진 예절로 그들을 모시고,
死, _사	돌아가시면,
葬之以禮하며, _{장 지 이 례}	정해진 예절로 그들을 장사지내며,
祭之以禮니라. _{제 지 이 례}	정해진 예절로 그들을 제사지낸다.

6

孟武伯²²이 問孝한대. _{맹 무 백 문 효}	맹무백이〔공자에게〕효도에 대해 물으니,
子曰 _{자 왈}	공자께서 말씀하셨다.

---

21 생(生), 사지이례(事之以禮) : '생(生)'과 다음 구절의 '사(死)'는 모두 시간을 나타내는 축약어(縮約語)이기 때문에 따로 구두점을 찍었다. 고대 예의에는 일정한 차등이 있어서, 천자(天子)·제후(諸侯)·대부(大夫)·사(士)·서인(庶人)이 각기 달랐다. 노나라의 삼가(三家)는 대부이면서 어떤 때에는 노공(魯公 : 諸侯)의 예를 사용하기도 했다. 심지어는 천자의 예까지도 사용하였다. 이러한 행위를 당시에는 '참(僭)'이라고 했으며, 공자가 가장 마음 아파했던 일이다. 공자의 이 몇 마디 대답은 아마도 이 현상에 대해서 말한 것일 것이다.
22 맹무백(孟武伯) : 중손체(仲孫彘)로, 맹의자(孟懿子)의 아들이며, '무(武)'는 시호이다.

父母는 唯其²³疾之憂시니라. 부모는 오로지 자식이 병에 걸릴까
부모   유기 질지우   걱정하시느니라.

7

子游²⁴가 問孝한대. 자유가 효에 대해 물으니,
자유   문효

子曰 공자께서 말씀하셨다.
자왈

今之孝者는, 지금의 효라고 하는 것은
금지효자

是²⁵謂能養²⁶이니라. 단지 부모를 봉양할 수 있으면
시 위 능양   된다고 말한다.

---

23 기(其) : 3인칭 소유격의 대명사로, '그의 것'·'그들의 것'에 해당한다. 그러나 여기에서 가리키는 것이 부모인지, 아니면 자식인지에 대해서는 두 가지 설이 있다. 왕충(王充)의 〈논형(論衡)〉「문공(問孔)」에서는 "무백은 매우 부모를 걱정했던 까닭에 단지 부모의 병을 걱정한다고 말하였다[武伯善憂父母, 故曰, 唯其疾之憂]"라고 했으며, 〈회남자(淮南子)〉「설림훈(說林訓)」에서는 "부모의 병을 걱정하는 사람은 자식이고, 그것을 치료하는 사람은 의사이다[憂父之疾者子, 治之者醫]"라고 했다. 이에 대해서 고유(高誘)의 주석에 "부모는 단지 그 병만을 걱정하였던 까닭에 그것을 걱정하는 사람은 자식이라고 말했다[父母唯其疾之憂, 故曰憂之者子]"라고 했으니, 왕충과 고유가 생각한 '기(其)'자는 부모를 가리키는 말로 대신 쓰였다. 그러나 마융(馬融)은 오히려 "효자는 함부로 그릇된 행동을 하지 않으니, 단지 병이 난 후에야 부모로 하여금 걱정을 하게 한다[言孝子不妄爲非, 唯疾病然後使父母憂]"라고 말하면서, '기(其)' 자가 효자를 가리키는 것으로 보았다. 두 견해가 모두 일리가 있으나, 번역문에서는 마융의 설을 취했다.

24 자유(子游) : 공자의 학생으로, 성은 언(言)이고, 이름은 언(偃), 자는 자유(子游)이다. 오나라 사람으로, 공자보다 45살이 적다.

25 시(是) : 왕인지(王引之)의 〈경전석사(經傳釋詞)〉에서 "'시(是)'와 '지(祇)'는 같은 뜻이다"라고 했다. '지(祇)'는 '단지'·'다만'의 뜻이다.

26 양(養) : '양부모(養父母)'의 '양(養)'을 옛날 사람들은 모두 거성으로 읽었고, 발음은 yàng이다.

至於²⁷犬馬하여도,
지어 견마

개나 말에게도

皆能有養²⁸이니,
개 능 유 양

모두 길러줌이 있을 수 있으니,

不敬이면,
불 경

엄숙하게 부모에게 효도하는 마음이 없다면,

何以別乎리오?
하 이 별 호

부모를 봉양하는 것과 개나 말을 기르는 것을 어떻게 구분하겠는가?

---

27 지어(至於) : 장상(張相)의 〈시사곡어사회석(詩詞曲語詞匯釋)〉에서는 '지어(至於)'를 "설사……일지라도[卽使]" 혹은 "바로……이다[就是]"라고 해석했다. 이 단락에서 그렇게 본다면 문맥은 통하는 듯하지만, '지어(至於)'의 이러한 용법은 선진(先秦 : 진나라 이전 시기) 고서 중에서 단지 여기에서만 한 번 보일 뿐이어서, 확실히 단정하기는 힘들다. 여기서의 '지어(至於)'는 〈맹자〉「고자 상(告子上)」에 "오직 귀도 마찬가지로 그러하다. 소리에 대해서 말하는데, 천하의 사람들이 모두 사광이 지은 훌륭한 음악을 들으려 하는데, 이것은 바로 천하 사람들의 귀가 비슷하기 때문이다. 눈 역시 그러하다. 자도에 대해서 말하는데, 천하의 사람들은 그의 아름다움을 모르는 사람이 없기 때문이다[惟耳亦然. 至於聲, 天下期於師曠, 是天下之耳相似也. 惟目亦然. 至於子都, 天下莫不知其姣也]"의 '지어(至於)'의 용법과 비슷하다. 모두 "…에 대해서 이야기하다" "…에 대해서 말하다"라고 번역했지만, 그렇게 번역하지 않아도 된다.

28 지어견마개능유양(至於犬馬皆能有養) : 이 구절에 대해 여러 가지 다른 해석이 있다. 일설에는 개와 말도 사람을 공양할 수 있는데, 사람이 사람을 공양하면서 만약 공경하지 않는다면, 곧 개와 말이 사람을 공양하는 것과 아무런 구별이 없다고 했다. 그렇게 해석해도 뜻은 통한다. 또 다른 설은 개와 말도 자기의 어미를 공양할 수 있다고(이광지(李光地)의 〈논어차기(論語箚記)〉, 적호(翟灝)의 〈사서고이(四書考異)〉) 하지만, 그러나 개와 말은 사실상 자기의 어미를 봉양할 수 없기 때문에, 이 설은 믿을 수 없다고 했다. 또 다른 사람은 개와 말은 소인을 비유한 말이라고 했지만(유보남의 〈논어정의〉에서 유보수(劉寶樹)의 설을 인용한 것), 이런 비유의 수사법은 〈논어〉에서 비슷한 다른 예를 찾을 수 없으며, 〈논어〉의 문장 풍격과 서로 맞지 않아서 더욱 믿기 어렵다.

8

子夏가 **問孝**한대.
자 하   문 효

자하가 효도에 대해 물으니,

子曰
자 왈

공자께서 말씀하셨다.

色難29이니.
색 난

자식이 부모 앞에서 항상 유쾌한 얼굴을 하기 어렵다.

有事어든,
유 사

일이 있으면

弟子30가 **服其勞**하고,
제 자   복 기 로

젊은 사람이 수고하고,

有酒食31어든,
유 주 사

술이나 음식이 있으면,

---

29 색난(色難) : 이 말에 대해 두 가지 설이 있다. 하나는 자식이 부모를 모실 때의 얼굴색을 말한다. 〈예기〉「제의 편(祭義篇)」에서 "효자 중에 깊이 사랑하는 자는 반드시 화기가 있고, 화기가 있는 자는 반드시 부드러운 빛이 있고, 부드러운 빛이 있는 자는 반드시 온순한 용모가 있다[孝子之有深愛者必有和氣, 有和氣者必有愉色, 有愉色者必有婉容]"라고 했으니, 이것으로 이 두 글자의 주해(註解)로 삼을 수 있다. 다른 한 가지 설은 모시는 부모의 얼굴색이다. 후한(後漢)의 경학자 포함(包咸)·마융(馬融)이 모두 이처럼 말했다. 그러나 만약 원래의 뜻이 그랬다면 마땅히 '시색위난(侍色爲難)'으로 말해야 하지, 간단하게 '색난(色難)'이라고 말할 수 없으므로 여기서 취하지 않았다.

30 제자·선생(弟子·先生) : 유태공(劉台拱)의 〈논어병지(論語騈枝)〉에서 "〈논어〉에서는 모두 일곱 번 '제자(弟子)'를 말했는데, 그 중에 두 번은 나이 어린 사람을 가리키고, 다섯 번은 문인(門人)을 이른다. '선생(先生)'은 두 번 언급했는데, 모두 연장자(年長者)를 말한다[〈論語〉言 '弟子'者七, 其二皆年幼者, 其五謂門人. 言 '先生'者二, 皆謂年長者.]"고 했다. 마융(馬融)은 "선생은 아버지와 연장자를 말한다[先生謂父兄也]"라고 했으며, 그렇게 해석해도 뜻은 통한다.

31 사(食) : 옛날에는 거성으로 읽었으며, 발음은 sì로, 음식물을 뜻한다. 그러나 오늘날에는 shí로 읽으니, 예를 들면 '주식(主食)'·'부식(副食)' 등과 같은 것이다.

先生饌³²이,
_{선 생 찬}

나이 든 사람에게 먼저 먹고 마시게 하는 것,

曾³³是以爲孝乎아?
_{증 시 이 위 효 호}

설마 이것만을 효도라고 생각하는 것인가?

9

子曰
_{자 왈}

공자께서 말씀하셨다.

吾與回³⁴로 言終日에,
_{오 여 회   언 종 일}

내가 온종일 안회와 학문을 이야기함에,

不違,
_{불 위}

그는 한 번도 반대 의견이나 의문을 제기하지 않아,

如愚러니.
_{여 우}

마치 우둔한 사람처럼 보였다.

---

32 찬(饌) : 발음은 zhuàn으로, 먹고 마시다라는 뜻이다. 〈노론(魯論)〉에는 '준(餕)'으로 되어 있으며, 준(餕)은 먹다가 남은 음식을 뜻한다. 그렇다면 이 구절은 당연히 '유주, 식선생준(有酒, 食先生餕)'과 같은 식으로 읽어야 하고, 번역은 "술이 있으면 나이가 적은 사람은 그 남은 것을 마신다[有酒, 幼輩吃其剩餘.]"로 된다.

33 증(曾) : 발음은 céng이고, 부사로, '필경[竟]'의 뜻이다.

34 회(回) : 안회(顔回)를 가리키며, 공자가 가장 마음에 들어했던 제자이다. 노나라 사람으로, 자는 자연(子淵), 공자보다 30살이 적었다〈사기〉「중니제자열전」에 이렇게 기록되어 있다. 그러나 모기령(毛奇齡)의 〈논어계구편(論語稽求篇)〉과 최적(崔適)의 〈논어족징기(論語足徵記)〉의 고증에 의하면, 〈사기〉의 '삼십(三十)'은 마땅히 '사십(四十)'을 잘못 적은 것으로, 안연은 실제 공자보다 40살이 적었다고 한다(BC 511~480).

退而省其私^{35}한대,
퇴 이 성 기 사

그러나 그는 물러가 스스로 연구하여

亦足以發하나니,
역 족 이 발

오히려 그것을 분명히 나타낼 수 있었으니,

回也가 不愚로다.
회 야   불 우

안회는 결코 우둔한 것이 아님을 알 수 있다.

10

子曰
자 왈

공자께서 말씀하셨다.

視其所以^{36}하며,
시 기 소 이

한 사람의 사귀는 친구를 조사하고,

觀其所由^{37}하며,
관 기 소 유

그가 일정한 목표를 달성하기 위해 택하는 방법을 관찰하며,

---

35 퇴이성기사(退而省其私) : 주희의 〈집주〉에는 공자가 물러나서 안회의 사생활을 살펴보건대, "그 일상생활을 보아하니 움직이고 고요히 있고, 말하고 침묵하는 사이에도 충분히 선생님의 도를 열어 밝힌다[則見其日用動靜語默之間, 皆足以發明夫子之道]"라고 했으니, 안회가 생활 속에서 실천을 통해 공자의 도를 발휘할 수 있음을 증명했다. 이렇게 해도 말은 통한다.
36 소이(所以) : '이(以)' 자는 '용(用)' 자나 '여(與)' 자로 해석할 수 있다. 만약 '용(用)'으로 해석한다면, 아래 문장의 '소유(所由)'의 뜻과 중복되기 때문에, 여기서는 '여(與)'의 의미로 해석했고, 「미자 편」에 "그런데 누구와 더불어 그것을 바꾸겠느냐[而誰以易之]"의 '이(以)'와 같은 뜻이다. 어떤 사람은 "이(以)는 위(爲)와 같다[以猶爲也]"라고 한다. '시기소이(視其所以)'는 곧 〈대대례 · 문왕관인(大戴禮 · 文王官人)〉의 "그 행위를 살핀다[考其所爲]"와도 통한다.
37 소유(所由) : '유(由)'는 "이것에 의해 행하다[由此行]"라는 뜻이다. 「학이 편」의 "큰일

察其所安[38]이면, 찰 기 소 안	그의 마음이 무엇에 편안해 하고 무엇에 불안해 하는가를 이해하면,
人焉廋哉[39]리오? 인 언 수 재	그 사람됨이 어찌 숨겨질 수 있겠느냐?
人焉廋哉리오? 인 언 수 재	그 사람됨이 어찌 숨겨질 수 있겠느냐?

11

子曰 자 왈	공자께서 말씀하셨다.
溫故而知新[40]이면, 온 고 이 지 신	예전에 익힌 지식을 복습하면서 새롭게 깨닫고 발견할 수 있다면,

작은 일 모두 합당하게 처리하다[小大由之]"와 「옹야 편」의 "길을 가되 지름길로 가지 않았다[行不由徑]", 「태백 편」의 "백성들로 하여금 우리가 걷고 있는 길을 따라서 걸어가도록 할 수 있다[民可使由之]"의 '유(由)'가 모두 이와 같이 해석되었다. '소유(所由)'는 따라가려는 길을 가리키기 때문에 여기서는 방법이라는 말로 번역했다.

38 소안(所安) : '안(安)'은 「양화 편」에서 공자가 재여(宰子)에 대해 말한 "네가 편하다면 그렇게 하여라[女安, 則爲之]"의 '안(安)'이다. 어떤 사람이 지금까지 한 번도 잘못을 한 적이 없다가, 한두 가지 나쁜 일을 저질러 이것으로 인해 마음이 불안하다면, 여전히 좋은 사람으로 간주할 수 있다. 이 때문에 번역문에서는 몇 구절을 늘여서 설명하였다.

39 인언수재(人焉廋哉) : 언(焉)은 '어느 곳[何處]'이라는 뜻이다. 수(廋)는 발음이 sōu로, 숨기다[隱藏] · 은닉(隱匿)하다라는 뜻으로, 이 구절을 기계적으로 번역하면, "이 사람이 어디에 가서 숨겠는가?"라고 되며, 〈사기〉「위세가(魏世家)」에서 서술하고 있는 이극(李克)의 사람 관찰하는 방법인 "평상시에는 친하게 지내는 게 누군가 살펴보고, 잘살 때에는 무엇을 남에게 주는가를 살펴보고, 영달하였을 때에는 누구를 추천하는가를 살펴보고, 궁지에 빠졌을 때에는 무슨 짓을 하지 않는가를 살펴보고, 가난할 때에는 무엇을 취하지 않는가를 살펴본다[居視其所親, 富視其所與, 達視其所擧, 窮視其所不爲, 貧視其所不取]"는 비록 구체적이기는 하지만, 본문처럼 분명하지 않다.

可以爲師矣니라.
가 이 위 사 의

곧 선생이 될 수 있다.

12

子曰
자 왈

공자께서 말씀하셨다.

君子는 不器[41]니라.
군 자 　 불 기

군자는 그릇과 같은 것은 아니다
〔일정한 용도만을 갖고 있는 것은
아니다〕.

13

子貢이 問君子한대.
자 공 　 문 군 자

자공이 어떻게 해야 군자가
될 수 있는지 물으니,

子曰
자 왈

공자께서 말씀하셨다.

---

40 온고이지신(溫故而知新) : 황간의 〈의소〉에서 '온고(溫故)'는 "매달 이미 능한 것을 복습하다[月無忘其所能]"라는 것이고, '지신(知新)'은 "매일 자기가 알지 못하는 것을 알다[日知其所亡]"라는 뜻이라고 했으니, 그렇게 해도 뜻은 통한다.

41 군자불기(君子不器) : 고대에는 지식의 범위가 매우 좁아, 공자는 어떠한 것에도 막힘이 없어야 된다고 생각했으며, 후대 사람들도 한 가지 일이라도 모르는 것이 있으면 선비의 수치라고 말했다. 비록 공자가 "학문은 넓되 자신의 명성을 이룰 만한 것이 없다[博學而無所成名]"라고 비판한 사람도 있었지만, 공자는 여전히 "군자는 그릇처럼 일정한 용도만을 갖고 있는 것은 아니다[君子不器]"라고 말했다.

先行其言[42]이요 而後從之니라.
선 행 기 언   이 후 종 지

네가 말하려고 하는 것을 먼저 실행하고 다시 말을 꺼내야 할 것이다〔그러면 충분히 군자라 할 수 있다〕.

14

子曰
자 왈

공자께서 말씀하셨다.

君子는 周而不比[43]하고,
군 자   주 이 불 비

군자는 도의(道義)로 단결하지만 작은 이해를 위해 결탁하지는 않고,

小人은 比而不周니라.
소 인   비 이 부 주

소인은 작은 이해를 위해 결탁하지만 도의로 단결하지는 않는다.

15

子曰
자 왈

공자께서 말씀하셨다.

學而不思則罔[44]하고,
학 이 불 사 즉 망

공부만 하고 사고하지 않으면 속임을 당하기 쉽고,

---

42 선행기언(先行其言) : 일반적으로 '선행기언(先行其言)'에서 끊어 읽으나, 〈몽계필담(夢溪筆談)〉에서는 '선행(先行)'에서 끊어 읽었다.

43 주·비(周·比) : '주(周)'는 당시 도의(道義)로 사람을 모으는 것이고, '비(比)'는 잠시 동안 공동의 이해 때문에 서로 결탁하는 것이다. 옛날에는 '비(比)'를 거성으로 읽었으며, 발음은 bì이다.

44 망(罔) : 속다는 뜻이다. "공부만 하고 생각하지 않으면[學而不思]" 곧 속임을 당하는

思而不學則殆⁴⁵니라.
사 이 불 학 즉 태

공상만 하고 공부하지 않으면 믿음이 부족하게 된다.

16

子曰
자 왈

공자께서 말씀하셨다.

攻⁴⁶乎異端⁴⁷이면,
공 호 이 단

그런 부정확한 의론(議論)들을 비판하면,

데, 마치 〈맹자〉「진심 하(盡心下)」에서 "책에 있는 말을 다 믿는 것보다는, 차라리 책이 없는 것이 낫다[盡信書, 不如無書]"라는 의미와 비슷하다.

45 태(殆) : 〈논어〉의 '태(殆)'는 두 가지 뜻이 있다. 뒤 제18장에 나오는 "많이 보고 의심가는 데가 있으면 남겨두고[多見闕殆]"의 '태(殆)'는 '의혹(疑惑)'으로 해석하고(왕인지의〈경의술문(經義述聞)〉), 「미자 편」에 나오는 "오늘날 정치하는 자들이 위험하구나[今之從政者殆而]"에서의 '태(殆)' 자는 '위험(危險)'으로 해석하고 있다. 여기서는 두 가지 뜻이 모두 통하지만, 번역문에서는 전자의 뜻을 취했다. 옛날 사람들은 항상 '망(罔)'을 '태(殆)'와 호응되는 문장에 썼으니, 예를 들면 〈시경〉「소아 · 절남산(小雅 · 節南山)」에 "물어보지도 일하지도 않으면서, 군자들을 속이려 들지 마시오, 평안히 다스리면 잘못을 그치니 백성들을 위태롭게 하지 마시오[弗問弗仕, 勿罔君子, 式夷式己, 無小人殆]"라고 했다('무소인태(無小人殆)'는 '무태소인(無殆小人)'으로, 각운(脚韻) 때문에 도치되었다). 옛날 주석에는 "허전하게 아무 얻는 것이 없음[罔然無所得]"을 '망(罔)'으로 해석하고 있고, "정신적으로 피로한 것[精神疲殆]"을 '태(殆)'로 해석하고 있으나, 여기서 그렇게 해석하기는 힘들 것 같다.

46 공(攻) : 〈논어〉에서는 모두 네 차례 '공(攻)' 자를 쓰고 있다. 「선진 편」의 '소자명고이공지(小子鳴鼓而攻之)'와 「안연 편」의 '공기악, 무공인지악(攻其惡, 無攻人之惡)'에서의 '공(攻)' 자 모두 '공격하다'로 해석하고 있으며, 여기서도 예외가 아니다. 그러나 많은 사람들이 오히려 그것을 "이단의 학문을 다스리다[治學]"의 '다스리다[治]'로 해석하고 있다.

47 이단(異端) : 공자 당시에는 아직 제자백가(諸子百家)가 없었기 때문에, 이것을 '다른 학설'로 해석하기는 어렵다. 그러나 공자와 서로 다른 주장이나 언론은 있었을 것이므로, "부정확한 의론(議論)"이라고 번역했다.

斯⁴⁸害也已⁴⁹니라.
사 해 야 이

해로운 것이 곧 소멸될 수 있을 것이다.

17

子曰
자 왈

공자께서 말씀하셨다.

由⁵⁰야!
유

유야!

誨女⁵¹知之乎인저!
회 여 지 지 호

너에게 알고 모르는 것을 대하는 정확한 태도를 가르쳐 주마!

知之爲知之요,
지 지 위 지 지

아는 것을 안다고 하고,

不知爲不知가,
부 지 위 부 지

모르는 것을 모른다고 하는 것이,

是知也⁵²니라.
시 지 야

이것이 바로 총명하고 지혜로운 것이다.

---

48 사(斯) : 접속사로서 '곧'의 뜻이다.
49 이(已) : 마땅히 동사로 보아야 하며, 그치다[止]라는 뜻이다. 그래서 '소멸되다'로 해석했다. 만약 '공(攻)' 자를 '다스리다[治]'로 해석하면, '사(斯)' 자는 지시대명사로 보아야 하며, '이것'의 뜻이 된다. 또 '야이(也已)'는 어기사로 보아야만 하며, 전문(全文)의 해석이 다음과 같이 된다. "부정확한 학술 연구에 종사하면, 이것은 해가 된다." 일반적으로 이처럼 해석하고, 문맥도 통하지만, 〈논어〉 고유의 단어 사용법[詞法]과 문장 사용법[句法]과는 맞지 않게 된다.
50 유(由) : 공자의 학생으로, 중유(仲由)이다. 자는 자로(子路)이고, 변(卞 : 옛날 성이 지금의 산동성 사수현(泗水縣) 동쪽 50리에 있다) 사람이다. 공자보다 9살이 적었다(BC 542~480).
51 여(女) : 고서에서 2인칭을 나타내는 데 사용된 '여(女)' 자는 음이 '여(汝)'이다.

18

子張[53]이 學干祿[54]한대.
자장   학간록

자장이 공자에게 관직을 구하여
봉록을 얻는 방법을 배우고자 하자,

子曰
자왈

공자께서 말씀하셨다.

多聞闕疑요,
다문궐의

많이 듣고 의심 가는 데가 있으면
남겨두고,

愼言其餘,
신언기여

그 나머지 충분히 자신 있는 부분을
신중히 말하면,

則寡尤[55]며,
즉과우

잘못을 줄일 수 있으며,

多見闕殆[56]요,
다견궐태

많이 보고 의심 가는 데가 있으면
남겨두고,

---

52 시지야(是知也) : 《순자(荀子)》「자도(子道)」에도 이 이야기가 실려 있으며, 여기보다 더 상세하다. 그 중에서 "말을 조리 있게 하면 똑똑하고, 행동을 지극하게 하면 어질다[言要則知, 行至則仁]"라고 한 것이 있기 때문에 본문에서 '지(知)'를 '지(智)'로 읽었다. 만약 '지(知)'를 글자 그대로 읽는다면, 당연히 "이것이 아는 것과 모르는 것에 대한 정확한 태도이다"라고 번역해야 한다.
53 자장(子張) : 공자의 학생 전손사(顓孫師)이다. 자는 자장(子張), 진(陳)나라 사람으로 공자보다 48살이 적다(BC 503~?).
54 간록(干祿) : 간(干)은 구하다라는 뜻이고, 록(祿)은 옛날 관리의 봉급이다.
55 우(尤) : '우(尤)'는 잘못이라는 뜻이다[尤, 過也].
56 궐태(闕殆) : '궐의(闕疑)'와 같은 뜻이다. 앞 문장에서는 '궐의(闕疑)'로 적었고, 여기서는 '궐태(闕殆)'로 썼다. '의(疑)'와 '태(殆)'는 동의사(同義詞)로, '서로 뜻이 비슷한 문장[互文]'으로 그 뜻을 나타내었다.

愼行其餘,
신 행 기 여

그 나머지 충분히 자신 있는 부분을 신중히 실행하면,

則寡悔니라.
즉 과 회

후회하는 일을 줄일 수 있을 것이다.

言寡尤하며,
언 과 우

말의 잘못이 적고,

行[57]寡悔면,
행 과 회

행동의 후회할 일이 적으면,

祿在其中矣니라.
녹 재 기 중 의

관직과 봉록은 바로 그 안에 있다.

19

哀公[58]이 問曰
애 공 문 왈

노나라 애공이 물었다.

何爲則民服이니잇고?
하 위 즉 민 복

어떻게 해야 백성들이 복종하도록 할 수 있습니까?

孔子對曰[59]
공 자 대 왈

공자께서 대답하셨다.

---

57 행(行) : 명사로서 발음은 xìng이고, 거성으로 읽는다.
58 애공(哀公) : 노나라 임금이다. 성은 희(姬)이고, 이름은 장(蔣)으로, 정공(定公)의 아들이다. 정공에 이어서 즉위하여 27년 동안 재위하였으며(BC 494~466), '애(哀)'는 시호이다.
59 공자대왈(孔子對曰) : 〈논어〉의 문장 형식에서 신하가 임금의 질문에 대답할 때는 반드시 '대왈(對曰)'을 사용하였다. 여기서는 공자가 노나라 임금의 질문에 대답하는 것이므로, '공자대왈(孔子對曰)'이라고 했다.

擧直錯諸枉[60]이면,
거 직 조 저 왕

정직한 사람을 뽑아 그릇된 사람 위에 두시면,

則民服하고.
즉 민 복

백성들이 곧 복종하게 될 것입니다.

擧枉錯諸直이면,
거 왕 조 저 직

그릇된 사람을 뽑아 정직한 사람 위에 두시면,

則民不服이니이다.
즉 민 불 복

백성들은 복종하지 않게 될 것입니다.

20

季康子[61]가 問
계 강 자   문

계강자가 물었다.

---

[60] 조저왕(錯諸枉) : '조(錯)'에는 놓아두다라는 뜻이 있으며, 또 버려두다라는 뜻도 있다. 일반 사람들은 그것을 버려두다로 해석하여 "그러한 사악한 사람들을 내버려두다('저(諸)' 자를 '많은 사람[衆]'으로 해석했다)"라고 했다. 그러나 이러한 해석은 고한어 어법 규칙과 맞지 않는다. 왜냐하면 '왕(枉)'·'직(直)'은 추상명사이므로, 고문 중의 '중(衆)'·'저(諸)'와 같은 수량 형용사는 일반적으로 보통명사 앞에만 위치하고, 이러한 종류의 추상명사 앞에는 위치하지 않기 때문이다. 이 규칙은 남송(南宋)의 손계화(孫季和 : 이름은 應時)가 이미 분명히 밝힌 적이 있다. 왕응린(王應麟)의 〈곤학기문(困學紀聞)〉에서 그의 말을 인용하여 "만약 여러 사람으로 해석을 한다면, 어째서 '저(諸)' 자를 두 번씩이나 사용한 것인가?"라고 했다. 이 두 '저(諸)' 자는 단지 '지어(之於)'의 합음(合音)으로 볼 수 있으므로, '조(錯)'는 마땅히 '놓아두다'로 해석해야 한다. '치지어왕(置之於枉)'은 "그릇된 사람 위에 놓아두다[置之於枉人之上]"와 같은 말로, 고대 한어(古代漢語)에서 '어(於)' 자 뒤에 쓰인 방위사는 때때로 생략해서 쓸 수 있었다. 주역동(朱亦棟)의 〈논어찰기(論語札記)〉에서 이 구절을 정확히 해석했다.

[61] 계강자(季康子) : 계손비(季孫肥), 노나라 애공(哀公) 때 정경(正卿)으로, 당시 정치적으로 최고의 권력을 갖고 있었다. '강(康)'은 시호이다.

使民敬忠以⁶²勸인댄,	백성들을 엄숙하고 진지하도록 하고
사 민 경 충 이 권	몸과 마음을 다하고 서로를
	권면하도록 하려면,

如之何잇고? 어떻게 해야겠습니까?
여 지 하

子曰 공자께서 말씀하셨다.
자 왈

臨之以莊, 그대가 백성들의 일을 엄숙하고
임 지 이 장 진지하게 대하면,

則敬하고, 그들도 그대의 정치를 엄숙하고
즉 경 진지하게 대할 것이요,

孝慈, 그대가 부모에게 효도하고 어린
효 자 사람을 자애롭게 대하면,

則忠하리이다. 그들도 그대에게 몸과 마음을
즉 충 다할 것입니다.

擧善而敎不能, 좋은 사람을 뽑아 능력이 약한
거 선 이 교 불 능 사람을 가르치면,

---

62 이(以) : 접속사로, '화(和 : 그리고)'와 같다.

則勸이니이다.
즉 권

그들도 서로를 권면하게 될 것입니다.

21

或⁶³이 謂孔子曰
혹   위공자왈

어떤 사람이 공자에게 말했다.

子는 奚不爲政이시잇고?
자   해불위정

그대는 어찌하여 정치에 참여하지 않습니까?

子曰
자왈

공자께서 말씀하셨다.

〈書〉云⁶⁴
서 운

〈상서〉에 이르기를,

孝乎인저 惟孝하며,
효호   유효

효도할진저! 오직 부모에게 효도하고,

友于兄弟하야,
우우형제

형제간에 우애가 있어야,

施⁶⁵於有政⁶⁶이라 하니.
시 어유정

이러한 분위기가 정치에까지 영향을 끼친다고 하였소.

---

63 혹(或) : 바로 '혹인(或人)'과 같다. 여기서는 기록한 사람이 이 말을 한 사람의 이름을 몰랐거나, 그 사람 이름을 기록할 필요가 없다고 생각했기 때문에 '혹(或)' 자를 사용했다.
64 서운(書云) : 아래의 세 구절은 〈상서(尙書)〉에서는 빠진 문장으로, 〈위고문상서(僞古文尙書)〉를 만들 때 여기에서 뽑아내어 「군진 편(君陳篇)」에 넣었다.
65 시(施) : 여기서는 '파급되다'라고 해석해야 하지만 옛날 사람들은 '시행하다[施行]'라고

是亦爲政이니,
시 역 위 정

이것 역시 정치에 참여하는 것이니,

奚其爲爲政[67]이리오?
해 기 위 위 정

어찌 반드시 벼슬을 해야지만 정치에 참여하는 것이라 하겠소?

22

子曰
자 왈

공자께서 말씀하셨다.

人而無信[68]이면,
인 이 무 신

사람으로서 신의가 없다면,

不知其可也로라.
부 지 기 가 야

그것이 어떻게 옳은 것이라 할 수 있는지 모르겠구나.

大車無輗하고,
대 거 무 예

큰 수레에 멍에 채가 없고,

小車無軏[69]이면,
소 거 무 월

작은 수레에 멍에 채가 없다면,

해석했다. 그럴 경우 본문의 뜻과 맞지 않게 된다.

66 시어유정(施於有政) : '유(有)' 자는 아무런 의미 없이 명사 앞에 사용되었다. 이것은 고대 단어의 구성 형태로, 〈문언문법(文言文法)〉에 상세히 나와 있다. 양수달은 "정(政)은 경상대신(卿相大臣)을 말하는 것으로, 그 자리로써 말하는 것이지, 일하는 것으로 말하지 않는다[政謂卿相大臣, 以職言, 不以事言]"라고 했으니, 그렇다면 이 말의 해석은 곧 "이러한 분위기가 경상대신에게까지 영향을 끼친다"가 된다.

67 위위정(爲爲政) : 첫 번째 '위(爲)'는 '되다'라는 뜻이고, 두 번째 '위는 '정(政)' 자의 목적어로 쓰여서 '하다'라는 뜻이다.

68 인이무신(人而無信) : '이(而)' 자를 '만약'으로 해석해서는 안 된다. '인무신(人無信)'이라고 하지 않고, '인이무신(人而無信)'이라고 한 것은 '인(人)' 자만을 따로 떼어서 한 단위로 읽어 줌을 표시한다. 고서에서는 이런 종류의 구법이 많이 보인다.

其何以行之哉리오?
기 하 이 행 지 재

어떻게 갈 수 있겠느냐?

23

子張이 問
자 장   문

자장이 물었다.

十世를 可知也[70]잇가?
십 세   가 지 야

앞으로 10대[예의 제도]를 미리 알 수 있겠습니까?

子曰
자 왈

공자께서 말씀하셨다.

殷因[71]於夏禮하니,
은 인   어 하 례

은나라는 하나라의 예의 제도를 답습하였으니,

所損益을,
소 손 익

그 폐지되고 늘어난 것을

---

69 예·월(輗·軏) : 고대에 소가 끄는 수레를 대거(大車)라 했고, 말이 끄는 수레를 소거(小車)라 했다. 두 종류 모두 가축을 수레의 끌채에 채웠다. 수레의 끌채 앞면에는 횡목(橫木)이 있으니, 이것이 바로 가축을 매는 곳이다. 그 횡목을 대거(大車)에서는 격(鬲)이라 불렀고, 소거(小車)에서는 형(衡)이라 했다. 격(鬲)·형(衡) 두 끝머리에는 관건(關鍵)이 있었으며, 예(輗)는 격(鬲)의 관건이고, 월(軏)은 형(衡)의 관건이다. 수레에 그것이 없다면, 자연히 가축을 맬 수 없게 된다. 그렇다면 어떻게 갈 수 있겠는가?
70 십세가지야(十世可知也) : 아래 문장에 나오는 공자의 대답을 볼 때, 자장(子張)은 그 당시 이후의 10대의 예의 제도를 물었지, 포괄적으로 질문을 한 것이 아니라는 것을 충분히 단정할 수 있다. 따라서 번역문에 몇 글자 더 첨가했다. 여기서 '야(也)' 자는 '야(耶)' 자와 같으며, 의문을 표시한다.
71 인(因) : 과거의 방법이나 제도를 그대로 좇다라는 뜻이다. 공자가 살던 시대는 사회 변화가 매우 느렸기 때문에 이처럼 말했다.

| 可知也며,
_{가 지 야} | 알 수 있으며, |

| 周因於殷禮하니,
_{주 인 어 은 례} | 주나라는 은나라의 예의 제도를 답습했으니, |

| 所損益을,
_{소 손 익} | 그 역시 폐지되고 늘어난 것을 |

| 可知也니라.
_{가 지 야} | 알 수 있다. |

| 其或繼周者면,
_{기 혹 계 주 자} | 그렇다면 가령 주나라를 계승해서 정치를 베풀 사람이 있다고 하면, |

| 雖百世라도,
_{수 백 세} | 그 이후 100대라도 |

| 可知也니라.
_{가 지 야} | 미리 알 수 있다. |

24

| 子曰
_{자 왈} | 공자께서 말씀하셨다. |

| 非其鬼[72]而祭[73]之는,
_{비 기 귀 이 제 지} | 자기가 마땅히 제사지내야 할 귀신도 아니면서 제사지내는 것은 |

---

72 귀(鬼): 고대에는 죽은 사람을 모두 '귀(鬼)'라고 불렀다. 일반적으로는 이미 돌아가신 조상을 가리키는 말이지만, 때로는 총괄해서 가리키는 경우도 있다.

73 제(祭): 제(祭)는 길한 제사[吉祭]로, 흉한 제사[凶祭]를 가리키는 말인 전(奠)과는 다

諂⁷⁴也요.
 첨 야

아첨하는 것이다.

見義不爲는,
 견 의 불 위

마땅히 앞장서 나아가 해야 할 일을
보고도 하지 않고 방관하는 것은

無勇也니라.
 무 용 야

비겁한 것이다.

르다(사람이 죽으면, 처음에 음식을 차려 놓고서 그 영혼을 위로하는데, 이것을 전(奠)이라고 한다). 귀신에게 제사를 지내는 목적은 대부분 복을 빌기 위함이다.
74 첨(諂) : 발음은 chán으로, 아첨하다·아부하다라는 뜻이다.

3 예순네 명을 세워 놓고
八佾篇

「팔일 편」의 편명인 '팔일'은 고대 문화를 대표하는 춤의 한 종류로서, 당시 주(周)나라 천자가 국가의 큰 행사를 거행할 때 행해졌던 것이다. 이 장을 「팔일 편」의 서두에 둔 것은 오늘날의 말로 표현하자면 문화정신을 나타내는 것이다. 공자가 말하고자 했던 내용은 '예'로서, 「팔일 편」에서는 '예' 자가 특히 많이 사용되어 모두 15번 출현하였으며, 〈논어〉 전체에서도 가장 많이 보인다. 예의 근본은 바로 공자가 평생 추구했던 학문의 핵심이기도 하다. 여기에서는 편의상 '팔일'이라는 명칭으로 편명을 삼았다.

1

孔子謂季氏¹하시되,
공 자 위 계 씨

공자께서 계씨에 대해 말씀하셨다.

八佾²로 舞於庭하니,
팔 일   무 어 정

그는 뜰에서 예순네 명을 세워 놓고 음악을 연주하고 춤을 추게 하니,

是可忍³也니,
시 가 인 야

이는 모두 모질게 마음먹고 할 수 있는 것이니,

孰不可忍也리오?
숙 불 가 인 야

무슨 일이든지 모질게 마음먹고 하지 못하겠느냐?

---

1 계씨(季氏) : 〈좌전〉「소공(昭公) 25년」의 기록과 〈한서(漢書)〉「유향전(劉向傳)」에 의하면, 계씨는 아마도 계평자(季平子), 즉 계손의여(季孫意如)를 가리키는 말일 것이다. 〈한시외전(韓詩外傳)〉에서는 계강자(季康子)로, 마융의 주석에서는 계환자(季桓子)로 보고 있지만, 모두가 신뢰할 만한 것은 못된다.

2 팔일(八佾) : 일(佾)의 발음은 yì로, 고대에는 음악을 연주하여 춤을 추었으며, 여덟 사람을 한 줄로 서게 했다. 이 한 줄을 일(佾)이라 했고, 팔일(八佾)은 여덟 줄로 가로·세로 줄 여덟으로 모두 64명이 필요했는데, 단지 천자만이 쓸 수 있었다. 제후들은 육일(六佾)을 사용하여, 모두 48명이 있었다. 대부는 사일(四佾)을 사용하여, 32명이 있었다. 계씨는 대부였기 때문에 마땅히 사일(四佾)을 써야 했다.

3 인(忍) : 일반적으로 '용납하다'· '참다'로 해석을 하지만, 적당하지 않다. 왜냐하면 공자 당시에는 결코 계씨를 토벌할 만한 조건이나 의지가 없었기 때문이다. 뿐만 아니라 계평자(季平子)가 노나라 공실(公室)을 약화시켜, 노나라 소공(昭公)이 이를 참지 못하고, 제(齊)나라로 갔다가, 다시 진(晉)나라로 가서 결국에는 진나라의 건후(乾侯)에서 죽었다. 이것이 아마도 공자가 말한 "무슨 일이든지 모질게 마음먹고 하지 못하겠느냐[孰不可忍]" 는 일일 것이다. 〈가자(賈子)〉「도술(道術)」에서 "불쌍한 사람을 측은하게 여기는 것을 자(慈)라고 하며, 자(慈)에 반대되는 것을 인(忍)이라 한다[惻隱憐人謂之慈, 反慈謂忍]" 라고 했다. 여기서의 '인(忍)' 자가 바로 본문의 뜻과 같다.

2

三家⁴者가 以「雍」⁵徹이러니.
_{삼 가 자   이 옹 철}

중손·숙손·계손씨 삼가(三家)가 그들의 조상에게 제사를 지낼 때, 〔역시 천자의 제례를 사용했으며〕 〈시경〉의 「옹 편」을 부르며 제사 물품을 거두었는데,

子曰
_{자 왈}

공자께서 말씀하셨다.

相⁶維⁷辟公이어든,
_{상 유 벽 공}

〔〈시경〉「옹 편」에 이런 말이 있다〕 제사를 돕는 것은 제후이고,

天子穆穆을.
_{천 자 목 목}

천자는 엄숙하게 거기서 제사를 주관한다.

奚取於三家之堂고?
_{해 취 어 삼 가 지 당}

이 말을 어찌 삼가가 조상에게 제사지내는 대청에서 그 뜻을 찾을 수 있겠는가?

---

4 삼가(三家) : 당시 노나라 정치를 장악하고 있었던 삼경(三卿)을 가리킨다. 그들은 모두 노나라 환공의 후손들이기 때문에, '삼환(三桓)'이라고도 부른다.
5 옹(雍) : 또 '옹(雝)' 자로도 쓰며, 〈시경〉「주송(周頌)」 중의 한 편이다.
6 상(相) : 거성으로, 발음은 xiàng이고, 제사를 돕는 사람이다.
7 유(維) : 어조사로, 아무런 뜻이 없다.

3

子曰
자 왈

人而不仁이면,
인 이 불 인

如禮何리오?
여 례 하

人而不仁이면,
인 이 불 인

如樂何리오?
여 악 하

공자께서 말씀하셨다.

사람이 어질지 아니하면,

어떻게 예의 제도를 대할 것인가?

사람이 어질지 아니하면,

어떻게 음악을 대할 것이냐?

4

林放[8]이 問禮之本한대.
임 방   문 례 지 본

子曰
자 왈

大哉라 問이여!
대 재   문

禮는,
예

與其奢也론,
여 기 사 야

임방이 예의 본질을 물으니,

공자께서 말씀하셨다.

네 질문의 뜻이 참으로 중대하구나!

일반적인 예의는,

허세를 부려 낭비하기보다는

---

[8] 임방(林放) : 노나라 사람으로, 일설에는 공자의 제자라는 말도 있으나, 〈사기〉「중니제자 열전」에 그의 이름이 없기 때문에, 일반적으로 그러한 주장을 받아들이지 않는다.

| 寧儉이오.
  영 검 | 차라리 검소하게 절약하는 것이 더 낫다. |

| 喪은,
  상 | 상례(喪禮)는 |

| 與其易⁹也론,
  여 기 이 야 | 그 예를 주도면밀하게 하는 것보다는 |

| 寧戚이니라.
  영 척 | 차라리 슬퍼하는 것이 더 낫다. |

5

| 子曰
  자 왈 | 공자께서 말씀하셨다. |

| 夷狄¹⁰之有君이,
  이 적   지 유 군 | 문화가 낙후된 나라에 군주가 있는 것이 |

---

9 이(易) : 〈예기〉「단궁 상(檀弓上)」에서 말했다. "자로가 말하기를 '내가 선생님에게 들으니 상례(喪禮)에 그 슬픔이 부족하더라도 예가 남음이 있는 것보다는, 차라리 예가 부족하고 슬픔이 남는 것이 낫다'라고 했다[子路曰, 吾聞諸夫子, 喪禮, 與其哀不足而有餘也, 不若禮不足而哀有餘也]." 이것은 "그 예를 주도면밀하게 하는 것보다는 차라리 슬퍼하는 것이 더 낫다[與其易也, 寧戚]"에 대한 최초의 해석으로 볼 수 있다. '이(易)'에는 '일을 잘 처리하다'라는 뜻이 있으며, 예를 들면 〈맹자〉「진심 상(盡心上)」에서 "그 농지를 잘 다스리다[易其田疇]"라고 한 것으로, 여기서는 "의례를 주도면밀하게 하다"라고 번역했다.

10 이적(夷狄) : 일반적으로 변경지역의 소수민족을 가리킨다.

不如諸夏之亡¹¹也¹²니라.
불여저하지무 야

중국 땅에 군주가 없는 것보다
못할 것이니라.

6

季氏가 旅¹³於泰山이러니.
계 씨 여 어태산

계씨가 태산에 제사지내러
가려 하자,

子謂冉有¹⁴曰
자위염유 왈

공자께서 염유에게 말씀하셨다.

女가 弗能救與아?
여 불능구여

네가 막을 수 없느냐?

對曰
대 왈

염유가 대답했다.

不能이로소이다.
불능

막을 수 없습니다.

---

11 무(亡) : '무(無)' 자와 같다. 〈논어〉에서는 '무(亡)' 자 뒤에 목적어를 쓰지 않았지만, '무(無)' 자 뒤에는 반드시 목적어가 있다.

12 이적유군(夷狄有君)……무야(亡也) : 양수달(楊樹達)의 〈논어소증〉에서는 문화가 낙후된 나라에 임금이 있다[夷狄有君]는 것은 초(楚)나라의 장왕(莊王)·오왕(吳王) 합려(闔廬) 등을 가리키는 말이라고 했으며, 군(君)은 현명한 군주이다. 그렇게 보면 이 구절은 "오랑캐 나라에 임금이 있어도, 중원(中原)의 제후 국가에 임금이 없는 것만 같지 못하다"라는 뜻으로, 역시 말은 통한다.

13 여(旅) : 동사로서, 산에 제사지내다라는 뜻이다. 당시 천자와 제후만이 '명산대천(名山大川)'에 제사지낼 자격이 있었지만, 계씨는 노나라 대부의 신분이면서 태산에 가서 제사를 지냈다. 이 때문에 공자는 "예의에 벗어났다[僭禮]"고 여겼다.

14 염유(冉有) : 공자의 학생 염구(冉求)이다. 자는 자유(子有)이고, 공자보다 29살이 적었다(BC 522~?). 당시 계씨 밑에서 일하고 있었기 때문에 공자가 그를 책망했다.

子曰
자 왈

공자께서 말씀하셨다.

嗚呼라!
오 호

아!

曾謂泰山이 不如林放乎아?
증 위 태 산   불 여 임 방 호

결국 태산의 신이 임방만도 못하단 말이냐〔예를 이해하면서도 규칙에 맞지 않는 제사를 받아들였으므로〕?

7

子曰
자 왈

공자께서 말씀하셨다.

君子가 無所爭이나,
군 자   무 소 쟁

군자는 서로 다툴 만한 일이 없으나,

必也射¹⁵乎인저!
필 야 사   호

다툴 일이 있다면 그것은 활쏘기일 것이다!

揖讓而升하여,
읍 양 이 승

〔그러나 활쏘기 할 때에도〕 서로 읍(揖)을 한 후에 당(堂)에 오르고,

下而飮하나니.
하 이 음

〔활쏘기를 모두 끝낸 후〕 내려와서는 〔읍을 하고〕 술을 마신다.

---

15 사(射) : 활을 쏘다. 상고(上古) 때에는 활쏘기 시합이 모임이나 연회 때 필수적인 오락 종목이었다. 그래서 고대 귀족들은 반드시 활쏘기를 익혔고, 공자도 제자들에게 활쏘기를 필수과목 중의 하나로 삼아 요구했다고 한다.

其爭也君子[16]니라.
기 쟁 야 군 자

그런 다툼이야말로 참으로
예의 있는 것이다.

8

子夏가 問曰
자 하   문 왈

자하가 물었다.

巧笑倩[17]兮[18]며,
교 소 천   혜

보조개가 있는 얼굴의 웃는 모습이
아름다우며,

美目盼[19]兮여,
미 목 반   혜

흑백이 분명한 눈의 눈동자가
선명함이여,

素以爲絢[20]兮라 하니.
소 이 위 현   혜

새하얀 바탕에 화초를 그리고
있구나.

何謂也잇고?
하 위 야

이 시는 무슨 뜻입니까?

---

16 기쟁야군자(其爭也君子) : 이것은 고대 활 쏘는 예를 말한 것으로, 〈의례(儀禮)〉「향사례(鄕射禮)」와 〈의례〉「대사의(大射儀)」에 상세히 기록되어 있다. 당(堂)에 올라 활을 쏘며, 활을 다 쏜 후에는 누가 과녁에 적중한 화살이 많은지를 계산하여, 적중한 화살이 적은 사람이 벌주를 마셨다.
17 천(倩) : 발음은 qiàn이고, 뺨이 잘 생긴 것을 말한다.
18 혜(兮) : 문장 끝에 사용된 감탄사로 아무런 뜻이 없다.
19 반(盼) : 흑백이 분명한 것을 말한다.
20 현(絢) : 발음은 xuàn이고, 화려하고 아름답다는 뜻이다. 이 세 구의 시 중에서 첫째·둘째 구는 〈시경〉「위풍·석인(衛風·碩人)」에 보인다. 세 번째 구는 아마도 지금의 〈시경〉에는 빠진 구절로, 왕선겸(王先謙)의 〈삼가시의집소(三家詩義集疏)〉에서는 이 구절이 〈노시(魯詩)〉에 들어 있다고 했다.

子曰
자 왈

공자께서 말씀하셨다.

繪事가 後素니라.
회사   후소

먼저 흰색의 바탕이 있고 그런 후 꽃을 그리는 것이다.

曰
왈

자하가 말했다.

禮가 後[21]乎잇가?
예   후 호

그렇다면 예악이 생기는 것은 〔인의〕 이후입니까?

子曰
자 왈

공자께서 말씀하셨다.

起[22]予者는 商也로다!
기 여자   상야

복상아! 너는 참으로 나를 일깨워 줄 수 있는 사람이구나!

始可與言〈詩〉已矣로다.
시가여언   시 이의

이제 너와 함께 〈시경〉을 토론할 수 있게 되었구나.

---

21 예후(禮後) : 원문에서는 '예(禮)'가 무엇의 뒤에 있는지에 대해서는 언급하지 않고 있다. 유가(儒家)들의 문헌에 의거하여, 번역에서는 '인의(仁義)' 두 글자를 첨가했다.
22 기(起) : 손자서(孫子書 : 이름은 楷第)는 "무릇 사람이 병으로 고생하다가 낫는 것을 기(起)라고 하고, 뜻이 막혀서 잘 통하지 않다가 통하게 되는 것도 역시 기(起)라고 한다 [凡人病困而愈謂之起, 義有滯礙隱蔽, 通達之, 亦謂之起]"라고 했다. 양수달의 〈한서규관(漢書窺管)〉 권 9에 인용된 문장이 보인다.

9

子曰
_{자 왈}

공자께서 말씀하셨다.

夏禮를,
_{하 례}

하나라의 예를

吾能言之나,
_{오 능 언 지}

나는 말할 수 있으나,

杞[23]不足徵也며,
_{기 부 족 징 야}

그 후대인 기나라는 증명하기 부족하며,

殷禮를,
_{은 례}

은나라의 예를

吾能言之나,
_{오 능 언 지}

나는 말할 수 있으나,

宋[24]不足徵也니라.
_{송 부 족 징 야}

그 후대인 송나라는 증명하기 부족하다.

文獻[25]不足故也니라.
_{문 헌 부 족 고 야}

이것은 그들의 역사 문헌과 현자가 부족하기 때문이다.

---

[23] 기(杞) : 나라 이름으로, 하우(夏禹)의 후대이다. 주나라 무왕(武王) 때의 옛 성터는 지금의 하남성(河南省) 기현(杞縣)에 있었다. 후에는 국력이 약해져, 다른 나라의 힘에 의존하여 국가의 명운을 연장하여 자주 옮겨다녔다. BC 445년 초나라에 의해 망했다.

[24] 송(宋) : 국명(國名)으로, 상탕(商湯)의 후손이다. 옛 성터는 오늘날의 하남성(河南省) 상구현(商邱縣) 남쪽에 있었다. 국토가 가장 넓었을 때에는, 현재의 하남성 상구 동쪽과 강소성(江蘇省) 서주(徐州) 서쪽의 땅을 차지했다. 전국시대에 제(齊)·위(魏)·초(楚) 3국에게 망했다.

足,
족

則吾能徵之矣로리다.
즉 오 능 징 지 의

문헌과 현자가 충분히 있다면,

나는 그것을 증명할 수 있을 것이다.

10

子曰
자 왈

공자께서 말씀하셨다.

禘²⁶가 自旣灌²⁷而往者는,
체   자 기 관   이 왕 자

체(禘)라는 제사의 예는 처음 술을 따른 후부터는

吾不欲觀之矣로라.
오 불 욕 관 지 의

나는 보고 싶지 않다.

---

25 문헌(文獻): 〈논어〉에 나오는 '문헌(文獻)'과 오늘날에 사용하는 '문헌'의 개념에는 차이가 있다. 〈논어〉에 나오는 '문헌'은 역대 역사 문헌과 당시의 어진 사람[賢者](주희의 주석에서는 다음과 같이 말한다. "문은 전적(典籍)을 말하고, 헌은 어진 사람을 말한다[文, 典籍也. 獻, 賢也]")을 모두 포함한다. 그러나 오늘날의 '문헌'은 단지 역사 문헌만을 가리킨다.

26 체(禘): 체례(禘禮)는 고대 지극히 융성한 제사의 예[祭禮]로, 천자만이 거행할 수 있었다. 그러나 주나라 성왕(成王)은 주공(周公) 단(旦)이 주 왕조에 막대한 공헌을 세운 적이 있기 때문에, 특별히 그가 체례를 거행할 수 있도록 허락하였다. 이후 노나라의 임금들은 모두 이 관례를 따라 '무례하게' 체례를 사용했기 때문에, 공자가 보지 않으려 했다.

27 관(灌): 본래는 '관(祼)'으로 썼으며, 제사 중의 한 항목이다. 고대에는 제사를 지낼 때 살아 있는 사람을 사용하여 대신 제사를 받도록 했으며, 이 살아 있는 사람을 '시(尸)'라고 했다. 시(尸)는 일반적으로 나이 어린 남자·여자를 썼다. 제일 먼저 시(尸)에게 술을 따르고, 그(그녀)로 하여금 '울창주(鬱鬯酒)'(향료를 섞어서 주조한 술)의 향기를 맡게 했는데, 이를 '관(祼)'이라고 했다.

11

或이 問禘之說한대.
혹　문체지설

어떤 사람이 공자에게
체제(禘祭)의 이론에 대해 물으니,

子曰
자 왈

공자께서 말씀하셨다.

不知也[28]로라.
부 지 야

나는 모르느니라.

知其說者之於天下也에,
지 기 설 자 지 어 천 하 야

그것을 아는 사람은 천하를
다스리는 것이,

其如示[29]諸斯乎인저 하시고!
기 여 시　　저 사 호

물건을 여기에 올려놓는 것처럼
쉬울 것이라고 하고는,

指其掌하시다.
지 기 장

손바닥을 가리키셨다.

---

28 부지야(不知也) : 체(禘)는 천자의 예였으나, 노나라가 이를 거행했으므로, 공자가 보기에는 이것은 절대 해서는 안 되는 것이었다. 그렇지만 공자는 자신의 생각을 분명히 나타내지 않고, 단지 "보고 싶지 않다[不欲觀]", "모르겠다[不知也]"라고 말했다. 심지어는 "만약 그 뜻을 아는 사람이 있다면, 그는 천하를 다스리는 것이 마치 손바닥에 물건을 올려놓는 것처럼 쉬울 것이다"라고 했다.

29 시(示) : 가차자(假借字)로, '치(置)' 자와 같으며, 진열하다·놓다라는 뜻이다. 혹은 '시(視)' 자와 같다고 하는데, "손바닥을 가리키듯이 확실히 알다[瞭如指掌]"라는 말과 같다.

12

祭如在하시며,
_{제 여 재}

공자는 조상에게 제사를 지낼 때
조상이 진짜 거기에 살아 계시는
듯이 하셨으며,

祭神如神在하시다.
_{제 신 여 신 재}

신에게 제사를 지낼 때에는 정말로
신이 거기에 있는 듯이 하셨다.

子曰
_{자 왈}

공자께서 말씀하셨다.

吾不與[30]**祭**면,
_{오 불 여   제}

내가 직접 제사에 참여하지 못하면,

如不祭[31]니라.
_{여 부 제}

다른 사람을 청해 대신 제사를
지내지는 않는다.

---

30 여(與) : 참여하다라는 뜻이다.
31 오불여제, 여부제(吾不與祭, 如不祭) : 이것이 일반적인 구두법(句讀法)이다. '여(與)'는 거성으로 읽으며, 발음이 yù이고, 참여하다라는 뜻이다. 본문에서 '여부제(如不祭)'의 해석은 의역이다. 어떤 사람은 '여(與)'자를 여전히 상성으로 읽어야 하며, 찬동(贊同)하다라는 뜻일 뿐 아니라, 읽을 때에도 '여(與)'자까지 끊어 읽어서 '오불여, 제여부제(吾不與, 祭如不祭)'로 읽어야 한다고 주장한다. 그렇게 되면 번역이 다음과 같이 달라져 버린다 "만약 내가 동의하지 않는 제례는 제사를 지내도 지내지 않은 것과 마찬가지이다." 그러나 이러한 주장에 찬성할 수 없는 것이, 공자는 본래부터 예에 맞지 않는 제사를 찬성하지 않았다. 예를 들면 "자기가 마땅히 제사지내야 할 귀신이 아니면서, 오히려 가서 제사지내는 것은 아첨하는 것이다[非其鬼而祭之, 諂也]"라고 말한 것처럼 공자가 스스로 찬성하지 않는 제사에 참가할 리가 없는 것이다.

13

王孫賈[32]가 問曰
왕손가   문왈

與其媚於奧론,
여기미어오

寧媚於竈[33]라 하니,
영미어조

何謂也잇고?
하위야

子曰
자왈

不然하다.
불연

獲罪於天이면,
획죄어천

無所禱也[34]니라.
무소도야

왕손가가 물었다.

집의 서남쪽 신에게
아첨하기보다는,

차라리 부엌신에게 아첨하는 것이
낫다는 것은

무슨 뜻입니까?

공자께서 말씀하셨다.

그렇지 않다.

하늘에 죄를 지으면,

기도를 한들 무슨 소용이 있겠는가.

---

32 왕손가(王孫賈) : 위나라 영공(靈公)의 대신이다.
33 여기미어오, 영미어조(與其媚於奧, 寧媚於竈) : 이 두 구절은 아마도 당시에 사용되었던 속어였을 것이다. 집안의 서남쪽 가장자리를 가리켜 오(奧)라고 하며, 밥을 지을 수 있는 시설을 조(竈)라 하였다. 고대에는 이곳에 귀신이 있다고 여겨서 제사를 지냈다.
34 왕손가(王孫賈)와 공자의 문답은 모두 비유를 쓰고 있어, 현재로서는 그들의 정확한 의도가 어디에 있는지 단지 추측할 수 있을 뿐이다. 어떤 사람은, 오(奧)는 한 집의 주인으로 위나라 임금을 비유한 것이고, 또 집안에 있는 것이므로 위나라 영공(靈公)의 총희(寵姬)인 남자(南子)를 비유할 수 있다고 한다. 그리고 조(竈)는 왕손가 자신을 비유했

14

子曰
자 왈

공자께서 말씀하셨다.

周監於二代³⁵하니,
주 감 어 이 대

주 왕조의 예의 제도는 하·상나라 양대를 근거로 제정된 것이니,

郁郁³⁶乎文哉라!
욱 욱   호 문 재

얼마나 풍부하고 다채로운가!

吾從周하리라.
오 종 주

나는 주 왕조를 좇아 배우겠노라.

15

子入太廟³⁷하사,
자 입 태 묘

공자께서 주공의 묘에 들어가시어

다고 한다. 이것은 왕손가가 공자에게 "당신이 위나라 영공이나 남자에게 아첨하기보다는 차라리 나에게 아첨하는 것이 낫다"는 것을 암시하는 것으로, 이 때문에 공자가 그에게 "내가 만약 나쁜 일을 저지르면 아첨해도 소용이 없고, 내가 만약 나쁜 일을 하지 않으면, 누구에게도 아첨하지 않는다"라고 대답했다고 한다. 또 어떤 사람은 이것은 왕손가가 공자에게 암시한 말이 아니고, 공자에게 가르침을 청한 말이라고 주장한다. 오(奧)는 위나라 임금을, 조(竈)는 남자(南子)·이자하(彌子瑕)를 가리키며, 직위는 낮았지만 오히려 실제 권력을 잡고 있었다. 그래서 "어떤 사람이 나에게 말하기를 임금에게 아첨하기보다는 차라리 권세를 갖고 있는 남자(南子)나 이자하(彌子瑕)에게 아첨하는 것이 낫다고 하는데, 당신 생각은 어떻습니까?"라는 뜻을 말한 것으로, 공자가 오히려 그에게 "그 말은 잘못되었다. 하늘에 죄를 지으면, 기도한들 소용이 없고, 누구에게 아부해도 안 된다"고 말했다. 본문의 상황을 볼 때 후자의 설이 비교적 맞는 것 같다.

35 이대(二代) : 하(夏)·상(商) 두 왕조를 가리킨다.
36 욱욱(郁郁) : 무성하다는 뜻이다.
37 태묘(太廟) : 고대에는 나라를 세운 임금을 태조(太祖)라고 하고, 태조의 사당을 태묘(太廟)라 했다. 주공(周公) 단(旦)은 노나라에서 처음으로 봉(封)함을 받은 임금이기 때

每事를 問하신대.
매 사 문

매사를 물으셨다.

或이 曰
혹 왈

이에 어떤 사람이 말했다.

孰謂鄹人之子³⁸를 知禮乎아?
숙 위 추 인 지 자   지 례 호

누가 숙량흘의 아들이 예를 안다고 하였느냐?

入太廟하여,
입 태 묘

그는 태묘에 들어가서는

每事를 問이온여.
매 사 문

매사를 다른 사람에게 가르침을 청했다.

子聞之하시고,
자 문 지

공자께서 이 말을 들으시고,

曰
왈

말씀하셨다.

是禮也니라.
시 례 야

이것이 바로 예이다.

문에 태묘는 바로 주공(周公)의 묘를 말한다.
38 추인지자(鄹人之子) : 추의 발음은 zōu이고, 또 추(郰)로도 쓰며, 지명(地名)이다. 〈사기〉「공자세가」에 "공자는 노나라 창평향 추읍에서 태어났다[孔子生魯昌平鄕郰邑]"라는 기록이 있다. 어떤 이는 이곳이 지금의 산동성(山東省) 곡부현(曲阜縣) 동남쪽 10리에 있는 서추집(西郰集)이라고 한다. '추인(鄹人)'은 공자의 아버지 숙량흘(叔梁紇)을 가리키며, 추대부(鄹大夫)를 지낸 적이 있었다. 고대에는 종종 모(某) 지방의 대부를 모인(某人)이라고 칭한 적이 있었다. 이 때문에 여기서도 추대부 숙량흘을 '추인(鄹人)'이라고 불렀다.

16

子曰
자 왈

공자께서 말씀하셨다.

射不主皮³⁹는,
사 부 주 피

활 쏘는 데 반드시 과녁을 뚫어야 하는 것이 아닌 것은,

爲⁴⁰力不同科⁴¹니,
위   력 부 동 과

각 개인의 힘이 다르기 때문이니,

古之道也니라.
고 지 도 야

이것이 옛날의 규칙이었다.

17

子貢이 欲去⁴²告朔之餼羊⁴³한대.
자 공   욕 거   곡 삭 지 희 양

자공이 노나라에서 매월 초하루마다 조묘(祖廟)에 제사드리는 그 산 양(羊)을 안 쓰려고 하자,

---

39 피(皮) : '피(皮)'는 활 쏘는 과녁을 나타내는 말이다. 고대에는 과녁을 '후(侯)'라고 불렀으며, 천을 사용하여 만든 것도 있고, 가죽으로 만든 것도 있다. 과녁 중앙에 각종 맹수나 혹은 다른 것들을 그려 놓았고, 가장 중앙을 '정(正)' 혹은 '곡(鵠)'이라 불렀다. 공자가 여기에서 말하는 활쏘기는 예악(禮樂)의 연습으로써 활쏘기를 가리키는 것이지, 군대의 무예로써 활쏘기를 말하는 것은 아니다. 따라서 적중하고 못하고를 중시했지, 과녁의 가죽을 뚫고 못 뚫고는 문제가 되지 않는다. 〈의례〉「향사례(鄕射禮)」에 "예사(禮射)는 반드시 과녁을 뚫어야 하는 것은 아니다[禮射不主皮]"라고 하였으니, 모두 이와 같은 뜻이다.

40 위(爲) : 거성이고, 발음은 wèi이다. '⋯⋯때문이다'라는 뜻이다.

41 동과(同科) : '동등하다[同等]'와 같은 말이다.

42 거(去) : 종전에는 상성(上聲)으로 읽었는데, 그것은 이 글자가 여기서 타동사로 쓰였기 때문이다. 또 '오고가다[來去]'의 '거(去)' 자의 뜻과는 다르다.

子曰
자 왈

공자께서 말씀하셨다.

賜也아!
사 야

사야!

爾愛⁴⁴其羊가,
이 애 기 양

너는 그 양을 아까워하느냐?

我愛其禮하노라.
아 애 기 례

나는 그 예를 아까워하느니라.

18

子曰
자 왈

공자께서 말씀하셨다.

事君盡禮를,
사 군 진 례

임금을 섬김에 모두 신하 된 예절에 따라하는 것을,

---

43 곡삭희양(告朔餼羊) : '곡(告)'은 입성(入聲)으로, 발음은 gù이다. '삭(朔)'은 매월 첫째 날, 즉 초하루를 말한다. '희(餼)'의 발음은 xì이다. '곡삭희양(告朔餼羊)'은 고대 제도의 하나이다. 매년 추동(秋冬) 사이에 주나라 천자가 다음해의 역서(曆書)를 제후들에게 나누어 주었다. 이 역서에는 다음해에 윤달(閏月)이 있는지, 매월 초하루가 어느 날인지를 포함하고 있었다. 이 때문에 '반곡삭(頒告朔)'이라고 했다. 제후들은 이 역서를 받아 조상의 신주를 모시는 사당에 보관해 두었다. 그리고는 초하루가 되면, 살아 있는 양을 죽여서 사당에서 제사를 지낸 후에 조정에 돌아와 정무를 보았다. 사당에서 제사지내는 것을 가리켜 '곡삭(告朔)'이라 하고, 정무(政務) 보는 것을 '시삭(視朔)' 혹은 '청삭(聽朔)'이라 했다. 자공이 갔을 때가 초하루로, 노나라 임금은 조상의 사당에 직접 나아가지도 않았을 뿐 아니라, 정무도 보지 않았으며, 단지 살아 있는 양 한 마리만 죽여서 옛날 습관에 따랐을 뿐이다. 그래서 자공은 이런 형식은 남겨 둘 필요가 없고, 아예 양도 죽이지 않는 것이 낫다고 생각했다. 그러나 공자는 비록 이것이 잔존하는 형식이라 하더라도, 아무것도 남기지 않는 것보다는 낫다고 생각했다.

44 애(愛) : 아까워하다라는 뜻이다.

人以爲諂也로다.
인 이 위 첨 야

다른 사람들은 그가 아첨하고 있다고 생각하는구나.

19

定公[45]이 問
정 공   문

노나라 정공이 물었다.

君使臣하며,
군 사 신

임금이 신하를 부리고,

臣事君하되,
신 사 군

신하가 임금을 섬기되,

如之何잇고?
여 지 하

어떻게 해야만 합니까?

孔子對曰
공 자 대 왈

공자께서 대답하셨다.

君使臣以禮하며,
군 사 신 이 례

임금은 예에 따라 신하를 부려야 하며,

臣事君以忠이니이다.
신 사 군 이 충

신하는 충심으로 임금을 섬겨야 합니다.

20

子曰
자 왈

공자께서 말씀하셨다.

---

45 정공(定公) : 노나라 임금으로, 이름은 송(宋), 소공(昭公)의 동생이다. 소공의 뒤를 이어 왕위에 올라 15년 동안 재위했으며(BC 509~495), 정(定)은 시호이다. 정공이 집정하고 있을 때 공자가 사공(司空)·대사구(大司寇) 등의 관직을 역임했다.

「關雎」[46]는,　　「관저」라는 이 시는,

樂而不淫[47]하고,　　즐거우나 방탕하지 않고,
낙 이 불 음

哀而不傷이니라.　　슬프지만 고통스럽지는 않다.
애 이 불 상

21

哀公이 問社[48]於宰我[49]한대.　　노나라 애공이 재아에게
애 공 　문 사 　어 재 아　　　　　사주(社主)를 만들 때 무슨 나무를
　　　　　　　　　　　　　　　쓰는지 묻자,

---

46 관저(關雎): 〈시경〉의 첫째 편이다. 그러나 이 시는 결코 슬픈 분위기가 있는 것은 아니기 때문에 유태공(劉台拱)의 〈논어변지(論語騈枝)〉에서 다음과 같이 말했다: "〈시경〉에 「관저(關雎)」가 있었고, 〈악경(樂經)〉에도 「관저」가 있었으니, 이 장은 〈악경〉을 근거로 말하고 있다. 옛날의 악장은 대개 세 편을 하나로 했다. ……즐거우나 방탕하지 않다는 것은 「관저·갈담(關雎·葛覃)」이고, 슬프지만 고통스럽지 않다는 것은 「권이 편(卷耳篇)」이다[〈詩〉有關雎, 〈樂〉亦有關雎, 此章據〈樂〉言之. 古之樂章皆三篇爲一. ……樂而不淫者, 關雎葛覃也, 哀而不傷者, 卷耳也]."

47 음(淫): 옛날 사람들은 대개 지나치거나 적합하지 않은 지경에 이른 것을 가리켜 음(淫)이라 했다. 예를 들면 '음사(淫祀: 마땅히 제사지내지 않아도 되는데 가서 드리는 제례)'·'음우(淫雨: 필요 없이 너무 오래 내리는 비)'와 같은 것이다.

48 사(社): 토지신[土神]을 사(社)라고 하지만, 애공(哀公)이 물었던 사(社)는 재아의 대답에서 추측해 볼 때 사주(社主)를 가리키는 말이다. 고대에 토지신에게 제사지낼 때는, 그를 대신해서 나무로 만든 위패를 세웠다. 이 위패를 주(主)라 했으며, 이 목주(木主)에 신령(神靈)이 깃들인다고 여겼다. 만약 다른 나라와 전쟁이 있으면, 반드시 이 목주를 싣고 갔다. 유정섭(俞正燮)의 〈계사류고(癸巳類稿)〉에 상세하게 보인다. 어떤 사람들은 '사(社)'는 토지신에게 제사지내기 위해 심어 놓은 나무라고 하지만, 믿을 것은 못 된다.

49 재아(宰我): 공자의 학생으로, 이름은 여(予)이고, 자는 자아(子我)이다.

宰我가 對曰 재 아 대 왈	재아가 대답했다.
夏后氏는 以松이요, 하 후 씨 이 송	하대에는 소나무를 썼고,
殷人은 以柏이요, 은 인 이 백	은대에는 잣나무를 썼고,
周人은 以栗이니, 주 인 이 율	주대에는 밤나무를 썼으니,
曰 왈	말하기를
使民戰栗이니이다. 사 민 전 율	백성들을 전율케 하려는 의미라고 합니다.
子聞之하시고, 자 문 지	공자께서 이 말을 듣고 〔재아를 책망하시면서〕
曰 왈	말씀하셨다.
成事라 不說하며, 성 사 불 설	이미 한 일은 다시 해명하기 적당치 않으며,
遂事라 不諫하며, 수 사 불 간	이미 이루어진 일은 다시 만회하기 적당치 않으며,
旣往이라 不咎로라. 기 왕 불 구	이미 지나간 일은 다시 추궁하기 적당치 않구나.

22

子曰
자 왈

공자께서 말씀하셨다.

管仲⁵⁰之器가 小哉라!
관 중 지 기 소 재

관중의 그릇이 너무 작구나!

或이 曰
혹   왈

어떤 사람이 물었다.

管仲은 儉乎잇가?
관 중   검 호

관중은 검소하지 않습니까?

曰
왈

공자께서 말씀하셨다.

管氏有三歸⁵¹하며,
관 씨 유 삼 귀

그는 백성들에게서 물품세를 많이 거두고,

---

50 관중(管仲) : 춘추시대 제나라 사람으로, 이름은 이오(夷吾)이다. 제나라 환공(桓公)의 재상을 지냈고, 환공이 패업을 이루도록 했다.
51 삼귀(三歸) : '삼귀(三歸)'에 대한 해석으로 다음과 같은 것이 있다. (1) 임금은 한 번에 세 명의 여자를 얻었는데, 관중도 세 나라의 여자를 얻었다(〈집해(集解)〉에서 포함(包咸)의 설을 인용한 것, 황간의 〈의소〉 등). (2) 세 곳에 집이 있다(유월(俞樾)의 〈군경평의(羣經平議)〉). (3) 지명(地名)으로, 관중의 채읍(采邑)을 뜻한다(양옥승(梁玉繩)의 〈별기(瞥記)〉). (4) 돈을 보관하는 창고(무억(武億)의 〈군경의증(羣經義證)〉). 그러나 이 해석들은 모두가 정확하지 않은 것 같다. 곽숭도(郭嵩燾)의 〈양지서옥문집(養知書屋文集)〉 권 1 「석삼귀(釋三歸)」에서는 다음과 같이 말했다 : "삼귀(三歸)는 아마도 〈관자(管子)〉의 구부경중(九府輕重)의 법으로, 마땅히 〈관자〉라는 책에서 그 뜻을 찾아야 할 것이다. 〈관자〉 「산지수(山至數)」에 '결국 백성들의 산출 10분의 3이 국가에 돌아오게 된다[則民之三有歸於上矣]'라고 하였는데, 삼귀(三歸)라는 명칭은 실제 여기에 근거하고 있다. 여기서 말하는 삼귀(三歸)라는 것은 정기적으로 제후에게 바치는 세금을 말한다. 환공이 천하의 패자가 되자, 관중에게 상으로 주었다. 〈한서〉 「지리지(地理志)」와 「식화지(食貨志)」에서 모두 환공이 관중을 등용하여 경중(輕重)을 설치함으로 백성들을 부유하게 했으니, 관중의 신분은 신하였으나, 삼귀를 취했다고 하는데, 그 말이 비교적

官事를 不攝⁵²하니, 관사 불섭	그의 수하의 사람들은 〔한 사람이 한 가지 직책만을 맡을 뿐〕 겸직을 하지 않았으니,
焉得儉이리오? 언 득 검	어찌 검소하다고 할 수 있겠느냐?
然則管仲은 知禮乎잇가? 연 즉 관 중 지 례 호	〔그 사람이 다시 물었다.〕 그러면 관중은 예절을 압니까?
曰 왈	공자께서 다시 말씀하셨다.
邦君이야 樹塞門⁵³이어늘, 방 군 수 색 문	국왕이 궁전문 앞에 색문(塞門)을 세우거늘,

분명하다. 〈한비자(韓非子)〉에 '그대에게 세금 3분의 1의 수입을 얻도록 하겠다[使子有三歸之家]'라고 했으며, 〈설원(說苑)〉에는 '그대에게 세금을 상으로 준다[賞之市租]'라고 했다. 한대 유가들은 삼귀가 세금이라는 것을 능히 알 수 있었다는 것을 여기서 증명할 수 있다. 〈안자춘추(晏子春秋)〉에서는 삼귀의 상을 사양하면서, 지나치게 큰 상은 백성들을 상하게 한다는 뜻을 말했으니, 삼귀를 백성에게서 취했다는 것을 다시 한번 분명히 증명할 수 있다." 이 주장은 매우 설득력이 있으며, 또 두 가지의 간접 증거를 제시하면 다음과 같다. (1) 〈전국책(戰國策)〉 「동주책(東周策)」에 "제나라 환공이 궁내에 화려한 일곱 개의 시장[七市]을 열었고, 또 시장 내에 기생집을 칠백 군데나 만들어서, 온 백성들이 그것을 비난하였다. 관중은 일부러 환공이 그에게 전국 조세의 일부분을 상으로 주도록 하여 환공의 잘못을 가리고, 백성들의 비판이 자기에게 떨어지도록 했다[齊桓公宮中七市, 女閭七百, 國人非之. 管仲故爲三歸之家以掩桓公, 非自傷於民也]"라고 했으니, 역시 삼귀를 세금으로 보았다. (2) 〈삼국지(三國志)〉 「위지·무제기(魏志·武帝紀) 15년」에 명하기를 "만약 반드시 청렴한 선비가 있어야만 후에 기용할 수 있다면, 제나라의 환공은 어떻게 천하를 제패할 수 있었는가[若必廉士而後可用, 則齊桓其何以覇]?"라고 했다. 역시 관중이 청렴한 선비가 아니라는 것은 마땅히 삼귀를 가리키는 것이다.

52 섭(攝) : 겸직하다라는 뜻이다.

管氏가 亦樹塞門하니라.
관 씨   역 수 색 문

관중도 색문을 세웠다.

邦君이야 爲兩君之好[54]에,
방 군   위 양 군 지 호

국왕이 주연을 베풀어 외국의 군주를 접대함에,

有反坫[55]이어늘,
유 반 점

당(堂)에 술잔을 놓는 설비를 하거늘,

管氏가 亦有反坫하니라.
관 씨   역 유 반 점

관중도 이러한 설비를 두었다.

管氏而[56]知禮면,
관 씨 이   지 례

관중이 예절을 안다고 하면

孰不知禮리오?
숙 부 지 례

누군들 예절을 알지 못하겠느냐?

23

子語[57]魯大師[58]樂,
자 어   노 태 사   악

공자께서 노나라 태사(太師)에게 음악을 연주하는 도리를 일러주시며,

---

53 수색문(樹塞門) : 수(樹)는 동사로 세우다라는 뜻이다. 색문(塞門)은 안과 밖의 시선을 가리는 데 사용되는 물건으로, 형식과 쓰임이 오늘날의 칸막이와 비슷하다.
54 호(好) : 우호(友好)라는 뜻으로, 옛날에는 거성으로 읽었다.
55 반점(反坫) : 점(坫)은 발음이 diàn이고, 그릇이나 잔을 놓는 시설로 사용되었으며, 흙으로 만들었다. 모양은 흙더미처럼 생겼으며, 두 기둥(대청 앞 동서쪽에 각각 기둥 하나가 있었다) 사이에 만들었다. 전조망(全祖望)의 〈경사문답(經史問答)〉에 상세히 보인다.
56 이(而) : 가설접속사로, 만약 · 만일의 뜻이다.

曰
왈

말씀하셨다.

樂은 其可知也니라.
악　　기 가 지 야

음악, 그것은 알 수 있는 것이다.

始作에,
시 작

연주를 시작할 때에는

翕⁵⁹如也하여,
흡　　여 야

화합되게 열렬히 하고,

從⁶⁰之에,
종　지

계속해서

純如也하며,
순 여 야

잘 조화를 이루고 분명히 똑똑하게 하며,

皦⁶¹如也하며,
교　　여 야

끊어질 것 같으면서

繹如也하여,
역 여 야

끊어지지 않으며,

以成이니라.
이 성

그런 후에 완성된다.

---

57 어(語) : 거성으로 발음은 yù이고, 일러주다라는 뜻이다.
58 태사(大師) : '大'의 발음은 tài이고, 악관(樂官)의 우두머리이다.
59 흡(翕) : 발음은 xì이다.
60 종(從) : 거성으로, 발음은 zòng이다.
61 교(皦) : 발음은 jiǎo이다.

24

儀封人⁶²이 請見⁶³,
의 봉 인　　청 현

의(儀) 지방의 변방 관리가 공자 뵙기를 청하며,

曰
왈

말했다.

君子之至於斯也에,
군 자 지 지 어 사 야

이곳에 왔던 도덕과 학문이 있는 사람을

吾未嘗不得見也로라.
오 미 상 부 득 견 야

내가 아직 만나 보지 못한 이가 없습니다.

從者⁶⁴가 見之한대.
종 자　　현 지

공자를 따르던 제자들이 그를 만나 보도록 했다.

---

62 의봉인(儀封人) : 의(儀)는 지명이다. 오늘날의 개봉시(開封市) 안에 있었다고 주장하는 사람도 있으나, 믿을 바는 못된다. 봉인(封人)은 관직명이다. 〈좌전〉에 영곡(潁谷)봉인・제(祭)봉인・소(蕭)봉인・여(呂)봉인 등이 있으며, 변경을 지키는 관리였을 것이다. 방관욱(方觀旭)의 〈논어우기(論語偶記)〉에 설명되어 있다.

63 청현(請見)・현지(見之) : 종전에는 두 '현(見)' 자를 모두 거성으로 읽었으며, 발음은 xiàn이다. '청현(請見)'은 만나 뵙기를 청하다라는 뜻이고, '현지(見之)'는 공자로 하여금 그를 만나 보게 하다라는 뜻이다. 하작(何焯)의 〈의문독서기(義門讀書記)〉에서 다음과 같이 말했다: "옛날에는 서로 만나려면 반드시 소개가 있었다. 그러나 여행 중에는 사람들에게 인연이 없었으므로, 평소에 현자로부터 면회 사절을 당한 적이 없다고 말하고, 의기투합하는 동료임을 나타내었으며, 그런 말로 소개를 대신했다. 그래서 수행하던 제자들이 그를 만나도록 했으며, 공자도 그 청을 거절하지 않았는데, 유비(孺悲)를 만나주지 않은 것과는 다르다[古者相見必有紹介, 逆旅之中無可因緣, 故稱平日未嘗見絕于賢者, 見氣類之同, 致詞以代紹介, 故從者因而通之. 夫子亦不拒其請, 與不見孺悲異也]."

64 종자(從者) : '종(從)'은 거성으로, 발음은 zòng이다.

出曰
출 왈

그가 물러나와서 공자 제자들에게 말했다.

二三子는 何患於喪⁶⁵乎리오?
이 삼 자   하 환 어 상   호

그대들은 어찌 관직 없는 것을 걱정합니까?

天下之無道也가 久矣라,
천 하 지 무 도 야   구 의

세상에 암담한 날이 오래되었는데,

天將以夫子로 爲木鐸⁶⁶이시리라.
천 장 이 부 자   위 목 탁

〔성인도 마땅히 뜻을 이룰 날이 있으니〕 하늘이 선생님을 백성들의 스승으로 삼으실 것입니다.

25

子謂「韶」⁶⁷하시되,
자 위   소

공자께서 「소(韶)」라는 음악을 논하여 말씀하셨다.

盡美矣요,
진 미 의

지극히 아름답고,

---

65 상(喪) : 거성으로, 발음은 sàng이며, 관직을 잃다라는 뜻이다.
66 목탁(木鐸) : 동(銅) 바탕에 나무 혀[木舌]를 단 방울이다. 고대 관청에서 선포할 일이 있을 때 이 방울을 울려 사람들을 불러모아 듣도록 했다.
67 소(韶) : 순(舜) 시대의 악곡명이다.

又盡善⁶⁸也라 하시고.
우 진 선 야

또한 지극히 좋구나.

謂「武」⁶⁹하시되,
위 무

「무(武)」라는 음악을 논하여 말씀하셨다.

盡美矣요,
진 미 의

지극히 아름답기는 하나,

未盡善也라 하시다.
미 진 선 야

더할 나위 없이 좋지는 않다.

26

子曰
자 왈

공자께서 말씀하셨다.

居上不寬⁷⁰하며,
거 상 불 관

통치하는 자리에 있으면서 도량이 넓지 않으며,

爲禮不敬하며,
위 례 불 경

예를 행할 때 엄숙하고 진지하지 아니하며,

---

68 미(美)·선(善): '미(美)'는 아마 소리를 가리키는 말이고, '선(善)'은 내용을 가리키는 말일 것이다. 순임금의 천자 자리는 요임금에게서 '선양(禪讓)'된 것이므로, 공자는 "더할 수 없이 좋은 것[盡善]"이라고 생각했다. 주나라 무왕(武王)의 천자 자리는 상나라의 주(紂)를 토벌하여 얻은 것으로, 비록 정의로운 싸움이었다고 하더라도, 공자가 보기에는 "더할 수 없이 좋지는 않다[未盡善]"고 여겼다.
69 무(武): 주나라 무왕(武王) 때의 악곡명이다.
70 관(寬): 도량이 넓고 크다.

臨喪[71]不哀면,
임 상 불 애

吾何以觀之哉리오?
오 하 이 관 지 재

상례(喪禮)에 참가할 때 슬퍼하지 아니하면,

이런 모습을 내가 어떻게 보아 낼 수 있겠느냐?

---

71 임상(臨喪) : 상례(喪禮)에 참가하다.

4 里仁篇 사는 곳에는 인덕이 있어야

「이인 편」은 가장 중요한 편 가운데 하나지만 이 편이 갖고 있는 문제 또한 적지 않다.
전반부 7장까지는 '인(仁)'에 대해 반복적으로 언급하여 편명과 일치하지만, 8장 이후는 '도', '덕', '예', '의'의 일에 대해 언급하면서 '인'에 대해 특별히 언급하지는 않았다. 특히 18장부터 21장까지는 '효'에 관하여 말하고 있다.

1

子曰
자 왈

공자께서 말씀하셨다.

里¹仁이 爲美하니라.
이 인 위 미

사는 곳이 인덕이 있어야 좋으니라.

擇不處²仁이면,
택 불 처 인

인덕이 없는 곳을 골랐다면,

焉得知³리오?
언 득 지

어찌 총명하다고 하겠는가?

2

子曰
자 왈

공자께서 말씀하셨다.

---

1 이(里) : 여기서는 동사로 사용되어, 거주하다라는 뜻이다.
2 처(處) : 상성(上聲)으로, 발음은 chǔ이고, 거주하다라는 뜻이다.
3 지(知) : 〈논어〉에 나오는 '지(智)' 자는 모두 이렇게 썼다. 이 단락에서 공자가 단순히 '사는 곳을 고르다[擇居]'라는 의미를 가리키는지, 아니면 일반적으로 '이웃을 고르다[擇隣]'·'직업을 고르다[擇業]'·'친구를 고르다[擇友]' 등을 모두 포함하고 있는지는 확실히 알 수 없다. 〈맹자〉「공손추 상(公孫丑上)」에서 다음과 같이 말했다 : "맹자가 말하기를, '화살을 만드는 사람이 어찌 갑옷 만드는 사람보다 어질지 않으랴마는 화살 만드는 사람은 오직 사람을 해치지 못할까 두려워하고, 갑옷을 만드는 사람은 오직 사람을 다치게 할까 두려워한다. 무당이나 목수(관을 만드는)도 그러하다. 그러므로 직업을 선택하는 데는 신중하지 않으면 안 된다. 공자가 말씀하시기를, 사는 곳은 인덕이 있어야 된다. 사는 곳을 선택하되, 인덕이 없으면 어찌 총명하다 하겠는가?'라고 하셨다[孟子曰 : '矢人豈不仁於函人哉? 矢人惟恐不傷人, 函人惟恐傷人. 巫·匠亦然. 故術不可不慎也. 孔子曰, 里仁爲美, 擇不處仁, 焉得知?']" 이것은 바로 직업을 선택하는 것을 가리키는 말이다. 이 때문에 번역문에서는 '인(仁)' 자를 단지 글자 그대로 번역했으며, 실제로 어진 사람을 가리키는 것은 아니다.

不仁者는 不可以久處約이며,
불인자   불가이구처약

어질지 못한 사람은 곤궁한 곳에 오래 살 수 없으며,

不可以長處樂이니라.
불가이장처락

또한 편안한 곳에서도 오래 살 수 없다.

仁者는 安仁하고,
인자   안인

인덕이 있는 사람은 인에 안주하고〔인덕을 행하면 마음이 편해지고, 인덕을 행하지 않으면 마음이 불안해진다〕,

知者는 利仁이니라.
지자   이인

총명한 사람은 인을 이용한다〔그는 인덕이 자신에게 영구적이고 커다란 이익이 된다고 판단하여 인덕을 실행한다〕.

3

子曰
자왈

공자께서 말씀하셨다.

唯仁者아 能好人하며,
유인자   능호인

단지 어진 사람만이 사람을 좋아할 수 있고,

能惡人[4]이니라.
능오인

사람을 싫어할 수 있다.

---

[4] 유인자능호인, 능오인(唯仁者能好人, 能惡人) : 〈후한서(後漢書)〉「효명팔왕전(孝明八

4

子曰
자 왈

공자께서 말씀하셨다.

苟⁵志於仁矣면,
구 지 어 인 의

만약 큰 뜻을 정해 인덕을 행한다면,

無惡也니라.
무 악 야

결코 나쁜 점이 없을 것이다.

5

子曰
자 왈

공자께서 말씀하셨다.

富與貴가,
부 여 귀

큰돈을 벌고 높은 벼슬을 하는 것,

是人之所欲也나,
시 인 지 소 욕 야

이것은 사람들 모두 바라는 것이지만,

不以其道⁶得之어든,
불 이 기 도 득 지

정당한 방법으로 그것을 얻지 않는다면

王傳)」 주석에서 〈동관한기(東觀漢記)〉를 인용하여 말했다. 화제(和帝)가 팽성왕(彭城王) 공(恭)에게 조칙을 내려 이르기를 "공자께서 말씀하시기를 '다만 어진 사람만이 사람을 좋아하고, 싫어할 수 있다' …… 인을 귀하게 여기는 사람은 좋아하고 미워하는 바가 그 정확함을 얻을 수 있다[孔子曰, '惟仁者能好人, 能惡人'. …… 貴仁者所好惡得其中也.]"라고 했다. 여기의 "인을 귀하게 여기는 사람은 좋아하고 미워하는 바가 그 정확함을 얻을 수 있다[貴仁者所好惡得其中]"는 문장으로 위의 구절을 설명할 수 있다.

5 구(苟) : 가정을 나타내며, '만약'의 뜻이다.
6 기도(其道) : 여기서는 정당한 수단을 가리킨다.

不處也니라. 불 처 야	군자는 그것을 받아들이지 않는다.
貧與賤이, 빈 여 천	곤궁하고 천한 것,
是人之所惡也나, 시 인 지 소 오 야	이것은 사람들 모두가 싫어하는 것이지만,
不以其道得之[7]라도, 불 이 기 도 득 지	정당한 방법으로 그것을 버릴 수 없더라도
不去也니라. 불 거 야	군자는 벗어나지 않는다.
君子가 去仁이면, 군 자 거 인	군자가 인덕을 버리면,
惡乎[8]成名이리오? 오 호 성 명	어떻게 그의 명성을 이루겠는가?

---

7 빈여천(貧與賤)……불이기도득지(不以其道得之) : '부와 귀함[富與貴]'은 사람들이 '그것을 얻으려 한다[得之]'고 말할 수 있으나, '빈곤함과 천함[貧與賤]'은 오히려 사람들이 '얻으려 하는 것'이 아니다. 그래서 여기서도 '불이기도득지(不以其道得之)'의 '득지(得之)'를 당연히 '거지(去之)'로 바꾸는 것이 맞다. 여기서 왜 '득지(得之)'로 이야기했는지에 대해서는 옛날 사람들도 그다지 주의를 기울이지 않았으며, 여기서 다시 문제 삼을 필요는 없다.

8 오호(惡乎) : '오(惡)'의 발음은 wū이고, '어디'의 뜻이다. '오호(惡乎)'는, 즉 '어느 곳에[於何處]'라는 뜻으로, 여기서는 '어떻게'라고 번역했다.

君子가 無終食之間9을 違10仁이니,
군자 　무종식지간　　위 인

군자는 한 끼의 밥을 먹는 시간조차도 인덕에서 멀어지지 않으니,

造次11에 必於是하며,
조 차　　필 어 시

황급한 때에도 반드시 인덕과 같이 있으며,

顚沛에 必於是니라.
전 패　필 어 시

곤경에 빠져 있을 때도 반드시 인덕과 같이 있다.

6

子曰
자 왈

공자께서 말씀하셨다.

我未見好仁者와,
아 미 견 호 인 자

나는 아직까지 인덕을 좋아하는 사람과

惡不仁者로라.
오 불 인 자

인덕지 못한 것을 싫어하는 사람을 본 적이 없다.

好仁者는,
호 인 자

인덕을 좋아하는 사람은

---

9 종식지간(終食之間) : 한 끼의 밥을 다 먹는 시간이라는 뜻으로, 시간이 매우 촉박함을 비유한 말이다.
10 위(違) : 떠나다라는 뜻으로, 「공야장 편」에 나오는 "버리고 떠나다[棄而違之]"의 '위(違)'와 같은 뜻이다.
11 조차(造次) : 황급하다 · 매우 바쁘다라는 뜻이다.

無以尙¹²之요, 더할 나위가 없고,
무 이 상   지

惡不仁者는, 인덕지 못한 것을 싫어하는 사람은
오 불 인 자

其爲仁矣¹³에, 그가 인덕을 행함에,
기 위 인 의

不使不仁者加乎其身이니라. 다만 인덕지 못한 것이 자기 몸에
불 사 불 인 자 가 호 기 신   더하지 못하게 한다.

有能一日用其力於仁矣乎아? 하루라도 그의 힘을 인덕에
유 능 일 일 용 기 력 어 인 의 호   사용할 수 있는 사람이 있는가?

我未見力不足者로라. 나는 힘이 부족한 사람을 보지
아 미 견 력 부 족 자   못했다.

蓋¹⁴有之矣어늘, 아마도 이러한 사람이 있겠지만,
개   유 지 의

我未之見也로다. 내가 아직까지 본 적이 없을
아 미 지 견 야   따름이다.

7

子曰 공자께서 말씀하셨다.
자 왈

---

12 상(尙) : 동사이며, '상(上)' 자와 통하며 '초과하다'라는 뜻이다.
13 의(矣) : 여기에서 '의(矣)' 자의 용법은 '야(也)' 자와 같고, 문장의 쉼표를 의미한다.
14 개(蓋) : 부사로서 '대개'의 뜻이다.

人之過也는,
_{인 지 과 야}

〔사람은 각양각색이고, 사람의 잘못도 다양하여〕 어떤 잘못은

各於其黨이니라.
_{각 어 기 당}

일정한 사람에 의해 저질러진다.

觀過면,
_{관 과}

어떤 사람이 저지른 잘못을 자세히 관찰해 보면,

斯知仁[15]矣니라.
_{사 지 인 의}

곧 그가 어떤 형의 사람인가를 알 수 있다.

8

子曰
_{자 왈}

공자께서 말씀하셨다.

朝[16]聞道면,
_{조 문 도}

아침에 진리를 알게 되면,

夕死라도 可矣니라.
_{석 사   가 의}

저녁에 죽게 되더라도 괜찮다.

9

子曰
_{자 왈}

공자께서 말씀하셨다.

---

15 인(仁) : '인(人)' 자와 같다. 〈후한서(後漢書)〉「오우전(吳祐傳)」에서는 이 문장을 인용하면서 '인(人)' 자로 쓰고 있다(무영전본(武英殿本)에는 오히려 '인(仁)' 자로 쓰고 있으나, 신뢰할 만한 것은 못된다).

16 조(朝) : 발음은 zhāo로, 아침이라는 뜻이다.

士志於道,
사 지 어 도

선비가 진리에 뜻을 두면서,

而恥惡衣惡食者는,
이 치 악 의 악 식 자

또한 자신이 나쁜 음식을 먹고
허름한 옷 입는 것을 치욕스럽게
여긴다면,

未足與議也니라.
미 족 여 의 야

이런 사람은 함께 논의할 가치도
없다.

10

子曰
자 왈

공자께서 말씀하셨다.

君子之於天下也에,
군 자 지 어 천 하 야

군자가 세상일에 대해

無適¹⁷也하며,
무 적 야

어떻게 해야 한다는 규정도 없으며,

無莫¹⁸也하여,
무 막 야

또한 하지 말아야 한다는 규정도
없어서,

---

17 적(適), 막(莫) : 이 두 글자에 대해서는 여러 가지 견해가 있다. 어떤 사람은 "가까움과 소홀함, 두터움과 엷음[親疏厚薄]"이라고 해석한다. 이렇게 보면 '무적무막(無適無莫)'은 "정이 가까움도 소홀함도, 두터움도 엷음도 없다"라고 해석된다. 또 어떤 사람은 '적대와 흠모'라고 해석하여, "미워하는 것도, 흠모하는 것도 없다"라고도 해석한다. 여기서는 주희 〈집주〉의 견해를 따랐다.
18 막(莫) : 해서는 안 된다는 뜻이다.

義之與比[19]니라. 오직 어떻게 하는 것이 합리적으로
의 지 여 비 합당하기만 하면 그렇게 한다.

11

子曰 공자께서 말씀하셨다.
자 왈

君子는 懷德하고, 군자는 도덕을 그리워하고,
군 자 회 덕

小人은 懷土[20]하며, 소인은 고향을 그리워하며,
소 인 회 토

君子는 懷刑[21]하고, 군자는 법도에 관심을 가지고,
군 자 회 형

小人은 懷惠니라. 소인은 은혜에 관심을 가진다.
소 인 회 혜

---

19 비(比) : 거성으로, 발음은 bì이고, '연이어'· '가까이 하다'· '이웃하다'라는 뜻이다. 맹자와 그 이후의 일부 유학자들은 공자가 절대적인 긍정도 하지 않으면서, 하나를 고집하는 것도 없고[無必無固], 시대 추세를 알아 한 가지에 얽매이지 않고 임기응변의 조처를 하므로, "벼슬을 해야 하면 벼슬 하고, 그만두어야 하면 그만두고, 오래 할 만하면 오래 하고, 속히 물러날 만하면 물러났고[可以仕則仕, 可以止則止, 可以久則久, 可以速則速]"(《맹자》「공손추 상(孔孫丑上)」), 오직 정의로움에 따라서 할 뿐이므로, '성지시(聖之時)'라고 불렀는데, 본 장의 해석으로 삼을 수 있다.

20 토(土) : 땅으로 해석해도 뜻은 통한다.

21 형(刑) : 고대 법률제도의 '형(刑)' 자를 '형(刑)'으로 쓰고, 형벌을 가리키는 '형(刑)'은 '刑'으로 써 선칼 도[刂] 자와 우물 정[井] 자를 합하여 썼으나, 후에는 모두 '형(刑)'으로 쓰게 되었다. 이 '형(刑)' 자는 법률로 해석해야 한다.

12

子曰
자 왈

공자께서 말씀하셨다.

放²²於利²³而行이면,
방 어 리 이 행

개인의 이익에 의거하여 행동하면,

多怨이니라.
다 원

많은 원한을 초래할 것이다.

13

子曰
자 왈

공자께서 말씀하셨다.

能以禮讓이면 爲國乎잇가?
능 이 례 양   위 국 호

예의와 양보로 국가를 다스릴 수 있겠습니까?

何有²⁴리오?
하 유

그것에 무슨 어려움이 있겠습니까?

不能以禮讓爲國이면,
불 능 이 례 양 위 국

예의와 양보로 국가를 다스릴 수 없다면,

---

22 방(放) : 옛날에는 상성으로 읽었고, 발음은 fāng으로, '의거하다'라는 뜻이다.
23 리(利) : 공자는 '리(利)'에 대해서는 많이 언급하지 않았다. 그런 면에서 본다면 이 단락에서는 공자가 '리(利)'에 대해서 말하지 않은 원인을 반영하고 있다고 할 수 있다.
24 하유(何有) : 이것은 춘추시대의 상용어로, 여기에서는 '어떤 어려움이 있느냐[有何困難]'는 뜻이다. 황식삼(黃式三)의 〈논어후안(論語後案)〉과 유보남의 〈논어정의〉에서 모두 "하유는 어렵지 않다는 뜻이다[何有, 不難之詞]"라고 했다.

如禮何[25]오?
여 례 하

또 어떻게 예의를 다루겠습니까?

14

子曰
자 왈

공자께서 말씀하셨다.

不患無位[26]요,
불 환 무 위

직위가 없음을 근심하지 말고,

患所以立[27]하며,
환 소 이 립

다만 직무를 맡을 재능이 없음을 근심하며,

不患莫己知[28]요,
불 환 막 기 지

자기를 알아주는 사람이 없음을 두려워하지 말고,

求爲可知也니라.
구 위 가 지 야

다른 사람들이 자기의 자질을 알 수 있도록 구하여라.

---

25 여례하(如禮何) : 공자의 주장에 의하면, 국가의 예의(禮儀)는 반드시 "예의와 양보로 나라를 다스리는[以禮讓爲國]" 본질을 갖고 있어야 된다고 한다. 또 그것은 내용과 형식의 통일체로, 만약 그것의 내용을 버리고, 단지 그 예절상의 형식에만 얽매이면, 아무런 소용이 없다고 했다.

26 위(位) : 여기서는 직위를 가리킨다.

27 환소이립(患所以立) : '립(立)'과 '위(位)' 자는 고대에는 통용했다. 여기의 '립(立)' 자는 바로 '불환무위(不患無位)'의 '위(位)' 자이다. 〈춘추〉「환공(桓公) 2년」에 '공이 즉위했다[公卽位]'와 〈석경(石經)〉의 '공즉립(公卽立)'을 증거로 삼을 수 있다.

28 기지(己知) : '지기(知己)'가 도치된 것으로, 자신을 이해하는 것을 가리킨다.

15

子曰
자 왈

공자께서 말씀하셨다.

參乎아!
삼 호

삼아!

吾道는 一以貫²⁹之니라.
오 도   일 이 관   지

나의 학설은 하나의 기본 관념을
꿰뚫고 있느니라.

曾子가 曰
증 자   왈

증자가 말했다.

唯³⁰라.
유

예.

子出이어시늘,
자 출

공자께서 나가신 후에

門人³¹이 問曰
문 인   문 왈

다른 제자들이 곧 증자에게 물었다.

何謂也잇고?
하 위 야

그것이 무슨 뜻입니까?

---

29 관(貫) : '일관하다'·'관통하다'라는 뜻이다. 완원(阮元)의 〈연경실집(揅經室集)〉「일관설(一貫說)」에서는 〈논어〉에 나오는 '관(貫)' 자는 모두 '하다[行]', '종사하다[事]'라는 뜻으로 쓰였다고 보았으나, 반드시 신뢰할 것은 못된다.
30 유(唯) : 동의를 나타내는 대답의 말이다. 주희의 〈집주〉에서 말했다 : "유는 응하기를 속히 하여 의심이 없는 것이다[唯者, 應之速而無疑也]."
31 문인(門人) : 공자의 제자들을 가리킨다. 어떤 사람은 여기서의 '문인'이 증삼의 제자를 가리킨다고 생각한다.

曾子가 曰
증자 왈

증자가 말했다.

夫子之道는,
부자지도

선생님의 학설은

忠恕³²而已矣시니라.
충서 이이의

다만 충(忠)과 서(恕) 뿐이다.

16

子曰
자 왈

공자께서 말씀하셨다.

君子³³는 喩於義하고,
군자 유어의

군자가 이해하는 것은 의이고,

小人은 喩於利니라.
소인 유어리

소인이 이해하는 것은 이익이다.

---

32 충·서(忠·恕) : '서(恕)'에 대해 공자 자신이 정의 내리기를 "자기가 하고 싶지 않은 것을 남에게 시키지 않는다[己所不欲, 勿施於人]"라고 했으며, '충(忠)'은 곧 '서(恕)'의 적극적인 일면이라 했다. 공자 자신의 말로 이야기하자면 당연히 "자기가 서려 하면 먼저 남을 세우고, 자기가 통달하려면 먼저 남을 통달하게 한다[己欲立而立人, 己欲達而達人]"가 된다.

33 군자·소인(君子·小人) : 여기에서 '군자(君子)'·'소인(小人)'이 벼슬자리에 있는 사람을 가리키는 것인지, 아니면 덕이 있는 사람을 가리키는지, 이 둘 모두를 함께 가리키는지, 공자의 원래 뜻은 알 수 없다. 〈한서〉「양운전(楊惲傳)」의 「손회종에게 보내는 편지[報孫會宗書]」에서 동중서(董仲舒)의 말을 인용한 적이 있으니, "밝게 인의를 구해서 백성을 교화시키지 못할까 두려워하는 것은 경대부(卿大夫)의 뜻이요, 밝게 재물과 이익을 구해 항상 곤궁함을 걱정하는 것은 백성의 일이다[明明求仁義常恐不能化民者, 卿大夫之意也, 明明求財利常恐困乏者, 庶人之事也]"라고 했다. 그러나 이것은 단지 한나라 경학자들의 주해(注解)일 뿐 과신할 것은 못된다.

17

子曰
자 왈

공자께서 말씀하셨다.

見賢思齊焉하며,
견 현 사 제 언

어진 사람을 보면 그와 나란히 되려고 해야 하며,

見不賢而內自省也니라.
견 불 현 이 내 자 성 야

어질지 못한 사람을 보면 곧 자신을 반성해야 한다〔그와 유사한 잘못은 없는지〕.

18

子曰
자 왈

공자께서 말씀하셨다.

事父母하되 幾³⁴諫이니,
사 부 모   기 간

부모를 모시는데, 〔그들이 잘못된 곳이 있으면〕 완곡하게 그만두도록 말려야 하며,

見志不從이라도,
견 지 부 종

자기 마음에 따를 수 없는 일이 보일지라도,

又敬不違³⁵하며,
우 경 불 위

여전히 공손하게 그들을 거스르지 말며,

---

34 기(幾) : 평성으로, 발음은 jī이고, '경미하다'·'완곡하다'라는 뜻이다.
35 위(違) : '거스르다'·'어기다'라는 뜻이다.

勞³⁶而不怨이니라.
노 이불원

걱정스럽지만 원망하지 않는다.

19

子曰
자 왈

공자께서 말씀하셨다.

父母在어시든,
부모재

부모가 살아 계실 때에는

不遠遊하며,
불원유

집을 떠나 멀리 가지 않으며,

遊必有方³⁷이니라.
유필유방

멀리 갈 때는 반드시 일정한 행선지가 있어야 한다.

20

子曰
자 왈

공자께서 말씀하셨다.

三年을 無改於父之道라야,
삼년 무개어부지도

그 자식이 부친의 합리적인 부분에 대해 오래도록 바꾸지 않으면,

可謂孝矣³⁸니라.
가위효의

효를 다했다고 할 수 있다.

---

36 노(勞) : 왕인지의 〈경의술문〉에서 볼 수 있다.
37 방(方) : 일정한 행선지를 가리키며, 또 어떤 사람은 '일정한 법규'라고 해석한다.
38 「학이 편」을 참고.

21

子曰
자 왈

공자께서 말씀하셨다.

父母之年[39]은,
부 모 지 년

부모의 나이는

不可不知也니라.
불 가 부 지 야

항상 마음속에 기억해 두지 않을 수 없다.

一則以喜요,
일 즉 이 희

한편으로는 그 때문에 〔그 장수하심으로〕 기뻐하고,

一則以懼니라.
일 즉 이 구

다른 한편으로는 그 때문에 〔그 나이가 많으심으로〕 두려운 바가 있다.

22

子曰
자 왈

공자께서 말씀하셨다.

古者에 言之不出은,
고 자   언 지 불 출

옛날에 말을 가볍게 입 밖으로 내지 않은 것은

恥[40]躬之不逮[41]也니라.
치 궁 지 불 태   야

자기의 행동이 따라가지 못할까 두려워해서이다.

---

39 년(年) : 나이를 가리킨다.
40 치(恥) : 동사의 의동(意動 : 주어가 '(목적어)가 어떠하다고 생각함' 또는 '(목적어)를

23

子曰
자 왈

공자께서 말씀하셨다.

以約⁴²失之者가 鮮矣니라.
이 약   실 지 자   선 의

자신에 대해 절제하고 단속하기 때문에 잘못을 범하는 일은 결코 많지 않을 것이다.

24

子曰
자 왈

공자께서 말씀하셨다.

君子는 欲訥⁴³於言而敏於行⁴⁴이니라.
군 자   욕 눌   어 언 이 민 어 행

군자는 말은 신중하고 더디게 하고자 하며, 일은 부지런히 민첩하게 하고자 한다.

25

子曰
자 왈

공자께서 말씀하셨다.

…으로 여기다[보다]'라는 뜻을 가지고 있는 것을 말한다.) 용법으로, '부끄럽게 여기다'라는 뜻이다.

41 태(逮) : 발음은 dài이고, '미치다[及]'·'따라잡다'라는 뜻이다.
42 약(約) : 〈논어〉에 나오는 '약(約)' 자는 두 가지 뜻으로 쓰였다. (1) 곤궁하다. (2) 제약하다·단속하다. 비록 〈순자(荀子)〉에서 '절약하다'라는 뜻으로 쓰였지만, 여기에 적용시킬 수는 없다.
43 눌(訥) : 발음이 nà이고, '말이 더디다'라는 뜻이다.
44 눌어언이민어행(訥於言而敏於行) : 이 구절은 「학이 편」의 "일에는 민첩하나 말은 신중히 한다[敏於事而慎於言]"와 같은 뜻이기 때문에, 번역문에 '부지런히'라는 말을 더했으며, 동시에 '행(行)' 자를 '일'로 번역했다.

德不孤라,
덕 불 고

도덕이 있는 사람은 외로울 리가 없고,

必有鄰⁴⁵이니라.
필 유 린

반드시 〔뜻을 같이하는 사람이 함께 하므로〕 동반자가 있다.

26

子游가 曰
자 유 왈

자유가 말했다.

事君數⁴⁶이면,
사 군 삭

임금을 모시는 데 지나치게 번거롭게 하면

斯辱矣요,
사 욕 의

모욕을 초래할 것이며,

朋友數이면,
붕 우 삭

친구를 대하는 데 지나치게 번거롭게 하면

斯疏矣니라.
사 소 의

도리어 소원해질 것이다.

---

45 덕불고, 필유린(德不孤, 必有鄰) : 〈역(易)〉「계사 상(繫辭上)」에 "일은 유형에 따라 나누어지거나 합해지고, 사람들은 무리에 따라 나누어지거나 합해진다[方於類聚, 物以群分]"라고 했다. 또 「건·문언(乾·文言)」에서는 "공자께서 말씀하셨다. '소리가 서로 비슷하면 상응하고, 기운이 비슷하면 서로 구한다[子曰 : 同聲相應, 同氣相求]"라고 했다. 이것들이 모두 '덕불고(德不孤)'에 대한 해석이 될 수 있다.

46 삭(數) : 발음은 shuò이고, '면밀하게[密]'·'자주[屢屢]'의 뜻이다. 여기서는 아래 위 문장을 보아서 '번거롭다'라고 번역했다. 「안연 편」에서는 다음과 같이 말한다. "자공이 친구를 대하는 방법에 대해 물었다. 공자께서 대답하시기를, '충심으로 권고하고, 잘 인도하여도 그가 듣지 않으면 그만두어, 스스로 모욕을 자초하지 말라[忠告而善道之, 不可則止, 無自辱焉]'고 하셨다." 이 문장도 바로 그런 뜻이다.

5 공야장에게
公冶長篇

앞의 네 편은 공자의 학문적 도의 강령(綱領)을 말한 것이고, 「공야장 편」은 사례를 들어 공자의 학문을 설명하고 있으며, 대화록과 토론집의 성격이 짙다. 특히 인물에 대해 평가하는 내용이 많은 것이 특징이다.

이 편에서는 공야장을 편명으로 삼고 있는데, 그는 공자의 제자로 남아 있는 자료가 그다지 많지 않다. 하안의 〈집해〉에서는 10장을 따로 나누어서 29장으로 하였으며, 주희의 〈집주〉에서는 1, 2장을 하나의 장으로 합쳐서 27장으로 하였다. 이 책에서는 모두 28장으로 나누었다.

1

子謂公冶長[1]하시되,
_{자 위 공 야 장}

공자께서 공야장에 대해 말씀하셨다.

可妻[2]也로다.
_{가 처 야}

딸을 그에게 시집보낼 만하도다.

雖在縲絏[3]之中이나,
_{수 재 류 설 지 중}

비록 감옥에 갇힌 적이 있으나,

非其罪也라 하시고.
_{비 기 죄 야}

그의 죄는 아니다.

以其子[4]로 妻之하시다.
_{이 기 자 처 지}

그리고는 자신의 딸을 그에게 시집보냈다.

2

子謂南容[5]하시되,
_{자 위 남 용}

공자께서 남용에 대해 말씀하셨다.

邦有道에,
_{방 유 도}

나라의 정치가 깨끗하면,

---

1 공야장(公冶長) : 공자의 학생으로, 제나라 사람이다(사마정(司馬貞)의 〈사기색은(史記索隱)〉에서 〈공자가어〉를 인용하면서 노나라 사람이라고 했다).
2 처(妻) : 동사로서 거성으로 읽으며, 발음은 qì이다.
3 류설(縲絏) : 류(縲)는 '류(纍)'와 같고, 발음은 léi이며, 설(絏)의 발음은 xiè이다. 류설(縲絏)은 죄인을 묶는 밧줄로, 여기서는 감옥을 나타낸다.
4 자(子) : 일반적으로 자식을 지칭하지만, 여기서는 딸을 가리키는 말로 사용되었다.
5 남용(南容) : 공자의 학생 남궁괄(南宮适)을 가리키며, 자는 자용(子容)이다.

不廢하며,
불 폐

〔설사 관직에 있더라도〕 내침을
당하지 않을 것이고,

邦無道에,
방 무 도

나라의 정치가 어지럽더라도

免於刑戮이라 하시고.
면 어 형 륙

형벌을 면할 수 있을 것이다.

以其兄之子⁶로 妻之하시다.
이 기 형 지 자   처 지

이에 자기 형의 딸을 그에게
시집보냈다.

3

子謂子賤⁷하사대,
자 위 자 천

공자께서 복자천을 평하여
말씀하셨다.

君子哉라 若人이여!
군 자 재   약 인

군자구나, 이 사람이야말로!

魯無君子者면,
노 무 군 자 자

노나라에 군자가 없었다면

斯焉取斯리오?
사 언 취 사

이 사람이 어디에서 이렇게 좋은
인품과 덕성을 취할 수 있었겠느냐?

---

6 형지자(兄之子) : 공자에게는 맹피(孟皮)라는 형이 있었다. 이때 맹피는 벌써 죽고 없었기 때문에, 공자가 형 대신에 그 딸의 혼례를 주관했다.
7 자천(子賤) : 공자의 학생인 복불제(宓不齊)이다. 자는 자천(子賤)이고, 공자보다 49살이 적었다(BC 521~?).

4

子貢이 問曰
자공 문왈

자공이 물었다.

賜也는 何如하니잇고?
사 야 하여

저는 어떤 사람입니까?

子曰
자왈

공자께서 말씀하셨다.

女는,
여

너는

器也니라.
기 야

마치 그릇과 같으니라.

曰
왈

자공이 말했다.

何器也잇고?
하 기 야

어떤 그릇입니까?

曰
왈

공자께서 말씀하셨다.

瑚璉[8]也니라.
호 련 야

종묘에서 곡식을 담는 호련이다.

---

8 호련(瑚璉) : 보궤(簠簋)를 가리키는 것으로, 고대에 제사지낼 때 양식을 담던 그릇이다. 방형(方形)의 것을 보(簠)라고 부르고 원형의 것을 궤(簋)라고 했으며, 상당히 귀한 것이다.

5

或이 曰
혹 왈

어떤 사람이 말했다.

雍⁹也는 仁而不佞¹⁰이로다.
옹 야   인 이 불 녕

염옹은 인덕은 있으나 말재주가 없도다.

子曰
자 왈

공자께서 말씀하셨다.

焉用佞이리오?
언 용 녕

굳이 말재주가 있어야 할 필요가 있겠느냐?

禦人以口給¹¹하여,
어 인 이 구 급

말대꾸하듯이 다른 사람에게 반박하면,

屢憎於人하나니라.
누 증 어 인

자주 다른 사람으로부터 미움을 받을 것이다.

不知其仁¹²이어니와,
부 지 기 인

염옹이 꼭 어질다고는 할 수 없겠지만,

---

9 옹(雍) : 공자의 학생 염옹(冉雍)으로, 노나라 사람이고, 자는 중궁(仲弓)이다.
10 녕(佞) : 발음은 nìng이고, '말을 잘하고 말재주가 있는 것'을 뜻한다.
11 구급(口給) : 급(給)은 족하다라는 뜻이다. '구급(口給)'은 마치 후에 말하는 "말이 궁하지 않다[言詞不窮]"·"말이 막힘이 없다[辯才無礙]"와 같다.
12 부지기인(不知其仁) : 공자가 모른다고 말한 것은 정말로 모르는 것이 아니고 단지 부정의 다른 방식으로, 실제로는 염옹(冉雍)이 아직 '인(仁)'의 수준에 도달하지 못했다는 것을 말한 것이다. 뒤에 나오는 "맹무백이 공자에게 자로가 어진 사람인가를 묻자, 모르겠다고 대답한 것[孟武伯問子路仁乎, 子曰, 不知也]"에서 '부지(不知)'도 같은 뜻이다.

焉用佞이리오?
연용녕

굳이 말재주가 있어야 할 필요가 있겠느냐?

6

子使漆彫開[13]로 仕[14]하신대.
자사칠조개   사

공자께서 칠조개에게 관직에 나가라고 하시니,

對曰
대왈

그가 대답했다.

吾斯之未能信[15]이로소이다.
오사지미능신

저는 그것에 대해 아직 자신이 없습니다.

子說하시다.
자열

공자께서 그 말을 들으시고 매우 기뻐하셨다.

7

子曰
자왈

공자께서 말씀하셨다.

道不行이라,
도불행

내 주장이 실행되어지지 않는지라,

---

13 칠조개(漆彫開) : '칠조(漆彫)'는 성이고, 이름은 '개(開)'이다. 공자의 학생으로, 자는 자개(子開)이다.
14 사(仕) : 벼슬자리에 나가 관직을 하다라는 뜻이다.
15 오사지미능신(吾斯之未能信) : 이 구절은 '오미능신사(吾未能信斯)'의 도치된 형식으로, '지(之)' 자는 도치하는 데 사용되었다.

乘桴[16]하여 浮于海하리니. 승 부　　부 우 해	나는 뗏목을 타고 해외로 나갈까 하는데,
從[17]我者는, 종　아 자	나를 따를 자는
其由與인저? 기 유 여	아마도 중유뿐일 것이다!
子路가 聞之하고 喜한대. 자 로　문 지　희	자로가 이 말을 듣고는 매우 기뻐하거늘,
子曰 자 왈	공자께서 말씀하셨다.
由也는 好勇이 過我나, 유 야　호 용　과 아	중유는 너무 용감하여 용감한 정신은 나보다 낫지만,
無所取材[18]로다. 무 소 취 재	이는 별로 취할 바는 없구나!

---

16 부(桴) : 발음은 fú이고, 고대에는 대나무나 혹은 나무를 엮어서 뗏목을 만들어 배로 사용하였다. 큰 것을 벌(筏)이라 했고, 작은 것을 부(桴)라고 했으니, 오늘날의 뗏목과 같은 것이다.

17 종(從) : 동사로, 옛날에는 거성으로 읽었으며, '따라가다'라는 뜻이다.

18 재(材) : '재(哉 : 감탄을 나타내는 어기사)' 자와 같으며, 고자(古字)에서는 때에 따라 통용했다. 어떤 사람들은 이 글자를 목재로 해석하여, 공자는 자로가 정말로 해외로 가려 한다고 생각하여 "어느 곳에 가서 목재를 얻어 오지 못하는구나"라고 말했다고 한다. 이런 해석은 공자의 원래 뜻에 부합하지 않는다. 또 어떤 사람은 '재(材)' 자를 '끊어 마르다[剪裁]'의 '재(裁)'로 보았다. 이렇게 보면 해석은 "자로가 너무 용감하여, 절제할 줄도 조심할 줄도 모른다"로 된다. 이러한 해석은 '취(取)' 자를 어디에다 놓아야 할지도 모르고 한 해석이기 때문에 따르지 않았다.

8

孟武伯이 問子路는 仁乎잇가? 맹무백이 공자에게 자로가 인덕이
맹무백   문자로   인호   있는지를 물었다.

子曰   공자께서 말씀하셨다.
자 왈

不知也로라.   모르겠구나.
부 지 야

又問한대.   그가 또 물으니
우 문

子曰   공자께서 말씀하셨다.
자 왈

由也는,   중유는
유 야

千乘之國에,   천 대의 병거(兵車)를 가진 나라가
천 승 지 국   있으면,

可使治其賦¹⁹也어니와,   병역(兵役)과 군정(軍政)을 맡길
가 사 치 기 부   야   수는 있으나,

不知其仁也로라.   그가 인덕이 있는지 어떤지는 나는
부 지 기 인 야   잘 모르겠구나.

---

19 부(賦) : 병부(兵賦)로, 고대의 병역제도이다. 여기서는 별도로 군정(軍政)의 일까지 포함해서 한 말이다.

| 求也는 何如하니잇고?
구 야 하 여 | 〔맹무백이 계속해서 물었다.〕
염구는 어떠합니까? |

| 子曰
자 왈 | 공자께서 말씀하셨다. |

| 求也는,
구 야 | 염구는 |

| 千室之邑[20]과,
천 실 지 읍 | 인구 천 호 가량의 읍에
현장(縣長)으로 삼거나, |

| 百乘之家[21]에,
백 승 지 가 | 백 대의 병거를 가진 대부의
봉지(封地)에 |

| 可使爲之[22]宰[23]也어니와,
가 사 위 지 재 야 | 그를 총관(總管)으로 삼을 수는
있으나, |

---

20 읍(邑) : 〈좌전〉「장공(莊公) 28년」에 "무릇 읍(邑)은 종묘에 선왕의 신주가 있는 곳을 도(都)라고 하고, 없는 곳을 읍(邑)이라고 했다[凡邑, 有宗廟先王之主曰都, 無曰邑]"고 기록되어 있다. 또 〈공양전(公羊傳)〉「환공(桓公) 원년」에 "토지가 많고 읍(邑)이 적은 곳을 전(田)이라 하고, 읍(邑)이 많고 토지가 적은 곳을 읍(邑)이라 불렀다[田多邑少稱田, 邑多田少稱邑]"라고 한 것에서, '읍(邑)'은 고대 서민들이 모여 살던 곳으로 토지가 그다지 많지 않았다는 것을 알 수 있다.
21 가(家) : 고대 경대부(卿大夫)는 국가로부터 일정한 땅을 봉함 받아, 그가 사람을 파견하여 다스리도록 했으며, 아울러 그 땅에서 조세를 받았다. 그 땅을 채지(采地) 혹은 채읍(采邑)이라 했으며, '가(家)'는 바로 이러한 채읍을 가리키는 말이다.
22 지(之) : '기(其)' 자와 용법이 같으며, 염구를 가리킨다.
23 재(宰) : 고대 현(縣)의 현장(縣長)을 '재(宰)'라고 했고, 또 대부 집의 총관(總管 : 살림살이 관리인)을 '재(宰)'라고도 했다. 그래서 '원사위지재(原思爲之宰)'의 '재(宰)'를 '총관(總管)'이라고 했고, '계씨사민자건위비재(季氏使閔子騫爲費宰)'의 '재(宰)'는 '현장(縣長)'이라 했다.

不知其其仁也로라. 부 지 기 인 야	그가 인덕이 있는지는 잘 모르겠구나.
赤²⁴也는 何如하니잇고? 적 야 하 여	[맹무백이 물었다.] 공서적은 또 어떠합니까?
子曰 자 왈	공자께서 말씀하셨다.
赤也는, 적 야	적(赤)은
束帶²⁵立於朝하여, 속 대 립 어 조	예복을 입고 조정에 서서
可使與賓客²⁶言也어니와, 가 사 여 빈 객 언 야	외국 귀빈을 맞아 교섭하는 일을 처리하도록 할 수는 있으나,
不知其仁也로라. 부 지 기 인 야	그가 인덕이 있는지는 잘 모르겠구나.

---

24 적(赤): 공서적(公西赤)으로, 노나라 사람이고, 자는 자화(子華)이다.
25 속대(束帶): 예복을 갖추어 입는 것을 가리킨다. 고대에는 예복 이외에도 반드시 띠를 매어야 했기 때문에, 띠로써 예복을 대신 지칭하기도 했다.
26 빈객(賓客): '빈(賓)'과 '객(客)' 두 글자를 두루뭉실하게 해석해도 뜻이 통하기는 하나, 따로 떼어서 해석하면 다른 점이 있다. 일반적으로 귀한 손님을 '빈(賓)'이라 했기 때문에 천자 제후의 손님을 빈(賓)이라 했다. 일반 손님은 객(客)이라 했으니, 〈역(易)〉「수괘·효사(需卦·爻辭)」에서 "부르지 않은 손님 세 명이 왔다[有不速之客三人來]"의 '객(客)'이 바로 이러한 뜻이다. 여기서는 '빈객(賓客)'을 한 단어로 보아야 한다.

9

子謂子貢曰
자 위 자 공 왈

공자께서 자공에게 말씀하셨다.

女與回也로 孰愈²⁷오?
여 여 회 야   숙 유

너와 안회 가운데 누가 더 나으냐?

對曰
대 왈

자공이 대답하였다.

賜也가 何敢望回리잇고?
사 야   하 감 망 회

제가 어찌 감히 회와 비교가
되겠습니까?

回也는 聞一以知十하고,
회 야   문 일 이 지 십

그는 한 가지 일을 들으면 열 가지
일을 미루어 알 수 있지만,

賜也는 聞一以知二하노이다.
사 야   문 일 이 지 이

저는 한 가지 일을 들으면 겨우
두 가지 일을 미루어 알 수
있습니다.

子曰
자 왈

공자께서 말씀하셨다.

弗如也니라.
불 여 야

그를 따라가지 못할 것이다.

吾與²⁸女의 弗如也하노라.
오 여   여   불 여 야

나도 네 말에 동의하니, 그를
따라가지 못할 것이다.

---

27 유(愈): '……보다 낫다'라는 뜻이다.
28 여(與): 동사로서, '동의하다'・'찬동하다'라는 뜻이다. 여기에서는 접속사로 보아서는

10

宰予²⁹가 畫寢³⁰이어늘,   재여가 대낮에 낮잠을 자거늘,
재여 주침

子曰   공자께서 말씀하셨다.
자왈

朽木은 不可雕也요,   썩은 나무는 조각할 수 없으며,
후목   불가조야

糞土之牆은 不可杇³¹也니, 썩은 흙으로 된 담은 흙손질을
분토지장   불가오 야   할 수 없으니,

於予與에 何誅³²리오?   재여에 대해서는 꾸짖을 가치조차
어여여   하주   없구나.

子曰³³   또 말씀하셨다.
자왈

안 된다.
29 재여(宰予) : 노나라 사람으로, 자는 자아(子我)이다. 공자의 학생으로, 말을 잘했다.
30 주침(晝寢) : 낮잠을 자다라는 뜻이다. 일설에는 옛날 판본에 '주침(晝寢)'이 '화침(畫寢)'으로 된 것이 있는데, 침실의 벽에 그림이나 장식이 된 집이라는 뜻으로, 당시에 사치스러워 예를 넘어선 행동이었다고 주장하기도 한다.
31 오(杇) : 발음은 wū로, 미장이가 담을 바르는 공구를 오(杇)라고 하며, 담을 평평하게 고르는 것을 또한 오(杇)라고 했다. 여기에서는 앞 문장의 뜻에 따라 "석회를 바르다[粉刷]"로 번역했다.
32 하주(何誅) : 직역을 하면 "무엇을 꾸짖으랴"라고 되지만, 여기서는 의역을 했다.
33 자왈(子曰) : 이하의 말은 비록 "재여가 낮잠을 잔 것[宰予晝寢]"에 대해 말한 것이지만, 오히려 공자가 다른 시기에 한 말이기 때문에, '자왈(子曰)'이라는 두 글자를 보태어 구분했다. 옛날 사람들의 이러한 수사규정(修辭規定)은 유월의 〈고서의의거례(古書疑義舉例)〉권 2 "한 사람의 말에 왈(曰) 자를 더하는 사례[一人之辭而加曰字例]"에서 자세히 설명하고 있으며(그러나 이것을 예로 들지는 않았다), 참고할 만하다.

始吾가 於人也에,
_{시 오   어 인 야}

처음에 나는 다른 사람에 대해서,

聽其言而信其行이러니라.
_{청 기 언 이 신 기 행}

그의 말을 듣고 곧 그의 행위를
믿었었느니라.

今吾가 於人也에,
_{금 오   어 인 야}

지금은 나는 다른 사람에 대해서,

聽其言而觀其行하노니라.
_{청 기 언 이 관 기 행}

그의 말을 듣고도 오히려 그의
행위를 관찰해 보게 되었다.

於予與에 改是로라.
_{어 여 여   개 시}

재여의 일 이후로 나는 태도를
고치게 되었노라.

11

子曰
_{자 왈}

공자께서 말씀하셨다.

吾未見剛者로라.
_{오 미 견 강 자}

나는 꿋꿋하며 굽힘이 없는 사람을
본 적이 없다.

或이 對曰
_{혹   대 왈}

어떤 사람이 대답하였다.

申棖[34]이니이다.
_{신 정}

신정이 그런 사람입니다.

---

34 신정(申棖) : 정(棖)의 발음은 chéng이다. 〈사기〉「중니제자열전」에 신당(申黨)이 나오며, '당(黨)'의 고음(古音)이 '정(棖)'과 가까웠다. 그렇다면 '신정(申棖)'은 바로 '신당(申黨)'을 말한다.

子曰
자 왈

공자께서 말씀하셨다.

棖也는 慾이어니,
정 야 욕

신정은 욕심이 너무 많으니,

焉得剛이리오?
언 득 강

어찌 꿋꿋하며 굽힘이 없다고
할 수 있겠느냐?

12

子貢이 曰
자 공 왈

자공이 말했다.

我不欲人之加[35]諸我也를,
아 불 욕 인 지 가 저 아 야

저는 다른 사람이 저를 기만하는
것을 원치 않고,

吾亦欲無加諸人하노이다.
오 역 욕 무 가 저 인

저 역시 다른 사람을 기만하고
싶지 않습니다.

子曰
자 왈

공자께서 말씀하셨다.

賜也아,
사 야

사야,

非爾所及也니라.
비 이 소 급 야

그것은 네가 해낼 수 있는 일이
아니다.

---

35 가(加): '능욕하다'·'기만하다'라는 뜻이다.

13

子貢이 曰
자 공 　 왈

夫子之文章36은,
부 자 지 문 장

可得而聞也어니와,
가 득 이 문 야

夫子之言性37與天道38는,
부 자 지 언 성 　 여 천 도

자공이 말했다.

선생님의 문헌 방면의 학문에 대한 말씀은

들을 수 있지만,

선생님께서 천성과 천도에 관해 말씀하신 것은

---

36 문장(文章) : 공자는 고대 문화의 정리자이며 전파자로, 여기서의 '문장(文章)'은 당연히 고대 문헌과 관계있는 학문을 가리키는 말이다. 〈논어〉에서 고찰해 볼 수 있는 것은 시(詩)·서(書)·사(史)·예(禮) 등이 있다.

37 성(性) : 인간의 본성을 말한다. 고대에는 계급의 관점이 있을 수 없었기 때문에, 인간의 계급성에 대해서 알지 못했다. 그리고 인간의 자연적인 성(性)에 대하여 맹자·순자가 주장한 것이지만, 공자는 단지 "인간의 성정(性情)은 본래 서로 가까우나, 몸에 밴 습관 때문에 서로 차이가 생긴다[性相近也, 習相遠也]"라고 말한 적이 있다.

38 천도(天道) : 고대에 말하는 천도(天道)는 일반적으로 자연과 인간사회의 길흉화복의 관계를 가리킨다. 그러나 〈좌전〉「소공(昭公) 18년」 정나라 자산(子産)의 말에서는 "하늘의 도는 멀고, 사람의 도는 가까우니, 하늘의 도는 미칠 바가 아니다[天道遠, 人道邇, 非所及也]"라고 하면서, 오히려 자연과 인간사회의 길흉에 대해서 필연적 관계를 부인하고 있다. 또 〈좌전〉「소공 26년」에 안영(晏嬰)이 "천도는 거짓이 없다[天道不諂]"라고 말한 바 있다. 비록 인간의 미덕을 이용해 자연의 신을 판단했지만 신에게 빌어 재앙을 물리치는 것을 반대한 것은[禳災], 역시 당시의 미신적인 습관을 타파하는 것이다. 이 두 사람은 모두 공자와 동시대 사람이거나 공자보다 나이가 조금 많지만, 또한 공자가 이야기한 도를 말하고 있다. 공자가 천도에 대해 언급하지 않았고, 자연과 인간사회의 관계에 대해서도 인식하고 있었으나 논하지 않는 태도를 취한 것이 이러한 사상에 영향을 받았기 때문인지는 알 수 없다.

不可得而聞也니라.
불 가 득 이 문 야

들을 수 없다.

14

子路는 有聞[39]이요,
자 로 유 문

자로는 말을 듣고서,

未之能行하여선,
미 지 능 행

아직 실행하지 못하고서는

唯恐有[40]聞하더라.
유 공 유 문

오직 다른 말을 들을까
두려워하더라.

15

子貢이 問曰
자 공 문 왈

자공이 물었다.

孔文子[41]를 何以謂之文也잇고?
공 문 자 하 이 위 지 문 야

공문자는 무엇 때문에
문(文)이라는 시호를 받았습니까?

子曰
자 왈

공자께서 말씀하셨다.

---

39 유문(有聞) : 어떤 사람은 '유문(有聞)'이 명성이나 인망이 있다는 뜻으로 해석하기도 한다.
40 유(有) : '우(又)'와 같다.
41 공문자(孔文子) : 위나라의 대부 공어(孔圉)이다. 공문자가 노나라 애공(哀公) 15년에 죽었거나, 혹은 이보다 조금 일찍 죽었다고 보고, 공자가 16년 여름 4월에 죽은 점을 고려하면, 이 문답은 반드시 노나라 애공 15년에서 16년 초 사이 어느 시기에 있었을 것이다.

敏而好學하며,
민 이 호 학

그는 민첩하고 학문을 좋아하며,

不恥下問이라서,
불 치 하 문

또 겸허하게 아랫사람에게 묻는 것을 부끄러워하지 않아서,

是以謂之文也니라.
시 이 위 지 문 야

문(文) 자를 써서 그의 시호를 지었다.

16

子가 謂子産⁴²하시되,
자 위 자 산

공자께서 자산에 대해 평하셨다.

有君子之道가 四焉하니,
유 군 자 지 도 사 언

그는 군자의 도에 걸맞은 네 가지 행동을 하니,

其行己也가 恭하며,
기 행 기 야 공

그 자신의 용모와 태도가 장엄하고 공손하며,

其事上也가 敬하며,
기 사 상 야 경

군주를 대하는 데 책임감이 강하고 진지하며,

---

42 자산(子産) : 공손교(公孫僑), 자는 자산(子産)이고, 정나라 목공(穆公)의 손자이다. 춘추시대 정나라의 어진 재상으로, 정나라 간공(簡公)·정공(定公) 때에 22년 동안 집정하였다. 그때 진(晉)나라의 도공(悼公)·평공(平公)·소공(昭公)·경공(頃公)·정공(定公) 다섯 임금과 초나라의 공왕(共王)·강왕(康王)·겹오(郟敖)·영왕(靈王)·평왕(平王) 시기는 바로 두 나라 사이에 경쟁과 전쟁이 끊이지 않았던 시기였다. 정나라는 지리적으로 요충지로서, 이 두 강대국 사이에 둘러싸여 있었으나, 자산은 오히려 굽실거리지 않고, 함부로 거만하게 행동하지 않으면서 나라의 존경과 안전을 얻도록 했으니, 확실히 고대 중국의 뛰어난 정치가이면서 외교가라 하겠다.

其養民也가 **惠**하며,
기 양 민 야　　　혜

백성들을 가르치고 기르는 것이 은혜로우며,

其使民也가 **義**니라.
기 사 민 야　　　의

백성들을 부리는 데 도리에 맞게 하였다.

17

子曰
자 왈

공자께서 말씀하셨다.

晏平仲[43]은 **善與人交**로니,
안 평 중　　　　선 여 인 교

안평중은 사람들과 잘 사귀니,

久而敬之[44]온여.
구 이 경 지

사귐이 오래될수록 다른 사람이 더욱 그를 공경한다.

18

子曰
자 왈

공자께서 말씀하셨다.

---

43 안평중(晏平仲) : 제나라의 어진 대부로, 이름은 영(嬰)이다. 〈사기〉 권 62에 그의 전기가 있다. 지금 전하고 있는 〈안자춘추(晏子春秋)〉는 안영(晏嬰) 자신의 작품은 아니지만, 역시 서한(西漢) 이전의 책이다.

44 구이경지(久而敬之) : 〈위저작랑한현종묘지(魏著作郞韓顯宗墓誌)〉에 "다른 사람과 잘 사귀었으며, 다른 사람들도 오래도록 그를 공경하였다[善與人交, 人亦久而敬焉]"라고 적혀 있다. 이것은 바로 〈논어〉에 근거한 것으로, 뜻은 다른 판본의 〈논어〉에 "오래도록 다른 사람이 그를 공경했다[久而人敬之]"라고 한 것과 일치한다. 그래서 '지(之)' 자가 안평중 자신을 가리킨다고 볼 수 있다. 만약 사귀는 사람을 가리킨다면 번역문은 당연히 "서로 사귐이 오래될수록 더욱 다른 사람을 공경하였다"가 된다.

臧文仲⁴⁵이 居蔡⁴⁶하되,　　　장문중이 채라고 부르는 큰
장문중　　거채　　　　　　거북이를 위해 집을 짓되,

山節藻梲⁴⁷하니,　　　　　마치 산처럼 조각된 두공(枓栱)과
산절조절　　　　　　　　물풀이 그려진 대들보 위에 짧은
　　　　　　　　　　　　기둥을 두었으니,

何如其知⁴⁸也리오?　　　이 사람의 총명함이 어찌 이렇단
하여기지야　　　　　　　말인가?

19

子張이 問曰　　　　　　자장이 물었다.
자장　문왈

令尹子文⁴⁹이 三仕⁵⁰爲令尹하되,　　초나라의 영윤 자문이
영윤자문　　삼사　위영윤　　　　　세 번이나 영윤 관직을 지냈으되,

---

45 장문중(臧文仲) : 노나라의 대부 장손진(臧孫辰)이다(BC ?~617).
46 거채(居蔡) : 옛날 사람들은 큰 거북이를 '채(蔡)'라고 했다. 〈회남자(淮南子)〉「설산훈(說山訓)」에 "대채는 신령한 거북이로, 도랑이나 골짜기에서 나왔다[大蔡神龜, 出於溝壑]"라고 했고, 고유(高誘) 주(注)에 "대채는 큰 거북이가 나온 지명으로, 그 이름 때문에 대채라고 했으니, 장문중이 살도록 했다는 채가 바로 이것이다[大蔡, 元龜之所出地名, 因名其龜爲大蔡, 臧文仲所居蔡是也]"라고 했다. 고대인들은 복서(卜筮 : 점치는 것)를 믿었는데, 복(卜)은 거북이로 점치는 것이고, 서(筮)는 가새풀을 사용하여 점치는 것이다. 거북이로 점을 칠 때는 사용되는 거북이가 클수록 영험하다고 여겼다. 채는 바로 점칠 때 사용되었던 큰 거북이로, 장문중은 그것을 소중히 감추어 두었으며, 거북이가 있는 장소도 아주 중시했다. 거(居)는 타동사로 사용되었으며, 사동용법으로 '그곳에 살도록 하다'라는 뜻이다.
47 산절조절(山節藻梲) : '절(節)은 기둥 위에 댄 방형(方形) 또는 구형(矩形)의 나무이다. 절(梲)의 발음은 zhuō이고, 들보 위의 짧은 기둥을 가리킨다.
48 지(知) : 지(智) 자와 같다.

無喜色하며,	기뻐하는 기색이 없었으며,
무 희 색	
三已之하되,	세 번이나 파면되었으되,
삼 이 지	
無慍色하였나니라.	원망하는 기색이 없었습니다.
무 온 색	
舊令尹之政을,	〔매번 갈릴 때마다〕 자기의 모든 정령(政令)을
구 영 윤 지 정	
必以告新令尹하였나니라.	반드시 후임자에게 알려주었습니다.
필 이 고 신 영 윤	
何如하니잇고?	이 사람은 어떠합니까?
하 여	
子曰	공자께서 말씀하셨다.
자 왈	
忠矣니라.	나라에 충성을 다했다고 할 수 있느니라.
충 의	

---

49 영윤자문(令尹子文) : 초나라의 재상을 영윤(令尹)이라고 불렀다. 자문(子文)은 바로 투구오도(鬪穀於菟)이다. 〈좌전〉에 의하면 자문(子文)은 노나라 장공(莊公) 30년부터 영윤이 되어, 희공(僖公) 23년에 자옥(子玉)에게 자리를 물려주었으니, 그 기간이 28년이었다. 이 28년 동안 아마도 여러 차례 면직을 당하고 다시 임명되었을 것이다. 〈국어(國語)〉「초어 하(楚語下)」에 "옛날에 자문이 세 번이나 영윤을 그만두었는데, 하루 먹을 양식도 저축해 두지 않았다[昔子文三舍令尹, 無一日之積]"라고 말한 것으로도 증명할 수 있다.

50 삼사(三仕) : '삼사(三仕)'와 '삼이(三已)'의 '삼(三)' 자는 반드시 실수(實數)는 아니고, 단지 그 일의 횟수가 많음을 나타낸다.

曰	자장이 말했다.
仁矣乎잇가?	어질다고 할 수 있겠습니까?
曰	공자께서 말씀하셨다.
未知⁵¹로라.	잘 모르겠다.
焉得仁이리오?	이것을 어찌 어질다고 하겠느냐?
崔子가 弑齊君⁵²이어늘,	〔자장이 또 물었다.〕 최자가 〔도리에 맞지 않게〕 제나라 장공을 시해하니,
陳文子⁵³가 有馬十乘이러니,	진문자는 말 사십 필을 소유하고 있었으나,

---

51 미지(未知) : 위 문장 제5장의 '부지기인(不知其仁)', 제8장의 '부지야(不知也)'의 '부지(不知)'는 서로 같으며, 정말로 모르는 것이 아니라, 단지 부정(否定)의 다른 한 방식이다. 공자는 '미지(未知)'라고 말한 뒤 잠시 멈추고, '언득인(焉得仁)'이라고 말했다.
52 최자시제군(崔子弑齊君) : 최자(崔子)는 제나라 대부인 최저(崔杼)이다. 제군(齊君)은 제나라 장공(莊公)으로 이름은 광(光)이다. 시(弑)는 아랫사람이 윗사람을 죽이는 것을 말한다. 〈좌전〉「양공(襄公) 25년」에 '최자가 제나라 장공을 시해한 일[崔子弑齊君]'이 기록되어 있다.
53 진문자(陳文子) : 역시 제나라의 대부로, 이름은 수무(須無)이다. 그러나 〈좌전〉에는 그가 제나라를 떠났다는 기록이 없고, 오히려 그가 이후에 제나라에서 활동한 내용이 많이 기록된 것으로 보아, 아마도 잠시 떠났다가 결국은 제나라로 돌아왔던 것 같다.

棄而違之하였나니라.
기 이 위 지

그것들을 버리고 제나라를 떠났습니다.

至於他邦하여,
지 어 타 방

다른 한 나라에 이르러서

則曰,
즉 왈

말하기를,

猶吾大夫崔子也라 하고.
유 오 대 부 최 자 야

이곳의 위정자도 우리의 최자와 다를 바 없다고 하고는,

違之하였나니라.
위 지

다시 떠났습니다.

之一邦하여,
지 일 방

다른 나라에 이르러,

則又曰
즉 우 왈

또 말하기를

猶吾大夫崔子也라 하고,
유 오 대 부 최 자 야

이곳의 위정자도 우리의 최자와 다를 바 없다고 하고는,

違之하였나니라.
위 지

떠났다고 합니다.

何如하니잇고?
하 여

이 사람은 어떠합니까?

子曰
자 왈

공자께서 말씀하셨다.

淸矣니라.
청 의

매우 깨끗하다고 할 수 있느니라.

曰
왈

자장이 말했다.

仁矣乎잇가?
인 의 호

어질다고 할 수 있겠습니까?

曰
왈

공자께서 말씀하셨다.

未知로라.
미 지

잘 모르겠다.

焉得仁이리오?
언 득 인

이것을 어찌 어질다고 하겠느냐?

20

季文子[54]가 三思[55]而後에 行하더니.
계 문 자   삼 사   이 후   행

계문자가 일이 있을 때마다 여러 번 생각한 뒤에야 행동에 옮겼다.

子聞之하시고,
자 문 지

공자께서 그 말을 들으시고

---

54 계문자(季文子) : 노나라의 대부 계손행보(季孫行父)로, '문(文)'은 그의 시호이다. 노나라 문공(文公)·선공(宣公)·성공(成公)·양공(襄公) 등 여러 대에 걸쳐 벼슬을 했다. 공자가 양공 22년에 태어났고, 문자는 양공 5년에 죽었다(BC ?~568). 공자가 이 말을 했을 때는 문자가 죽은 지 이미 오래됐다.

55 삼사(三思) : 이 '삼(三)' 자는 실제의 숫자 '삼(三)'이 아니다.

曰		말씀하셨다.
왈

再⁵⁶가,		두 번만 생각해도
재

斯可矣니라.		될 것이다.
사 가 의

21

子曰		공자께서 말씀하셨다.
자 왈

甯武子⁵⁷가,		영무자는
영 무 자

邦有道,		나라가 태평할 때에는
방 유 도

則知하고,		총명하고,
즉 지

---

56 재(再) : '재(再)' 자는 일반적으로 고문에서는 부사로만 사용되었으며, 그 뒤에 앞 문장을 연결해 주는 동사 '사(思)' 자가 생략되었다. 당나라 〈석경(石經)〉에서는 '재사(再思)'로 써서, 생략하지 않고 있다. 모든 일을 세 번 생각하면, 일반적으로 이득이 많고 폐가 적을 것인데, 왜 공자가 계문자의 이러한 행동에 동의하지 않았는가? 환무용(宦懋庸)의 〈논어계(論語稽)〉에서 다음과 같이 말했다 : "문자는 평생 이해(利害)와 화복(禍福)에 너무 밝아, 좋은 일과 나쁜 일이 서로 덮어지지 않았는데, 모두가 세 번 생각[三思]한 폐단이다. 그 생각이 세 번에 이르는 사람은 특별히 세상 물정에 너무 깊이 빠져서 지나치게 신중하게 된다. 그러나 문자(文子)의 폐단은 이해관계를 오직 자기 한 사람의 사사로움에만 결부시키기 때문에 생겨나는 것이다[文子生平蓋禍福利害之計太明, 故其美惡兩不相掩, 皆三思之病也. 其思之至三者, 特以世故太深, 過爲謹愼. 然其流弊將至利害徇一之私矣]." 만약 〈좌전〉에 기록된 문자의 여러 행적을 살펴보면, 이 말이 근거 없이 우겨대는 것은 아니다.

57 영무자(甯武子) : 위나라의 대부로, 성은 영(甯)이고, 이름은 유(俞)이다.

邦無道,
방 무 도

則愚[58]하니라.
즉 우

其知는 可及也어니와,
기 지   가 급 야

其愚는 不可及也니라.
기 우   불 가 급 야

나라가 혼미할 때에는

어리석은 체했다.

그의 총명함은 다른 사람이 따를 수 있으나,

그의 어리석은 체하는 것은 따를 수 없을 것이다.

22

子在陳[59]하사,
자 재 진

曰
왈

歸與!
귀 여

歸與인저!
귀 여

공자께서 진(陳)나라에 계실 때,

말씀하셨다.

돌아가자!

돌아가자!

---

58 우(愚) : 공안국(孔安國)은 '우(愚)' 자가 "거짓으로 어리석은 체하여 진짜인 것처럼 하다[佯愚似實]"라는 뜻이라고 생각했다. 그래서 "어리석은 체하다"라고 번역했다.

59 진(陳) : 나라 이름으로, 주나라 무왕(武王)이 은나라를 멸망시킨 후, 순임금의 후손인 규만(嬀滿)이라는 사람을 진(陳)에 봉했다. 춘추시대에 지금의 하남성(河南省) 개봉(開封)의 동쪽과 안휘성(安徽省) 박현(亳縣)의 북쪽 일대 땅을 차지하고 있었다. 도읍은 완구(宛丘), 즉 지금의 하남성(河南省) 회양현(淮陽縣)이며, 춘추 말 초나라에 의해 망했다.

吾黨之小子가 狂簡⁶⁰하여,　우리의 젊은 제자들의 포부가 매우 높고 크며,
오 당 지 소 자　　광 간

斐然成章이요,　찬연한 문채를 이루었으니,
비 연 성 장

不知所以裁之⁶¹로다.　나는 그들을 어떻게 지도해야 할지를 모르겠구나.
부 지 소 이 재 지

23

子曰　공자께서 말씀하셨다.
자 왈

伯夷·叔齊⁶²는 不念舊惡⁶³이라,　백이와 숙제 형제는 과거의 원한을 기억하지 않았기에,
백 이　숙 제　　불 념 구 악

怨是用希니라.　다른 사람도 그들을 원망하는 것이 매우 적었다.
원 시 용 희

---

60 광간(狂簡) : 주희의 〈집주〉에서 말하기를 "광간은 뜻은 크나 일에는 소략한 것[狂簡, 志大而略於事也]"이라고 했다.

61 부지소이재지(不知所以裁之) : 〈사기〉「공자세가」에는 '오부지소이재지(吾不知所以裁之)'로 되어 있다. 해석에서 이 문장의 주어는 윗문장 '오당지소자(吾黨之小子)'와 이어져 생략된 것이 아니고, 자칭대명사(自稱代名詞)가 생략된 것이다. '재(裁)'는 자르다·재단하다라는 뜻이다. 천은 재단을 해야 옷이 될 수 있고, 사람은 교육을 해야 인물이 될 수 있기 때문에 '지도하다'라고 번역했다.

62 백이·숙제(伯夷·叔齊) : 고죽군(孤竹君)의 두 아들이 부친이 죽자, 서로 임금 자리를 미루다가, 주나라 문왕(文王)이 있는 곳으로 도망쳤다. 주나라 무왕(武王)이 군대를 일으켜 상나라의 주(紂)를 토벌하려 하자, 그들이 말과 수레를 잡고 멈출 것을 권했다. 그러다가 주왕조가 천하를 통일하자, 그들은 주왕조의 식량을 먹는 것을 수치스럽게 여겨, 수양산(首陽山)에서 굶어 죽었다. 〈사기〉 권 61에 전(傳)이 있다.

63 악(惡) : '혐오감'·'원한'의 뜻이다.

24

子曰
자 왈

공자께서 말씀하셨다.

孰謂微生高⁶⁴直고?
숙 위 미 생 고   직

누가 미생고가 정직하다고
하였느냐?

或이 乞醯⁶⁵焉이어늘,
혹   걸 혜 언

어떤 사람이 그에게 식초를
빌려달라 하자,

乞諸其鄰而與之로다.
걸 저 기 린 이 여 지

[그는 자기에게 없다고는 말하지
않고] 이웃 사람에게서 빌려다
주었다.

25

子曰
자 왈

공자께서 말씀하셨다.

巧言 · 令色 · 足⁶⁶恭을,
교 언   영 색   주 공

감언이설과 위선적인 용모,
지나치게 공손한 태도를

---

64 미생고(微生高) : 〈장자(莊子)〉·〈전국책(戰國策)〉 등 여러 책에 미생고(尾生高)가 신의를 지킨 이야기가 있다. 이 사람이 어떤 여자와 다리 밑에서 만나기로 서로 약속했는데, 시간이 되어도 여자는 오지 않았고, 그는 여전히 기다리다가, 결국 물이 불어 익사하고 말았다고 한다. '미(微)'와 '미(尾)'는 고음(古音)이 서로 가까워 통용해 썼다. 이 때문에 많은 사람들은 미생고(微生高)가 바로 미생고(尾生高)라고 생각한다.
65 혜(醯) : 발음은 xī이고, 식초이다.
66 주(足) : '주(足)'는 지나치다는 뜻으로, 옛날에는 거성으로 읽었고, 발음은 zù이다.

左丘明ᵃ이 恥之러니, 좌구명은 수치스럽다고 생각했으니,

丘亦恥之하노라. 나 역시 수치스럽게 생각한다.

匿怨而友其人을, 속으로는 원한을 숨긴 채 밖으로 오히려 그와 친하게 지내려 하는 것을

左丘明이 恥之러니, 좌구명은 수치스럽다고 생각했으니,

丘亦恥之하노라. 나 역시 수치스럽게 생각한다.

26

顔淵季路가 侍⁶⁸러니. 공자께서 앉아 계시고 안연과 계로가 공자의 옆에 서 있었다.

---

67 좌구명(左丘明) : 예로부터 좌구명(左丘明)은 〈좌전〉의 작자라고 전해지며, 또 사마천(司馬遷)은 「보임안서(報任安書)」에서 "좌구명이 실명하고 나서, 비로소 국어를 썼다 [左丘失明, 厥有國語]"라고 했기 때문에, 또 그가 〈국어(國語)〉의 작자라고 말했다. 이 문제에 대해 많은 사람들의 연구 결과, 다음의 두 가지 긍정할 만한 결론을 내렸다. (1) 〈국어〉와 〈좌전〉의 작자는 한 사람이 아니다. (2) 두 책 모두 공자와 같은 시대 혹은 공자보다 더 이른 시기에 있었던 좌구명이 썼다는 것은 불가능하다(왜냐하면 공자가 좌구명을 자기의 말 앞에 놓았고, 또한 그 말을 인용해서 스스로의 말에 무게를 두었기 때문이다).

68 시(侍) : 〈논어〉에서는 어떤 때에는 '시(侍)' 한 글자만 쓰고, 어떤 때에는 '시측(侍側)' 두 글자를 쓰며, 또 어떤 때에는 '시좌(侍坐)'로 쓴다. 만약 '시(侍)' 단독으로 쓰이면, 곧 공자는 앉아 있고, 제자들은 서 있는 것이다. '시좌(侍坐)'로 쓰이면, 공자와 제자들이 모두 앉아 있는 것이다. 그러나 '시측(侍側)'에 대해서는 앉아 있는지 서 있는지 단언할 수 없다.

子曰
자 왈

공자께서 말씀하셨다.

盍[69]各言爾志오?
합　각언이지

어찌 각자의 포부를 말하지 않느냐?

子路가 曰
자 로　왈

자로가 말했다.

願車馬와 衣輕裘를 與朋友共하여 敝之而無憾[70]하노이다.
원거마　의경구　여붕우공　폐지이무감

저의 수레와 말과 의복을 친구와 같이 쓰다가 못쓰게 되더라도, 아무런 불만이 없기를 원합니다.

顔淵이 曰
안 연　왈

안연이 말했다.

願無伐善하며,
원 무 벌 선

자기의 장점을 과시하지 아니하고,

無施[71]勞하노이다.
무 시　로

내 자신의 공로를 과장하지 않았으면 합니다.

---

69 합(盍) : '하불(何不)'의 합음자이다.
70 원거마의경구여붕우공폐지이무감(願車馬衣輕裘與朋友共敝之而無憾) : 이 구절에서 '경(輕)' 자는 후에 사람이 더한 것으로, 당나라 이전의 판본에는 결코 이 '경(輕)' 자가 없었다는 것을 여러 가지 증거로 증명할 수 있다. 유보남의 〈논어정의〉에 상세하게 보인다. 이 구절은 두 가지 방법으로 읽을 수 있다. 하나는 '공(共)' 자에서 끊어 읽는 것으로, '공(共)' 자를 서술어로 보는 방법이다. 다른 한 방법은 전체를 한 번에 읽는 것으로, '공(共)' 자는 부사로 '폐(敝)' 자를 수식한다고 보는 것이다. 이 두 가지 끊어 읽는 방법은 의미상으로는 큰 차이가 없다.
71 시(施) : 〈회남자(淮南子)〉 「전언훈(詮言訓)」에서 "공(功)이 천하를 덮으나, 그 훌륭함

子路가 曰
자 로   왈

자로가 공자에게 말했다.

願聞子之志하노이다.
원 문 자 지 지

선생님의 포부를 들었으면 합니다.

子曰
자 왈

공자께서 말씀하셨다.

老者를 安之하며,
노 자   안 지

〔나의 포부는〕 늙은이를 편하도록 하며,

朋友를 信之하며,
붕 우   신 지

친구들이 나를 신임하도록 하며,

少者를 懷之[72]니라.
소 자   회 지

젊은이들이 나를 그리워하도록 하고 싶으니라.

27

子曰
자 왈

공자께서 말씀하셨다.

已矣乎[73]라,
이 의 호

그만두어라!

을 자랑하지 않는대[功蓋天下, 不施其美]"라고 했는데, 이 두 '시(施)' 자는 같은 뜻으로, 〈예기〉 「제통(祭統)」 주석에 "시(施)는 저(著)와 같대[施猶著也]"라고 했고, '나타내다'라는 뜻이다.

72 신지·회지(信之·懷之) : 번역문에서는 '신(信)'과 '회(懷)'를 '안(安)'과 마찬가지로 동사의 사동(使動) 용법으로 보았다. 만약에 그것을 일반 용법으로 본다면, 이 두 구절의 해석은 당연히 "친구에 대해 신임이 있으면, 젊은이들은 곧 그에게 관심을 가진다"라고 번역해야 한다.

73 이의호(已矣乎) : 감탄을 나타낸다.

吾未見能見其過而內自訟⁷⁴者也로라.　나는 아직껏 자기의
오 미 견 능 견 기 과 이 내 자 송　 자 야　　잘못을 보고 스스로
　　　　　　　　　　　　　　　　꾸짖을 수 있는 사람을 본 적이
　　　　　　　　　　　　　　　　없다.

28

子曰　　　　　　　　　　　　공자께서 말씀하셨다.
자 왈

十室之邑⁷⁵에,　　　　　　열 집밖에 안 되는 마을에도,
십 실 지 읍

必有忠信이 如丘者焉이어니와, 반드시 나와 같이 충성스럽고
필 유 충 신　 여 구 자 언　　　신실한 사람은 있겠지만

不如丘之好學也니라.　　　　나처럼 학문을 좋아하는 것을
불 여 구 지 호 학 야　　　　　따라올 이는 없을 것이다.

---

74 자송(自訟) : 스스로 책망하다라는 뜻이다.
75 십실지읍(十室之邑) : 겨우 10가구가 사는 마을로, 사람이 적음을 비유한 말이다.

6 염옹은
雍也篇

앞의 「공야장 편」이 이전 네 편 전체의 학문 계통에 대해 대화식 토론으로 구성된 전집(前集)이라면, 「옹야 편」은 「공야장 편」과 유사한 성격으로 구성되어 인물에 대해 토론하고 평가하는 후집(後集)이라고 할 수 있다. 앞 편에서 공야장의 이름으로 편명을 지은 것과 마찬가지로, 공자의 제자 '옹(雍)'의 이름으로 편명을 삼았다. 주희의 〈집주〉에서는 1, 2장과 4, 5장을 각각 하나의 장으로 합쳐서 28장으로 하였으나, 이 책에서는 30장으로 나누었다.

1

子曰
_{자 왈}

공자께서 말씀하셨다.

雍也는 **可使南面**[1]이로다.
_{옹 야   가 사 남 면}

염옹은 한 부서나 지방의 장관을 시킬 수 있도다.

2

仲弓이 **問子桑伯子**[2]한대.
_{중 궁   문 자 상 백 자}

중궁이 자상백자에 대해 물으니,

子曰
_{자 왈}

공자께서 말씀하셨다.

可也簡[3]이니라.
_{가 야 간}

그는 간소한 점이 좋다.

---

1 남면(南面) : 고대에 벌써 북쪽에 앉아 남쪽을 향하는[坐北朝南] 방향이 가장 좋다는 것을 알고 있었다. 이 때문에 이 방향의 위치를 가장 존귀하게 여겼고, 천자·제후·경대부를 막론하고, 그가 장관이 되어 나타날 때에는, 항상 남쪽을 향해[南面] 앉았다. 이에 관한 설명은 왕인지의 〈경의술문〉과 능정감(凌廷堪)의 〈예경석의(禮經釋義)〉에 나와 있다.

2 자상백자(子桑伯子) : 이 사람이 누구인지 고증할 수는 없다. 어떤 사람은 〈장자〉에 나오는 자상호(子桑戶)라고 하며, 또 다른 사람은 진(秦)나라 목공(穆公) 때 자상(子桑 : 公孫枝)이라고 하는데, 모두 믿을 만한 것은 못된다. '백자(伯子)'라고 부른 것을 보면, 경대부(卿大夫)였을 가능성이 크다. 중궁이 "그 백성을 다스리다[以臨其民]"라고 말한 것도, 역시 경대부라야 백성을 다스릴 수 있었다.

3 간(簡) : 〈설원(說苑)〉에 자상백자의 고사가 나오며, 그는 "의관을 갖추지 않고 살았다[不衣冠而處]"고 말했으나, 공자는 오히려 그를 "바탕은 아름다우나, 세련됨은 없다[質美而無文]"라고 생각했다. 이런 이유로 어떤 사람은 이 '간(簡)' 자는 '세련됨이 없음[無文]'을 가리키는 것이라고 여겼다. 그러나 여기서는 분명히 그가 "몹시 간소하니라[可也簡]"라고 했고, 〈설원〉에서 공자가 "내가 장차 그를 설득하여 세련되게 할 것이다[吾將說而文之]"라고 말했기 때문에, 그렇게 해석할 수는 없을 것 같다. 주희는 '간소한 것[簡]'이 '가하다[可]'라고 한 까닭은 "일은 번거롭게 하지 않으면서, 백성들은 어지럽히지 않는 데 있

仲弓이 曰 중 궁 왈	중궁이 말했다.
居敬而行簡하여, 거 경 이 행 간	엄숙하고 진지한 마음을 품고 그것을 간소하게 행하여,
以臨其民이면, 이 림 기 민	〔전체적인 것을 파악하고, 번거롭지 않게〕백성을 다스리면,
不亦可乎잇가? 불 역 가 호	역시 되지 않겠습니까?
居簡而行簡이면, 거 간 이 행 간	간소한 마음을 품고 다시 그것을 간소하게 행한다면,
無乃⁴大⁵簡乎잇가? 무 내 태 간 호	지나치게 간소하지 않겠습니까?
子曰 자 왈	공자께서 말씀하셨다.
雍之言이 然하다. 옹 지 언 연	네 말이 정확하구나.

다[事不煩而民不擾]"라고 했다. 이 주장은 상당히 일리가 있어서, 번역문에 몇 자를 첨가했다.
4 무내(無乃): '불시(不是)'와 용법이 비슷하나, 단지 반문구(反問句)에만 사용된다.
5 태(大): '태(太)' 자와 같다.

3

哀公이 問
_{애 공 문}

애공이 물었다.

弟子가 孰⁶爲好學이니잇고?
_{제 자 숙 위 호 학}

당신의 학생 중에 누가 배움을 좋아합니까?

孔子對曰
_{공 자 대 왈}

공자께서 대답하셨다.

有顔回者가 好學하여,
_{유 안 회 자 호 학}

안회라는 학생이 배움을 좋아하여,

不遷怒하며,
_{불 천 노}

다른 사람을 붙잡고 화풀이를 하지 않으며,

不貳⁷過하더니이다.
_{불 이 과}

또한 같은 잘못을 다시 범하지 아니하였습니다.

不幸短命⁸死矣하여,
_{불 행 단 명 사 의}

그러나 불행히도 일찍 죽어 버려서,

---

6 숙(孰) : 의문사로, 누구・무엇이라는 뜻이다.
7 이(貳) : 중복의 의미가 있다.
8 단명(短命) : 〈공양전(公羊傳)〉에서는 안연의 죽은 시기를 노나라 애공 14년(BC 481)으로 기록하고 있으며, 그때 공자의 나이가 71살이었다. 〈사기〉「중니제자열전」에 의하면, 안연이 공자보다 30살이 적었고, 죽을 때 나이가 41살이었다. 그러나 〈공자가어〉 등의 책에 따르면 안회가 죽은 나이는 대략 31살이라고 한다. 이 때문에 모기령(毛奇齡)은 〈논어계구편(論語稽求篇)〉에서 "〈사기〉에 공자보다 30살이 적다고 한 것은, 원래 40살을 잘못 기록한 것이다"라고 했다.

今也則亡하니,
금 야 즉 무

지금은 더 이상 이와 같은 사람이 없으니,

未聞好學者也니이다.
미 문 호 학 자 야

배움을 좋아하는 자를 다시 들어보지 못하였습니다.

4

子華⁹가 使¹⁰於齊¹¹러니,
자 화   시   어 제

공서화가 제나라에 사신으로 가게 되었는데,

冉子¹²가 爲其母¹³請粟¹⁴한대.
염 자   위 기 모   청 속

염유가 공서화의 어머니를 위해 공자에게 곡식을 줄 것을 요청하니,

子曰
자 왈

공자께서 말씀하셨다.

---

9 자화(子華) : 공자의 학생으로, 성은 공서(公西)이고, 이름은 적(赤), 자는 자화(子華)이다. 공자보다 42살이 적었다.
10 시(使) : 옛날에는 거성으로 읽었으며, 사신으로 보내다라는 뜻이다.
11 일반적으로 공서적이 이번에 제나라로 가게 된 것은 공자가 그를 파견했기 때문이라고 생각했다.
12 염자(冉子) : 〈논어〉에서 공자의 제자에게 '자(子)'의 칭호를 붙인 것은, 증삼(曾參)·유약(有若)·민자건(閔子騫)과 염유(冉有) 등 몇 사람에 불과하기 때문에 여기서 말하는 염자는 당연히 염유를 가리킨다.
13 기모(其母) : 자화의 모친을 가리킨다.
14 속(粟) : 좁쌀[小米]을 말한다. 일반적인 견해로는, 속(粟)은 껍질을 제거하지 않은 곡식을 가리키며, 껍질을 제거한 것을 미(米)라고 한다. 그러나 고서에서는 미(米)를 속(粟)으로도 부른다. 심동(沈彤)의 〈주관록전고(周官祿田考)〉에서 볼 수 있다.

| 與之釜¹⁵하라. | 여섯 말 넉 되를 주어라.
| 여 지 부 |

請益한대. | 염유가 더 줄 것을 요청하니,
청 익

曰 | 공자께서 말씀하셨다.
왈

與之庾¹⁶하라 하여시늘. | 다시 그에게 두 말 넉 되를 주어라 하시니,
여 지 유

冉子가 與之粟五秉¹⁷한대. | 염유는 오히려 팔십 석을 주니,
염 자   여 지 속 오 병

子曰 | 공자께서 말씀하셨다.
자 왈

赤之適齊也에, | 공서적이 제나라에 갈 때,
적 지 적 제 야

乘肥馬¹⁸하며, | 살찐 말이 끄는 수레를 타고
승 비 마

---

15 부(釜) : 발음은 fǔ이고, 고대의 용량 단위로, 당시의 용량기로 여섯 말 넉 되를 담았으며, 지금의 한 되 두 말 여덟 홉에 해당한다.
16 유(庾) : 발음은 yǔ이고, 고대의 용량 단위로, 당시의 두 말 넉 되를 담았으며, 지금의 넉 되 여덟 홉에 해당한다.
17 병(秉) : 발음은 bǐng이고, 고대 용량 단위로, 1병은 16곡(斛)이므로, 5병(秉)은 곧 80곡이다. 고대에는 10말[斗]을 곡(斛)이라 했기 때문에, 80석(石)이라고 번역했다. 남송의 가사도(賈似道)가 5말[斗]을 1곡(斛)으로, 1석(石)을 2곡(斛)으로 고쳐 중화민국(中華民國) 초년까지 쓰다가 지금은 이러한 용량 단위가 없어졌다. 주진(周秦)의 80곡(斛)은 지금의 16석(石)에 해당한다.
18 승비마(乘肥馬) : "살찐 말을 타다[騎肥馬]"로 해석해서는 안 된다. 왜냐하면 공자가 살았던 당시에는 소매가 크고 허리가 넓은 옷을 입었기 때문에, 말을 타기에는 불편하였다.

衣¹⁹輕裘하니라.　　　　　가볍고 따뜻한 가죽옷을 입었다.
의　경구

吾는 聞之也하니,　　　　　내가 듣건대
오　 문지야

君子는 周²⁰急이요 不繼富라호라.　　군자는 단지 다른 사람이
군자　 주급　　　불계부　　　　곤란할 때 도울 뿐 부유한데 더
　　　　　　　　　　　　　　　보태어 주지는 않는다 하였느니라.

5

原思²¹가 爲之²²宰²³러니,　　　원사가 공자 집의 살림을 총괄하는
원사　 위지 재　　　　　　　　관리인이 되었는데,

與之粟九百²⁴이어시늘,　　　　공자가 그에게 좁쌀 구백을 주자,
여지속구백

전국시대 조무령왕(趙武靈王) 때 이르러서야 소수민족의 복장을 개량하여 입고, 소수민족의 말 타고 활 쏘는 것을 배우게 되어, 전쟁을 하는 데 편리하게 되었다. 모든 경서(經書)에서는 '기마(騎馬)'라는 글자를 찾아 볼 수 없으나, 다만 〈곡례(曲禮)〉에 "앞에 거마가 있으면[前有車騎]"이라는 말이 나온다. 그러나 〈곡례〉는 전국시대 이후에 지어진 책이다.

19 의(衣) : 거성이고, 동사로 쓰였으며, '입다[穿]'로 해석한다.
20 주(周) : 후에 사람들은 '주(賙)' 자로 적고 있으며, 구제하다라는 뜻이다.
21 원사(原思) : 공자의 학생인 원헌(原憲)으로, 노나라 사람이고, 자는 자사(子思)이다.
22 지(之) : '기(其)'와 용법이 같으며, 공자를 가리키는 말이다.
23 재(宰) : 당시 공자가 노나라의 경대부를 맡고 있어서 집에 가신을 둘 수 있었다.
24 구백(九百) : 뒤에 용량 단위가 없어서, 곡(斛)인지 말[斗]인지 아니면 다른 단위인지 알 수 없다. 습관적으로 가장 많이 통용되는 도(度)·량(量)·형(衡)의 단위는 생략하고 말하지 않는 것은 지금도 마찬가지이다. 그러나 여기서는 단위를 생략했기 때문에 모호하게 되었다.

辭한대. _사	그가 받지 않으려 하니,
子曰 _{자 왈}	공자께서 말씀하셨다.
毋하여라! _무	사양하지 말아라!
以與爾鄰里鄕黨²⁵乎인저! _{이 여 이 린 리 향 당 호}	많다고 생각되거든 네 이웃과 마을 사람들(가난한 사람)에게 나눠주어라!

6

子謂仲弓, _{자 위 중 궁}	공자께서 염옹에 대해 일러
曰 _왈	말씀하셨다.
犁牛²⁶之子가 騂²⁷且角²⁸이면, _{이 우 지 자 성 차 각}	쟁기질하는 소의 새끼가 붉은 털이 나고 뿔이 바르면,

---

25 린리향당(鄰里鄕黨) : 모두 고대의 지방 단위 명칭이다. 다섯 가구를 린(鄰)이라 하고, 스물다섯 가구를 리(里)라 하며, 1만 2,500가구를 향(鄕), 500가구를 당(黨)이라 했다.
26 이우(犁牛) : 쟁기질하는 소(耕牛)로, 고대 사람들의 이름과 자(字)는 반드시 뜻이 서로 관련이 있었다. 공자의 학생인 염경(冉耕)의 자가 백우(伯牛), 사마경(司馬耕)의 자가 자우(子牛)인 현상을 볼 때, 소를 가지고 밭을 가는 방법이 당시에 이미 보편적으로 행해지고 있었음을 충분히 알 수 있다. 이전 사람들은 우경제도(牛耕制度)가 한나라 무제(武帝) 때 조과(趙過)로부터 시작되었다고 하지만, 그것은 〈한서〉「식화지(食貨志)」를 잘못 해석한 때문이다.
27 성(騂) : 붉은색을 말한다. 주 왕조는 붉은색을 매우 귀하게 여겨 제사를 지낼 때도 붉은색의 짐승을 사용했다.
28 각(角) : 두 뿔이 가지런하게 자랐다는 뜻이다. 이것은 고대 사람들이 한 단어를 사용해

雖欲勿用²⁹이나,
수 욕 물 용

비록 그것을 희생으로 써 제사드리지 않으려 하더라도,

山川은 其³⁰舍諸³¹아?
산 천   기 사 저

산천의 신이 설마 그것을 버리겠느냐?

7

子曰
자 왈

공자께서 말씀하셨다.

回也는,
회 야

안회는

其心이 三月不違仁이오,
기 심   삼 월 불 위 인

그의 마음이 오래도록 인덕으로부터 떠나 있지 않고,

其餘則日月³²至焉而已矣니라.
기 여 즉 일 월   지 언 이 이 의

다른 학생들은 단지 잠시 동안 우연히 생각할 뿐이다.

서도 많은 의미를 전달할 때 간략하게 쓰는 용법이다.
29 용(用) : 〈좌전〉에 나오는 "토지 신에게 제사지낼 희생물로 사용했다[犧牲于社]"의 '용(用)'과 같은 뜻으로 사용되어, 그것을 죽여 제사지낸다는 뜻이다. 〈사기〉「중니제자열전」에 의하면, 중궁의 부친은 천한 사람이었으나, 중궁은 오히려 "남면하게 할 수 있다[可使南面]"는 인재였으므로 공자가 이 말을 했다. 고대에는 제사드리는 희생물로 쟁기질하는 소를 사용하지 않았으며, 또한 그 새끼도 희생물로는 적합하지 않다고 생각했다. 공자의 뜻은 쟁기질하는 소가 낳은 새끼가 만약 희생물로 조건이 충분하다면, 산천의 신은 반드시 이러한 제사를 받을 것이라는 것이다. 그렇다면 중궁 같은 이런 인재가 왜 그의 부친이 천하기 때문에 버림을 받아야 되는가?
30 기(其) : '기(豈)'와 뜻이 같다.
31 저(諸) : '지호(之乎)'의 합음자이다.
32 삼월, 일월(三月, 日月) : 이러한 단어는 반드시 융통성 있게 보아야 글자 표면상의 뜻

8

季康子가 問
계강자 문

계강자가 공자에게 물었다.

仲由는 **可使從政也與**잇가?
중유   가사종정야여

중유는 정사를 다스리는 데 써도 되겠습니까?

子曰
자왈

공자께서 말씀하셨다.

由也는 **果**[33]하니,
유야   과

중유는 과감하고 결단력이 있으니,

於從政乎에 **何有**리오?
어종정호   하유

그에게 정사를 다스리도록 한들 무슨 곤란이 있겠습니까?

曰
왈

또 물었다.

賜也는 **可使從政也與**잇가?
사야   가사종정야여

단목사는 정사를 다스리는 데 써도 되겠습니까?

曰
왈

공자께서 말씀하셨다.

에만 얽매여서는 안 된다. 이 때문에 번역문에서 '삼월(三月)'을 '오래도록'으로, '일월(日月)'을 '잠시 동안'·'우연히'로 번역했다.

33 과(果) : 포함(包咸)이 말하기를 "과는 과감하고 결단성이 있는 것을 말한다[果, 謂果敢決斷]"라고 했다.

賜也는 達³⁴하니,
사 야 달

於從政乎에 何有리오?
어 종정호 하유

단목사는 사리에 밝으니,

그에게 정사를 다스리도록 한들
무슨 곤란이 있겠습니까?

曰
왈

또 물었다.

求也는 可使從政也與잇가?
구 야 가사종정야 여

염구는 정사를 다스리는 데 써도
되겠습니까?

曰
왈

공자께서 말씀하셨다.

求也는 藝³⁵하니,
구 야 예

염구는 다재다능하니,

於從政乎에 何有리오?
어 종정호 하유

그에게 정사를 다스리도록 한들
무슨 곤란이 있겠습니까?

9

季氏가 使閔子騫³⁶으로 爲費³⁷宰한대.
계 씨 사민자건   위비 재

계씨가 민자건을 그의
채읍(采邑)인 비(費)의
현장으로 삼게 하였는데,

---

34 달(達) : 사리에 정통한 것을 말한다.
35 예(藝) : 주희의 〈집주〉에서 말하기를 "예는 재능이 많은 것이다[藝, 多才能]"라고 했다.
36 민자건(閔子騫) : 공자의 학생 민손(閔損)으로, 자는 자건(子騫)이며, 공자보다 15살이
   적다(BC 515~?).

閔子騫이 曰
민 자 건   왈

善爲我辭焉하시오!
선 위 아 사 언

如有復我者면,
여 유 부 아 자

則吾가 必在汶上³⁸矣로리라.
즉 오   필 재 문 상   의

민자건이 찾아온 이에게 말했다.

나를 대신해서 잘 거절해 주시오!

만약 다시 나를 찾아온다면,

나는 반드시 문수(汶水)의
북쪽으로 달아날 것이오.

10

伯牛³⁹가 有疾이어늘,
백 우   유 질

子問之하실새,
자 문 지

自牖⁴⁰로 執其手,
자 유   집 기 수

曰
왈

亡之⁴¹러니,
망 지

백우가 병이 나자,

공자께서 그에게 문병을 가서,

창문으로 그의 손을 잡고

말씀하셨다.

소생하기 어렵겠구나,

---

37 비(費) : 옛 성은 지금의 산동성 비현(費縣) 서북쪽 20리에 있었다.
38 문상(汶上) : 문(汶)의 발음은 wèn이고, 강 이름이며, 지금 산동의 대문하(大汶河)이다. 계복(桂馥)의 〈찰박(札樸)〉에서 "물은 양지 바른 곳을 북쪽으로 여기는데, 무릇 어떤 물의 위쪽이라 함은, 대개 물의 북쪽을 일컫는 것이다[水以陽爲北, 凡言某水上者, 皆謂水北]"라고 하였다. '문상(汶上)'은 제나라 땅을 가리킨다.
39 백우(伯牛) : 공자의 학생 염경(冉耕)으로, 자는 백우(伯牛)이다.
40 유(牖) : 발음은 yǒu이고, 창문을 뜻한다.

命矣夫인저! _{명 의 부}	이것이 운명이란 말이냐!
斯人也가 而有斯疾也할새! _{사 인 야 이 유 사 질 야}	이런 사람이 이런 병에 걸리다니!
斯人也가 而有斯疾也할새! _{사 인 야 이 유 사 질 야}	이런 사람이 이런 병에 걸리다니!

11

子曰 _{자 왈}	공자께서 말씀하셨다.
賢哉라, _{현 재}	얼마나 수양이 되었는가,
回也여! _{회 야}	안회여!
一簞⁴²食와, _{일 단 사}	한 그릇의 밥과
一瓢飮으로, _{일 표 음}	한 표주박의 물로
在陋巷을, _{재 루 항}	비좁은 골목에서 사는 것을,

---

41 망지(亡之) : 여기서의 '지(之)'는 대명사가 아니며, '망(亡 : 사망의 뜻)'의 목적어도 아니다. 왜냐하면 '망(亡)' 자가 여기서 목적어를 가질 수 없기 때문인데, 단지 음절을 맞추기 위해 썼다. 고대에는 종종 목적어처럼 보이지만 실제로는 목적어가 아닌 이러한 '지(之)' 자가 많이 사용되었다. 〈문언어법(文言語法)〉에 상세히 나와 있다.
42 단(簞) : 발음은 dàn이고, 고대에 밥을 담는 대나무로 된 원형의 그릇이다.

人不堪其憂어늘,
인 불 감 기 우

남들은 그 빈궁함에 대한 근심을 견디지 못할 것이나,

回也가 不改其樂하니라.
회 야   불 개 기 락

안회는 그 자신이 갖고 있는 즐거움을 고치지 않는구나.

賢哉라,
현 재

얼마나 수양이 되었는가,

回也여!
회 야

안회여!

12

冉求가 曰
염 구   왈

염구가 말했다.

非不說子之道이언마는,
비 불 열 자 지 도

제가 선생님의 학설을 좋아하지 않는 것이 아니라,

力不足也로이다.
역 부 족 야

저의 힘이 부족합니다.

子曰
자 왈

공자께서 말씀하셨다.

力不足者[43]이면,
역 부 족 자

진정으로 힘이 부족한 것이라면,

---

[43] 역부족자(亦不足者): '자(者)'는 여기서 잠시 멈춤을 표시하는 어기사로 쓰였으며, 어떤 때에는 가설어기를 함께 나타낸다. 〈문언어법〉에 상세히 나타나 있다.

中道而廢하나니.
중 도 이 폐

반쯤이라도 가서 더 이상 갈 수
없을 것인데,

今女는 畫⁴⁴이로다.
금 여   획

지금 너는 오히려 걸어가려고
시작도 않는구나.

13

子謂子夏曰
자 위 자 하 왈

공자께서 자하에게 말씀하셨다.

女爲君子儒요!
여 위 군 자 유

너는 군자 같은 선비가 되고,

無爲小人儒하라!
무 위 소 인 유

소인 같은 선비는 되지 말아라!

14

子游가 爲武城⁴⁵宰러니.
자 유   위 무 성   재

자유가 무성현의 현장이 되자,

子曰
자 왈

공자께서 말씀하셨다.

女가 得人焉耳⁴⁶乎아?
여   득 인 언 이   호

너는 이곳에서 인재를 얻었느냐?

---

44 획(畫) : 정지하다라는 뜻이다. 주희의 〈집주〉에서는 "이것을 획이라고 이르는 것은 마치 땅에 금을 그어놓고 스스로 한계를 짓는 것과 같기 때문이다[謂之畫者, 如畫地以自限也]"라고 했다.
45 무성(武城) : 노나라의 성읍(城邑)으로, 지금의 산동성 비현(費縣) 서남쪽에 있었다.
46 이(耳) : 통행본에는 '이(爾)'로 썼으나, 여기에서는 당(唐) 〈석경(石經)〉과 송(宋) 〈석

曰 _왈	자유가 말했다.
有澹臺滅明者[47]하니, _{유 담 대 멸 명 자}	담대멸명이라는 사람이 있는데,
行不由徑[48]하며, _{행 불 유 경}	길을 가되 지름길로는 가지 않으며,
非公事어든, _{비 공 사}	공적인 일이 아니면,
未嘗至於偃之室也니이다. _{미 상 지 어 언 지 실 야}	아직 저의 집에 온 적이 없습니다.

15

子曰 _{자 왈}	공자께서 말씀하셨다.
孟之反[49]은 不伐[50]하나니, _{맹 지 반}　_{불 벌}	맹지반은 자신을 과시하지 않으니,

경(石經)〉, 황간의 〈의소〉에 따라 '이(耳)'로 썼다.
47 유담대멸명자(有澹臺滅明者) : 담대멸명의 자는 자우(子羽)이다. 〈사기〉「중니제자열전」에서도 그를 제자로 넣고 있다. 그러나 여기에서 자유(子游)의 대답하는 말투를 보면, 이 말을 할 당시에는 아직 공자에게 수업을 받지 않았던 것 같다. 왜냐하면 '有……者'의 표현법은 이 말을 듣는 사람이 이전에 알지 못했다는 것을 나타낸다. 만약 〈사기〉에 기록된 것처럼 담대멸명이 이 이전에 이미 공자의 학생이었으면, 자유의 말투가 당연히 달라야 한다.
48 경(徑) : 빨리 갈 수 있는 오솔길을 가리킨다.
49 맹지반(孟之反) : 노나라의 대부로, 〈좌전〉「애공(哀公) 11년」에 '맹지측(孟之側)'이 나오며, 번역문에서는 〈좌전〉에 기록된 사실을 참조하여 몇 자 첨가하였다.
50 벌(伐) : 스스로 우쭐거리다.

奔而殿⁵¹하여,
분 이 전

〔제나라를 방어하는 전투 중에 오른쪽 군대가 궤멸하자〕 그는 맨 마지막에 가면서 전군(全軍)을 엄호하여,

將入門할새,
장 입 문

막 성문에 들어서려 할 때,

策⁵²其馬,
책   기 마

말에 채찍질하면서

曰
왈

말했다.

非敢後也라,
비 감 후 야

내가 결코 전후(殿後)에 있고자 한 것이 아니라,

馬不進也라 하니라.
마 부 진 야

말이 도무지 빨리 나아가려 하지 않아 그런 것이다.

16

子曰
자 왈

공자께서 말씀하셨다.

不有⁵³祝鮀⁵⁴之佞하고,
불 유   축 타   지 녕

만약 축타와 같은 언변이 없고서,

---

51 전(殿) : 전군(全軍)의 가장 뒤에서 추격해 오는 적을 막는 것이다.
52 책(策) : 말채찍인데, 여기서는 동사로 사용되었다.
53 불유(不有) : 여기서는 가설어기를 나타내는 것으로 사용되었으며, '만약 없다면'의 뜻이다.

而⁵⁵有宋朝⁵⁶之美면,
이 유송조 지미

송조의 아름다움만 갖고 있다면,

難乎免於今之世矣니라.
난 호 면 어 금 지 세 의

요즘 같은 세상에서는 화를 피하기 어려울 것이니라.

17

子曰
자 왈

공자께서 말씀하셨다.

誰能出不由戶⁵⁷리오마는?
수 능 출 불 유 호

누가 방문을 거치지 않고 집밖으로 나갈 수 있겠느냐?

何莫⁵⁸由斯道⁵⁹也오?
하 막 유 사 도 야

어째서 나의 이 길을 따라오는 사람이 없단 말이냐?

---

54 축타(祝鮀) : 위나라 대부로, 자는 자어(子魚)이고, 〈좌전〉「정공(定公) 4년」에 그의 외교적 언사가 실려 있다. 「헌문 편」에도 그에 대한 언급이 있는데, 능력 있는 대신으로 묘사하고 있다.

55 이(而) : 왕인지의 〈경의술문〉에 "이(而)는 여(與)와 같으며, 축타의 말 잘함이 있고 송조의 아름다움이 있다는 것을 말한다[而猶與也, 言有祝鮀之佞與有宋朝之美也]"라고 했는데, 많은 사람들이 이러한 견해에 동의하지만, 여기서 '不有祝鮀之佞, 與有宋朝之美'라고 하면, 어구가 순조롭지 않게 되기 때문에, 왕인지의 이 설이 원래 뜻과는 맞지 않는 듯하다.

56 송조(宋朝) : 송나라의 귀공자인 조(朝)이다. 〈좌전〉「소공(昭公) 20년」과 「정공(定公) 14년」에 그의 미모 때문에 분규를 일으킨 일이 기록되어 있다.

57 호(戶) : 한 짝으로 된 문으로, 일반적으로 실내에 있는 방문을 가리킨다. 집의 대문은 모두 두 짝으로 되어 있으며, '문(門)'이라고 부른다.

58 하막(何莫) : '하불(何不 : 어찌 ~하지 않느냐)'과 같다.

59 도(道) : 여기서의 도는 쌍관어(雙關語 : 하나의 말이 두 가지 뜻을 가짐)로, 길을 가리키기도 하고, 사람이 살아가는 준칙을 비유하기도 한다.

18

子曰
자 왈

質勝文則野[60]요,
질 승 문 즉 야

文勝質則史니라.
문 승 질 즉 사

文質이 彬彬[61],
문 질 　 빈 빈

然後에 君子니라.
연 후 　 군 자

공자께서 말씀하셨다.

소박함이 화려함보다 많으면
촌스럽고 천함을 면하기 어렵고,

화려함이 소박함보다 많으면
부허(浮虛)함을 면하기 어렵다.

화려함과 소박함이 적당히
배합되어야

비로소 군자인 것이다.

19

子曰
자 왈

人之生也[62]가 直하니,
인 지 생 야 　 　 직

공자께서 말씀하셨다.

사람이 살아가는 것은 정직
때문이니,

---

60 야(野) : 여기서는 조잡하고 볼품이 없는 것을 가리킨다.
61 문질빈빈(文質彬彬) : 여기서는 문아(文雅)하고 소박한 사람을 형용한 말이지만, 나중에는 문아하고 예의 바른 사람을 가리키는 말로 많이 사용되었다.
62 야(也) : 어기사로, '인지생(人之生)'은 단어와 단어가 결합된 구조이다. 주어 역할을 하며, 여기서 끊어 읽어도 무방하다. 아래의 '직(直)'은 서술어다.

罔[63]之生也는 幸而免이니라.
망 지 생 야　　행 이 면

정직하지 못한 사람도 살 수는 있으나 그것은 그가 요행히 화를 면한 것이다.

20

子曰
자 왈

공자께서 말씀하셨다.

知之者가 不如好之者요,
지 지 자　　불 여 호 지 자

〔어떠한 학문이나 일에 대해〕 그것을 이해하는 사람이 그것을 좋아하는 사람만 못하고,

好之者가 不如樂之者니라.
호 지 자　　불 여 락 지 자

그것을 좋아하는 사람은 또한 즐기는 사람만 못하다.

21

子曰
자 왈

공자께서 말씀하셨다.

中人以上은,
중 인 이 상

보통 수준 이상의 사람은

可以語上[64]也어니와.
가 이 어 상　　야

심오한 학문을 말해 줄 수 있지만,

中人以下는,
중 인 이 하

보통 수준 이하의 사람은

---

63 망(罔) : 부정직한 사람, 속이는 사람을 말한다.
64 상(上) : 매우 심오한 학문과 도리를 가리킨다.

不可以語上也니라.
불 가 이 어 상 야

심오한 학문을 말해 줄 수 없다.

22

樊遲가 問知한대.
번 지   문 지

번지가 어떤 것이 총명한 것인지를 물으니,

子曰
자 왈

공자께서 말씀하셨다.

務民之義요,
무 민 지 의

백성들이 '의(義)'로 나가도록 기력을 쏟고,

敬鬼神而遠之[65]면,
경 귀 신 이 원 지

엄숙히 귀신을 대하면서 결코 그에게 접근하지 않으면,

可謂知矣니라.
가 위 지 의

총명하다고 말할 수 있을 것이다.

問仁한대.
문 인

또 어떤 것이 인덕이 있다고 하는지를 물으니,

曰
왈

공자께서 말씀하셨다.

---

[65] 원지(遠之) : 원(遠)은 사역동사로 거성이며, 발음은 yuǎn이다. 멀리하다·접근하지 않다라는 뜻으로, 예를 들면 기도[祈禱]·지나친 제사[淫祀] 같은 것이다. 공자가 보기에 모두 '멀리한 것[遠之]'은 아니다.

仁者가 先難⁶⁶以後獲이면,　　인덕 있는 사람이 일정한 힘을
　　　　　　　　　　　　　　　　쏟은 뒤 수확이 있으면,

可謂仁矣니라.　　　　　　　　　인덕이 있다고 말할 수 있을 것이다.

23

子曰　　　　　　　　　　　　　공자께서 말씀하셨다.

知者는 樂⁶⁷水하고,　　　　　총명한 사람은 물을 좋아하고,

仁者는 樂山이니라.　　　　　　어진 사람은 산을 좋아한다.

知者는 動하고,　　　　　　　　총명한 사람은 활동적이고,

仁者는 靜하니라.　　　　　　　어진 사람은 고요하다.

---

66 선난(先難):「안연 편」에도 번지(樊遲)의 말에 대한 대답이 있으며, 그중에서 "먼저 일을 하고 수확을 얻으면, 덕을 높일 수 있지 않겠는가[先事後得, 非崇德與]?"라고 한 것과 여기서 말하는 "먼저 일정한 힘을 쏟은 뒤에 그 성과를 얻어야 인덕이 있다고 말할 수 있을 것이다[先難後獲可謂仁矣]"는 같은 뜻이다. 따라서 본문의 '난(難)' 자를 "일정한 힘을 쏟다"라고 번역했다. 공자가 번지에게 두 번씩이나 이렇게 말한 것이 번지가 가만히 앉아서 남이 고생하여 얻은 성과를 누리려는 생각을 갖고 있었기 때문인지는 알 수가 없다.

67 요(樂): 형병(邢昺)의 소(疏)에서 "요는 좋아하다는 뜻이다[樂謂愛好]"라고 했는데, 산수에 스며들어 그것과 함께 동화된다는 의미이다. 뒤에 나오는 '지자낙(知者樂)'의 '낙(樂)'은 유유자적하며 즐거워한다는 뜻이다.

知者는 樂하고,
지자 낙

총명한 사람은 즐거워하고,

仁者는 壽니라.
인자 수

어진 사람은 오래 산다.

24

子曰
자 왈

공자께서 말씀하셨다.

齊一變이면,
제 일 변

제나라가 〔정치와 교육에〕 개혁이 있게 되면,

至於魯하고,
지 어 노

노나라의 모습에 도달할 것이고,

魯一變이면,
노 일 변

노나라가 〔정치와 교육에〕 개혁이 있게 되면,

至於道니라.
지 어 도

곧 나아가 대도(大道)에 부합하게 되느니라.

25

子曰
자 왈

공자께서 말씀하셨다.

觚⁶⁸가 不觚면,
고   불 고

모난 술그릇인 고(觚)가 모나지 않으면,

---

68 고(觚) : 발음은 gū이며, 고대에 술을 담던 그릇이다. 배 부분에 네 부분의 모서리가 있

觚哉!
고 재

이것이 고이겠는가!

觚哉아!
고 재

이것이 고이겠는가!

26

宰我가 問曰
재 아   문 왈

재아가 물었다.

仁者는,
인 자

인덕이 있는 사람은

雖告之曰,
수 고 지 왈

그에게 알려주기를

고, 다리 부분에도 네 개의 모서리가 있었다. 매 그릇의 용량은 당시 용량으로 2되(혹은 3되)로, 공자가 왜 이 말을 했는지에 대해, 후대 사람들은 비교적 납득할 만한 두 가지 추측을 하고 있다. (1) 고(觚)는 모난 것이 있어야 비로소 고(觚)라고 부를 수 있었다. 그러나 모서리를 만들어내기가 원형을 만들어내기보다 어려워서, 공자가 본 고(觚)는 아마도 단지 하나의 원형의 술잔이지, 위는 둥글고 아래는 네 개의 모서리가 있는 모가 난 것은 아니었다. 그러나 부르기는 여전히 능(棱)이라 했기 때문에, 공자는 당시에 사물의 이름과 실제가 맞지 않음을 개탄하였다. 예를 들면, "임금이 임금 같지 않고, 신하가 신하 같지 않고 아버지가 아버지 같지 않고, 아들이 아들 같지 않다[君不君, 臣不臣, 父不父, 子不子]"와 같은 것이다. (2) 고(觚)와 고(孤)는 음이 같은데, 적다라는 뜻이다. 단지 술 2되(혹은 3되)를 담을 수 있는 것을 고라고 했으며, 이것은 사람들이 술을 적게 마시고 너무 술에 빠지지 말라는 의미이다. 아마도 당시 고의 실제 용량은 이미 이 숫자보다 커져 버렸기 때문에, 공자가 그것을 개탄한 것이다(고대에 술을 만들 때, 술을 빚는 기술을 몰랐기 때문에 주정(酒精) 성분의 질이 낮으며, 걸러지는 양도 매우 적고, 두세 되의 술은 아주 적으며 하찮은 것이었다. 〈사기〉「골계열전(滑稽列傳)」에 순우곤(淳于髡)의 말이 기록되어 있는데, 제일 많이 마실 수 있는 것이 1석(10말)이었다고 하니, 가히 짐작할 수 있다).

井有仁⁶⁹焉이라도, 정 유 인 연	우물에 한 어진 사람이 빠졌다고 말하더라도,
其從之也잇가? 기 종 지 야	그가 우물 속으로 따라 내려가겠습니까?
子曰 자 왈	공자께서 말씀하셨다.
何爲其然也리오? 하 위 기 연 야	어찌 너는 그렇게 하려고 하느냐?
君子는 可逝⁷⁰也언정, 군 자 가 서 야	군자는 멀리 보내 다시 돌아올 수 없게 할 수는 있어도,
不可陷也며, 불 가 함 야	그를 모해할 수는 없으며,
可欺也언정, 가 기 야	그를 속일 수는 있어도,
不可罔⁷¹也니라. 불 가 망 야	우롱할 수는 없는 법이니라.

---

69 인(仁) : '어진 사람[仁人]'이라는 뜻으로, 「학이 편」에 나오는 "사람들을 널리 사랑하고 어진 사람과 가까이하다[泛愛衆而親仁]"의 '인(仁)'과 같은 용법이다.

70 서(逝) : 고대의 '서(逝)' 자의 뜻은 '왕(往)' 자와는 다른 점이 있었다. '가서[往]' 다시 돌아오지 않을 때에 '서(逝)' 자를 사용했으며, 번역문에서도 이런 뜻으로 했다. 유월의 〈군경평의〉에서는 '서(逝)'를 '절(折)'로 읽었으며 다음과 같이 말했다 : "서(逝)와 절(折)은 옛날에는 통용했다. 군자는 자기 몸을 죽여서 인을 이루는, 즉 그렇게 얻었기 때문에 꺾을 수는 있으나, 이치에 맞지 않는 것으로 어진 이를 해칠 수는 없다. 그래서 꺾을 수는 있어도 빠뜨릴 수는 없다[逝與折古通用. 君子殺身成仁則有之矣, 故可得而摧折, 然不可以非理陷害之, 故可折而不可陷]." 이것 역시 의미는 통한다.

27

子曰
자 왈

공자께서 말씀하셨다.

君子가 博學於文이요,
군 자   박 학 어 문

군자가 광범하게 문헌을 배우고,

約之以禮[72]면,
약 지 이 례

다시 예절로 제약하면,

---

71 기·망(欺·罔): 〈맹자〉「만장 상(萬章上)」에도 이와 같은 이야기가 있으니, 이 단락과 연결시켜 '기(欺)'와 '망(罔)'의 차이점을 잘 설명하고 있다. 그 원문은 다음과 같다: "종전에 어떤 사람이 정나라 자산에게 산 물고기를 선물한 적이 있었는데, 자산은 연못 관리인에게 물고기를 연못에서 기르도록 하였다. 그러나 그 사람은 오히려 삶아 먹어 버리고는 돌아와 보고하기를 '처음에 그것을 놓았을 때는 힘없이 비실거리다가, 잠시 후에 꼬리를 생기 있게 흔들더니, 갑자기 깊은 곳으로 가 버렸다고 말했다. 자산이 말하기를 '좋은 곳을 얻었구나! 좋은 곳을 얻었구나!'라고 했다. 연못 관리인이 나와서는 '누가 자산이 총명하다고 말했는가? 내가 이미 그것을 삶아 먹었는데, 그는 여전히 좋은 곳을 얻었구나! 좋은 곳을 얻었구나!라고 말하는구나'라고 하였다. 그래서 군자는 인정에 맞는 방법으로 그를 속일 수는 있지만, 그 도리를 위반하는 속임수를 써서는 그를 속일 수 없다[昔者有饋生魚於鄭子産, 子産使校人畜之池. 校人烹之, 反命曰: '始舍之, 圉圉焉; 少則洋洋焉; 攸然而逝.' 子産曰: '得其所哉! 得其所哉!' 校人出, 曰: '孰謂子産智? 予旣烹而食之, 曰, 得其所哉, 得其所哉.' 故君子可欺以其方, 難罔以非其道]." 그렇다면 연못 관리인이 자산을 속인 것은 "인정에 맞는 방법으로 그를 속이는 것[欺以其方]"이고, 재아가 가정한 것은 곧 "그 도리를 위반하는 속임수를 써서는 그를 속일 수 없다[難罔以非其道]"는 것이다.

72 박학어문, 약지이례(博學於文, 約之以禮):「자한 편」에서 "안연이 탄식하여 말했다. '선생님은 차근차근 잘 우리들을 인도해 주시며, 각종 문헌으로써 나의 지식을 풍부하게 해주시고, 예절로써 나의 행위를 구속하여 주신다[顔淵喟然歎曰: '夫子循循然善誘人, 博我以文, 約我以禮']"라고 말했다. 본문에 나오는 '박학어문, 약지이례(博學於文, 約之以禮)'와 「자한 편」의 '박아이문, 약아이례(博我以文, 約我以禮)'는 완전히 같은 것인가? 만약 완전히 같다면 "예절로 나의 행위를 제약한다[約之以禮]"의 '지(之)'는 '군자(君子)'를 가리키는 말이 된다. 일반 사람들은 그렇게 주장하지만, 모기령의 〈논어계구편〉에서는 오히려 다음과 같이 말했다: "박·약(博約)은 두 가지 일이고, 문·예(文禮)는 두 가지 물건으로, '박아이문, 약아이례(博我以文, 約我以禮)'와는 다르다. 어째서인가?「안연 편」에서 말한 박약은 문(文)과 예(禮)로 안회를 넓혀 주고 제약하는 것이고,

亦可以弗畔⁷³矣夫인저!
역 가 이 불 반 의 부

도에 어긋나지 않을 수 있지
않겠는가!

28

子見南子⁷⁴하신대,
자 견 남 자

공자께서 남자(南子)를 만나 보러
가시자,

子路가 不說이어늘,
자 로 불 열

자로가 좋아하지 않거늘,

夫子矢之曰
부 자 시 지 왈

공자께서 맹세하며 말씀하셨다.

予所⁷⁵否者인대,
여 소 부 자

내가 만약 잘못했다면,

天厭之!
천 염 지

하늘이 나를 버리리라!

天厭之시리라!
천 염 지

하늘이 나를 버리리라!

「자한 편」에서 말한 박약은 예로써 문을 제약하고, 약(約)으로 박(博)을 제약하는 것이다. 넓히는 것은 문(文)에 있고, 문을 제약하는 것은 또한 예에 있는 것이다[博約是兩事, 文禮是兩物, 然與 '博我以文, 約我以禮'不同. 何也? 彼之博約是以文禮博約回, 此之博約是以禮約文, 以約containing博也. 博在文, 約文又在禮]." 모기령은 '약지이례(約之以禮)'의 '지(之)'는 '문(文)'을 가리키는 것으로, 바로 우리들이 평상시에 많이 이야기하는 "풍부한 것을 거쳐서 간략한 것으로 되돌아온다[由博返約]"는 뜻이라고 생각했다.

73 반(畔) : '반(叛)' 자와 같다.
74 남자(南子) : 위나라 영공(靈公)의 부인으로, 당시 위나라의 정치를 장악하고 있었으며, 또한 정당하지 못한 행동 때문에 명성이 좋지 않았다. 〈사기〉「공자세가」에 '공자가 남자를 만난[子見南子]' 일이 생동감 있게 묘사되어 있다.
75 소(所) : 만약·가령의 뜻이다. 가설접속사로서 단지 맹세의 말에서만 사용된다. 염약거(閻若璩)의 〈사서석지(四書釋地)〉에 상세히 설명되어 있다.

29

子曰
자 왈

공자께서 말씀하셨다.

中庸⁷⁶之爲德也가,
중 용 지 위 덕 야

중용이란 도덕,

其至矣乎인저!
기 지 의 호

그것은 최고의 것이지만,

民⁷⁷鮮이 久矣니라.
민 선 구 의

모두들 이미 오랫동안 그것이 부족하다.

30

子貢이 曰
자 공 왈

자공이 말했다.

如有博施⁷⁸於民而能濟衆이면,
여 유 박 시 어 민 이 능 제 중

만약 백성들에게 널리 이로움을 주고 모두의 생활이 나아지도록 도와줄 수 있는 사람이 있다면,

---

76 중용(中庸) : 이것은 공자의 최고 도덕 표준이다. '중(中)'은 절충하고, 지나침이 없으며, 또한 미치지 못하는 바가 없이 조화로운 것을 말한다. '용(庸)'은 평상적인 것이다. 공자가 이 두 자를 끄집어낸 것은 그의 최고 도덕 표준이 사실은 절충이며 평상적인 것이라는 것을 나타내는 것이다. 후대의 유학자들은 이 두 자를 근거로 〈중용(中庸)〉이라는 문장의 제목으로 삼았으며, 서한(西漢) 사람 대성(戴聖)이 이것을 〈예기〉에 넣었고, 남송(南宋)의 주희가 다시 〈사서(四書)〉의 하나로 넣었다. 사마천은 이 책이 자사(子思)가 지은 것이라 했지만 믿을 만한 것은 못된다. 그 글과 내용을 볼 때, 아마도 전국시대에서 진(秦)나라 사이 작품인 듯하며, 공자의 '중용'과 아무런 관련이 없다고는 할 수 없다.
77 민(民) : 이 '민(民)' 자는 완전히 백성을 가리키는 것이 아니기 때문에, '모두들'로 번역했다.
78 시(施) : 옛날에는 거성으로 읽었다.

何如하니잇고?	어떻습니까?
하 여	
可謂仁乎잇가?	어질다고 할 수 있겠습니까?
가 위 인 호	
子曰	공자께서 말씀하셨다.
자 왈	
何事於仁이리오!	어찌 어질기만 하겠느냐!
하 사 어 인	
必也聖乎인저!	그것은 반드시 성인의 덕일 것이라!
필 야 성 호	
堯舜[79]도 其猶病[80]諸시니라!	요임금이나 순임금도 아마 그렇게 하기 어려울 것이다!
요 순 　　　 기 유 병 　 저	
夫[81]仁者는,	인이라고 하는 것은
부 　 인 자	
己欲立而立人하며,	자기가 서고자 하여 동시에 다른 사람도 세우고,
기 욕 립 이 립 인	
己欲達而達人이니라.	자기가 일에 통달하고자 하여 동시에 다른 사람도 일에 통달하게 한다.
기 욕 달 이 달 인	

---

79 요순(堯舜) : 전설 속에 나오는 상고(上古) 시대의 제왕이며, 또 공자 마음속의 귀감으로 삼았다.
80 병(病) : 〈광아(廣雅)〉「석고(釋詁)」에 "병은 어렵다는 뜻이다[病, 難]"라고 했다.
81 부(夫) : 발음은 fú이고, 문언(文言)에서는 말을 제시하는 단어로 쓰였다.

能近⁸²取譬면,
능 근 취 비

可謂仁之方⁸³也已니라.
가 위 인 지 방   야 이

지금의 사실을 예로 택해 한 걸음씩
해나갈 수 있다면,

어짊을 실천하는 방법이라
할 수 있느니라.

---

82 근(近) : 자신의 몸 주위를 가리킨다.
83 방(方) : 방법이나 수단을 말한다.

7 명백히 논술하되
述而篇

「술이 편」은 「학이 편」에 대한 주석과 같으며, 또한 앞 여섯 편의 내용과 연관지어서 학문의 도를 확대하였다. 공자 자신의 평가, 자신의 행동에 대한 묘사 등이 내용에 포함되어 있으며, 편명에서 사용된 '술(述)'은 곧 서술하거나 기술하다라는 뜻이다. 주희의 〈집주〉에서는 9, 12장을 하나의 장으로 합쳐서 37장으로 하였으나, 이 책에서는 38장으로 나누었다.

1

子曰
_{자 왈}

공자께서 말씀하셨다.

述而不作하며,
_{술 이 부 작}

논술하지만 창작하지 않으며,

信而好古[1]하여,
_{신 이 호 고}

믿고서 고대 문화를 좋아하여,

竊[2]比於我老彭[3]하노라.
_{절 비 어 아 노 팽}

몰래 나를 나의 노팽과 비교하노라.

2

子曰
_{자 왈}

공자께서 말씀하셨다.

默而識[4]之하며,
_{묵 이 지 지}

〔보고 들은 것을〕묵묵히 마음속에 기억하며,

---

1 작, 호고(作, 好古) : 아래 28장에서 "대개 모르면서 그것을 지어내는 사람이 있으나, 나는 그런 것이 없다[蓋有不知而作之者, 我無是也]"라고 말했는데, 이 '작(作)'자도 아마 "잘 모르면서 짓다[不知而作]"라는 뜻을 담고 있지만, 공자의 학설이 창조성이 없다고는 말하기 어렵다. 또 20장에서 "옛것을 좋아하고 민첩하게 그것을 구한다[好古敏以求之]"라고 한 것은 본문의 '호고(好古)'와 같이 쓰인 것이다.
2 절(竊) : '몰래 하다'라는 뜻이 있으며, 여기서는 존경의 뜻을 나타내었다.
3 노팽(老彭) : 사람 이름으로, 노자(老子)와 팽조(彭祖) 두 사람이라고 하는 이도 있고, 어떤 이는 은상(殷商) 시대의 팽조(彭祖) 한 사람이라고 한다. 또 다른 사람은 공자가 "나의 노팽"이라고 말한 것은 그 사람이 공자와 상당히 친밀했기 때문으로, 반드시 옛날 사람으로 볼 필요는 없다고 한다. 〈대대례(大戴禮)〉「우대덕(虞戴德)」에 '상로팽(商老彭)'이 있으나, 바로 이 사람인지는 알 수 없다.
4 지(識) : 발음은 zhì이며, 기억하다라는 뜻이다. 주희의 〈집주〉에 "묵지(默識)는 말하지 않으면서 이를 마음에 간직하는 것을 말한다. 일설에 지(識)는 알다이니, 말하지 아니하고서 마음으로 이해하다라는 뜻이다"라고 했다.

學而不厭하며,
학 이 불 염

열심히 배우지만 싫어하지 아니하며,

誨人不倦이,
회 인 불 권

다른 사람을 가르치되 게을리 하지 아니함,

何有於我哉⁵오?
하 유 어 아 재

이 가운데 어떤 것을 내가 이루었단 말인가?

3

子曰
자 왈

공자께서 말씀하셨다.

德之不修와,
덕 지 불 수

인품과 덕성을 배양하지 않는 것과,

學之不講과,
학 지 불 강

학문을 강습(講習)하지 않는 것과,

---

5 하유어아재(何有於我哉) : '하유(何有)'는 고대 상용어로, 쓰이는 경우에 따라 의미가 달라진다. 〈시(詩)〉「패풍·곡풍(邶風·谷風)」에서 "무엇이 있고 없는가? 부지런히 힘써 그것을 구할 뿐이다[何有何亡? 黽勉求之]"의 '하유(何有)'는 곧 '무엇이 있는가[有什麼]'의 뜻이다. 번역문에서는 이 뜻을 따랐다. 어떤 사람들은 〈논어〉에서의 '하유(何有)'는 모두 '어렵지 않다는 뜻[不難之辭]'이라고 하는데, 그렇다면 이 문장은 "이 일들이 나에게 무슨 어려움이 있는가"로 번역해야 할 것이다. 이렇게 번역하는 것은 공자의 겸허한 말투가 아니다. 이 편 28장의 "많이 들어서 그 가운데 좋은 것을 선택하여 받아들이며, 많이 보아서 모두 마음속에 기억해 둔다[多聞, 擇其善者而從之, 多見而識之]"와 34장의 "다만 배우고 일하는 것을 싫어하지 않고, 다른 사람을 가르치는 데 게을리하지 않는다[抑爲之不厭, 誨人不倦]"는 태도와 같다.

聞義不能徙와,
문의불능사

의가 거기에 있음을 듣고도 스스로 그곳으로 갈 수 없는 것과,

不善不能改가,
불선불능개

결점이 있으면서도 고칠 수 없는 것,

是吾憂也니라.
시오우야

이러한 것들이 모두 내가 걱정하는 것이다.

4
子之燕6居에,
자지연거

공자께서 집에서 한가롭게 지내실 때에

申申7如也하시며,
신신여야

매우 단정하시며,

夭夭8如也러시다.
요요여야

매우 화목하고 편안해하셨다.

5
子曰
자왈

공자께서 말씀하셨다.

甚矣라 吾衰也여!
심의 오쇠야

나의 노쇠함이 얼마나 심한가!

---

6 연(燕) : '한(閒)' 자와 통한다. 주희의 〈집주〉에 "연거는 한가하여 일이 없는 때이다[燕居, 閒暇無事之時]"라고 했다.
7 신신(申申) : 삼가는 모양이다.
8 요요(夭夭) : 안색이 온화하고 편안한 모양이다.

久矣라 吾不復夢見周公⁹이로다!　　오래도록 꿈에 다시
구 의　　오 불 부 몽 견 주 공　　　　주공을 보지 못하였도다!

6

子曰　　　　　　　　　　공자께서 말씀하셨다.
자 왈

志於道하며,　　　　　　 도에 목표를 두며,
지 어 도

據於德하며,　　　　　　 덕에 근거하며,
거 어 덕

依¹⁰於仁하며,　　　　　　인에 의지하며,
의　 어 인

遊於藝¹¹니라.　　　　　　예 · 악 · 사 · 어 · 서 · 수
유 어 예　　　　　　　　　육예(六禮) 가운데에서 노닌다.

---

9 주공(周公) : 성은 희씨(姬氏)이고, 이름은 단(旦)이다. 주나라 문왕(文王)의 아들이며, 무왕(武王)의 동생이고, 성왕(成王)의 숙부이다. 노나라의 시조이고, 또 공자가 마음속으로 가장 존경하는 고대 성인 중 한 명이다.

10 의(依) : 의거하다라는 뜻이다. 일설에는 여기서의 '의(依)' 자는 어기지 않다라는 뜻이라고 한다.

11 유어예(遊於藝) : 〈예기〉「학기(學記)」에서 "그 재주를 일으키지 않으면, 학문을 즐겁게 할 수 없다. 그러므로 군자가 학문을 함에 있어서 이것을 간직하고, 닦고, 쉬며, 노는 것이다. 무릇 이와 같기 때문에 그 학문을 편안케 하며 그 스승과 친하게 되며, 그 친구들과 즐겁게 되며 그 도를 믿게 되며, 그렇기 때문에 그 스승을 떠나더라도 어긋나지 않게 된다[不興其藝, 不能樂學. 故君子之於學也, 藏焉, 脩焉, 息焉, 遊焉. 夫然, 故安其學而親其師, 樂其友而信其道, 是以雖離師輔而不反也]"라고 말한 적이 있으며, 본문에 나오는 '유어예(遊於藝)'를 분명하게 설명할 수 있다.

7

子曰
자왈

공자께서 말씀하셨다.

自行¹²束脩¹³以上은,
자행   속수   이상

자진해서 내게 조금의 소박한 선물이라도 주면,

吾未嘗無誨焉이로라.
오 미 상 무 회 언

내가 가르치지 않은 적이 없었다.

8

子曰
자왈

공자께서 말씀하셨다.

不憤¹⁴이어든 **不啓**하며,
불분   불계

학생을 가르치는데 그가 마음속으로 분명함을 구하려 하나 얻지 못하는 지경이 아니면 깨우쳐 주지 않고,

不悱¹⁵어든 **不發¹⁶**호되.
불비   불발

그가 말하고자 하나 말할 수 없는 지경이 아니면 일깨워 주지 아니한다.

---

12 자행(自行) : 주동적으로 어떤 행동을 하는 것을 가리킨다. 일설에는 어떤 행동을 시작하다라는 뜻이라고 한다.
13 속수(束脩) : 수(脩)는 마른 고기로, 포(脯)라고도 한다. 매 포(脯)를 한 정(脡)이라 하고, 10정을 한 속(束)이라 한다. 속수(束脩)는 열 가닥의 마른 고기로, 고대에 처음으로 다른 사람을 찾아갈 때 가지고 가는 예물이었다. 그러나 이 예물은 대단치 않은 것이다.
14 분(憤) : 마음속으로 구하려 하나 얻지 못한다는 뜻이다.
15 비(悱) : 발음은 fěi이고, 입으로는 말하려 하나 말할 수 없는 모양이다.

擧一隅에 不以三隅反이어든,
거 일 우 불 이 삼 우 반

그에게 동쪽을 가르쳐 줌에 서·
남·북 방향을 미루어 알지 못하면,

則不復¹⁷也니라.
즉 불 부 야

다시 그를 가르치지 않는다.

9

子食於有喪者之側에,
자 식 어 유 상 자 지 측

공자께서 상(喪)을 당한 사람의
곁에서 밥을 먹을 때에는

未嘗飽也러시다.
미 상 포 야

배부르게 먹은 적이 없었다.

10

子於是日哭에,
자 어 시 일 곡

공자께서 이 날에 곡(哭)을
하셨으면

則不歌러시다.
즉 불 가

다시 노래를 부르지 아니하셨다.

---

16 불계, 불발(不啓, 不發) : 이것은 공자 자신이 학생을 가르치는 방법을 자술한 것으로, 반드시 먼저 교육받는 사람이 부족함을 느껴 지(知)를 구해야 되는 동기가 생기고 난 후에, 그를 일깨워 주는 것이다. 이렇게 하면 자연히 가르치는 효과가 나아질 것이다.
17 부(復) : '다시'· '새로'의 뜻이다.

11

子謂顏淵曰 공자께서 안연에게 말씀하셨다.
_{자 위 안 연 왈}

用之則行하고, 나를 써주면 곧 행할 것이요,
_{용 지 즉 행}

舍之則藏이니, 써주지 않으면 숨어 버릴 것이니,
_{사 지 즉 장}

惟我與爾가 **有是夫**인저! 단지 너와 나만이 이렇게 할 수
_{유 아 여 이   유 시 부} 있으리라!

子路가 **曰** 자로가 말했다.
_{자 로   왈}

子行三軍[18]이면, 선생님께서 군대를 통솔하신다면,
_{자 행 삼 군}

則誰與[19]시리잇가? 누구와 함께 일을 하시겠습니까?
_{즉 수 여}

---

18 삼군(三軍) : 당시의 일군(一軍)은 1만 2,500명으로 구성이 되었다고 한다. 제도와 규정에 의하면 천자는 육군(六軍)을 가질 수 있었고, 대국의 제후는 삼군(三軍), 그 아래는 순서에 따라 이군(二軍)과 일군(一軍)을 가졌다. 춘추시대에 와서는 이러한 규정이 이미 제후국에 의해 점차 무너졌다.

19 자행삼군, 즉수여(子行三軍, 則誰與) : 옛날에는 '행(行)' 자를 매우 유동적으로 사용했으며, 행군(行軍)은 행사(行師)와 같은 말이다. 〈역경〉「겸괘 · 상육(謙卦 · 上六)」에 "군대를 이용하여 읍국(邑國)을 정벌하다[利用行師征邑國]"라고 한 것과, 또 「복괘 · 상육(復卦 · 上六)」에서 "군대를 사용했으나 끝내 대패했다[用行師終有大敗]"라고 한 것에서 행사(行師)가 모두 출병(出兵)의 뜻으로 사용되었음을 알 수 있다. 중고(中古) 시대까지 줄곧 이러한 뜻으로 사용되었으니, 예를 들면 「자야가(子夜歌)」의 "즐겨 군대를 이끌고 나가는 임금을 향한 충성스러운 마음이, 해 따라 아침에는 동쪽으로 저녁에는 서쪽으로 돌아간다[歡行白日心, 朝東暮還西]"와 같은 것이다. '여(與)'는 동사로 동반

子曰 자 왈	공자께서 말씀하셨다.
暴虎馮河[20]하여, 폭 호 빙 하	맨손으로 호랑이와 싸우고 배 없이 강을 건너서
死而無悔者를, 사 이 무 회 자	죽어서도 후회하지 않는 사람과는
吾不與也니라. 오 불 여 야	내가 함께 일을 하지 않을 것이다.
必也臨事而懼하며, 필 야 림 사 이 구	〔내가 함께 일을 하려고 찾는 사람은〕 반드시 일을 맡으면 두려워하고 신중히 하며,
好謀而成者也니라. 호 모 이 성 자 야	일을 잘 도모해 완성할 수 있는 사람이니라!

하다라는 뜻이다. 자로는 너무 용감하여, 공자가 안연을 과장되게 칭찬하는 것을 보고, 이러한 질문을 했다.

20 폭호빙하(暴虎馮河) : 빙(馮)의 발음은 píng으로, 맨손으로 호랑이와 싸우는 것을 폭호(暴虎)라고 하며, 맨발로 강을 건너는 것을 빙하(馮河)라고 한다. '빙하(馮河)' 두 자는 〈역경〉「태괘·효사(泰卦·爻辭)」에서 맨 처음으로 보이며, 또 〈시경〉「소아·소민(小雅·小旻)」에서도 보인다. '폭호(暴虎)'도 〈시경〉「정풍·대숙우전(鄭風·大叔于田)」과 〈시경〉「소아·소민」에서 보이며, 모두가 일찍부터 사용되었던 속어임을 알 수 있다. '하(河)'는 반드시 황하(黃河)만을 가리키는 것은 아니고, 고대에 또한 통칭으로 사용되어, 일반적인 강이나 하천을 가리키기도 한다.

12

子曰
자 왈

공자께서 말씀하셨다.

富而²¹可求也인대,
부 이 가 구 야

부가 구할 수 있는 것이라면,

雖執鞭之士²²라도,
수 집 편 지 사

시장에서 문을 지키는 사졸 노릇이라도

吾亦爲之어니와.
오 역 위 지

나는 할 것이다.

如不可求인대,
여 불 가 구

만약 그것을 구할 수 없다면,

從吾所好하리라.
종 오 소 호

차라리 나는 내가 좋아하는 것을 할 것이니라.

13

子之所愼은,
자 지 소 신

공자께서 주의 깊게 신중을 기한 일 세 가지는

---

21 이(而) : '여(如)' 자와 용법이 같고, 가설접속사이다. 그렇지만 대부분 문장 중간에 사용되며, 만약 문장 첫머리에 쓰이면, 그 문장은 앞 문장과 밀접한 관련을 가지며, 독립적으로 문장 첫머리에 쓰이는 경우는 매우 드물다.

22 집편지사(執鞭之士) : 〈주례〉에 따르면 두 부류의 사람이 채찍을 들었는데, 한 부류는 천자나 제후가 출입할 때 2~8명의 사람들이 가죽 채찍을 들고 행인들이 길을 비키도록 했다. 또 한 부류는 시장에서 문을 지키는 사람으로, 가죽 채찍을 들고 질서를 유지했다. 여기서는 부(富)를 구한다고 했고, 부가 모이는 곳이 시장이기 때문에 "시장에서 문을 지키는 사졸[市場守門卒]"이라고 번역했다.

齊²³, 戰, 疾²⁴이러시다.　　　　재계(齋戒)와 전쟁과 질병이었다.
재　 전　질

14
子在齊聞「韶」하시고,　　　　공자께서 제나라에서 「소(韶)」라는
자 재 제 문　소　　　　　　　 악장(樂章)을 듣고,

三月을 不知肉味²⁵하사,　　　오랫동안 고기 맛을 모르시더니,
삼 월　　부 지 육 미

曰　　　　　　　　　　　　　말씀하셨다.
왈

不圖爲樂之至於斯也호라.　　음악을 감상하여 이런 경지에까지
부 도 위 악 지 지 어 사 야　　 이를 줄은 생각지도 못했다.

15
冉有가 曰　　　　　　　　　염유가 말했다.
염 유　 왈

---

23 재(齊): '재(齋)' 자와 같다. 고대에는 제사를 지내기 전에 반드시 먼저 심신을 정결히
　 했으며, 이것을 '재(齋)' 혹은 '재계(齋戒)'라고 했다. 「향당 편」에서 공자에 대해 "재계
　 할 때는 반드시 음식을 바꾸고, 거처하는 곳을 반드시 옮겼다[齋必變食, 居必遷坐]"라
　 고 했다.
24 전, 질(戰, 疾): 앞 문장에서 공자가 전쟁을 치름에 반드시 "일을 맡으면 신중하게 일을
　 잘 도모하여 이루는[臨事而懼好謀而成]" 사람을 구해야 한다고 한 것은, 전쟁이 국가의
　 존망안위(存亡安危)와 관계가 있었기 때문이다. 「향당 편」에 또 공자가 병이 난 것이 묘
　 사되어 있으나 함부로 약을 먹지 않았던 것은, 개인의 생사와 관계가 있기 때문이다. 이
　 것은 모두 공자가 신중을 기한 일들이다.
25 삼월부지육미(三月不知肉味): 〈사기〉「공자세가」에서 이 구절을 인용했는데, 구절 앞
　 에 '학지(學之)' 두 글자가 더 있다.

| 夫子爲²⁶衛君²⁷乎아? | 선생님께서 위나라 임금을 찬성하시겠느냐? |
| 부 자 위 위 군 호 | |

| 子貢이 曰 | 자공이 말했다. |
| 자 공 왈 | |

| 諾다, | 좋다, |
| 낙 | |

| 吾將問之호리라. | 내가 한번 선생님께 물어 보리라. |
| 오 장 문 지 | |

| 入하여, | 자공이 공자의 방에 들어가서 |
| 입 | |

| 曰 | 말했다. |
| 왈 | |

| 伯夷·叔齊는 何人也잇고? | 백이와 숙제는 어떤 사람입니까? |
| 백 이 숙 제 하 인 야 | |

---

26 위(爲) : 동사로서 거성으로 읽고, 본래 뜻은 돕다라는 뜻이지만, 여기서는 '찬성하다'로 번역하는 것이 원래 뜻에 더욱 부합하는 것 같다.

27 위군(衛君) : 위나라 출공(出公) 첩(輒)을 가리킨다. 첩(輒)은 위나라 영공(靈公)의 손자이고, 태자 괴외(蒯聵)의 아들이다. 태자 괴외(蒯聵)가 영공의 부인인 남자(南子)에게 죄를 지어 진(晉)나라로 도망갔는데, 영공이 죽자 첩(輒)을 임금으로 세웠다. 이때 진(晉)나라의 조간자(趙簡子)는 괴외를 돌려보내는 것을 빌미로 위나라를 침략했다. 위나라는 진나라 군대를 방어하려고 괴외가 귀국하는 것을 거절하게 된다. 괴외와 첩이 부자 관계인 점을 볼 때, 마치 부자간에 위나라 왕위를 두고 싸우는 것 같으며, 백이(伯夷)·숙제(叔齊) 두 형제가 왕위를 서로 미루다가 결국 모두 임금의 자리를 포기한 것과 비교할 때 좋은 대조가 된다. 이 때문에 아래 문장에서 자공이 이야기를 이끌다가 질문하여, 그것으로 공자가 출공 첩(出公輒)에 대해 어떠한 태도를 갖고 있는지 살펴보았다. 공자가 백이·숙제를 찬미했으므로 자연히 출공 첩은 찬성하지 않는 것이다.

| 曰 | 공자께서 말씀하셨다. |

古之賢人也니라.　옛날의 어진 사람이니라.

曰　자공이 말했다.

怨乎잇가?　〔그들 두 사람은 서로 양보하여, 모두 고죽국의 왕이 되지 않으려 하다가, 결국은 나라 밖으로 도망가 버렸는데〕 후에 원망하고 후회했습니까?

曰　공자께서 말씀하셨다.

求仁而得仁이어니,　그들이 인덕을 구하여 인덕을 얻었으니,

又何怨이리오?　또 무엇을 원망하고 후회했겠느냐?

出하여,　자공이 나와서

曰　염유에게 대답했다.

夫子不爲也시리러라.　선생님께서는 위나라 임금을 찬성하지 아니하리라.

16

子曰
자 왈

공자께서 말씀하셨다.

飯疏食²⁸飮水²⁹하고,
반 소 사   음 수

잡곡을 먹으며 찬물을 마시고,

曲肱³⁰而枕³¹之라도,
곡 굉   이 침 지

팔을 구부려 베개로 삼더라도,

樂亦在其中矣니라.
낙 역 재 기 중 의

즐거움이 그 가운데 있다.

不義而富且貴는,
불 의 이 부 차 귀

정당하지 못한 일을 해서 얻은 부귀는

於我에 如浮雲이니라.
어 아   여 부 운

내가 보기에 마치 뜬구름과 같다.

17

子曰
자 왈

공자께서 말씀하셨다.

---

28 소사(疏食) : 여기에 대해 두 가지 해석이 있다. (1) 잡곡. 고대에는 쌀이나 조를 식량으로, 기장을 잡곡으로 삼았다(정요전(程瑤田)의 〈통예록(通藝錄)〉「구곡고(九穀考)」에 보인다). (2) 현미.
29 수(水) : 고대에는 항상 '탕(湯)'의 상대되는 말로 '수(水)'를 썼으며, '탕(湯)'은 뜨거운 물이라는 뜻이고, '수(水)'는 곧 차가운 물을 뜻한다.
30 굉(肱) : 발음은 gōng이고, 팔을 뜻한다.
31 침(枕) : 여기서는 동사로 쓰였으며, 옛날에는 거성으로 읽었다.

加³²我數年하여,
가 아 수 년

내게 몇 년을 더 살게 해주어,

五十以學〈易〉³³이면,
오 십 이 학 역

내 나이 쉰에 〈역경〉을 배운다면,

可以無大過矣리라.
가 이 무 대 과 의

큰 잘못이 없게 할 수 있을 것이다.

18

子所雅言³⁴은,
자 소 아 언

공자께서 표준어를 사용하신 때는

〈詩〉·〈書〉·執禮니,
시   서   집 례

〈시경〉과 〈서경〉을 읽고 예를 행하실 때이니,

皆雅言也러시다.
개 아 언 야

모두 표준어를 사용하셨다.

19

葉公³⁵이 問孔子於子路어늘,
섭 공   문 공 자 어 자 로

섭공이 자로에게 공자에 대해 물었는데,

---

32 가(加) : 더하다·늘리다라는 뜻이다. 일설에는, 이 글자가 어떤 판본에는 '가(假)' 자로 되어 있으며, 빌리다라는 뜻이라고 주장한다.

33 역(易) : 고대에 점치는 데 사용하던 책이다. 그중에서 「괘사(卦辭)」와 「효사(爻辭)」는 공자 이전의 작품이다.

34 아언(雅言) : 당시 중국에서 통용되던 언어이다. 춘추시대에는 각 나라의 언어가 통일될 수 없었음을 상상할 수 있을 뿐 아니라, 고서에서도 그 증거를 찾을 수 있다. 당시에 비교적 통용되었던 언어가 곧 '아언(雅言)'이다.

35 섭(葉) : 옛날 음은 섭(攝)이고, 발음은 shè이다. 지명으로, 당시에는 초나라에 속해 있

子路가 不對한대.
자로 부대

자로가 대답하지 않았다.

子曰
자왈

공자께서 자로에게 말씀하셨다.

女가 奚不曰,
여 해불왈

너는 어찌 이렇게 말하지 않았느냐?

其爲人也가,
기 위 인 야

그 사람됨은

發憤忘食하고,
발 분 망 식

열심히 공부하면 밥 먹는 것도 잊어버리고,

樂以忘憂하여,
낙 이 망 우

즐거우면 걱정도 잊어버려서,

不知老之將至云爾[36]오.
부 지 로 지 장 지 운 이

늙음이 찾아오는 것도 모른다고 말하면 그만일 것을.

20

子曰
자 왈

공자께서 말씀하셨다.

었고, 지금의 하남성(河南省) 섭현(葉縣) 남쪽 30리에 옛날 섭성(葉城)이 있었다. 섭공(葉公)은 섭 지방의 현장(縣長)으로, 초나라 임금이 왕이라고 칭하자, 그 현장은 곧 공(公)이라 자칭했다. 이 사람의 이름은 심저량(沈諸梁)이고, 자는 자고(子高)로, 〈좌전〉의 정공(定公)과 애공(哀公) 사이에 그와 관련된 일이 약간 기록되어 있으며, 초나라 당시의 현자(賢者)라고 할 수 있다.

36 운이(云爾) : 운(云)은 이와 같다라는 뜻이다. 이(爾)는 '이(耳)' 자와 같으며, '…할 뿐이다·단지…일 뿐이다'라는 뜻이다.

我非生而知之者라,
아 비 생 이 지 지 자

나는 태어날 때부터 지식을 갖고 있던 사람이 아니라,

好古,
호 고

옛 문화를 사랑하고,

敏以求之者也로라.
민 이 구 지 자 야

열심히 민첩하게 구해 온 사람이다.

21

子不語怪, 力, 亂, 神이러시다.
자 불 어 괴 력 난 신

공자께서는 괴이한 것과 힘센 것, 반란과 귀신을 말하지 않으셨다.

22

子曰
자 왈

공자께서 말씀하셨다.

三人[37]行에,
삼 인 행

몇 사람이 함께 길을 가다 보면,

必有我師焉이니라.
필 유 아 사 언

그 가운데 반드시 내가 본받을 만한 사람이 있느니라.

擇其善者而從之요,
택 기 선 자 이 종 지

나는 그 장점을 골라 배우고,

其不善者而改之[38]니라.
기 불 선 자 이 개 지

그 단점은 가려내어 고치느니라.

---

[37] 삼인(三人) : 여기서의 '삼인'이 반드시 실제의 계수(計數)는 아니다.

23

子曰
자 왈

공자께서 말씀하셨다.

天生德於予시니,
천 생 덕 어 여

하늘이 내 몸에 이러한 덕을 주셨으니,

桓魋[39]가 其如予何[40]리오?
환 퇴   기 여 여 하

환퇴가 장차 나를 어찌 할 것이냐?

24

子曰
자 왈

공자께서 말씀하셨다.

二三子[41]는 以我爲隱乎[42]아?
이 삼 자   이 아 위 은 호

너희들은 내가 숨기는 것이 있다고 생각하느냐?

---

38 자왈(子曰)……개지(改之) : 자공(子貢)은 공자가 특정한 스승이 없었다고 했는데, 이는 도처에 모두 스승이 있었다는 뜻으로, 이 장과 대조해 증명할 수 있다. 〈노자〉에서 "선한 사람은 선하지 않은 사람의 스승이요, 선하지 않은 사람은 선한 사람의 바탕이다[善人, 不善人之師, 不善人, 善人之資]"라고 한 것도 이러한 이치이다.

39 환퇴(桓魋) : '퇴(魋)'의 발음은 túi이며, 당시 송나라의 군대 일을 주관하는 사마(司馬) 상퇴(向魋)로, 송나라 환공(桓公)의 후손이기 때문에 환퇴(桓魋)라고도 불렀다.

40 환퇴기여여하(桓魋其如予何) : 〈사기〉「공자세가」에 다음과 같은 기록이 있다 : "공자가 조(曹)나라를 떠나 송나라로 가는데, 제자들과 큰 나무 밑에서 예(禮)를 학습하고 있었다. 그때 송나라의 사마(司馬) 환퇴(桓魋)가 공자를 죽이려고 큰 나무를 뽑았다. 그러자 공자는 그 자리를 떠났는데, 제자들이 '빨리 가셔야 합니다!'라고 하자, 공자께서 '하늘이 나에게 덕을 주었는데, 환퇴가 나를 어찌하겠느냐!'라고 말씀하셨다[孔子去曹, 適宋, 與弟子習禮大樹下. 宋司馬桓魋欲殺孔子, 拔其樹. 孔子去, 弟子曰 '可以速矣!' 孔子曰 : '天生德於予, 桓魋其如予何?']."

41 이삼자(二三子) : 여러 제자들을 가리킨다.

42 이아위은호(以我爲隱乎) : 황간의 〈의소〉에는 '은(隱)' 자 다음에 '자(子)' 자가 있으며,

吾無隱乎爾로라.
오 무 은 호 이

나는 너희들에게 숨기는 것이 없다.

吾無行而不與二三子者가,
오 무 행 이 불 여 이 삼 자 자

나는 너희들에게 조금도 공개하지 않은 것이 없으니,

是丘也니라.
시 구 야

이것이 바로 나 공구의 사람됨이니라.

25

子以四敎하시니,
자 이 사 교

공자는 다음 네 가지 내용으로 학생들을 가르치시니,

文, 行[43], 忠, 信이니라.
문 행 충 신

역대의 문헌, 사회생활에서의 실천, 다른 사람에 대한 충심, 사람과 교제할 때의 신실함이니라.

26

子曰
자 왈

공자께서 말씀하셨다.

聖人을,
성 인

성인을

吾不得而見之矣어든,
오 부 득 이 견 지 의

내가 만나 볼 수 없으니,

'자'는 '너희[汝]'라고 해석된다.
43 행(行) : 명사로 쓰였으며, 옛날에는 거성으로 읽었다.

| 得見君子者면,
_{득 견 군 자 자} | 군자를 만나 볼 수 있었으면 |

斯可矣니라.
_{사 가 의}

곧 좋을 것이다.

子曰
_{자 왈}

또 말씀하셨다.

善人을,
_{선 인}

착한 사람을

吾不得而見之矣어든,
_{오 부 득 이 견 지 의}

내가 만나 볼 수 없으니,

得見有恆⁴⁴者면,
_{득 견 유 항 자}

지조가 있는 사람을 만나 볼 수 있었으면

斯可矣니라.
_{사 가 의}

곧 좋을 것이다.

亡⁴⁵而爲有하며,
_{무 이 위 유}

원래 없으면서 있는 것처럼 하며,

虛而爲盈하며,
_{허 이 위 영}

원래 비어 있으면서 충분한 것처럼 하며,

約而爲泰⁴⁶면,
_{약 이 위 태}

원래 곤궁하면서 호화스럽다고 하면,

---

44 유항(有恆) : 이 '항(恆)' 자는 〈맹자〉「양혜왕 상(梁惠王上)」에 나오는 "일정한 재산이 없어도 일정한 마음이 있다[無恆産而有恆心]"의 '항(恆)' 자와 같은 뜻이다.
45 무(亡) : 음은 무(無)이고, 없다는 뜻이다.
46 태(泰) : 이 '태(泰)' 자는 〈국어〉「진어(晉語)」에 나오는 "부귀영화를 믿고 나라에서 안

難乎有恆矣니라.
난 호 유 항 의

이런 사람은 지조를 지키기 어렵다.

27

子는 釣而不綱[47]하시며,
자   조 이 불 강

공자께서 고기를 잡되 그물로
흐르는 물을 가로막아 고기를 잡지
않으시고,

弋[48]不射宿[49]이러시다.
익   불 석 숙

주살을 쏘아 새를 잡으시되
둥지에서 쉬고 있는 새는 쏘지
않았다.

28

子曰
자 왈

공자께서 말씀하셨다.

蓋有不知而作之者아,
개 유 부 지 이 작 지 자

아마 자신도 모르면서 근거 없이
만드는 사람이 있으니,

일하게 행동한다[恃其富寵, 以泰於國]"와 〈순자(荀子)〉「의병 편(議兵篇)」에 "재물을 쓰는 데 사치스럽게 쓴다[用財欲泰]"의 '태(泰)' 자와 같은 뜻으로, 지출이 사치스럽고 인색하지 않다는 뜻이다.

47 강(綱) : 그물의 굵은 줄을 강(綱)이라 하며, 그것을 흐르는 물에 가로질러 놓고, 다시 실로 묶어 낚시질하여, 그물에 붙은 고기를 잡아 올리는 것을 또한 강(綱)이라 했다. '불강(不綱)'의 '강(綱)'은 동사이다.

48 익(弋) : 발음은 yì이고, 줄이 달려 있는 활을 쏘는 것을 말한다.

49 숙(宿) : 둥지에서 쉬고 있는 새이다.

我無是也로라. 나는 그런 잘못은 없다.

多聞하여, 많이 들어서

擇其善者而從之하며, 그 가운데 좋은 것을 선택하여 받아들이며,

多見而識之니라. 많이 보아서 모두 마음속에 기억해 둔다.

知之次[50]也니라. 이런 앎이 나면서부터 아는 것의 다음가는 것이다.

29

互鄉[51]은 難與言이러니, 호향이라는 곳의 사람들과는 말하기가 어렵더니,

---

50 차(次) : 〈논어〉에서 '차(次)' 자는 모두 여덟 번 사용되었고, 모두가 '한 등급이 차이나다'· '다음가다'의 뜻으로 쓰였다. 「계씨 편」에서 "공자께서 말씀하셨다. '태어나면서 아는 것이 으뜸이고, 배운 후에 아는 것이 그 다음이다'[孔子曰, 生而知之者, 上也, 學而知之者, 次也]"라고 했는데, 여기서의 '지지차야(知之次也)'는 바로 "배워서 아는 것이 다음가는 것이다[學而知之者, 次也]"에서의 쓰임과 같은 뜻이다. 공자 스스로도 자신은 배워서 아는 (옛것을 좋아하여 그것을 구하는 데 민첩한) 사람이라고 말했기 때문에, 번역문에서 몇 자를 더 첨가시켰다.

51 호향(互鄉) : 지명으로, 현재 그 소재지가 분명치 않다. 어떤 사람은 노나라 남부라고 주장한다.

童子(동자)52가 見(현)커늘,　　　　한 동자가 공자를 접견하게
　　　　　　　　　　　　　　　　되었는데,

門人(문인)이 惑(혹)한대.　　　　제자들이 의혹을 품자,

子曰(자왈)　　　　　　　　　　공자께서 말씀하셨다.

與其進也(여기진야)53요,　　　　우리들은 그의 진보를 찬성하지,

不與其退也(불여기퇴야)니,　　　그의 퇴보는 찬성하지 않으니,

唯何甚(유하심)이리오?　　　　　어찌 너무 심하게 대하겠느냐?

人(인)이 潔己以進(결기이진)이어든,　다른 사람이 스스로를 깨끗이 하여
　　　　　　　　　　　　　　　　나온다면

與其潔也(여기결야)요,　　　　　마땅히 그의 깨끗함을 찬성할
　　　　　　　　　　　　　　　　것이지,

不保(불보)54其往也(기왕야)니라.　무조건 그의 과거를 기억하지는
　　　　　　　　　　　　　　　　말아야 할 것이다.

---

52 동자(童子) : 성년이 되지 않은 사람을 가리킨다. 고대에는 스무 살을 성년이라고 했다.
53 여기진야(與其進也) : 어떤 사람은 '인결기이진, 여기결야, 불보기왕야(人潔己以進, 與其潔也, 不保其往也)' 등의 말이 이 구절의 앞에 와야 한다고 주장한다.
54 보(保) : 지키다라는 뜻이기 때문에, 번역문에서는 '무조건 기억하다'로 하였다.

30

子曰
자 왈

공자께서 말씀하셨다.

仁遠乎哉아?
인 원 호 재

인덕이 설마 우리로부터 멀리 있는가?

我欲仁이면,
아 욕 인

내가 그것을 필요로 하면,

斯仁이 至矣니라.
사 인 지 의

그 인덕이 곧 올 것이다.

31

陳司敗[55]가 問昭公[56]이 知禮乎잇가,
진 사 패   문 소 공   지 례 호

진사패가 공자에게 노나라 소공이 예를 아느냐고 물으니,

孔子曰
공 자 왈

공자께서 말씀하셨다.

知禮시니라.
지 례

예를 아신다.

---

[55] 진사패(陳司敗) : 사람 이름이다. 어떤 사람은 '사패(司敗)'가 진(陳)·초(楚) 등 나라의 관직명으로, 다른 제후국의 사구(司寇)에 해당한다고 하며, 또 어떤 사람은 인명(人名)이라고 하지만, 결국 어떠한 사람이었는지 알 길이 없다.

[56] 소공(昭公) : 노나라의 소공(昭公)으로, 이름은 주(裯)이다. 양공(襄公)의 서자로 양공에 이어 왕위에 올랐다. '소(昭)'는 시호로, 진사패(陳司敗)의 물음이 만약 소공이 죽은 후에 있었다면, 곧 '소공지예호(昭公知禮乎)'가 원래의 말일 것이다. 만약 그의 이 질문이 아직 소공이 살았을 때였다면, '소공이라는 글자는 당연히 후대 사람의 기술일 것이다. 우리들은 이미 판단할 방법이 없어서 문장에서는 인용 부호를 쓰지 않았다.

孔子退어시늘,
공 자 퇴

공자가 나가자,

揖巫馬期⁵⁷而進之하여,
읍 무 마 기   이 진 지

진사패가 무마기에게 읍하고 그를 자기에게 가까이 오게 한 뒤,

曰
왈

말했다.

吾聞君子는 不黨이라 하니,
오 문 군 자   부 당

내가 들으니 군자는 한쪽 편을 들지 않는다고 하는데,

君子亦黨乎아?
군 자 역 당 호

설마 공자께서 한쪽 편을 드는가?

君이 取於吳⁵⁸하니,
군   취 어 오

노나라 임금이 오나라에서 부인을 얻어 오니,

爲同姓⁵⁹이라,
위 동 성

오나라와 노나라는 같은 성씨의 나라가 되어서,

---

57 무마기(巫馬期) : 공자의 학생으로, 성은 무마(巫馬)이고, 이름은 시(施), 자는 자기(子期)이다. 공자보다 30살이 적었다.
58 군취어오(君取於吳) : '취(取)' 자는 여기서 '취(娶)' 자로 사용되었다. 오(吳)는 당시의 나라 이름으로 지금의 회수(淮水)·사수(泗水) 이남과 절강(浙江)의 가흥(嘉興)·호주(湖州) 등지를 차지하고 있었다. 애공(哀公) 때 월왕(越王) 구천(勾踐)에 의해 망했다.
59 위동성(爲同姓) : 노나라는 주공의 후손으로, 희씨(姬氏) 성이다. 오나라는 태백(太伯)의 후손으로 역시 희씨(姬氏)이다.

謂之吳孟子[60]라 하니라. 위 지 오 맹 자	〔그래서 그녀의 성을 오희라 부르지 않고〕 이 때문에 오맹자라 부르고 있다.
君而知禮면, 군 이 지 례	노나라 임금이 예를 안다 하면,
孰不知禮리오? 숙 부 지 례	누군들 예를 모르겠는가?
巫馬期가 以告한대. 무 마 기 이 고	무마기가 이 말을 공자에게 알려주니,
子曰 자 왈	공자께서 말씀하셨다.
丘也幸이니, 구 야 행	나는 참으로 다행이니,
苟有過[61]면, 구 유 과	만약 잘못이 있으면,

---

60 오맹자(吳孟子): 춘추시대에는 왕의 부인 칭호는 일반적으로 성장한 나라의 이름에 부인의 본래 성을 더 했다. 노나라가 오나라에서 부인을 데리고 왔으므로, 이 부인은 곧 오희(吳姬)라고 불러야 한다. 그러나 '동성불혼(同姓不婚)'이 주왕조의 예법(禮法)이었기에, 노나라 왕의 부인 칭호에 '희(姬)' 자를 붙여 부르는 것은, 곧 분명하게 '동성불혼(同姓不婚)'의 예제(禮制)를 위반하는 것이므로, '오맹자(吳孟子)'로 바꾸어 불렀다. '맹자(孟子)'는 아마도 이 부인의 자일 것이다. 〈좌전〉「애공(哀公) 12년」에서도 역시 "소공의 부인 맹자가 죽었다[昭夫人孟子卒]"라고 했다.

61 구유과(苟有過): 〈순자〉「자도(子道)」에 공자와 관련된 이야기가 있고, 〈사기〉「중니제자열전」에서도 이 일에 대해 "신하가 군주의 잘못에 대해 말할 수 없으니, 피하는 것이 예이다[臣不可言君親之惡, 爲諱者禮也]"라고 해석했다. 즉, 공자가 노나라 소공의 예의에 맞지 않는 행동에 대해 모르는 것이 아니라 말하지 않는 것으로, 결국에는 잘못이

人必知之온여.
_{인 필 지 지}

사람들이 반드시 지적해 주는구나.

32

子與人歌而善이어든,
_{자 여 인 가 이 선}

공자께서 다른 사람과 함께 노래 부르면서 잘 부르면,

必使反之⁶²하시고,
_{필 사 반 지}

반드시 그에게 한 번 더 부르게 하고,

而後和之러시다.
_{이 후 화 지}

그런 후에 자신도 그에게 화답했다.

33

子曰
_{자 왈}

공자께서 말씀하셨다.

文은,
_문

책 속에서의 학문은

莫⁶³吾猶人⁶⁴也아.
_{막 오 유 인 야}

아마 나도 남들과 다를 게 없다.

자신에게 돌아가게 되는 것이다.
62 반지(反之) : 한 번 더 노래 부르다.
63 문, 막(文, 莫) : 이전에 사람들은 '문막(文莫)' 두 자를 연결해서 읽고, 이음절 단어로 보았으나, 이렇게 보면 적당한 해석을 얻어낼 수 없다. 오검재(吳檢齋 : 承仕)의 〈무막무려동사설(亡莫無慮同詞說)〉〈북평중국대학 〈국학총편(國學叢編)〉 제1期 · 제1冊에 실려 있음)에서는 '문(文)' 자를 하나의 단어로 보아, 공자의 이른바 '문장(文章)'을 가리키는 것으로 보고, '막(莫)'도 또 하나의 단어로 보아 '대략(大約)'의 뜻을 가진 것으로

躬行君子는,	〔그러나〕 생활 실천 속에서 군자가 되는 것은
궁 행 군 자	
則吾未之有得호라.	나는 아직 이루지 못했다.
즉 오 미 지 유 득	

34

子曰	공자께서 말씀하셨다.
자 왈	
若聖⁶⁵與仁은,	성(聖)과 인(仁)을 말하자면
약 성 여 인	
則吾豈敢이리오?	내 어찌 감당하겠느냐?
즉 오 기 감	
抑爲之不厭하며,	그렇지만 배우고 일하는 것을 싫어하지 않고,
억 위 지 불 염	

보았다. 그의 이러한 '막(莫)' 자에 관한 견해는 비록 선진(先秦) 시기의 고서에서 강력한 논증을 이끌어 내지는 못했지만, 본문을 해석하는 데에 있어서는 도리어 모든 다른 학자들의 주장들보다 비교적 신뢰할 만하여 이 해석을 취했다. 주희 〈집주〉에서 "막은 의문사이다[莫, 疑辭]"라고 하였으니, 혹시 오검재의 위의 설이 거기에 바탕을 두었는지도 모르겠다.

64 유인(猶人) : 주희의 〈집주〉에서 "유인은 남보다 뛰어나지는 못하지만 오히려 남에게 미칠 수 있음을 말한 것이다[猶人, 言不能過人而尙可以及人]"라고 했다.

65 성(聖) : 〈맹자〉 「공손추 상(公孫丑上)」에서 자공은 이 일에 대해 견해를 말한 것이 있는데 "배움을 싫어하지 않음은 지혜요, 가르침을 게을리 하지 않음은 어짊이오. 어질고 지혜로우시니 선생님은 이미 성인이 되신 것입니다[學不厭, 智也. 敎不倦, 仁也. 仁且智, 夫子旣聖矣]"라고 했다. 이것을 볼 때 당시의 학생들은 이미 공자를 성인으로 보고 있었음을 알 수 있다.

誨人不倦은,
회 인 불 권
다른 사람을 가르치는 데 게을리
하지 않는 것은

則可謂云爾已矣니라.
즉 가 위 운 이 이 의
바로 그러하다고 할 뿐이니라.

公西華曰
공 서 화 왈
공서화가 말했다.

正唯弟子가 不能學也로소이다.
정 유 제 자   불 능 학 야
이것이 바로 저희들이
배울 수 없는 것입니다.

35

子疾病[66]이어시늘,
자 질 병
공자가 중병이 나자,

子路가 請禱한대.
자 로   청 도
자로가 기도하기를 청했다.

子曰
자 왈
공자께서 말씀하셨다.

有諸아?
유 저
그런 일이 있느냐?

子路對曰
자 로 대 왈
자로가 대답하였다.

有之하니,
유 지
있습니다.

---

[66] 질병(疾病): '질병(疾病)'은 연면어(連綿語: 이어진 말)로, 중병을 의미한다. 옛날 사람들은 일반적인 잔병을 질(疾)이라 했고, 중병을 병(病)이라고 했다.

「誄」⁶⁷에 曰
뇌   왈

「뇌문(誄文)」에 이르기를,

禱爾于上下神祇⁶⁸라 하니이다.
도 이 우 상 하 신 기

너를 위해 천신과 지신에게 기도한다고 했습니다.

子曰
자 왈

공자께서 말씀하셨다.

丘之禱가 久矣니라.
구 지 도   구 의

내가 벌써 기도드렸느니라.

36

子曰
자 왈

공자께서 말씀하셨다.

奢則不孫⁶⁹하고,
사 즉 불 손

사치스럽고 호화스러우면 교만하게 보이고,

儉則固⁷⁰니라.
검 즉 고

절약하고 소박하면 초라하게 보인다.

與其不孫也론,
여 기 불 손 야

교만하기보다는

---

67 뇌(誄) : 발음은 lèi이고, 본래는 '뇌(讄)'로 써야 되며, 기도문을 가리킨다. 죽은 사람을 애도하는 '뇌(誄)'와는 다르다.
68 기(祇) : 발음은 qí이며, 지신(地神)을 뜻한다.
69 손(孫) : '손(遜)' 자와 같으며, 겸손하다는 뜻이다.
70 고(固) : 고루하다·초라하다라는 뜻이다.

寧固니라.
영 고

차라리 초라할 것이다.

37

子曰
자 왈

공자께서 말씀하셨다.

君子는 坦蕩蕩하고,
군 자 탄 탕 탕

군자는 마음이 태평하면서 넓고,

小人은 長戚戚이니라.
소 인 장 척 척

소인은 오히려 항상 촉박해 하고 걱정한다.

38

子는 溫而厲하시며,
자 온 이 려

공자는 온화하면서 준엄하시고,

威而不猛[71]하시며,
위 이 불 맹

위엄이 있으면서 사납지 않으시며,

恭而安이러시다.
공 이 안

장엄하시면서 점잖으셨다.

---

[71] 위이불맹(威而不猛) : 황간의 〈의소〉에는 '이(而)' 자가 없는데, 이는 잘못해서 빠진 것이다.

8 태백은 泰伯篇

「태백 편」은 「위정 편」의 개인의 학문적 수양을 확대 주석해 놓은 것과 같다. 편명에서의 '태백'은 공자가 항상 표방했던 성인이기도 하다.

「태백 편」은 다른 편과 비교해 〈논어〉 상편 중에서 여러 내용을 모아 놓은 듯한 성격이 짙다. 3장에서 7장까지가 증자에 관한 내용이기 때문에 사람들은 「태백 편」이 증자가 죽은 후 그의 제자들에 의해 기록된 편장이 아닌가 의심한다.

1

子曰
자 왈

공자께서 말씀하셨다.

泰伯¹은,
태 백

태백은

其可謂至德也已矣로다.
기 가 위 지 덕 야 이 의

인품과 덕성이 지극히 숭고했다고 말할 수 있다.

三以天下²讓³하되,
삼 이 천 하 양

여러 차례 천하를 계력에게 양보하였으나,

民無得而稱焉⁴이온여.
민 무 득 이 칭 언

백성들이 어떤 말로 그를 칭송해야 할지를 찾지 못했다.

---

1 태백(泰伯): '태백(太伯)'으로도 쓰며, 주왕조의 선조인 고공단보(古公亶父)의 장자(長子)이다. 고공(古公)은 세 명의 아들이 있었는데, 태백(太伯)·중옹(仲雍)·계력(季歷)이다. 계력의 아들이 바로 희창(姬昌: 周文王)이다. 전설에 의하면, 고공이 창(昌)의 성덕(聖德)을 예견했기 때문에 관례를 깨고, 임금의 자리를 장남인 태백에게 물려주지 않고, 막내아들 계력에게 물려주었고, 그래서 창(昌)에게 왕위가 돌아갔다. 태백은 그 부친의 뜻을 실현시켜 주기 위해, 아우인 중옹과 함께 구오(勾吳)로 가버렸으며〔오(吳)나라의 시조가 되었다〕, 결국 임금의 자리는 계력과 창에게 돌아가게 된 것이다. 창이 훗날에 국세를 확장시켜, 결국은 천하의 3분의 2를 차지하고, 그 아들인 희발(姬發: 周武王)에 이르러, 곧 은상(殷商)을 멸하고 천하를 통일했다.
2 천하(天下): 고공(古公)·태백(泰伯) 때에 주나라 왕실은 단지 하나의 작은 부락에 불과하여, '천하(天下)'라고 할 만한 것이 못되었다. 이 '천하(天下)'는 아마도 당시의 부락을 가리키는 말일 것이다. 또 어떤 사람은 후에 주(周) 부락이 중원(中原)을 통일할 것을 미리 가리켜서 한 말이라고 한다.
3 삼이천하양(三以天下讓): 여기에 대해 이전 사람들은 두 가지 해석이 있었다. 하나는 태백이 실제로 세 번을 양보했다는 것이고, 또 다른 하나는 '삼(三)'이라는 숫자는 실제 계수가 아니고, 양위하고자 하는 태도가 매우 확고한 것을 나타낸다고 했다.
4 민무득이칭언(民無得而稱焉): 황간의 〈의소〉에서는 양위가 은밀하여 당시 백성들이 알

2

子曰
자 왈

공자께서 말씀하셨다.

恭而無禮⁵則勞하고,
공 이 무 례 즉 로

용모와 태도의 단정하고 장중함을
중시하면서 예를 모르면
피곤해짐을 면하기 어렵고,

愼而無禮則葸⁶하고,
신 이 무 례 즉 사

신중한 것만을 알고 예를 모르면
두려워하여 용기 없고 나약함으로
흐르게 된다.

勇而無禮則亂하고,
용 이 무 례 즉 란

오로지 대담하게 행동하는 담력에만
의지하고 예를 모르면
경솔하게 행동하여 화를 자초하고,

直而無禮則絞⁷니라.
직 이 무 례 즉 교

성격이 시원스럽고 솔직하여 입바른
소리를 잘하고 예를 모르면
신랄하게 사람을 자극할 것이다.

君子가 篤於親이면,
군 자   독 어 친

윗사람이 깊고 두터운 감정으로
친척을 대하면,

지 못했기 때문에 그 덕을 칭찬할 수 없었다고 했다. 주희의 〈집주〉에서는 그 사양이 희미
하여 나타나지 않아, 자취를 볼 수 없다는 것이라고 했다.
5 례(禮) : 여기에서 가리키는 것은 예(禮)의 본질이다.
6 사(葸) : 발음은 xǐ이고, 겁이 많다 · 두려워하다라는 뜻이다.
7 교(絞) : 가혹하게 사람을 자극하다.

| 則民興於仁하고,
  즉 민 흥 어 인 | 백성들은 곧 인덕을 향해 나아가게 되고, |

| 故舊를 不遺면,
  고 구   불 유 | 윗사람이 그의 오랜 동료와 친구를 저버리지 않으면, |

| 則民不偸[8]니라.
  즉 민 불 투 | 그 백성들도 사람을 대하는 데 냉대하고 무정하게 대하지 않게 된다. |

3

| 曾子가 有疾하사,
  증 자   유 질 | 증자가 병이 나자 |

| 召門弟子曰
  소 문 제 자 왈 | 자기의 제자들을 불러모아 말했다. |

| 啓[9]予足하라!
  계 여 족 | 내 발을 살펴보아라! |

| 啓予手하라!
  계 여 수 | 내 손을 살펴보아라! |

---

8 투(偸) : 담담하다·시들하다라는 뜻으로, 여기서는 사람 사이의 감정을 가리키는 말이다.
9 계(啓) : 〈설문해자〉에서 '계(瞖)' 자는 '보다[視也]'라고 했으며, 왕념손(王念孫)의 〈광아소증(廣雅疏證)〉「석고(釋詁)」에서 〈논어〉에 나오는 이 '계(啓)' 자는 바로 〈설문해자〉에 나오는 '계(瞖)' 자라고 했다. 또 다른 해석으로는 '펼치다'라는 뜻으로 증자가 제자들을 시켜 이불을 펼쳐서 그의 손발을 보라는 뜻이라고 하며, 또 손발을 펴라는 뜻이라고 해석하기도 한다.

〈詩〉云¹⁰,	〈시경〉에 이르기를,
시 운	
戰戰兢兢하여,	조심하고 신중하여,
전 전 긍 긍	
如臨深淵하며,	마치 깊은 물웅덩이 옆에 있는
여 림 심 연	것처럼 하고,
如履¹¹薄冰이라 하니,	마치 살얼음 위를 걸어가듯이
여 리 박 빙	하라고 하니,
而今而後에야,	지금 이후에야,
이 금 이 후	
吾知免夫로라!	내가 스스로 몸의 화를 면할 수
오 지 면 부	있음을 알겠노라!
小子아!	제자들아!
소 자	

4
| 曾子가 有疾이어시늘, | 증삼이 병이 나자, |
| 증 자 유 질 | |

---

10 시운(詩云) : 세 구의 시는 〈시경〉「소아·소민(小雅·小旻)」에 보인다.
11 리(履) : 〈역경〉「이괘·효사(履卦·爻辭)」에서 "애꾸눈도 물건을 볼 수는 있고, 절름발이도 땅을 디딜 수는 있다[眇能視, 跛能履]"라고 했으며, 리(履)는 '보행하다'라는 뜻이다.

孟敬子[12]가 問[13]之러니.
맹 경 자   문 지

맹경자가 그를 문병하였다.

曾子가 言曰
증 자   언 왈

증자가 말했다.

鳥之將死에,
조 지 장 사

새가 죽으려 하면,

其鳴也哀하고,
기 명 야 애

그 울음소리가 슬프고,

人之將死에,
인 지 장 사

사람이 죽으려 하면,

其言也善이니라.
기 언 야 선

그 하는 말이 착한 법이다.

君子所貴乎道[14]者가 三이니,
군 자 소 귀 호 도   자   삼

윗사람이 처세하는 데 중시해야 할 것이 세 가지 있으니,

動容貌에,
동 용 모

자신의 용모를 엄숙히 하면,

斯遠暴慢[15]矣며,
사 원 포 만   의

다른 사람의 난폭함과 경솔함을 피할 수 있을 것이요,

---

12 맹경자(孟敬子) : 노나라의 대부 중손첩(仲孫捷)이다. 맹무백의 아들로, '경(敬)'은 그의 시호이다.
13 문(問) : 위문하다라는 뜻이다.
14 도(道) : 정현은 여기서의 도가 예(禮)를 가리키는 것이라고 했다.
15 포만(暴慢) : 포(暴)는 난폭하고 무례한 것이고, 만(慢)은 경솔하여 공손하지 않은 것이다.

正顔色에,
_{정 안 색}

자신의 얼굴빛을 단정히 하면,

斯近信矣며,
_{사 근 신 의}

다른 사람에게 신뢰를 줄 것이요,

出辭氣[16]에,
_{출 사 기}

말할 때 말과 어조를 신중히 하면,

斯遠鄙倍[17]矣니라.
_{사 원 비 배 의}

천함과 실수를 피할 수 있을 것이다.

籩豆之事[18]는,
_{변 두 지 사}

예의의 세밀한 항목에 관해서는,

則有司[19]가 存이니라.
_{즉 유 사 존}

본래 주관하는 사람이 있느니라.

5

曾子가 曰
_{증 자 왈}

증자가 말했다.

以能으로 問於不能하며,
_{이 능 문 어 불 능}

능력이 있으면서 무능한 사람에게 가르침을 청하며,

---

16 사기(辭氣) : 주희의 〈집주〉에서 "사는 언어이고, 기는 소리와 숨이다[辭, 言語. 氣, 聲氣]"라고 했다.
17 비배(鄙倍) : 비(鄙)는 촌스럽고 남루한 것이고, 배(倍)는 '배(背)' 자와 같으며, 불합리한 것·착오의 뜻이다.
18 변두지사(籩豆之事) : 변(籩)은 옛날 대나무로 만든 그릇이다. 다리는 길고, 윗면에는 둥근 입이 있으며, 사발처럼 생겼고, 제사지낼 때 과일 등을 담는 데 사용되었다. 두(豆)도 역시 옛날에 변(籩)처럼 사용되던 그릇이다. 나무로 만들었고 덮개가 있었으며 즙[汁]이 있는 음식물을 담는 데 사용되었고, 제사 때도 사용되었다. 여기서 '변두지사(籩豆之事)'는 예의(禮儀) 가운데 모든 구체적인 세밀한 항목을 대표하는 것이다.
19 유사(有司) : 그 일을 주관하는 하급관리를 말한다.

以多로 **問於寡**하며,
　이 다　　문 어 과

지식이 풍부하면서 지식이 모자라는 사람에게 가르침을 청하며,

有若無하며,
　유 약 무

학문이 있으면서 학문이 없는 것처럼 하며,

實若虛하며,
　실 약 허

지식이 가득하면서 비어서 없는 듯이 하며,

犯而不校[20]를,
　범 이 불 교

설사 기만당하더라도 따지지 않는 것을,

昔者吾友[21]가 **嘗從事於斯矣**러니라.
　석 자 오 우　　상 종 사 어 사 의

옛날 내 친구 한 명이 이렇게 했었다.

6

曾子가 **曰**
　증 자　　왈

증자가 말했다.

可以託六尺[22]**之孤**하며,
　가 이 탁 육 척　　지 고

나이 어린 고아를 맡길 수 있으며,

---

20 교(校) : '교(較)'자와 같고, 따지거나 보복하다라는 뜻이다.
21 오우(吾友) : 역대 주석가들은 모두 안회(顏回)를 가리키는 것이라고 여겼다. 또 어떤 사람들은 여기서 '오우'라고 말한 것은 스스로 이러한 덕행을 갖추지 않았다는 것을 나타낸다고 생각했다.
22 육척(六尺) : 고대의 척(尺)은 오늘날보다 짧았으며, 6척은 대략 지금의 138센티미터이다. 키가 6척인 사람은 아직은 어린아이로, 일반적으로 15세 이하의 사람을 가리킨다.

可以寄百里之命²³이요,
가 이 기 백 리 지 명

국가의 명맥을 그에게 맡길 수 있고,

臨大節而不可奪也면,
임 대 절 이 불 가 탈 야

안위나 존망의 중요한 갈림길에 직면해서 동요하여 굴복하지 않는다면,

君子人與아?
군 자 인 여

이런 사람은 군자다운 사람인가?

君子人也니라.
군 자 인 야

군자다운 사람일 것이다.

7

曾子가 曰
증 자 왈

증자가 말했다.

士가 不可以不弘毅²⁴니,
사 　불 가 이 불 홍 의

선비는 강건하고 굳센 의지가 있지 않으면 안 되니,

---

23 명(命) : 국가의 명운을 가리킨다. 어떤 사람은 국가의 정치적 명령을 가리킨다고 한다.
24 홍의(弘毅) : '강인한 의지'를 말한다. 장태염(章太炎)의 〈광논어병지(廣論語骿枝)〉에서 다음과 같이 말했다 : "〈설문해자〉에서 '홍은 화살이 날아가는 소리이다'라고 했으며, 후대의 사람들은 '강(强)' 자를 빌려 그것을 대신하여, '강하다[彊]'의 뜻으로 썼다. 이 '홍(弘)' 자가 곧 오늘날의 '강(强)' 자이다. 〈설문해자〉에서 '의는 결단이 있는 것'이라 했는데, 맡은 바가 중요하면 반드시 강해야 하며, 강하지 못하면 힘이 떨어지게 되고, 이루려는 바가 멀면 반드시 결단이 있어야 하며, 결심이 굳지 못하면 뜻이 변하게 된다(說文 : '弘, 弓聲也.' 後人借 '强'爲之, 用爲 '彊'義. 此 '弘'字卽今之 '强'字也. 〈說文〉 : '毅, 有決也.' 任重須彊, 不彊則力絀, 致遠須決, 不決則志渝]."

任重而道遠이니라.
_{임 중 이 도 원}

그가 책임질 것이 막중하고 길은 요원하기 때문이다.

仁以爲己任이니,
_{인 이 위 기 임}

천하에 인덕을 실현시키는 것을 자기 소임으로 삼으니,

不亦重乎아?
_{불 역 중 호}

또한 막중하지 않겠는가?

死而後已니,
_{사 이 후 이}

죽은 뒤에야 그만두니,

不亦遠乎아?
_{불 역 원 호}

또한 요원하지 아니한가?

8

子曰
_{자 왈}

공자께서 말씀하셨다.

興於〈詩〉하며,
_{흥 어 시}

시편(詩篇)은 나를 분발케 하며,

立於禮하며,
_{입 어 례}

예는 나를 사회에서 설 수 있게 하며,

成於樂[25]이니라.
_{성 어 악}

음악은 내가 배운 것을 완성할 수 있도록 해 준다.

---

25 성어악(成於樂) : 공자가 말한 '악(樂)'의 내용과 본질은 '예(禮)'와 떨어질 수 없는 것이기 때문에 항상 '예악(禮樂)'을 함께 말했다. 또 공자 자신도 음악을 매우 깊이 이해하고

9

子曰
자 왈

공자께서 말씀하셨다.

民은 可使由²⁶之어니와,
민　　가 사 유　　지

백성들은 우리의 길을 따르게
할 수는 있지만,

不可使知之²⁷니라.
불 가 사 지 지

그들에게 그것이 왜 그런가를 알게
할 수는 없다.

있었으므로, 음악을 그의 가르치는 작업의 마지막 단계로 삼았다.

26 유(由): '유(由)'에는 두 가지 해석이 있다. 하나는 '쓰다[用也]'이고, 다른 하나는 '따르다[從也]'이다.

27 자왈……지지(子曰……知之): 이 두 구절은 "백성들은 함께 그 성과를 즐거워할 수는 있어도, 일을 처음 시작할 때 그들과 의논할 수는 없다[民可以樂成, 不可與慮始]"(《사기》「골계열전보(滑稽列傳補)」에 기록된 서문표(西門豹)의 말이다. 「상군열전(商君列傳)」에서는 "일을 시작할 때 백성들과 함께 도모할 수는 없으나, 그들과 함께 일이 성공적으로 이루어진 즐거움을 누릴 수는 있다[民不可與慮始, 而可與樂成]"로 쓰고 있다)와 뜻이 대체로 통하므로, 깊이 탐구할 필요는 없다. 후에 어떤 사람들은 이러한 주장이 타당하지 않다고 생각하여 다른 해석을 내놓았다. 공자를 두둔하려는 의도에서 몹시 애를 썼지만, 오히려 공자의 본의를 잃어버렸다. 예를 들면 유보남은 《논어정의》에서 "앞의 장(章)은 선생이 제자를 가르치는 방법이고, 여기에서의 '민(民)'도 '제자(弟子)'를 가리킨다[上章是夫子教弟子之法, 此 '民'字亦指弟子]"라고 생각하였다. 그러나 앞 장(章)의 '흥어시(興於詩)' 세 구와 이 장의 취지가 각기 다르다는 것을 어찌 몰랐겠으며, 또한 옛날부터 '민(民)' 자가 '제자'를 대신한 적은 없었다. 환무용(宦懋庸)의 《논어계(論語稽)》에서는 다음과 같이 말했다: "백성들 가운데 가능한 사람은 그들이 스스로 걸어가도록 하지만, 가능하지 않은 사람도 역시 왜 그런가를 알도록 해야 한다. 어떤 이는 여론에서 옳다고 지지하는 사람들에게는 곧 함께 우리가 걷고 있는 길을 따라서 걸어가도록 하고, 옳지 않다고 반대하는 사람에게도 또한 그것을 함께 알고 있게는 해야 한다고 말한다[對於民, 其可者使其自由之, 而所不可者亦使知之. 或曰, 輿論所可者使共由之, 其不可者亦使共知之]." 그렇다면 원문은 당연히 '민가, 사유지, 불가, 사지지(民可, 使由之, 不可, 使知之)'로 읽어야 되지만, 아마 옛날 사람들에게 이러한 어법은 없었을 것이다. 만약 옛날 사람들에게 실제로 이러한 뜻이 있었다면, 반드시 '즉(則)' 자를 사용했을

10

子曰
자 왈

공자께서 말씀하셨다.

好勇疾[28]貧이,
호 용 질 빈

용맹함을 좋아하면서 가난한 것을 미워함이

亂也니라.
난 야

화이다.

人而不仁을,
인 이 불 인

어질지 못한 사람을

疾之已甚이,
질 지 이 심

지나치게 미워함이

亂也니라.
난 야

역시 화이다.

11

子曰
자 왈

공자께서 말씀하셨다.

如有周公之才之美라도,
여 유 주 공 지 재 지 미

만약 재능의 미묘함이 주공과 견줄 만하였더라도,

것이며, 더욱이 '사(使)' 다음에 다시 '지(之)' 자를 사용하여 거듭 '민(民)' 자를 가리켜 '民可, 則使(之)由之, 不可, 則使(之)知之'로 써야 쉽게 이해될 수 있고, 오해가 없었을 것이다.
28 질(疾) : 미워하다 · 싫어하다라는 뜻이다.

使驕且吝이면,
사 교 차 린

　　교만하면서 인색하기만 하면,

其餘는 不足觀也已니라.
기 여　　부 족 관 야 이

　　다른 것은 볼 필요도 없다.

12

子曰
자 왈

　　공자께서 말씀하셨다.

三年學에,
삼 년 학

　　3년을 공부하고서도

不至[29]於穀[30]을,
부 지　어 곡

　　벼슬을 하려는 생각이 없다는 것은

不易得也니라.
불 이 득 야

　　매우 얻기 어려운 것이다.

13

子曰
자 왈

　　공자께서 말씀하셨다.

---

29 지(至) : 여기서의 '지(至)' 자는 「옹야 편」에 나오는 "안회는 오래도록 인덕으로부터 떠나 있지 않았으나, 다른 학생들은 단지 잠시 동안 우연히 생각할 뿐이다[回也其心三月不違仁, 其餘則日月至焉而已矣]"의 '지(至)' 자 용법과 같은 것으로 '생각이 미치다'라는 뜻이다.

30 곡(穀) : 고대에는 곡미(穀米)로 봉록(俸祿 : 오늘날의 봉급에 해당하는 것임)을 주었기 때문에, '곡(穀)'에는 '봉록[祿]'의 뜻이 있다. 「헌문 편」에 "나라의 정치가 청명하면 벼슬을 하여 봉록을 받으나, 나라의 정치가 어두운데 벼슬을 하여 봉록을 받으면, 이것은 수치이다[邦有道, 穀, 邦無道, 穀, 恥也]"의 '곡(穀)'도 바로 이와 같은 뜻이다.

篤信³¹好學하며,
독 신   호 학

확고하게 우리의 도를 믿고 그것을 열심히 학습하며,

守死善道니라.
수 사 선 도

죽기를 맹세하고 그것을 보전한다.

危邦不入하고,
위 방 불 입

위험한 나라에는 들어가지 않고,

亂邦不居³²하니라.
난 방 불 거

어지러운 나라에서 살지 않는다.

天下有道則見³³하고,
천 하 유 도 즉 현

천하가 태평하면 곧 나와서 일을 하고,

無道則隱이니라.
무 도 즉 은

천하가 어지러우면 곧 은거한다.

邦有道엔,
방 유 도

정치가 깨끗할 때에는

貧且賤焉이,
빈 차 천 언

자신이 가난하고 천한 것이

---

31 독신(篤信) : 「자장 편」에서 "도덕에 대해 행위가 강건치 않고 믿음이 충실치 못하면, 이런 사람을 어찌 도와 덕이 있다 없다 하리요[執德不弘, 信道不篤, 焉能爲有? 焉能爲亡?]"라고 했으며, 이 '독신(篤信)'은 마땅히 '믿음이 충실치 못하다[信道不篤]'와 같은 뜻이다.

32 위방난방(危邦亂邦) : 포함(包咸)은 다음과 같이 말했다 : "신하가 임금을 시해하고, 자식이 아비를 죽이는 것, 이것이 난(亂)이다. 위(危)는 장차 어지러움이 일어날 징조이다 [臣弑君, 子弑父, 亂也, 危者, 將亂之兆也]."

33 현(見) : '현(現)' 자와 같다.

恥也며,
치 야

邦無道엔,
방 무 도

富且貴焉이,
부 차 귀 언

恥也니라.
치 야

치욕이며,

정치가 어두울 때에는

자신이 부유하고 귀한 것이

역시 치욕이니라.

14

子曰
자 왈

不在其位하여는,
부 재 기 위

不謀其政이니라.
불 모 기 정

공자께서 말씀하셨다.

그 직위에 있지 아니하면,

그 직위의 정치에 관한 일을
고려하지 않는다.

15

子曰
자 왈

師摯之始[34]에,
사 지 지 시

공자께서 말씀하셨다.

태사 지(摯)가 연주를 시작할 때,

---

34 사지지시(師摯之始) : '시(始)'는 악곡의 첫머리이다. 고대 음악을 연주하는데 시작하는 것을 '승가(升歌)'라고 했으며, 일반적으로 태사(太師)에 의해 연주가 된다. 사지(師摯)는 노나라의 태사로서 이름은 지(摯)이다. 그에 의해 연주가 되기 때문에 "태사 지가 연주를 시작할 때[師摯之始]"라고 말했다.

「關雎」之亂[35]이,　　　「관저」의 곡 연주를 마무리할 때,

洋洋乎盈耳哉라!　　　온 귀에 음악이 가득하구나!

16

子曰　　　공자께서 말씀하셨다.

狂而不直하며,　　　오만 방자하면서 솔직하지 아니하며,

侗而不愿[36]하며,　　　유치하면서 정직하지 아니하며,

悾悾而不信이면,　　　무능하면서 신용이 없다면,

吾不知之矣로라.　　　나는 그런 사람이 그렇게 된 까닭을 알지 못하겠다.

---

35 관저지란(關雎之亂) : '시(始)'는 음악의 첫머리이다. '란(亂)'은 음악의 마지막이다. '시(始)'에서 '란(亂)'까지를 '일성(一成)'이라 했다. '란(亂)'은 '합악(合樂)'으로 오늘날의 합창 같은 것이다. 합주할 때에는 「관저(關雎)」의 악장(樂章)을 연주하였기 때문에 '관저지란(關雎之亂)'이라고 했다.

36 동이불원(侗而不愿) : 주희의 〈집주〉에서 "동은 무지한 모양이고, 원은 삼가고 정성스러워함이다[侗, 無知貌, 愿, 謹厚也]"라고 했다.

17

子曰
자 왈

공자께서 말씀하셨다.

學如不及이요,
학 여 불 급

학문을 하는 것은 마치 〔무엇을 쫓아가는 듯하여〕 따라잡지 못할까 두려워하는 것 같고,

猶恐失之니라.
유 공 실 지

〔따라잡은 뒤에는〕 오히려 이를 잃어버릴까 두려워한다.

18

子曰
자 왈

공자께서 말씀하셨다.

巍巍乎라!
외 외 호

참으로 숭고하구나!

舜禹³⁷之有天下也而不與³⁸焉이여!
순 우 지 유 천 하 야 이 불 여 언

순과 우임금은 천자의 귀함과 천하의 부를 가졌음에도, 〔일년 내내 백성을 위해 일하고〕 조금도 자기를 위하지 아니하였다.

---

37 우(禹) : 하(夏) 왕조를 개국한 임금이다. 전설에 따르면, 순임금의 선양을 받아 즉위했다고 한다. 또한 중국에서 가장 일찍이 수리공정(水利工程)을 주도하여 공을 세운 인물이기도 하다.
38 여(與) : 발음은 yù이고, 참여하다 · 관련 있다라는 뜻이다. 이 속에는 '사유하다' · '누리다'라는 뜻이 내포되어 있다.

19

子曰
자 왈

공자께서 말씀하셨다.

大哉라 堯之爲君也여!
대 재　　요 지 위 군 야

요임금은 참으로 위대하시구나!

巍巍乎!
외 외 호

참으로 높고 높구나!

唯天爲大어시늘,
유 천 위 대

오직 하늘만이 가장 높고 크나니,

唯堯則[39]之하시니라.
유 요 칙　　지

요임금만이 하늘을 배울 수 있었느니라.

蕩蕩乎,
탕 탕 호

그의 은혜는 정말 넓구나!

民無能名[40]焉이로다.
민 무 능 명　　언

백성들은 실로 어떻게 그를 칭찬해야 할지 모르는구나.

巍巍乎其有成功也여,
외 외 호 기 유 성 공 야

그의 공적은 정말 숭고하며,

煥[41]乎其有文章이여!
환　　호 기 유 문 장

그의 예의 제도도 참으로 훌륭하구나!

---

39 칙(則) : 본받다 · 모방하다라는 뜻이다.
40 무능명(無能名) : 형용할 수 없다.
41 환(煥) : 주희의 〈집주〉에서 "환은 빛나서 밝은 모양이다[煥, 光明之貌]"라고 했다.

20

舜이 有臣五人[42]而天下治하니라.　순임금에게 다섯 명의 현명한 신하가 있어서 천하가 태평스러웠다.

武王이 曰　　　　　　　　　무왕도 말한 바 있다.

予有亂臣[43]十人호라.　　　나에게는 천하를 다스릴 수 있는 신하가 열 명이 있다.

孔子曰　　　　　　　　　　그래서 공자께서도 말씀하셨다.

才難이,　　　　　　　　　〔속담에 말하기를〕 인재는 얻기가 어렵다고 했으니,

不其然乎아?　　　　　　　어찌 그렇지 않겠는가?

---

42 신오인(臣五人) : 순임금을 도와서 천하를 다스린 우(禹)·직(稷)·설(契)·고요(皐陶)·백익(伯益)을 가리킨다.

43 란신(亂臣) : 〈설문해자〉에 "란은 다스리는 것[亂, 治也]"이라 하였고, 〈이아(爾雅)〉「석고(釋詁)」에서도 마찬가지다. 〈좌전〉「소공(昭公) 24년」에 「대서(大誓)」를 인용해서 말하기를 "나에게는 어진 신하 열 명이 있어, 서로 마음과 덕이 똑같다[余有亂臣十人, 同心同德]"라고 했다. 그렇다면 '란신(亂臣)'은 바로 "나라를 다스리는 신하[治國之臣]"이다. 주곡성(周谷城)은 〈고사영증(古史零證)〉에서 '란(亂)'에는 '친근하다'라는 뜻이 있다고 생각했으니, 그렇다면 '란신(亂臣)'은 〈맹자〉「양혜왕 하(梁惠王下)」의 "왕께서는 믿을 만한 신하가 없다[王無親臣矣]"의 '친신(親臣)'에 해당하는 것으로, 비록 말은 이치에 맞지만, 아래 문장의 '재난(才難)'과 뜻이 맞지 않으니, 아마 공자의 원래 의도는 아닐 것이다.

唐虞之際가,
당우지제

요임금과 순임금 사이와

於斯爲盛⁴⁴하나,
어사위성

주나라 무왕이 그 말을 했을 때
인재가 가장 성했다.

有婦人焉이라,
유부인언

그러나 무왕의 열 명 인재 중에
부녀자가 한 명 있으니,

九人而已니라.
구인이이

실제로는 아홉 명뿐이었다.

三分天下에 **有其二**⁴⁵하사,
삼분천하 유기이

주나라 문왕은 천하의 삼분의 이를
차지하고도,

以服事殷하시니,
이복사은

여전히 상나라의 주(紂)를
섬겼으니,

周之德은,
주지덕

주 왕조의 도덕은

---

44 당우지제, 어사위성(唐虞之際, 於斯爲盛) : 이 구절에 대해 네 가지 해석이 있다. 첫째는 요임금과 순임금 사이에 인재가 주나라 초기에 비해 많았다. 둘째는 요임금과 순임금 사이가 주나라 초기보다 못했다. 셋째는 요임금과 순임금 이후부터 주나라 초기에 가장 많았다. 넷째는 요임금과 순임금 사이와 주나라 초기에 가장 많았다. 여기서는 네 번째 해석을 따랐다.

45 삼분천하유기이(三分天下有其二) : 〈일주서(逸周書)〉「정전(程典)」에서 "문왕이 구주의 제후들을 합쳤으나, 여전히 상나라를 섬기는 데 힘썼다[文王合九州之侯, 奉勤于商]"고 한다. 전하는 바에 따르면 당시에 구주(九州)로 나누어져 있었으며, 문왕(文王)이 육주(六州)를 얻었으니, 이것은 3분의 2에 해당한다.

其可謂至德也已矣로다.
기 가 위 지 덕 야 이 의

가장 높다고 말할 수 있다.

21

子曰
자 왈

공자께서 말씀하셨다.

禹는,
우

우임금은

吾無間⁴⁶然矣로다.
오 무 간 연 의

내가 비평할 것이 없도다.

菲飮食而致孝乎鬼神하시며,
비 음 식 이 치 효 호 귀 신

자신은 매우 거친 음식을 드시면서 제사에 쓰는 것은 지극히 풍성히 드리며,

惡衣服而致美乎黻冕⁴⁷하시며,
악 의 복 이 치 미 호 불 면

자신은 허름한 옷을 입으시면서 제복(祭服)은 지극히 화려하게 하시며,

卑⁴⁸宮室而盡力乎溝洫⁴⁹하시니,
비 궁 실 이 진 력 호 구 혁

매우 초라한 궁실에서 살면서도 모든 힘을 수리사업에 기울이셨다.

---

46 간(間) : 주희의 〈집주〉에서 "간은 틈이니, 그 틈을 지적하여 이를 헐뜯어 비난하는 것이다[間, 罅隙也, 謂指其罅隙而非議之也]"라고 했다.
47 불면(黻冕) : 불(黻)은 발음이 fú이고, 제사지낼 때 입는 예복이다. 면(冕)은 발음이 miàn이며, 고대에는 대부 이상의 사람들 모자를 면(冕)이라고 했으나, 후에는 단지 제왕(帝王)의 모자만을 면(冕)이라 했다. 여기서는 제사지낼 때 예모(禮帽)를 가리킨다.

禹는, 　　　　　　　우임금은
우

吾無間然矣로다. 　　내가 달리 비평할 말이 없도다.
오 무 간 연 의

---

48 비(卑) : 여기서는 동사로 사용되어, 궁실을 매우 낮고 초라하게 짓다라는 뜻이다.
49 구혁(溝洫) : 도랑·하수도로, 여기에서는 농지(農地)의 수리(水利)사업을 가리키는 말이다.

9 공자께서는 드물게
子罕篇

「자한 편」은 「공야장 편」과 「옹야 편」 내용을 확대한 것이라고 할 수 있다. 대부분 공자의 사상과 학문 교육의 관점, 일반적인 역사 사상의 관념에 대한 이야기를 하고 있다.

주희의 〈집주〉에서는 6, 7장을 하나의 장으로 합쳐서 30장으로 하였으나, 이 책에서는 31장으로 나누었다.

1

子는 罕[1]言利與命與仁이러시다.
_{자 한 언 리 여 명 여 인}

공자께서는 매우 드물게 [스스로] 실리와 운명과 인덕을 말씀하셨다.

---

1 한(罕) : 단지 동작의 빈도를 표시하는 부사로, 적다라는 뜻이다. 〈논어〉에서는 '이(利)'를 여섯 번 언급했고, '명(命)'은 여덟·아홉 번 언급했다. 전체적으로 공자가 한 다른 말들과 비교해 보면 적은 편에 속한다. 이 때문에 자공(子貢)도 "선생님께서 성과 천도에 관하여 말씀하시는 것을 얻어들을 수가 없었다[夫子之言性與天道, 不可得而聞也]"(공야장 편)라고 말한 적이 있다. '인(仁)'에 대해 〈논어〉에서 가장 많이 언급했으면서, 왜 "공자께서 적게 말씀하셨다[孔子罕言]"라고 말하고 있는가? 이 때문에 이 말에 대해 여러 가지 해석이 있었다. 왕약허(王若虛)의 〈오류잡변(誤謬雜辨)〉과 사승조(史繩祖)의 〈학재점필(學齋佔畢)〉에서는 이 구절을 다음과 같이 끊어 읽어야 된다고 생각했다 : '자한언리, 여명, 여인(子罕言利, 與命, 與仁).' '여(與)'는 칭찬하다[許]로, 문장의 뜻은 "공자는 이(利)에 대해 매우 적게 이야기하고, 오히려 명(命)을 찬성하고, 인(仁)을 찬성했다"라는 말이다. 황식삼(黃式三)의 〈논어후안(論語後案)〉에서는 '한(罕)'은 '헌(軒)'으로 읽어야 되며, '드러내다'라는 뜻이고, 문장의 의미는 "공자는 매우 분명하게 이(利)·명(命)과 인(仁)에 대해 말했다"라고 생각하였다. 양수달은 또 〈논어소증〉에서 다음과 같이 말했다 : "이른바 인에 대해 적게 말했다는 것은, 사람에게 인으로 가볍게 허락하지 않는다는 뜻이지, 이(利)와 명(命)을 적게 말했다는 것과는 그 의미가 다른 것 같다. 우리들이 공자가 중궁·자로·염유·공서화·영윤 자문·진문자의 사람됨을 평론한 것과, 이기는 것을 좋아하고, 자랑하며, 원망하며 욕심내어 덕을 행하지 않는 자들에 대해 모두 그들이 어진지 모르겠다고 한 것으로 본다든가, 또 「유행(儒行)」의 설을 참고한다면 증명할 수 있을 것이다[所謂罕言仁者, 乃不輕許人以仁之意, 與罕言利命之義似不同. 試以聖人評論仲弓·子路·冉有·公西華·令尹子文·陳文子之爲人及克伐怨欲不行之德, 皆云不知其仁, 更參之以「儒行」之說, 可以證明矣]." 〈논어〉에서 볼 때 '인(仁)'에 대해 비록 많이 언급하고 있다고는 하나 그것은 대부분이 다른 사람과의 문답 속에서 나온 것이고, 다른 한편으로는 '인(仁)'은 공자의 최고 도덕 표준이기도 하여 바로 적게 말하였기 때문에, 공자가 어쩌다 한번 언급을 하게 되면 곧 기록을 하였던 것이다. 따라서 기록에 많다고 해서 공자가 말한 것이 많았다고는 추론할 수 없다. 공자가 평생 말한 것은, 자연히 〈논어〉에 기록된 것보다 수백 배는 더 되었을 것이다. 〈논어〉에 기록된, '인(仁)'에 대한 부분을 만약 공자가 평생 동안 한 말과 비교해 보면, 여전히 적은 편이다. 여러 학자들의 설이 〈논어〉라는 책 한 권에 지나치게 구애되어 있음을 피하기가 어려우며, 아마도 당시의 사실과도 서로 부합되지 않는 부분이 있을 것 같아 여기서 취하지 않았다. 우성오(于省吾)는 '인(仁)'을 '尸'로, 즉 '이적(夷狄)'의 '이(夷)'로 읽고 있으나, 확실한 것은 아니다.

2

達巷黨²人이 曰
달 항 당 인   왈

達(달)이라는 거리에 사는 사람이 말했다.

大哉라 孔子여!
대 재   공 자

공자는 참으로 위대하구나!

博學而無所成名³이로다.
박 학 이 무 소 성 명

학문은 해박하지만 애석하게도 명성을 이룰 만한 특기가 없구나.

子聞之하시고,
자 문 지

공자께서 이 말을 들으시고

謂門弟子曰
위 문 제 자 왈

제자들에게 말씀하셨다.

吾何執고?
오 하 집

내가 무엇을 하겠느냐?

執御乎아?
집 어 호

마차 모는 일을 해볼까?

---

2 달항당(達巷黨) : 〈예기〉「잡기(雜記)」에 "내가 노담을 따라 마을 거리에서 장례를 도왔다[余從老聃助葬於巷黨]"라는 말이 있다. '항당(巷黨)' 두 글자를 한 단어로 볼 수 있으며, '마을 거리[里巷]'라는 뜻이다.

3 박학이무소성명(博學而無所成名) : 이 구절에 대해 두 가지 해석이 있다. 하나는 공자가 박학하고 모든 일에 정통하기 때문에 어느 한 분야가 특별히 좋아 명성을 이루었다고 말할 수 없다는 것이다. 다른 하나는 공자가 박학하지만 애석하게도 명성을 이룰 만한 한 분야가 없었다는 것이다. 앞에서 공자가 참으로 위대하다는 말을 한 것을 보면 전자의 설이 맞는 것 같다. 그러나 공자가 제자들에게 한 말을 보면 또 그렇지도 않다. 달이라는 거리에 사는 사람은 마치 칭찬하는 가운데 풍자의 의미를 갖고서 공자가 특기가 없다고 말한 것 같다. 전자의 설을 주장하는 사람들은 공자의 말이 스스로를 낮추어서 말한 것이라고 한다. 두 가지 해석이 모두 설득력이 있지만 여기서는 후자의 해석을 따랐다.

執射乎아?
집 사 호

활 쏘는 일을 해볼까?

吾執御矣로리라.
오 집 어 의

나는 마차 모는 일을 하리라.

3

子曰
자 왈

공자께서 말씀하셨다.

麻冕[4]이,
마 면

예모(禮帽)는 삼베로 짠 것이

禮也나,
예 야

전통적인 예에 맞는 것이나,

今也純[5]하니,
금 야 순

지금은 모두 생사(生絲)로 짠 것을 쓰니,

儉[6]이라,
검

이렇게 하여 조금이라도 절약하는 것이라,

---

4 마면(麻冕) : 일종의 예모(禮帽)로, 어떤 사람들은 검은 베로 만든 관(緇布冠 : 옛날 사람들은 20세가 되면 관을 쓰는 의식을 거행했는데, '관례(冠禮)'라고 했다. 맨 처음으로 쓰는 것이 치포관이다)이라고 하지만, 반드시 믿을 것은 못된다.

5 순(純) : 검은색 실이다.

6 검(儉) : 삼을 삼아 만든 예모(禮帽)는 규정에 의하면, 2,400가닥의 날실을 써야 된다. 마의 재질이 비교적 거칠어서, 반드시 아주 세밀하게 짜야 하며, 잔손이 매우 많이 간다. 만약 생사(生絲)를 사용하면, 생사가 가늘어 쉽게 짤 수가 있기 때문에 조금이라도 절약할 수 있다.

| 吾從衆하리라.
  오 종 중 | 나는 모두의 하는 방법에 동의하노라. |

拜下[7]가,
  배 하

신하가 임금을 뵙는데, 먼저 당(堂) 아래에서 절을 하고 나서, 당 위에 올라가 또 절을 하는 것이

禮也어늘,
  예 야

전통적인 예에 맞는 것이거늘,

今拜乎上하니,
  금 배 호 상

오늘날은 모두들 당 아래에서 절하는 것을 생략하고, 단지 당 위에서만 절을 하니,

泰也라.
  태 야

이것은 거만한 태도이다.

雖違衆이나,
  수 위 중

비록 모든 사람이 어기더라도,

吾從下하리라.
  오 종 하

나는 여전히 당 아래에서 먼저 절을 해야 된다고 주장하겠다.

---

[7] 배하(拜下) : 신하가 군주에게 인사를 할 때 먼저 당(堂) 아래에서 인사를 하고 나서, 당 위에 올라가 다시 절하는 것을 가리킨다. 〈좌전〉「희공(僖公) 9년」과 〈국어〉「제어(齊語)」에 제나라 환공(桓公)이 주나라 양왕(襄王)이 이러한 배례(拜禮)를 사양하는 것을 듣지 않고, 결국은 배례한 일이 기술되어 있다. 공자 때에 이르러서는 배례의 예가 없어진 듯하다.

4

子絶四러시니,
자 절 사

공자께서는 다음 네 가지 결점을
전혀 갖고 계시지 않으셨으니,

毋意[8],
무 의

근거 없이 추측하지 않으시고,

毋必,
무 필

덮어놓고 긍정을 하지 않으셨으며,

毋固,
무 고

융통성 없이 고집을 부리지
않으셨고,

毋我러시다.
무 아

오직 나만이 바르다고 하지
않으셨다.

5

子畏於匡[9]이러시니,
자 외 어 광

공자께서 광(匡) 지방 사람들에
의해 구금당하게 되자

---

8 의(意) : 근거 없이 추측하다라는 뜻이다.
9 자외어광(子畏於匡) : 〈사기〉「공자세가」에 말하기를, 공자가 위나라를 떠나 진(陳)나라로 갈 준비를 하는데, 광(匡)이라는 곳을 지나가게 되었다. 광 사람들은 노나라 양화(陽貨)에게 약탈과 살육을 당한 적이 있었다. 공자의 생김새가 양화와 매우 닮았기 때문에 공자가 바로 과거에 광(匡) 사람들에게 잔혹하게 해를 끼친 사람이라고 생각해, 공자를 구금하게 된 것이다. '외(畏)'는 죄인을 가두는 것을 말한다. 〈순자〉「부(賦)」에서 "비간이 심장을 도려내어 보이고, 공자가 광에 구금되었다[比干見剖, 孔子拘匡]"라고 한 것과 〈사기〉「공자세가」에 "5일 동안 갇혀 있었다[拘焉五日]"라고 한 것을 보면, 여기서의 '외(畏)' 자와 〈예기〉「단궁(檀弓)」 중에서 "죽음을 조상하지 않는 것이 세 가지 있다. 외사한 사람과 압사한 사람과 익사한 사람[死而不弔者三, 畏, 厭, 溺]"의 '외(畏)' 자는 서로

曰 말씀하셨다.
왈

文王이 旣沒하시니, 문왕이 돌아가신 후에,
문왕   기몰

文不在茲乎아? 모든 문화유산이 내게 있지 않느냐?
문부재자호

天之將喪斯文也신대, 하늘이 만약 이 문화를 없애려
천지장상사문야 한다면,

後死者¹⁰가 不得與於斯文也어니와, 나 역시 이 문화를 갖고
후사자   부득여어사문야 있지 않을 것이며,

天之未喪斯文也시니, 하늘이 만약 이 문화를 없애지
천지미상사문야 않으려 한다면,

匡人이 其如予何리오? 광 사람들이 나를 어찌하겠느냐?
광인   기여여하

6

太宰¹¹가 問於子貢曰 태재가 자공에게 물었다.
태재   문어자공왈

같은 것이며, 유월의 〈군경평의〉에 언급한 것이 보인다. 지금의 하남성(河南省) 장원현(長垣縣) 서남쪽 15리에 광성(匡城)이 있으며, 아마도 당시에 공자가 구금당했던 곳이 바로 이곳일 것이다.
10 후사자(後死者) : 공자 자신을 말한다.
11 태재(太宰) : 관직명(官職名)으로, 후대 재상에 상당하는 벼슬이다. 태재가 어느 나라

9. 공자께서는 드물게(子罕篇)_247

夫子는 聖¹²者與¹³아?
부 자   성 자 여

何其多能也오?
하 기 다 능 야

子貢이 曰
자 공   왈

固天縱之將聖이시고,
고 천 종 지 장 성

又多能也시니라.
우 다 능 야

子聞之하시고,
자 문 지

曰
왈

太宰가 知我乎인저!
태 재   지 아 호

吾가 少也賤이라,
오   소 야 천

선생님께서는 성인이신가?

어찌 그토록 다재다능하신가?

자공이 말했다.

그건 본래 하늘이 선생님을 성인이 되도록 만든 것이고,

또 그를 다재다능하게 하신 것이니라.

공자께서 그 말을 들으시고

말씀하셨다.

태재가 나를 아는구나!

나는 어려서 곤궁했기에

사람이며, 성과 이름이 무엇인지는 알 수 없다. 일설에는 여기서 말하는 태재가 오나라 백비(伯嚭)를 가리키며, 노나라 애공 7년에 자공이 노나라의 사신으로 오나라에 간 적이 있다고 한다.
12 성(聖) : 전목(錢穆)은 옛날 사람들이 '성(聖)' 자를 매우 광범위한 의미로 사용했으며, 공자 이후부터 유가에서 성인을 최고의 덕을 가진 사람으로 존중하기 시작했다고 주장한다. 태재(太宰)의 이 질문은 아마도 재능이 많은 것을 성이라고 한 듯하다.
13 여(與) : 평성이며, 의문을 나타낸다.

故로 多能鄙事하니라.
고   다 능 비 사

비천한 기예를 많이 배웠었다.

君子는 多乎哉아?
군 자   다 호 재

진정한 군자는 이렇게 많은 기예를 갖고 있는가?

不多也니라.
부 다 야

많지 않을 것이다.

7

牢¹⁴가 曰
뢰   왈

뢰(牢)가 말했다.

子云,
자 운

공자께서 말씀하신 적이 있다.

吾不試¹⁵,
오 불 시

내가 나라에 쓰인 적이 없기 때문에,

故로 藝라 하시니라.
고   예

몇 가지 기예를 익혔다.

---

14 뢰(牢) : 정현은 공자의 학생이라고 했지만, 〈사기〉「중니제자열전」에는 이런 사람이 없다. 왕숙(王肅)이 위찬(僞撰)한 〈공자가어(孔子家語)〉에서는 "금장(琴張), 일명 뢰(牢), 자는 자개(子開) 또는 자장(子張)으로 위나라 사람이다[琴張, 一名牢, 字子開, 亦字子張, 衛人也]"라고 했으나, 더욱 믿을 것은 못된다.

15 시(試) : 〈논형(論衡)〉「정설(正說)」에 "요임금께서 '나는 아마 시험될 것이다!'라고 하였는데 〈상서〉의 구절을 설명하면 '시(試)'라는 것은 곧 '쓰임(用)'이다[堯曰 : '我其試哉!' 說 〈尙書〉曰 : '試者用也']"라고 하였다. 이 '시(試)' 자도 '용(用)' 자로 해석해야 한다.

8

子曰
자 왈

공자께서 말씀하셨다.

吾有知乎哉아?
오 유 지 호 재

내가 아는 것이 있겠느냐?

無知也로라.
무 지 야

아는 것이 없다.

有鄙夫가 問於我[16]하되,
유 비 부   문 어 아

어느 한 농부가 내게 물었는데,

空空[17]如也니라.
공 공   여 야

나는 본래 전혀 아는 것이 없는 사람이다.

我叩其兩端[18]而竭焉하노라.
아 고 기 양 단   이 갈 언

나는 그 문제의 처음과 마지막 양끝으로부터 캐물어 들어가, 〔비로소 많은 의미를 얻고서〕힘닿는 대로 그에게 일러주었다.

9

子曰
자 왈

공자께서 말씀하셨다.

---

16 유비부문어아(有鄙夫問於我) : 황간의 〈의소〉에는 '문(問)' 자 앞에 '래(來)' 자가 있다.
17 공공(空空) : 전혀 아는 것이 없다. 일설에는 '공(空)' 자는 '공(悾)' 자와 통해서, 농부의 태도가 성실한 것을 가리킨다고 한다.
18 양단(兩端) : 주희의 〈집주〉에서 "양단은 양쪽 머리라는 말과 같으니, 끝과 처음, 근본과 끝, 위와 아래, 자세함과 거칢에 다하지 아니하는 바가 없음을 말한다[兩端猶言兩頭, 言終始本末上下精粗, 無所不盡]"라고 했다.

鳳鳥不至하고,
봉 조 부 지

河不出圖¹⁹하니,
하 불 출 도

봉황은 날아들지 않고,

황하도 그림을 내지 않으니,

吾已矣夫²⁰인저!
오 이 의 부

내 일생도 끝난 것 같구나!

10

子見齊衰²¹者와 冕衣裳者²²와 與瞽²³者하시고,
자 견 재 최 자   면 의 상 자   여 고 자

공자께서는 상복(喪服)을 입은 사람과 예모를 쓰고 예복을 입은 사람이나 소경을 보고,

---

19 봉조하도(鳳鳥河圖): 고대 전설 속에서 봉황은 신령스러운 새이며, 상서로움의 상징이다. 봉황이 나타남은 천하가 태평하다는 것을 표시한다. 또한 성인이 천명을 받으면, 황하에 곧 그림이 출현하게 된다고 했다. 공자가 이런 말을 한 것은 당시 천하가 맑고 깨끗해질 희망이 없음을 비유함에 불과하다.

20 이의부(已矣夫): 주희의 〈집주〉에서는 "이는 그치다이다[已, 止也]"라고 했으며, 끝마치다라는 뜻이다. 의부(矣夫)는 경탄(驚歎)을 나타낸다.

21 재최(齊衰): '재(齊)'의 발음은 zī이고, 최(衰)의 발음은 cuī이다. 재최(齊衰)는 고대의 상복(喪服)으로, 숙성한 삼베로 만들었으며, 아래쪽을 바느질하지 않았다(참최(斬衰)는 거칠고 가공하지 않은 삼베를 사용했으며, 역시 좌우 아래쪽에 바느질을 하지 않았다). 재최에는 또 재최 3년·재최기(1년)·재최 5개월·재최 3개월여 등이 있다. 죽은 사람이 누구인가에 따라 얼마나 오랫동안 상복[孝]을 입어야 하는지 차이가 있다. 여기에서 말하는 재최는 자연히 참최도 포함하여 말하는 것이다. 참최는 가장 중요한 상복[孝服]으로, 자식이 부모에 대해, 신하가 임금에 대해서만 참최 3년을 행했다.

22 면의상자(冕衣裳者): 의관을 정제한 귀족이다. 면(冕)은 지위가 높은 귀족이 쓰던 예모(禮帽)로, 후에는 단지 황제가 쓰는 것을 가리켜 면(冕)이라고 불렀다. 의(衣)는 상의(上衣)이고, 상(裳)은 하의(下衣)로 지금의 치마와 같은 것이다. 고대 남자들은 위에는 의(衣)를, 밑에는 치마를 입었다.

23 고(瞽): 맹인을 가리킨다.

見之에,
_{견 지}

만날 때에는

雖少²⁴나,
_{수 소}

그들이 젊다 하더라도,

必作하시며,
_{필 작}

반드시 일어나셨고,

過之에,
_{과 지}

지나실 때에는

必趨²⁵러시다.
_{필 추}

반드시 몇 걸음을 빨리 하셨다.

11

顔淵이 喟然²⁶歎曰
_{안 연   위 연   탄 왈}

안연이 탄식하며 말했다.

仰之彌²⁷高하며,
_{앙 지 미   고}

선생님의 도는 우러러 볼수록 더욱 높게 느껴지며,

鑽²⁸之彌堅하니라.
_{찬   지 미 견}

힘을 다해 파고들수록 더욱 깊게 느껴진다.

---

24 수소(雖少) : 황간의 〈의소〉에는 '소(少)' 자 다음에 '자(者)' 자가 있다. 어떤 사람은 '소(少)' 자를 '좌(坐)' 자로 써야 한다고 주장한다. 그러나 뒤에 나오는 '필작(必作)'에 이미 자리에서 일어나다라는 뜻이 있기 때문에 여기서는 따르지 않았다.
25 작·추(作·趨) : 작(作)은 일어남이고, 추(趨)는 빨리 걸어가는 것이다. 이것은 모두 존경하는 뜻을 표하는 것이다.
26 위연(喟然) : 탄식하는 소리이다.
27 미(彌) : 더욱.
28 찬(鑽) : 깊이 연구하다·근본을 캐다라는 뜻이다.

瞻²⁹之在前이러니,
첨 지 재 전

바라보면 앞에 계시는 듯하더니,

忽焉在後³⁰로다.
홀 언 재 후

홀연히 또 뒤에 계시도다.
〔이처럼 심오하고 짐작하기 어렵지만〕

夫子循循然善誘人하사,
부 자 순 순 연 선 유 인

선생님께서는 차근차근 우리를 잘 이끌어 주시니,

博我以文하시고,
박 아 이 문

각종 문헌으로 나의 지식을 풍부하게 해주시고,

約我以禮하시니,
약 아 이 례

또 일정한 예절로 나의 행동을 다잡으시니,

欲罷不能하니라.
욕 파 불 능

내가 배움을 그만두고자 하여도 어쩔 수가 없다.

旣竭吾才하니,
기 갈 오 재

나는 이미 내 재주를 다했는데도,

如有所立卓³¹爾라.
여 유 소 립 탁 이

마치 혼자서 일을 할 수 있는 듯하다.

---

29 첨(瞻) : 얼굴을 들어 바라보다.
30 홀언재후(忽焉在後) : 공자의 학문이 높고 심오하여 쉽게 파악할 수 없는 것을 형용한 것이다.
31 탁(卓) : 주희의 〈집주〉에서 "탁은 서 있는 모양이다[卓, 立貌]"라고 했다.

雖欲從之나,
수 욕 종 지

비록 앞으로 앞질러 나아가려 하지만,

末由也已로다.
말 유 야 이

또 어떻게 시작해야 할지 모르겠구나.

12

子疾病이어시늘,
자 질 병

공자께서 병이 위독해지자,

子路가 使門人으로 爲臣³²이러니.
자 로   사 문 인   위 신

자로가 공자의 제자들에게 장례를 치를 모임을 조직하게 했다.

病間³³에,
병 간

한참 지난 뒤 공자의 병이 점점 좋아지자

曰
왈

말씀하셨다.

---

32 위신(爲臣) : 오늘날의 장례를 치르는 모임을 조직하는 것과 유사한 점이 있어서, 번역문에서 억지로 갖다 붙였지만, 다른 점도 있었다. 비슷한 점은 죽은 사람이 일정한 사회적 지위가 있어야 비로소 그에게 장례를 치를 조직을 구성해 준다는 것이다. 고대에는 제후가 죽어야지 '신(臣)'이라는 것을 둘 수 있었다. 공자 당시에는 아마 많은 경대부(卿大夫)들이 '분수에 지나치게[僭]' 이 예를 행했던 것 같다. 다른 점은 장례를 처리하는 조직은 사람이 죽은 후에 구성되고, 비로소 일을 시작하게 된다는 것이다. '신(臣)'은 오히려 그렇지 않아서, 죽기 전에 일을 하여, 사자(死者)의 수의와 침구 수족의 안배와 수염을 자르는 등 모든 일이 '신(臣)'에 의해서 처리되었다. 그래서 공자는 여기에서 "상 치르는 사람의 손에 죽는다[死於臣之手]"라는 말을 했다.
33 병간(病間) : 주희의 〈집주〉에서 "병간은 병이 조금 차도가 있는 것이다[病間, 少差也]"라고 했다.

久矣哉라,
구 의 재

너무 오래구나!

由之行詐也여!
유 지 행 사 야

중유가 이렇듯 기만하는 일을
행함이여!

無臣而爲有臣하니.
무 신 이 위 유 신

나는 본래 장례를 준비하는 모임을
조직해서는 안 된다고 했지만,
오히려 사람들을 시켜 장례를 치를
모임을 조직케 하다니.

吾誰欺오?
오 수 기

내가 누구를 속이겠느냐?

欺天乎인저!
기 천 호

하늘을 속이겠느냐?

且予與其死於臣之手也론,
차 여 여 기 사 어 신 지 수 야

내가 상 치르는 사람의 손에
죽기보다는,

無寧³⁴死於二三子之手乎아!
무 녕   사 이 이 삼 자 지 수 호

차라리 너희들 손에 죽는 것이
더 낫지 않겠느냐?

---

34 무녕(無寧) : '무(無)'자는 발어사(發語詞)로 아무런 뜻이 없다. 〈좌전〉「은공(隱公) 11년」에 "정녕 이곳뿐만이 아닐 것이요, 허의 군주는 그 사직을 받들게 될 것이다[無寧玆, 許公復奉其社稷]"라고 했으며, 두예(杜預)의 주에서 "무녕은 차라리이다[無寧, 寧也]"라고 했다.

且予縱不得大葬35이나,
차 여 종 부 득 대 장

가령 요란스럽게 장례를 치르지는 못할지라도,

予死於道路36乎아?
여 사 어 도 로 호

내가 길거리에서 죽기야 하겠느냐?

13

子貢이 曰
자 공 왈

자공이 말했다.

有美玉於斯하니,
유 미 옥 어 사

여기에 아름다운 옥이 있으니,

韞匵而藏諸잇가?
온 독 이 장 저

그것을 궤에 넣어 감추어 두겠습니까?

求善賈37而沽諸잇가?
구 선 고 이 고 저

아니면 물건을 볼 줄 아는 상인을 찾아 팔아 버리겠습니까?

子曰
자 왈

공자께서 말씀하셨다.

---

35 대장(大葬): 주희의 〈집주〉에서 "대장은 군신의 예장을 이른다[大葬, 謂君臣禮葬]"라고 했다.

36 사어도로(死於道路): 길에서 죽어 아무도 묻어 줄 사람이 없는 것을 가리킨다.

37 고(賈): 발음은 gǔ이고, 상인이다. 일설에는 '가(價)' 자와 같아서, 가격이라는 뜻이 있다고 했다. 만약 후자의 뜻을 취한다면, '선고(善賈)'는 '좋은 가격[好價格]'이고, '대고(待賈)'는 곧 '좋은 가격을 기다린다'라는 뜻이다. 그러나 공자가 좋은 가격을 기다리는 사람이라고 말하기보다는, 물건을 알아볼 줄 아는 사람을 기다린다고 하는 편이 나을 것이다.

沽之哉!	팔아야지,
고 지 재	
沽之哉인저!	팔아야지!
고 지 재	
我는 待賈者也로라.	나는 물건을 알아보는 사람을
아 대 고 자 야	기다리고 있느니라.

14

| 子欲居九夷[38]러시니. | 공자께서 구이(九夷)에 가서 |
| 자 욕 거 구 이 | 살고자 하니, |

| 或曰 | 어떤 사람이 말했다. |
| 혹 왈 | |

| 陋어니, | 그곳은 매우 누추하니, |
| 누 | |

| 如之何잇고? | 어떻게 사실 수 있겠습니까? |
| 여 지 하 | |

---

38 구이(九夷) : 구이는 곧 회이(淮夷)이다. 〈한비자(韓非子)〉「설림 상(說林上)」에서 말했다 : "주공은 이미 구이를 치고 그 여세를 몰아 상개도 함락시켰다[周公旦攻九夷而商蓋伏]." 여기서 상개(商蓋)는 곧 상엄(商奄)이고, 구이(九夷)는 본래 노나라가 차지했던 땅으로, 주공(周公)이 무력으로 그들을 항복시킨 적이 있다. 춘추 이후에, 개(蓋)는 초(楚)·오(吳)·월(越) 세 나라를 섬겼으나, 전국시대에는 초나라만 섬겼다. 〈설원(說苑)〉「군도(君道)」·〈회남자〉「제속훈(齊俗訓)」·〈전국책〉「진책(秦策)」과 〈전국책〉「위책(魏策)」·이사(李斯)의 〈상진시황서(上秦始皇書)〉 등에서 구이(九夷)에 대한 것을 고증할 수 있다. 구이(九夷)는 실제로 회수(淮水)·사수(泗水) 사이에 흩어져 있었으며, 북쪽으로는 제나라·노나라와 인접해 있었다(손이양(孫詒讓)의 〈묵자한고(墨子閒詁)〉「비공(非攻)」에 보임).

子曰
자 왈

공자께서 말씀하셨다.

君子居之면,
군 자 거 지

군자가 가서 살면,

何陋之有[39]리오?
하 루 지 유

누추하지 않게 될 것이다.

15
子曰
자 왈

공자께서 말씀하셨다.

吾自衛反魯[40],
오 자 위 반 노

내가 위나라에서 노나라로 돌아온 뒤에야

然後에 樂正[41]하여,
연 후   악 정

비로소 음악〔편장(篇章)〕을 정리해 내게 되었고,

「雅」「頌」이 各得其所[42]하니라.
 아   송   각 득 기 소

「아(雅)」는 「아」로 「송(頌)」은 「송」으로 각각 적당한 자리를 잡게 되었다.

---

39 하루지유(何陋之有) : 직역하면 '무슨 누추함이 있겠는가'이지만, 여기서는 의역을 했다.
40 자위반노(自衛反魯) : 〈좌전〉에 의하면, 이 일은 애공(哀公) 11년 겨울에 있었다. 그리고 황간의 〈의소〉에는 '반(反)' 자 다음에 '어(於)' 자가 있다고 한다.
41 악정(樂正) : 여기에 대해서 두 가지 해석이 있다. 하나는 악장(樂章)을 바르게 했다는 해석이고, 다른 하나는 그 음악을 바르게 했다는 해석이다.
42 아송각득기소(雅頌各得其所) : '아(雅)'와 '송(頌)'은 한편으로는 〈시경〉을 내용상으로 분류할 때 분류명이 되고, 다른 한편으로는 악곡(樂曲) 분류의 분류명이기도 하다. 편장(篇章) 내용의 분류는 오늘날의 〈시경〉으로 참고해 볼 수 있으나, 악곡의 분류는 고악

16

子曰
자 왈

出則事公卿하고,
출 즉 사 공 경

入則事父兄⁴³하며,
입 즉 사 부 형

喪事를 不敢不勉하며,
상 사   불 감 불 면

不爲酒困⁴⁴이,
불 위 주 곤

何有於我哉⁴⁵오?
하 유 어 아 재

공자께서 말씀하셨다.

밖에 나가서는 공경(公卿)을 섬기고,

집에 들어와서는 아버지와 형을 섬기며,

상사(喪事)를 당하면 예를 다하지 않음이 없으며,

술로 인해 곤란을 당하지 아니함,

이 일들 가운데 내가 어떤 것들을 했겠느냐?

(古樂)이 이미 전하지 않기 때문에, 고증할 방법이 없다. 공자가 아송(雅頌)을 정리했다는 것은 결국 그 편장을 정리한 것인지? 아니면 그 악곡을 정리한 것인지? 혹은 두 가지 모두를 정리한 것인지? 〈사기〉「공자세가」와 〈한서〉「예악지(禮樂志)」에서는 그 편장을 정리했다고 여겼다. 우리는 이미 다른 재료를 얻어 볼 수 없기 때문에 단지 이 설을 따를 수밖에 없다. 공자는 단지 '악을 정리[正樂]'하고, 〈시경〉 편장의 차례를 정리하였는데, 태사공(太史公)은 이 때문에 〈공자세가〉 중에서 공자가 일찍이 3,000여 편의 고시를 300여 편으로 정리했다고 하였다. 그러나 이는 믿을 것이 못된다.

43 부형(父兄) : 공자의 부친은 일찍 죽었고, 이 말을 했을 때, 그의 형 맹피(孟皮)가 아직 살아 있었으므로, '부형(父兄)' 이 두 자는 단지 '형(兄)'이란 뜻이 있다. 옛날 사람들은 종종 이런 용법을 사용했다. '부형(父兄)'은 간혹 의미가 확대되어 연장자라는 뜻으로도 쓰인다.

44 곤(困) : 술이 취해 일을 망치는 것을 가리킨다.

17

子在川上하샤,
자 재 천 상

공자께서 강가에서

曰
왈

말씀하셨다.

逝者가 如斯夫인저!
서 자 여 사 부

사라져 가는 시간이 마치 강물과 같구나!

不舍⁴⁶晝夜로다.
불 사 주 야

밤낮을 쉬지 않고 흘러가는구나.

18

子曰
자 왈

공자께서 말씀하셨다.

吾未見好德을 如好色者也로라.
오 미 견 호 덕 여 호 색 자 야

나는 미모를 좋아하는 것 이상으로 도덕을 좋아하는 사람을 본 적이 없다.

---

45 하유어아재(何有於我哉): 만약 '하유(何有)'를 '어렵지 않다는 말로 보면, 이 구절의 해석이 "이 일들이 나에게 무슨 곤란함이 있겠는가"로 해석해야 된다. 그렇게 되면 전체 문장이 자기를 낮추는 말에서 자술(自述)하는 것으로 변해 버린다.

46 사(舍): 상성·거성으로 모두 읽을 수 있다. 상성일 때는 사(捨)와 같고, 거성일 때는 동사로 거주하다, 잠시 멈추다라는 뜻이다. 공자의 이 말은 세월이 빨리 지나가서는 다시 돌아오지 않는 것을 한탄해서 한 말에 불과하며, 다른 깊은 뜻이 있는 것은 아니다. 〈맹자〉「이루 하(離婁下)」·〈순자(荀子)〉「유좌(宥坐)」·〈춘추번로(春秋繁露)〉「산천송(山川頌)」 등에도 여기에 대한 설명이 있으나, 공자의 본래 뜻을 파악하기는 매우 어렵다.

19

子曰
자 왈

공자께서 말씀하셨다.

譬如爲山에,
비 여 위 산

흙을 쌓아 산을 만드는 것에
비유함에,

未成一簣나,
미 성 일 궤

단지 한 광주리만 더 보태면 산이
만들어지나,

止도,
지

만약 게을러 그만두어도,

吾止也니라.
오 지 야

내가 스스로 그만두는 것이다.

譬如平地에,
비 여 평 지

또 평지에 흙을 쌓아 산을 만드는
것에 비유함에,

雖覆一簣나,
수 복 일 궤

비록 이제 막 한 광주리의 흙을
쏟아 부을지라도,

進도,
진

만약 열심히 나아가기로
결심하는 것도,

吾往也⁴⁷니라.
오 왕 야

역시 내 스스로가 견지해
나가는 것이다!

---

47 자왈(子曰)……왕야(往也) : 이 장은 또 다음과 같이 해석할 수 있다 "비유컨대 흙을 쌓

20

子曰
자 왈

공자께서 말씀하셨다.

語之而不惰者는,
어 지 이 불 타 자

내 말을 듣고 시종 게을리 하지 않는 자는

其回也與인저!
기 회 야 여

아마 안회 한 사람뿐이겠지!

21

子謂顔淵,
자 위 안 연

공자께서 안연에 대해 언급하시며

曰
왈

말씀하셨다.

惜乎라!
석 호

애석하구나〔그가 죽었구나〕!

吾見其進也요,
오 견 기 진 야

나는 그가 부단히 나아가는 것만 보았지,

未見其止也러니라.
미 견 기 지 야

그가 멈추는 것은 본 적이 없느니라.

아 산을 만드는데, 겨우 한 광주리가 모자라 만약에 멈추어야 한다면, 나는 곧 멈추겠다. 비유컨대 평지에 흙을 쌓아 산을 만드는데, 설사 이제 막 한 광주리의 흙을 붓더라도, 만약 앞으로 나아가야 한다면, 나는 곧 나아갈 것이다." 앞의 해석에 의하면 "어질게 되는 것은 자기로부터 말미암는 것이다"라는 뜻이고, 뒤에 한 해석에 의하면 "오로지 의와 더불어 행동한다"라는 뜻이다.

22

子曰
자 왈

공자께서 말씀하셨다.

苗而不秀⁴⁸者가 有矣夫인저!
묘 이 불 수 자 유 의 부

농작물이 자라는데, 이삭이 나지 않고 꽃이 피지 않는 것이 있을진저!

秀而不實者가 有矣夫인저!
수 이 불 실 자 유 의 부

이삭과 꽃은 피었지만 열매를 맺지 못하는 것도 있을진저!

23

子曰
자 왈

공자께서 말씀하셨다.

後生이 可畏니,
후 생 가 외

나이 어린 사람이 두려울 만하니,

焉知來者之不如今也리오?
언 지 래 자 지 불 여 금 야

어찌 그의 장래가 지금의 사람을 따라잡지 못할 것이라 단정할 수 있겠느냐?

---

48 수(秀) : '수(秀)'는 '벼 화(禾)' 부수로, 단지 곡류(穀類)에 꽃이 피는 것을 가리킨다. 〈시경〉「대아·생민(大雅·生民)」에 "이삭이 나고 꽃이 피고, 곡식알이 견실하게 잘 자랐다[實發實秀, 實堅實好]"라고 했으며, '발(發)'과 '수(秀)'는 농작물의 생장과 이삭이 나고 꽃이 피는 것을 가리킨다. '견(堅)'과 '호(好)'는 곡식알이 견실해지고 자라는 것을 가리킨다. 이 모두가 '수(秀)'의 본래 의미이다. 지금도 농작물의 이삭이 나고 꽃이 피는 것을 '수수(秀穗)'라고 한다. 이 때문에 번역문에서 설명하고 있는 것은 농작물을 가리켜 말한 것이다. 한(漢)·당(唐)나라 사람들은 대부분 공자의 이 말은 안회가 단명한 것을 말하는 것이라고 생각했다. 그러나 안회는 단지 "이삭과 꽃은 피되 열매는 맺지 못한 것[秀而不實]" (미형(禰衡)의 「안자비(顔子碑)」에 이처럼 말하고 있다)으로, 그렇다면 "자

四十·五十而無聞焉이면,
사 십   오 십 이 무 문 언

40, 50세가 되어도 명망을 얻지 못했다면,

斯亦不足畏也已니라.
사 역 부 족 외 야 이

역시 두려워할 만한 가치가 없다.

24

子曰
자 왈

공자께서 말씀하셨다.

法語⁴⁹之言을,
법 어   지 언

엄숙하고 원칙에 맞는 말을

能無從乎아?
능 무 종 호

받아들이지 않을 수 있겠는가?

改之爲貴니라.
개 지 위 귀

잘못을 고쳐야만 귀하니라.

巽與⁵⁰之言을,
손 여   지 언

자기 뜻을 따르는 말을

能無說⁵¹乎아?
능 무 열   호

기뻐하지 않을 수 있겠는가?

라는데 이삭이 나지 않고 꽃이 피지 않는 것[苗而不秀]"은 또 누구를 가리켜 말하는 것인가? 공자는 반드시 어떠한 의도를 가지고서 말했지만, 결국 무엇을 가리키는지는 함부로 예측할 수 없다.

49 법어(法語) : 바르게 말해 주고 충고하는 것이다.
50 손여(巽與) : 겸손하게 순순히 따르다. 주희의 〈집주〉에서는 "손언이란 것은 완곡하게 이를 인도하는 것이다[巽言者, 婉而導之也]"라고 했다.
51 열(說) : 황간의 〈의소〉에는 '열(悅)'로 되어 있다.

繹^{52}之爲貴니라.
역 지 위 귀

說而不繹하며,
열 이 불 역

從而不改면,
종 이 불 개

吾末如之何也已矣니라.
오 말 여 지 하 야 이 의

자세히 살펴보아야만 귀하니라.

맹목적으로 기뻐하면서 자세히 살펴보지 않으며,

겉으로 받아들이면서 실제 고치지 않으면,

이러한 사람은 내가 어찌할 방법이 없다.

25

子曰
자 왈

主忠信하며,
주 충 신

母友不如己者요,
무 우 불 여 기 자

過則勿憚改^{53}니라.
과 즉 물 탄 개

공자께서 말씀하셨다.

충(忠)과 신(信) 이 두 가지 도덕을 위주로 해야 하며,

자기보다 못한 사람과 친구로 사귀지 말며,

잘못을 했으면 고치는 것을 두려워하지 마라.

---

52 역(繹) : 자세하게 살피는 것으로, 주희의 〈집주〉에서는 "그 실마리를 찾는 것이다[尋其緒也]"라고 했다.

26

子曰
_{자 왈}

공자께서 말씀하셨다.

三軍[54]은 可奪帥也어니와,
_{삼 군   가 탈 수 야}

한 나라 군대에서 그 장수를
빼앗을 수는 있지만,

匹夫는 不可奪志也니라.
_{필 부   불 가 탈 지 야}

한 사내에게서 그 주장을
포기하도록 강요할 수는 없다.

27

子曰
_{자 왈}

공자께서 말씀하셨다.

衣[55]敝縕[56]袍하고,
_{의   폐 온   포}

해진 헌 솜옷을 입고,

與衣狐貉[57]者立이라도,
_{여 의 호 학   자 립}

여우나 오소리 가죽으로 만든
갖옷을 입은 사람과 함께 서 있어도

而不恥者는,
_{이 불 치 자}

부끄럽다고 생각하지 않는 사람은

---

53 「학이 편」을 참고.
54 삼군(三軍) : 주 왕조의 제도에는 제후국(諸侯國) 중 큰 나라는 삼군(三軍)을 가질 수 있었다. 이 때문에 여기에서 '삼군(三軍)'을 군대의 통칭으로 사용했다.
55 의(衣) : 거성으로, 동사로 사용되었으며, '입다'라고 해석해야 한다.
56 온(縕) : 발음은 yùn으로, 낡은 솜이다. 고대에는 목화가 없었기 때문에, '서(絮)' 자는 모두 풀솜을 가리킨다. 일설에는 엉클어진 삼을 말한다고도 한다.
57 호학(狐貉) : 진귀한 갖옷의 재료로, 가볍고 따뜻하며, 매우 귀하고 비싸다.

其由也與인저? 아마도 중유뿐일 것이니라!
기 유 야 여

不忮不求면, 〔〈시경〉에〕 시기하지 아니하고
불 기 불 구 탐하지 않는다면,

何用不臧[58]이리오 하니라. 어찌 좋지 않겠는가라고
하 용 부 장 하였느니라.

子路가 終身誦之[59]한대. 자로가 듣고서 늘 그 두 구절을
자 로 종 신 송 지 외우자,

子曰 공자께서 말씀하셨다.
자 왈

是道也가, 겨우 이 모양이니,
시 도 야

何足以臧이리오? 어찌 좋아질 수 있겠는가?
하 족 이 장

28

子曰 공자께서 말씀하셨다.
자 왈

---

58 불기불구, 하용부장(不忮不求, 何用不臧) : 두 구절은 〈시경〉「패풍・웅치(邶風・雄雉)」에 보인다.
59 종신송지(終身誦之) : 항상 외우다라는 뜻이다.

歲寒,
세 한

然後에 知松柏之後彫[60]也니라.
연 후　지 송 백 지 후 조　야

날씨가 추워지고서,

그런 후에야 소나무와 잣나무가 가장 마지막에 잎이 떨어진다는 것을 알 수 있느니라.

29

子曰
자 왈

知[61]者는 不惑하고,
지 자　　불 혹

仁者는 不憂하고,
인 자　　불 우

勇者는 不懼니라.
용 자　　불 구

공자께서 말씀하셨다.

총명한 사람은 미혹되지 아니하고,

인덕이 있는 사람은 항상 낙관적이고,

용감한 사람은 두려움이 없느니라.

30

子曰
자 왈

可與共學이라도,
가 여 공 학

공자께서 말씀하셨다.

그와 함께 배울 수 있는 사람이라 하더라도,

---

60 조(彫) : 조(凋)와 같으며, 시들어 떨어지다 · 말라 떨어지다라는 뜻이다.
61 지(知) : 황간의 〈의소〉에는 '지(智)'로 되어 있다.

未可與適道며,
미 가 여 적 도

꼭 그와 함께 어떤 성과를 거둘 수 있는 것은 아니며,

可與適道라도,
가 여 적 도

그와 함께 어떤 성과를 거둘 수 있는 사람이더라도,

未可與立[62]이며,
미 가 여 립

꼭 일하는데 예에 따라 행할 수 있는 것은 아니며,

可與立이라도,
가 여 립

예에 따라 행할 수 있는 사람이라 하더라도,

未可與權이니라.
미 가 여 권

꼭 그와 함께 실정에 따라 신속하게 일을 처리할 수 있는 것은 아니다.

31

唐棣[63]之華가,
당 체 지 화

〔고대에 이런 시 몇 구절이 있었다.〕 산앵도나무의 꽃이

---

62 립(立) : 〈논어〉에 나오는 '립(立)' 자는 자주 "예로써 서다[立於禮]"라는 의미를 포함하고 있기 때문에, 여기서도 "일을 하는데 예에 따라 행하다"라고 번역했다.

63 당체(唐棣)……하원지유(何遠之有) : 당체는 식물의 일종이다. 육기(陸璣)의 〈모시초목조수충어소(毛詩草木鳥獸蟲魚疏)〉에서는 바로 욱리(郁李 : 장미과에 속하는 낙엽 관목)라고 했으며, 이시진(李時珍)의 〈본초강목(本草綱目)〉에서는 오히려 부체(枎移 : 장미과에 속하는 낙엽 교목)라고 했다. '당체지화, 편기반이(唐棣之華, 偏其反而)'는 잘 파악할 수 없다는 뜻과 비슷하거나, 혹은 안회가 공자의 도를 이야기한 "바라보매 마치 앞에 있는 듯하더니, 홀연히 또 뒤에 계시도다[瞻之在前, 忽焉在後]"와 뜻이 비슷하다. "어찌 먼 것이 있겠느냐[夫何遠之有]"는 아마도 "인덕이 설마 우리로부터 멀리 있는 것

偏其反而[64]로다. 나풀나풀 흔들리는구나.
편 기 반 이

豈不爾思리오마는? 어찌 내가 그대를 그리워하지
기 불 이 사 않으리오?

室[65]是遠而니라. 사는 곳이 너무 멀리 떨어져
실 시 원 이 있음이라.

子曰 공자께서 말씀하셨다.
자 왈

未之思也이니, 그가 그리워하지 않는 것이니,
미 지 사 야

夫何遠之有[66]리오? 정말 그리워한다면 어찌 멂이
부 하 원 지 유 있으리오?

이냐? 내가 그것을 필요로 하면, 그 인덕이 내게 이르니라[仁遠乎哉? 我欲仁, 斯仁至矣]"의 뜻일 것이다. 또 당시에 어떤 사람이 이 시(이것은 '일시(逸詩 : 없어진 시)'로, 지금의 〈시경〉에는 없다)를 인용하여, 도의 멀고 짐작하기 어려움을 증명하려고 하자, 공자가 말하기를, 네가 노력한 적이 없을 따름이지, 사실은 한번 부르면 금방 도달하는 것이라고 했다.

64 편기반이(偏其反而) : 꽃이 흔들리는 모양을 형용한 것이다.
65 실(室) : 사는 곳이라는 뜻이다.
66 미지사야, 부하원지유(未之思也, 夫何遠之有) : 이 구절에 대해서 두 가지 구두법이 있다. 하나는 본문처럼 '부(夫)' 자 앞에서 끊어 읽는 것이고, 다른 하나는 '부(夫)' 자 뒤에서 끊어 읽는 것이다. 두 가지 모두 가능하지만 본문에서는 전자를 선택했다.

10 고향에서
鄕黨篇

일반적으로 〈논어〉 20편을 상하 두 부분으로 나누며, 전반부 10편을 상론(上論)이라고 한다. 〈논어〉 상론의 가장 마지막 편인 「향당 편」은 대부분 공자의 일상생활에 대해 묘사하고 있으며, 중간에 공자가 다른 사람을 대할 때의 태도나 회의할 때, 외교에 있어서의 태도 등을 언급했다. 옛날 선비들은 이 편을 매우 중요하게 여겼는데, 그 이유는 공자를 자신들이 닮고자 하는 인물로 생각했기 때문이다. 본래는 하나의 장이었으나, 오늘날은 27장으로 나누었다.

1

孔子於鄉黨¹에,
공자어향당

恂恂²如也하사,
순 순 여 야

似不能言者러시다.
사 불 능 언 자

其在宗廟朝廷하사는,
기 재 종 묘 조 정

便便³言⁴하시되,
편 편 언

唯謹爾러시다.
유 근 이

공자께서 고향에서는

아주 공손하셔서,

마치 말을 할 줄 모르는 것처럼 했다.

그가 종묘나 조정에서는

할 말이 있으면 분명하고 유창하게 말씀하시되,

단지 매우 적게 말씀하셨다.

2

朝에,
조

조회하실 때〔임금이 아직 도착하기 전에는〕,

---

1 향당(鄉黨) : 부모형제, 친척들이 사는 곳을 가리킨다.
2 순순(恂恂) : 발음은 xún이고, 공손한 모양이다.
3 편편(便便) : 옛날에는 변으로 읽었고, 발음은 pián이다.
4 일설에는 '편편(便便)'에서 끊어 읽고, '언(言)' 자는 아래에 붙여서 읽어야 한다고 주장한다.

與下大夫⁵言하시되,
여 하 대 부 언

하대부와 같이 말씀하시되,

侃侃⁶如也하시고,
간 간 여 야

온화하고 즐거우신 듯하시고,

與上大夫言하시되,
여 상 대 부 언

상대부와 같이 말씀하시되,

誾誾⁷如也러시다.
은 은 여 야

정직하고 공경스러우신 듯하셨다.

君在어시든,
군 재

임금께서 계실 때에는,

踧踖⁸如也하시며,
축 적 여 야

공경하듯이 하면서도 마음속으로는 불안한 듯하시며,

與與⁹如也러시다.
여 여 여 야

걸음걸이는 점잖게 하셨다.

---

5 하대부(下大夫) : 관직명이다. 〈주례(周禮)〉의 기록에 따르면, 당시의 관원들은 경(卿)·대부(大夫)·사(士)로 구분했으며, 매 벼슬마다 상중하 3등급으로 나누었다. 공자는 노나라에서 사공(司空)·사구(司寇) 등의 벼슬을 지낸 적이 있었으므로, 여기서의 '하대부'는 공자와 동급의 관원을 가리킨다.
6 간간(侃侃) : 화목하고 즐거운 모양이다. 또 주희의 〈집주〉에서는 〈설문해자〉를 인용하여 "강직함이다[剛直也]"라고 했다.
7 은(誾) : 발음은 yín이다.
8 축적(踧踖) : 공경하듯이 하며 불안한 모양을 뜻한다.
9 여여(與與) : 주희의 〈집주〉에서 "위의가 알맞은 모양이다[威儀中適之貌]"라고 했다.

3

君이 召使擯¹⁰이어시든,
_{군 소사빈}

노나라 임금이 그를 불러 외국 귀빈을 접대하게 하면,

色勃如¹¹也하시며,
_{색 발 여 야}

얼굴빛을 몹시 신중하고 장중하게 하시며,

足躩¹²如也러시다.
_{족 확 여 야}

발걸음을 빨리 하셨다.

揖所與立¹³하사대,
_{읍 소 여 립}

양 옆 사람에게 읍(揖)을 하시되,

左右手러시니,
_{좌 우 수}

왼쪽으로 읍하고 오른쪽으로 읍하시니,

衣前後¹⁴가,
_{의 전 후}

옷이 굽혔다 펴지지만,

---

10 빈(擯) : 임금을 모시고 손님을 접견하다라는 뜻이다. 당시 주요 배석자를 빈(擯)이라고 불렀고, 그 다음 배석자를 개(介)라고 불렀다. 주희의 〈집주〉에서는 "주인인 나라의 임금이 내보내어 손님을 접대하게 하는 사람이다[主國之君, 所使出接賓者]"라고 했다.
11 발여(勃如) : 정현이 말하기를 "발은 신중하고 장중한 모양이다[勃, 矜壯貌也]"라고 했다. 일설에는 정신적으로 넉넉한 모양이라고 했다.
12 확(躩) : 발음은 jué이고, 황간의 〈의소〉에서 강희(江熙)를 인용하여 "한가하게 걷지 않는 것을 확(躩)이라 하며, 빠른 모양이다[不暇開步, 躩, 速貌也]"라고 했다.
13 소여립(所與立) : 주희의 〈집주〉에서 "함께 빈이 된 사람을 이른다[謂同爲擯者也]"라고 했다.
14 전후(前後) : 굽히고 펴다라는 뜻이다.

襜¹⁵如也러시다.
첨   여 야

오히려 매우 가지런했다.

趨進¹⁶에,
추 진

빠른 걸음으로 나아가실 때에,

翼如¹⁷也러시다.
익 여   야

마치 새가 날개를 편 듯하셨다.

賓退어든,
빈 퇴

귀빈이 떠난 뒤에는

必復命曰
필 복 명 왈

반드시 임금에게 보고하여 말씀하셨다.

賓不顧矣라 하더시다.
빈 불 고 의

손님께서는 뒤도 돌아보지 않으셨습니다.

4

入公門¹⁸하실새,
입 공 문

공자께서 조정의 문을 들어가실 때에는,

---

15 첨(襜) : 발음은 chān이고, 가지런한 모양이다.
16 추진(趨進) : 걸을 때 일종의 존경을 표시하는 행동이다.
17 익여(翼如) : 주희의 〈집주〉에서 "빨리 달려서 나아감에 팔짱지름을 폄이 단정하고 아름다워, 새가 날개를 펴는 것과 같게 하였다[疾趨而進, 張拱端好, 如鳥舒翼]"라고 했다. 일설에는 익여(翼如)가 공경하고 단정한 것을 가리키며, 공자가 비록 빨리 걸어갈 때에도 몸가짐이 흐트러지지 않았다는 것을 의미한다고 했다.
18 공문(公門) : 여기에 대해 여러 가지 해석이 있다. 본문에서는 궁궐의 제일 바깥쪽에 있는 문으로 해석했다.

鞠躬如[19]也하사,
국 궁 여   야

두려운 듯 조심스러운 모습으로 하여,

如不容이러시다.
여 불 용

마치 몸 둘 곳이 없는 듯하였다.

立不中門하시며,
입 부 중 문

서 있을 때에는 문 가운데에 서지 않았으며,

行不履閾[20]이러시다.
행 불 리 역

걸어갈 때에는 문지방을 밟지 않았다.

過位[21]하실새,
과 위

임금이 있던 자리 앞을 지나실 때에는

色勃如也하시며,
색 발 여 야

얼굴빛을 신중하게 하시며,

足躩如也하시며,
족 확 여 야

걸음걸이는 빨리 하시며,

---

19 국궁여(鞠躬如) : 이 '국궁(鞠躬)' 두 자를 "몸을 굽히다[曲身]"로 해석해서는 안 된다. 이것은 쌍성자(雙聲字)이며, 조심하고 공경스러운 모습을 형용하는 것으로 사용되었다. 〈논어〉의 모든 'ㅁㅁ如'의 구별사(區別詞 : 형용사·부사의 합칭)는 동사 구조로 사용되지 않았다. 청나라 노문초(盧文弨)의 〈용성찰기(龍城札記)〉에서는 다음과 같이 말했다 : "……또한 몸을 굽혔다는 것은 바로 어떤 실제적인 행동을 말하는데, 몸을 굽힌 것같이 한다고 말한다면, 더욱이 법도에도 맞지 않는다[……且曲身乃實事, 而云曲身如, 更無此文法]."
20 역(閾) : 문지방을 가리킨다.
21 과위(過位) : 과(過)는 평성이다. 위(位)는 임금의 자리로, 지나갈 때 임금이 없고 자리는 비어 있다.

其言이 似不足者러시다. 기 언　　사 부 족 자	말은 마치 기력이 부족한 듯하였다.
攝齊²²升堂하실새, 섭 재　승 당	옷자락을 들어올리고 당(堂)에 오를 때에는
鞠躬如也하시며, 국 궁 여 야	공경스럽고 신중한 모습으로 하여,
屛氣²³하사 似不息者러시다. 병 기　　　사 불 식 자	숨을 죽여 마치 숨을 쉬지 않는 것 같았다.
出하실새, 출	나와서
降一等하시며, 강 일 등	한 계단 내려서서는,
逞顔色하시며, 영 안 색	안색을 펴시며,
怡怡²⁴如也러시다. 이 이　여 야	흡족한 듯하였다.
沒階하실새, 몰 계	계단을 다 내려와서

---

22 섭재(攝齊) : 재(齊)의 발음은 zī이고, 옷 아래의 꿰맨 앞자락이다. 섭(攝)은 들어올리다 라는 뜻이다.
23 병(屛) : 발음은 bǐng이고, 병기(屛氣)는 곧 숨을 죽이다·호흡을 억누르다는 뜻이다.
24 이이(怡怡) : 화기애애하다라는 뜻이다.

趨進[25],
추 진
빠르게 앞으로 몇 걸음을 나아가는데,

翼如也러시다.
익 여 야
마치 새가 날개를 편 듯하셨다.

復其位[26]하사는,
복 기 위
제자리로 돌아가서는,

踧踖如也러시다.
축 척 여 야
공경하듯이 하면서 마음속으로는 불안한 듯하셨다.

5

執圭[27]하사대,
집 규
〔공자께서 외국에 사신으로 가서 의식을 거행할 때〕 홀을 잡음에

鞠躬如也하사,
국 궁 여 야
공손하고 신중하시어,

如不勝[28]이러시다.
여 불 승
마치 들지 못하는 듯하였다.

---

25 추진(趨進) : 어떤 판본에는 '진(進)' 자가 없지만, 이는 잘못된 것이다. 한나라 이래로 인용된 모든 〈논어〉에는 이 문장에 '진(進)' 자가 있으며, 〈당석경(唐石經)〉에도 '진(進)' 자가 있고, 〈태평어람(太平御覽)〉의 「거처부(居處部)」와 「인사부(人事部)」의 인용문, 〈장자정몽(張子正蒙)〉의 인용문에도 '진(進)' 자가 있다.

26 복기위(復其位) : 어떤 사람은 다시 돌아온 자리[復位]가 앞에서 언급된 "임금이 있던 자리를 지나가다[過位]"라고 할 때의 자리와 같은 것으로, 모두 임금이 조례를 할 때 앉는, 비어 있는 자리를 가리킨다고 했다. 또 다른 사람은 원래 자신의 자리로 돌아온 것을 가리킨다고 주장한다. 본문에서는 후자의 뜻을 따랐다.

27 규(圭) : 옥기(玉器)의 하나로, 위는 둥글거나 혹은 머리 부분이 칼처럼 생겼고, 아래는 네모진 모양으로, 의식을 거행할 때 임금과 신하가 모두 들었다.

上如揖하시고,
상 여 읍

위로 올릴 때는 마치 읍(揖)을 하는 듯하시고,

下如授²⁹이러시다.
하 여 수

내릴 때는 다른 사람에게 주는 듯하였다.

勃如戰色³⁰하시며,
발 여 전 색

얼굴빛은 긴장하여 전쟁을 치르는 듯하시며,

足蹜蹜如有循³¹이러시다.
족 축 축 여 유 순

발걸음은 좁게 자주 떼시어 마치 [하나의 선을] 따라 걷는 듯하였다.

享禮³²에,
향 례

예물을 바칠 때에는

---

28 여불승(如不勝) : '승(勝)'의 발음은 shēng이고, 능히 부담할 수 있다는 뜻이다. 홀은 본래 무겁지 않지만 사신들이 들 때의 모양이 마치 너무 무거워서 들 수 없는 것처럼 하여 존경과 삼가의 뜻을 나타낸다.
29 상여읍, 하여수(上如揖, 下如授) : 홀을 들 때 위치와 마음가짐을 말하는 것으로, 지나치게 높게 들거나 낮게 드는 것은 공손하지 못한 것이다.
30 전색(戰色) : 매우 두려워 조심하며, 근신하다라는 뜻이다.
31 족축축여유순(足蹜蹜如有循) : '축축(蹜蹜)'은 발을 조밀하고 좁게 드는 모양이다. '여유순(如有循)'에서, 순(循)의 다음에는 마땅히 매우 좁고 협소한 물건이 연이어 나와야 되기 때문에, 그래서 번역에 '하나의 선'이라는 말을 첨가해서 뜻을 나타내었다.
32 향례(享禮) : 고대에는 외국에 사신으로 가서, 처음 방문할 국가에 도착하면, 곧 방문 의식을 거행했다. 이 '집규(執圭)' 단락이 묘사한 것은 바로 방문 의식을 거행할 때 공자의 모습이다. 방문 후에, 향헌(享獻)의 의식이 거행된다. '향례(享禮)'는 바로 가지고 온 물건을 진헌(進獻)하는 예를 말한다. 사신이 가지고 온 각종 예물을 대청에 가득히 나열해 둔다.

有容色³³이러시다. 얼굴에 화기가 가득하셨다.
유용색

私覿³⁴에, 개인적인 신분으로 외국의 군신을
사적 만날 때에는

愉愉如也러시다. 가볍고 유쾌한 빛을 드러내셨다.
유유여야

6

君子는 不以紺緅飾³⁵하시며, 군자는 〔검은색에 가까운〕 감색과
군자   불이감추식 진회색으로 옷 테두리를 두르지
  아니하였으며,

紅紫로 不以爲褻服³⁶이러시다. 〔적색에 가까운〕 담홍색과
홍자   불이위설복 자색으로 평상복을 만들지
  아니하였다.

---

33 유용색(有容色) : 〈의례(儀禮)〉「빙례(聘禮)」에 "향례(享禮)를 행하는데, 숨을 멈추고 안색을 부드럽게 했다[及享, 發氣焉盈容]"라는 문장이 있으니, '유용색(有容色)'은 바로 "숨을 멈추고 안색을 부드럽게 하는 것[發氣焉盈容]"이다.
34 적(覿) : 발음은 dí이고, 서로 만나다라는 뜻이다.
35 감추식(紺緅飾) : 감(紺)의 발음은 gàn이고, 추(緅)의 발음은 zōu로, 모두 색깔을 표시하는 명칭이다. 감(紺)은 진한 청색 속에 붉은빛이 약간 나는 색깔로, 오늘날의 '감색(紺色)'에 해당한다. '추(緅)'는 푸른빛이 많고 붉은빛이 적은 것으로, 감색에 비해서 더 어두운 색깔이다. 여기서는 '진회색으로 설명했다. 식(飾)은 선을 두른 옷단, 테두리, 테를 두르다라는 뜻이다. 고대 검은색[黑色]은 정식 예복의 색깔로, 이 두 종류의 색깔이 모두 검은색에 가까웠기 때문에, 옷의 테두리로 사용하지 않고, 다른 색깔로 장식을 삼았다.
36 홍자불이위설복(紅紫不以爲褻服) : 고대에는 진홍색을 '주(朱)'라 했으며, 매우 귀중한

當暑하사, _{당 서}	더운 날에는
袗絺綌[37]을, _{진 치 격}	거칠거나 가는 칡베로 만든 홑옷을 입고 있었으나,
必表而出之[38]러시다. _{필 표 이 출 지}	반드시 속옷을 입어 그 옷이 밖으로 드러나도록 했다.
緇衣엔, _{치 의}	검은 옷으로는
羔裘요, _{고 구}	검은 양의 갖옷,
素衣엔, _{소 의}	흰 옷으로는
麑裘요, _{예 구}	새끼사슴의 갖옷,
黃衣엔, _{황 의}	누른 옷으로는

색이었다. '홍(紅)'과 '자(紫)'가 모두 이 종류에 속하고, 함께 중시를 받았다. 그래서 평상시 집에서 입는 평상복의 색깔로는 사용하지 않았다.

37 진치격(袗絺綌) : 진(袗)의 발음은 zhěn이고, 홑겹[單]의 뜻이며, 여기서는 동사로 쓰였다. 치(絺)는 발음이 chī로, 가는 칡베[葛布]이다. 격(綌)은 발음이 xì이며, 거친 칡베이다.

38 필표이출지(必表而出之) : 황간의 〈의소〉에는 '지(之)' 자가 없다. 이 때문에 여러 가지 해석이 있다. 첫째는 본문에서의 해석이고, 둘째는 굵거나 가는 칡베로 만든 홑옷을 바깥에 입고 그 위에 반드시 상의를 입어야 한다는 해석이다. 셋째는 굵거나 가는 칡베로 만든 홑옷 바깥에 반드시 상의를 입어야 밖으로 외출했다는 해석이다.

狐裘³⁹러시다. 여우 갖옷을 받쳐 입었다.

褻裘는 長⁴⁰하되, 평상복으로 입는 갖옷은 길게 하되,

短右袂⁴¹러시다. 오른 소매는 조금 짧게 만들었다.

必有寢衣⁴²하시니, 잠잘 때에는 반드시 작은 이불이 있었으니,

長이 一身有半이러라. 길이가 키의 한 배 반이었다.

狐貉之厚로 以居러시다. 여우와 오소리의 두꺼운 털로 방석을 하였다.

---

39 치의고구 등 세 구절(緇衣羔裘等三句) : 이 세 구절에서는 옷은 당연히 안과 밖의 색깔이 어울려야 한다는 것을 나타낸다. 고대에는 가죽옷을 입을 때, 털이 밖으로 향하도록 입었기 때문에 밖에는 반드시 덧옷을 입어야 했으며, 이 덧옷을 가리켜서 석의(裼衣)라고 했다. 여기에서 '치의(緇衣)'・'소의(素衣)'・'황의(黃衣)'의 '의(衣)'는 바로 석의(裼衣)를 가리키는 것이다. 치(緇)는 검은색이다. 고대에 '고구(羔裘)'라고 부르는 것은 모두 검은색의 양털을 말하며, 바로 지금의 자고(紫羔)이다. 예(麑)의 발음은 ní이고, 어린 사슴을 가리키며, 털의 색깔이 흰색이다.

40 설구장(褻裘長) : 가죽 저고리가 긴 것[褻裘長]은 보온을 위해서다. 고대 남자들은 위에 의(衣)를 입었고, 밑에는 치마[裳]를 입었으며, 의상(衣裳)은 서로 연결되어 있지 않았다. 이 때문에 공자가 집에 있을 때에 입는 가죽 저고리는 비교적 길게 만들었다.

41 단우메(短右袂) : 메(袂)의 발음은 mèi이고, 옷소매이다. 오른쪽 소매가 조금 짧은 것은 일하기 편리하도록 하기 위해서다. 어떤 사람들은 옷소매가 한쪽은 길고 한쪽이 짧으면 그다지 보기 좋지 않기 때문에, 공자가 그렇게 했을 리 없다고 주장한다. 이 때문에 이 구절에 대해 다른 해석들이 있지만, 모두 믿을 만한 것은 아니다.

42 침의(寢衣) : 이불을 가리킨다. 고대에는 큰 이불을 '금(衾)'이라 했고, 작은 이불을 '피(被)'라고 했다. 일설에는 잠옷을 가리킨다고 한다.

去喪(거상)하사는,   상복 입는 기간이 다 끝난 후에는,

無所不佩(무소불패)러시다.   무슨 패물이든지 찰 수 있었다.

非帷裳(비유상)⁴³이어든,   〔조회와 제사 때 입는 것이 아니면〕
천 한 폭 전부로 치마를 만드는데
사용하지 않으시고,

必殺之(필쇄지)⁴⁴러시다.   반드시 천을 마름질해서 입었다.

羔裘玄冠(고구현관)으로 不以弔(불이조)⁴⁵러시다.   검은 양털 갓옷과 검은색
예모(禮帽)를 쓰고는
조상(弔喪)하지 않았다.

吉月(길월)⁴⁶에,   음력 정월 초하루에는

---

43 유상(帷裳) : 예복으로 조례(朝禮)와 제사 때 입었으며, 한 폭의 천을 모두 사용해서 만들었다. 재단을 하지 않고 남는 부분의 천은 주름을 접었다(주름을 고대에는 벽적(襞積)이라고 했다). 마치 오늘날의 주름치마와 비슷한데, 고대 남자들은 위에는 의(衣)를 밑에는 치마를 입었다.

44 쇄(殺) : 거성으로 발음은 shài이며, 줄이다·자르다라는 뜻이다. '쇄지(殺之)'는 봉제하기 전에 남는 천을 잘라 버려 주름을 잡을 필요가 없는 것으로, 품을 덜고 재료를 절약할 수 있다.

45 고구현관불이조(羔裘玄冠不以弔) : 현관(玄冠)은 일종의 예모(禮帽)이다. '고구현관(羔裘玄冠)'은 모두 검은색으로, 고대에는 예복으로 사용하였다. 장례는 흉사(凶事)이기 때문에, 이것을 입고서는 조상(弔喪)을 갈 수 없다.

46 길월(吉月) : 이 두 글자에 대해 여러 가지 해석이 있다. (1) 매월 초하루(옛날 주석에는 모두 이렇게 되어 있다.) (2) '길(吉)' 자는 잘못 적은 것으로, 마땅히 '고(告)' 자로 써야

必朝服而朝러시다. _{필 조 복 이 조}	반드시 조복을 입고 조회에 나갔다.

7

齊, _재	재계(齋戒) 목욕할 때에는,
必有明衣⁴⁷러시니, _{필 유 명 의}	반드시 욕의(浴衣)가 있었으며,
布⁴⁸러라. _포	그 옷은 갈포로 만들었다.
齊必變食⁴⁹하시며, _{재 필 변 식}	재계할 때에는 반드시 평소의 음식을 바꾸었으며,

된다. '고월(告月)'은 매월 말에, 역(曆)을 맡고 있는 사람이 다음달 초하루를 임금에게 알려주는 것이다(왕인지의 〈경의술문〉과 유월의 〈군경평의〉에 있음). 그러나 이 두 가지 학설 모두 믿을 만하지 못하기 때문에, 여기서는 정수덕(程樹德)의 〈논어집석(論語集釋)〉의 설을 따랐다.

47 명의(明衣) : 목욕 후에 입는 옷을 말한다.
48 포(布) : 지금의 포(布)는 일반적으로 면화로 짠 것이지만, 고대에는 면화가 없었다. 포의 재료에 대해, 왕부지(王夫之)의 〈사서비소(四書稗疏)〉에서 다음과 같이 말했다 : "옛날에 말하는 포라는 것은 명주[絲]와 삼[麻], 모시[枲], 베[葛]를 함께 부르는 말이다. 표백한 실[練絲]은 명주[帛]라고 하며, 표백하지 않은 것은 포(布)라 했으니, 대개 오늘날의 삶지 않은 명주[生絲絹]이다.「청상곡(淸商曲)」에서 '명주베는 껄끄러워 바느질하기 힘들다'고 했으니, 진(晉)·송나라 때의 사포(絲布)라는 명칭과 같다. 단지 〈공총자(孔叢子)〉에서 삼[麻], 모시[苧], 베[葛]를 포(布)라고 했는데, 하나의 다른 의견으로 볼 수 있다[古之言布者, 兼絲麻枲葛而言之. 練絲爲帛, 未練爲布, 蓋今之生絲絹也.「淸商曲」有云: '絲布澀難縫', 則晉宋間猶有絲布之名. 唯〈孔叢子〉謂麻苧葛曰布, 當亦一隅之論]." 또 조익(趙翼)의 〈해여총고(陔餘叢考)〉에서는 다음과 같이 말했다 : "옛날에는 면화로 짠 천이 없어서, 대개 포(布)라고 하면 모두 삼[麻]으로 만든 것이다. 〈예기〉에서 '명주와 삼으로 짠 것을 포와 백(帛)이라고 했다'는 것이 이것이다[古時未有棉布, 凡布皆麻爲之.〈記〉曰: 治其絲麻, 以爲布帛' 是也]."

居必遷坐⁵⁰러시다.
거 필 천 좌

거처도 반드시 자리를 옮겼다.
〔부인과 같은 방을 쓰지 않았다.〕

8

食不厭精⁵¹하시며,
사 불 염 정

밥은 깨끗이 찧은 것을 싫어하지
아니하며,

---

49 변식(變食) : 변식(變食)의 내용에 대해 옛날 사람들은 세 가지 견해를 갖고 있었다. (1) 〈장자(莊子)〉「인간세 편(人間世篇)」에서 말했다 : "안회가 말하기를 '저는 가난하여 술이나 자극성 있는 야채를 못 먹은 지 몇 달이 됩니다. 이렇다면 재계했다고 할 수 있습니까?'라고 하자, 중니가 대답했다. '그것은 제사지낼 때의 재계이지 마음의 재계는 아니다.'[顔回曰: '回之家貧, 惟不飮酒不茹葷者數月矣. 如此, 則可以爲齊乎?' 曰: '是祭祀之齊, 非心齊也.']" 어떤 사람은 여기에 근거하여, "술이나 자극성 있는 야채를 먹지 않는 것[不飮酒, 不茹葷](훈(葷)은 냄새가 진하게 나는 채소, 예를 들면 마늘, 부추, 파와 같은 종류의 것)"을 '변식(變食)'이라고 해석한다. (2) 〈주례〉「천관·선부(天官·膳夫)」에 '王日一擧……王齊, 日三擧'라고 했는데, 이 뜻은 왕이 매일 비록 세 끼의 밥을 먹었지만, 첫 번째 식사 때만 가축을 잡고, 그 나머지 두 끼는 단지 첫 번째 먹다 남은 음식을 다시 데워 먹었을 뿐이라는 것이다. 천자가 이러한데, 그밖의 사람들이 매끼마다 신선한 음식을 먹을 수는 없었을 것이다. 재계(齋戒) 때에는 매끼 신선한 것을 먹지, 먹다 남은 음식을 다시 데워 먹지 않고, 그 깨끗한 것을 골라 취하므로, 이것이 바로 '변식(變食)'이다. (3) 김악(金鶚)의 〈구고록예설보유(求古錄禮說補遺)〉에서는 변식(變食)은 술을 안 마시고, 파·마늘 등을 먹지 않을 뿐만 아니라, 생선과 고기도 먹지 않는 것이라고 했다.

50 천좌(遷坐) : 침실을 바꾼다는 말과 같다. 고대 상류층 사람들은 평상시에는 '연침(燕寢)'에서 부인과 생활했으며, 재계 때에는 '외침(外寢)'(또는 '정침(正寢)'이라고도 함)에서 생활하면서, 부인과 같은 방을 쓰지는 않았다. 당나라의 법률에도 대제(大祭)를 거행할 때나 재계 때에는 관리가 정침(正寢)에서 자도록 규정했고, 이를 어길 경우 하루에 대나무 막대로 50대씩 때렸다. 이것은 아마도 고대 풍속의 잔재인 것 같다.

51 사불염정(食不厭精) : 정은 쌀을 매우 가늘게 빻는 것을 가리킨다. 주희의 〈집주〉에서 "밥이 정하면 능히 사람을 기른다[食精則能養人]"라고 했으며, "불염은 이로써 좋다고 함을 말함이요, 반드시 이와 같고자 함을 말하는 것은 아니다[不厭, 言以是爲善, 非謂必欲如是也]"라고 했다.

膾不厭細러시다.
회 불 염 세

생선과 고기는 잘게 썬 것을
싫어하지 아니했다.

食饐而餲[52]와,
사 의 이 애

밥이 쉬어 고약한 냄새가 나는 것,

魚餒而肉敗[53]를,
어 뇌 이 육 패

생선과 고기가 상한 것을

不食이러시다.
불 식

먹지 않았다.

色惡은,
색 악

음식의 색이 보기 흉한 것은

不食이러시다.
불 식

먹지 않았다.

臭惡은,
취 악

냄새가 고약한 것도

不食이러시다.
불 식

먹지 않았다.

失飪은,
실 임

잘 익히지 않은 것도

不食이러시다.
불 식

먹지 않았다.

---

[52] 의이애(饐而餲) : 의(饐)의 발음은 yì이고, 애(餲)의 발음은 ài이다. 음식이 오래되어 썩어서 고약한 냄새가 나는 것을 말한다.

[53] 뇌・패(餒・敗) : 뇌(餒)는 상성으로, 발음은 něi이다. 생선이 상한 것을 뇌(餒)라 하고, 고기가 상한 것은 패(敗)라고 한다.

不時⁵⁴,	식사할 때가 되지 않았으면
불시	
不食이러시다.	먹지 않았다.
불식	
割不正⁵⁵이어든,	일정한 방법에 의해 자른 고기가
할부정	아니면
不食이러시다.	먹지 않았다.
불식	
不得其醬이어든,	일정한 맛을 내는 간장과 식초가
부득기장	없으면
不食이러시다.	먹지 않았다.
불식	
肉雖多나,	상 위에 고기가 많더라도,
육수다	

---

54 불시(不時) : 여기에 대해서는 두 가지 설이 있다. (1) 철 이른 음식물로, 〈한서〉「순리·소신신전(循吏·召信臣傳)」과 환관(桓寬)의 〈염철론(鹽鐵論)〉「산부족 편(散不足篇)」에서는 겨울에 온실에서 재배한 채소를 '불시지물(不時之物)'이라고 했다. 그러나 그러한 것들은 한나라 때에는 단지 '태관원(太官園)'과 기타 소수의 수목·채소 기르는 곳에서 공급되었으며, 황제나 매우 귀한 집에서만 누릴 수 있었다. 공자 당시에는 온실에서 채소를 기르는 기술이 없었을 뿐만 아니라, 설사 있었다 하더라도, 공자가 누릴 수 있는 것은 못되었다. (2) 마땅히 식사해야 될 때가 아닌 것을 말한다. 〈여씨춘추(呂氏春秋)〉「진수 편(盡數篇)」에서 "식사시간이 일정하게 정해져 있으면 반드시 몸에 재해가 없다[食能以時, 身必無災]"라고 했으니, 바로 이 뜻이다.
55 할부정(割不正) : '할(割)'과 '절(切)'은 차이가 있다. '할(割)'은 돼지, 소, 양을 잡을 때 사지(四肢)를 분해하는 것을 가리킨다. 옛날 사람들은 일정한 분해 방법을 갖고 있었으며, 그 방법에 따라 분해하지 않은 것을 '할부정(割不正)'이라고 했다.

不使勝食氣⁵⁶이러시다. 주식보다 많이 먹지 않았다.
불 사 승 사 기

唯酒無量하시되, 오직 술은 끝도 없이 마시되,
유 주 무 량

不及亂⁵⁷이러시다. 취하는 지경에까지 이르지 않았다.
불 급 란

沽酒市脯를 不食이러시다. 사 가지고 온 술과 고기포는 먹지
고 주 시 포   불 식   않았다.

不撤薑食하시며, 〔식사를 다 하신 후〕 생강을
불 철 강 식   거두지 않았지만,

不多食⁵⁸이러시다. 많이 먹지는 않았다.
부 다 식

---

56 사기(食氣) : '기(氣)'의 발음은 xì이고, 〈설문해자〉에서는 '기(旣)' 자로 인용해서 썼다. '기(旣)'·'기(氣)'·'희(饎)' 세 글자는 고서에서 통용했다. '사기(食氣)'는 주식(主食)을 말한다. 중국인들은 밥을 먹을 때, 오곡(五穀)을 주식으로 하고, 고기와 야채는 부식으로 한다. 부식이 풍부하다고 하더라도 밥을 먹을 때는 당연히 주식을 위주로 해야 한다고 생각한다.

57 란(亂) : 고형(高亨)의 〈주역고경금주(周易古經今注)〉에서 다음과 같이 말했다 : "란(亂)은 정신과 뜻이 혼란한 것을 말한다. 〈좌전〉「선공(宣公) 15년」 전에 '병이 위독하게 되면 정신이 혼란하게 된다'고 했으며, 〈논어〉 「향당 편」에서는 '오직 술은 끝도 없이 마시되 취하는 지경에 이르지 않다'고 하였고, 〈역〉 「상전(象傳)」에서는 '금방 정신이 어지럽다가 금방 정신이 모인다는 것은 그 뜻이 어지럽다는 것이다'라고 했는데, 거기에서 그 뜻을 터득할 수 있다[亂者神志昏亂也. 〈左傳〉「宣公十五年」傳: '疾病則亂'. 〈論語〉「鄕黨篇」: '唯酒無量不及亂'. 〈易〉「象傳」曰: '乃亂乃萃, 其志亂也.' 得其恉矣.]."

58 부다식(不多食) : 이 구절에 대해 몇 가지 다른 해석이 있다. 하나는 생강을 많이 먹지 않았다로, 생강이 비린 맛을 없앨 수 있지만, 많이 먹어도 아무런 이익이 없기 때문이다. 다른 하나는 고기를 많이 먹지 않았다는 해석이고, 또 다른 하나는 배부르게 먹지 않았다는 해석이다. 주희의 〈집주〉에서 "적당하면 그치고, 탐하는 마음이 없는 것이다[適可

9

祭於公에,
제 어 공

나라의 제사 의식에 참석하고,

不宿肉[59]이러시다.
불 숙 육

받은 고기는 그 다음날까지 놓아두지 않는다.

祭肉[60]은 不出三日하시더라.
제 육   불 출 삼 일

다른 제사 고기는 삼일을 넘기지 않았다.

出三日이면,
출 삼 일

삼일이 지났으면

不食之矣니라.
불 식 지 의

먹지 않았다.

10

食不語하시며,
식 불 어

식사할 때에는 이야기를 하지 아니하고,

而止, 無貪心也]"라고 했다.
59 불숙육(不宿肉) : 고대의 대부(大夫)와 사(士)는 모두 임금이 제사지낼 때 도와주는 예(禮)가 있었다. 천자 제후의 제례는 당일 새벽 가축을 죽이고, 그 후에 의식을 거행했다. 그 다음날 또 제사가 있는데, 이를 '역제(繹祭)'라고 했다. 역제가 끝난 후에 각 사람들에게 제사지낸 고기를 갖고가도록 했으며, 귀천 등급(貴賤等級)에 따라 제사지낸 고기를 나눠 주었다고 한다. 이처럼 나라에서 제사지낸 고기는 나누어 주기 전에 최소한 하루 저녁을 놓아두었기 때문에, 또 하루 저녁을 놓아둘 수 없었다.
60 제육(祭肉) : 이 제사 고기는 자기 집에 있던 것이나 혹은 친구가 보내온 것 모두 될 수 있다.

寢不言이러시다.
침 불 언

잠잘 때 말을 하지 않았다.

11

雖疏食菜羹이라도,
수 소 사 채 갱

비록 현미밥과 나물국이라도

瓜祭[61]하시되,
과 제

반드시 먼저 제사드리되,

必齊如[62]也러시다.
필 재 여 야

제사를 지낼 때는 또한 반드시 공경스럽게 하여 마치 재계하듯 했다.

12

席[63]不正이어든,
석 부 정

자리가 놓인 방향이 예의에 맞지 않으면

---

61 과제(瓜祭) : 어떤 판본에는 '필제(必祭)'로 되어 있으며, '과(瓜)'는 아마도 잘못된 글자인 것 같다. 이것은 식사 전에 자리에서 각종 음식을 조금씩 들어내어 식기(食器) 사이에 놓고, 음식을 가장 먼저 발명한 사람에게 제사지내는 것으로, 〈좌전〉에서는 이것을 범제(汜祭)라고 했다.

62 재여(齊如) : '재여(齋如)'와 같은 말로, 마치 재계하듯이 경건하고 정성스럽게 하는 것이다. 주희의 〈집주〉에서는 "재는 엄숙하고 공경하는 모양이다[齊, 嚴敬貌]"라고 했다.

63 석(席) : 고대에는 의자와 걸상이 없었고, 모두 땅바닥에 자리를 깔고 자리 위에 앉았다. 자리는 일반적으로 갈대·황모(黃茅)·대오리(竹蔑)나 볏짚을 재료로 만들었다. 지금 일본 사람들은 아직까지도 자리를 깔고 앉는 습관을 가지고 있다. 〈묵자〉「비유(非儒)」에서 "노나라 애공이 공자를 맞이하는데, 자리가 단정하지 않아서, 앉지 않았다[哀公迎孔子, 席不端, 不坐]"라고 하였다. '단(端)'은 '바르다[正]'라는 뜻으로, '석부정(席不正)'은 좌석이 단정하지 않다는 뜻이다. 그렇지만 〈한서〉「왕존전(王尊傳)」에서는 다음과 같이 말했다 : "광형(匡衡)이 중이천석 대홍려 상(賞) 등과 모여 궁전문 아래에 앉아 있는데, 형(衡)은 남쪽을 향하고, 상(賞)은 서쪽을 향했다. 형(衡)이 상(賞)을 위하여 자

不坐러시다.
부 좌

앉지 않았다.

13

鄕人飮酒[64]에,
향 인 음 주

향음주례(鄕飮酒禮)를 거행한 후에,

杖者[65]出이어든,
장 자 출

노인들이 모두 나가거든

斯出矣러시다.
사 출 의

자신도 따라 나가셨다.

14

鄕人儺[66]에,
향 인 나

본 지방 사람이 신을 불러 역귀를 쫓는 의식을 함에,

리를 동쪽으로 향하도록 깔고는 일어나 상을 이끌어 앉히고는…… 그러나 바르지 않게 자리를 깔아, 아래 사람을 위에 앉도록 했다[(匡)衡與中二千石大鴻臚賞等會坐殿門下, 衡南鄕, 賞等西鄕. 衡更爲賞布東鄕席, 起立延賞坐……而設不正之席, 使不坐上]." 그렇다면 '석부정(席不正)'은 자리를 예의 제도에 맞지 않게 깐다는 뜻이다.

64 향인음주(鄕人飮酒) : 3년마다 촌장이 어진 사람들을 모아 주연[鄕飮酒禮]을 거행하는 것으로, 〈예기〉「향음주의(鄕飮酒義)」에 의하면 "젊은이와 연장자(年長者)는 연치(年齒)를 따진다[少長以齒]"고 했다. 〈예기〉「왕제(王制)」에서도 "향음주례를 익히되 연장자를 받든다[習鄕尙齒]"라고 했다. 나이의 많고 적음을 따졌으므로, 공자는 반드시 노인들을 먼저 나가도록 했다.
65 장자(杖者) : 지팡이를 짚은 사람으로, 노인을 가리킨다.
66 나(儺) : 발음은 nuó이고, 고대 풍속의 하나로, 신을 불러 역귀(疫鬼)를 쫓는 것이다. 호남성(湖南省)에는 지금도 집안 식구 중에 환자가 생기면, 무당을 불러 역신을 쫓는 미신이 있는데, 이를 '충나(沖儺)'라고 한다. 이것은 아마도 이러한 풍속의 잔재일 것이다.

朝服而立於阼階⁶⁷러시다.
조 복 이 립 어 조 계

조복(朝服)을 입고 동쪽 섬돌에 서 계셨다.

15

問⁶⁸人於他邦하실새,
문   인 어 타 방

남에게 부탁해서 다른 나라에 있는 친구에게 안부를 묻고 선물을 보낼 때에는,

再拜⁶⁹而送之러시다.
재 배   이 송 지

부탁받은 사람에게 두 번 절하고 보내셨다.

16

康子⁷⁰가 饋藥⁷¹이어늘,
강 자   궤 약

계강자가 약을 보내어 오거늘,

拜而受之.
배 이 수 지

공자께서 절을 하고 받으면서

---

67 조계(阼階) : 조(阼)의 발음은 zuò이며, 동쪽의 섬돌로, 주인이 서는 곳이다.
68 문(問) : 소식을 묻고, 안부를 묻다라는 뜻이다. 그러나 고대에 안부를 물을 때는, 또한 선물을 보내어 호의를 표시했으니, 예를 들면 〈시경〉「정풍 · 여왈계명(鄭風 · 女曰鷄鳴)」의 "여러 가지 패옥으로 문안을 드리다[雜佩以問之]"와 〈좌전〉「성공(成公) 16년」에 기록된 "초나라 군주가 공윤의 벼슬자리에 있는 양(襄)으로 하여금 활을 선물로 가져가도록 하고 말을 전하도록 했대[楚子使工尹襄問之以弓]", 〈좌전〉「애공(哀公) 11년」의 "현다에게 사람을 시켜 금(琴)을 보내다[使問弦多以琴]" 등이 있기 때문에, 번역문에 '선물을 보내다'라는 말을 추가했다.
69 배(拜) : 두 손을 모으고, 허리를 굽혀 절하다라는 뜻이다.
70 강자(康子) : 계강자(季康子)를 가리킨다.
71 약(藥) : 당시 공자가 병에 걸린 것 같지는 않은데, 보내온 약은 아마도 보약 종류인 듯하다.

曰[72]
왈

말씀하셨다.

丘가 未達[73]이라,
구   미 달

내가 이 약의 성분에 대해 별로
알지 못한지라,

不敢嘗이라 하시다.
불 감 상

감히 복용하지 못하겠노라.

17

廐焚이어늘.
구 분

공자의 마구간에 불이 났는데,

子退朝,
자 퇴 조

공자께서 조정에서 돌아와서는

曰
왈

말씀하셨다.

傷人乎아 하시고?
상 인 호

사람이 다쳤느냐?

不問馬[74]하시다.
불 문 마

그리고는 말에 대해서는 묻지
않으셨다.

---

[72] 왈(曰) : 공자가 말한 것이다. 그러나 공자가 누구에게 말한 것인지에 대해 어떤 사람은 계강자가 보낸 사자에게 말한 것이라고 했고, 또 어떤 사람은 사자가 떠난 후, 자신의 제자에게 한 말이라고 한다.

[73] 달(達) : 분명히 알다 · 이해하다라는 뜻이다.

[74] 상인호, 불문마(傷人乎, 不問馬) : 이 구절에 대해 세 가지 끊어 읽는 법이 있다. 첫째는 본문처럼 읽는 것으로, 전통적인 끊어 읽기 방법이다. 둘째는 "'傷人乎不?'問馬"이다. 셋째는 "'傷人乎?' '不.'問馬"로, '불(不)' 자를 하나로 읽고, '문마(問馬)'를 따로 하나로 읽는다.

18

君이 賜食⁷⁵이어시든,
_{군　사 식}

임금이 익힌 음식을 하사하면,

必正席先嘗之러시다.
_{필 정 석 선 상 지}

공자는 반드시 자리를 반듯하게 하고 먼저 맛을 보았다.

君賜腥이어시든,
_{군 사 성}

임금이 날고기를 하사하면,

必熟而薦⁷⁶之러시다.
_{필 숙 이 천　지}

반드시 충분히 익혀서 먼저 〔조상에게〕 올렸다.

君賜生이어시든,
_{군 사 생}

임금이 산 짐승을 하사하면

必畜之⁷⁷러시다.
_{필 휵 지}

반드시 그것을 길렀다.

侍食於君에,
_{시 식 어 군}

임금과 함께 식사할 때,

君祭어시든,
_{군 제}

임금이 식전에 제례(祭禮)를 드리면,

---

75 식(食) : 아래에 나오는 '성(腥)'·'생(生)' 자와 비교해 보면, 여기서 사용된 '식(食)'은 익힌 음식을 가리킨다.

76 천(薦) : 올리다는 뜻으로, 여기서 올리는 대상은 자기의 조상이지만 제사로 보아서는 안 된다.

77 휵지(畜之) : 주희의 〈집주〉에서는 "휵이란 것은 임금의 은혜를 사랑하여 연고가 없으면 감히 죽이지 않는 것이다[畜之者, 仁君之惠, 無故不敢殺也]"라고 했다.

先飯(선반)이러시다.   자신이 먼저 밥을 먹었다[반찬을 먹지는 않았다].

19

疾(질)에,   공자께서 병이 났을 때,

君視之(군시지)어시든,   임금이 문병을 오시면,

東首[78](동수)하시고,   그는 머리를 동쪽으로 두고,

加朝服(가조복)하시고,   조정에 나갈 때 입는 예복을 몸에 걸치고,

拖紳[79](타신)이러시다.   큰 띠를 늘어뜨렸다.

20

君(군)이 命召(명소)어시든,   임금이 부르시면

---

[78] 동수(東首) : 공자가 병중에 여전히 침상에 누워 있다는 것을 가리키는 말이다. 옛날 사람들의 침대는 일반적으로 남쪽 창의 서면으로 놓았으며, 임금이 오면 동쪽 계단으로부터 걸어 올라오기 때문에(동쪽 계단은 바로 동쪽의 섬돌[阼階]로, 원래 주인의 자리이지만 임금은 자신이 나라의 주인이라고 생각하기 때문에, 신하의 집에 갔을 때도 여전히 동쪽 섬돌로 오르내린다), 공자는 얼굴을 동쪽으로 향하여 임금을 맞이했다.

[79] 가조복, 타신(加朝服, 拖紳) : 공자가 병으로 침대에 앓아누워 있어서, 혼자 조복(朝服)을 입을 수 없었기 때문에, 단지 몸에 덮고 있었다. 신(紳)은 허리에 매는 큰 띠를 말하며, 허리에 맨 후에도, 여전히 한 마디 가량 늘어뜨렸다.

不俟駕行矣러시다.
불 사 가 행 의

공자는 멍에를 수레에 다 매는 것을 기다리지 아니하고, 바로 먼저 걸어가셨다.

21

入太⁸⁰廟하사,
입 태 묘

주공의 묘(廟)에 들어가서는

每事를 問⁸¹이러시다.
매 사 문

모든 일을 물었다.

22

朋友死하여,
붕 우 사

친구가 죽어서

無所歸⁸²어든,
무 소 귀

거두어 줄 사람이 없자,

曰
왈

공자께서 말씀하셨다.

於我殯⁸³이라 하시다.
어 아 빈

장례는 내가 처리하리라.

---

80 태(太) : 황간의 〈의소〉에는 '대(大)'로 쓰여 있다.
81 문(問) : 「팔일 편」을 참고.
82 무소귀(無所歸) : 친지가 없어서 장사지내 줄 사람이 없는 것을 말한다.
83 빈(殯) : 관을 안치하는 것을 빈(殯)이라고 하며, 매장(埋葬)하는 것도 빈(殯)이라고 한다. 여기서는 모든 장례 일을 가리키는 말이다.

23

朋友之饋는,
_{붕 우 지 궤}

雖車馬라도,
_{수 거 마}

非祭肉이어든,
_{비 제 육}

不拜러시다.
_{불 배}

벗이 보낸 선물은

비록 수레나 말이라 하더라도,

제사지낸 고기만 아니면,

공자는 받을 때에 절하지
아니하였다.

24

寢不尸[184]하시며,
_{침 불 시}

居不客[85]이러시다.
_{거 불 객}

공자께서 잠을 잘 때 죽은 사람처럼
누워 자지 않으며[똑바로 누워
계시고],

평소에 앉아 있을 때에는, 손님을
맞거나 자기가 손님이 된 듯이 하지
않았다.[양 무릎을 자리 위에
구부려 꿇어앉지 않았다.]

---

84 주희의 〈집주〉에서는 "엎드려 누워서 죽은 사람과 같음을 이른다[謂偃臥似死人也]"라
고 했다. 엎드려 눕는다는 것은 손발을 펴고 천장을 보면서 자는 것이다. 옛날 사람들은
잠잘 때는 약간 몸을 구부려 측면으로 누워야 한다고 생각했다.
85 거불객(居不客): '객(客)'은 본래 '용(容)'으로 썼으나, 여기서는 〈석문(釋文)〉과 〈당석
경(唐石經)〉에 따라 '객(客)'으로 교정했다. 거(居)는 앉다라는 뜻이고, 객(客)은 손님
이다. 옛날 사람들이 앉는 방법에는 여러 가지가 있었다. 공경스럽게 앉는 것은 양쪽 무
릎을 구부려 땅에 붙이고 발뒤꿈치를 궁둥이 부분에 붙이는 것이다. 손님이 되거나 손님
을 접대할 때에 반드시 이와 같이 했다. 그러나 이러한 자세는 오래도록 유지하기 어려

25

見齊衰者[86]하시고,
견 재 최 자

공자께서는 재최의 상복을 입은 사람을 보면,

雖狎[87]이나,
수 압

아주 친한 사이라도

必變[88]이러시다.
필 변

반드시 〔동정을 나타내고〕 태도를 바꾸었다.

見冕者與瞽者하시고,
견 면 자 여 고 자

예모(禮帽)를 쓴 사람과 소경을 보면

雖褻이나,
수 설

비록 자주 보는 사이라도

必以貌러시다.
필 이 모

반드시 예의를 갖추었다.

위, 집에 있을 때는 이처럼 할 필요가 없었다. 수월하게 앉는 방법은 발바닥을 땅에 붙이고, 양쪽 무릎을 세워서, 궁둥이가 아래로 향하면서도 땅에 붙지 않도록 하는 것으로, 쭈그리고 앉는 것과 같은 것이다. 그래서 〈설문해자〉에서 말하기를 "거(居)는 쭈그리고 앉는 것[蹲]"이라고 했다(단옥재(段玉裁)의 교정본을 따랐다). 가장 공손하지 못하게 앉는 방법은 궁둥이를 땅에 붙이고 두 다리를 벌리고, 평평하게 쭉 펴는 것으로, 마치 삼태기 모양 같아서, '기거(箕踞 : 두 다리를 뻗고 앉음)'라고 한다. 공자가 평상시 앉는 방법은 아마도 쭈그리고 앉았을 것이다. 단옥재의 〈설문해자주(說文解字注)〉에 상세하게 보인다.

86 황간의 〈의소〉에는 '견(見)' 자 앞에 공자를 가리키는 '자(子)' 자가 있다.
87 압(狎) : 친근하다는 뜻이다. 아래에 나오는 '설(褻)' 자와 뜻이 같다.
88 변(變) : 낯빛을 달리하다는 뜻으로, 슬퍼하는 뜻을 나타낸다.

凶服⁸⁹者를 式⁹⁰之이러시다.
흉복 자 식 지

수레를 타고 가다가 죽은 이의 옷과 생전에 쓰던 물품을 가지고 가는 이를 만나면 몸을 약간 앞으로 구부려 〔동정을 표시하고〕 수레 앞의 가로 막대를 잡았다.

式負版⁹¹者러시다.
식 부 판 자

나라의 지도나 호적을 지고 가는 사람을 만나도 수레 앞의 가로 막대를 잡았다.

有盛饌이어든,
유 성 찬

푸짐하게 차린 음식이 있으면

必變色而作⁹²이러시다.
필 변 색 이 작

반드시 얼굴빛을 바꾸어 일어났다.

迅雷風烈⁹³에 必變이러시다.
신 뢰 풍 렬   필 변

갑작스런 번개와 강풍을 만나도 반드시 태도를 고쳤다.

26

升車하사,
승 거

공자께서 수레에 오를 때에는,

---

89 흉복(凶服) : 상복(喪服)을 가리킨다. 옛날에는 상례(喪禮)를 흉례(凶禮)라고 불렀다.
90 식(式) : '식(軾)' 자와 같으며, 고대 마차의 앞부분 횡목을 '식(軾)'이라 불렀고, 여기서는 동사로 사용되어, 손으로 횡목을 잡다라는 뜻이다.
91 판(版) : 국가의 지도와 호적을 말한다.
92 필변색이작(必變色而作) : 주희의 〈집주〉에서는 "주인을 공경하는 예이지, 그 성찬 때문에 그런 것은 아니다[敬主人之禮, 非以其饌也]"라고 했다.
93 신뢰풍렬(迅雷風烈) : '갑작스러운 번개와 강풍[迅雷烈風]'이라는 뜻이다.

必正立,
필정립

반드시 먼저 단정하게 바로 서서

執綏[94]러시다.
집유

손잡이 줄을 잡고 수레에 올랐다.

車中에,
거중

수레 안에서는

不內顧[95]하시며,
불내고

안을 돌아보지 아니하였으며,

不疾言[96]하시며,
부질언

말을 빨리 하지 아니하였으며,

不親指[97]러시다.
불친지

손가락질하지 않았다.

27

色斯擧矣하여,
색사거의

〔공자께서 산골짜기를 가다가 꿩 몇 마리를 보았다.〕
공자의 안색이 한 번 변하자,

---

94 유(綏) : 수레에 오를 때나 수레 위에서 설 때 쥐는 끈을 말한다. 끈을 잡고 수레에 오른 것은 안전하게 올라가기 위해서이다.
95 불내고(不內顧) : 육덕명의 〈경전석문〉에서 말하기를 〈노논어〉에는 '불(不)' 자가 없다고 한다. 이 때문에 '불' 자의 유무가 후대 주석가들 사이에 논쟁거리가 되었다.
96 부질언(不疾言) : '질(疾)'은 높고 빠르다라는 뜻이다.
97 친지(親指) : 유보남의 〈논어정의〉에서는 〈예기〉「곡례」에서 말하기를 "수레에서 함부로 손가락질하지 않는다[車上不妄指]"라고 했기 때문에, 여기서의 '친(親)' 자는 아마도 '망(妄)' 자를 잘못 적은 것이라고 생각했다.

翔而後集이니라. _{상 이 후 집}	꿩들이 곧 하늘로 날아올라 빙 돌더니, 다시 한 곳으로 내려앉았다.
曰 _왈	이에 공자께서 말씀하셨다.
山梁雌雉가, _{산 량 자 치}	이 산등성마루의 까투리가
時哉時哉인저! _{시 재 시 재}	때를 만났구나! 때를 만났구나!
子路가 共[98]之한대, _{자 로 공 지}	자로가 꿩들을 향해 두 손을 모으고 인사하자,
三嗅[99]而作[100]하시다. _{삼 후 이 작}	그들은 다시 힘차게 날개짓하고 날아가 버렸다.

---

98 공(共) : 공(拱)과 같다.
99 후(嗅) : 마땅히 격(狊)으로 써야 하며, 발음은 jù이고, 두 날개를 펴는 모양이다.
100 이 단락의 문장은 매우 난해하여, 예로부터 만족할 만한 해석이 없었다. 많은 사람들은 이 문장에 빠진 글자나 오자가 있을 것이라고 의심하고 있다. 본문에서는 선인들의 해석 중에서 비교적 쉬운 것만을 가지고 번역했다.

11 먼저 배우고
先進篇

「선진 편」에는 공자가 제자들에 대해 평한 내용을 담고 있다. 주자는 「선진 편」에 대해 "제자들의 현부(賢否)에 대해 평한 것이 많다"라고 말했다. 1장에서는 공자 자신의 교육 방침에 대해 언급하고 있으며, 전 편에 걸쳐 제자들에 대한 인물평을 하고 있다.

주희의 〈집주〉에서는 2, 3장을 하나의 장으로 하였으며, 유보남의 〈논어정의〉에서는 18, 19장과 20, 21장을 각각 하나의 장으로 하였다. 이 책에서는 모두 26장으로 나누었다.

1

子曰
자왈

공자께서 말씀하셨다.

先進[1]이 於禮樂에,
선진　어례악

먼저 예악을 배우고 나서 관직에 나가는 것은

野人也요,
야인야

작위나 봉록을 받은 적이 없는 일반 사람이요,

後進이 於禮樂에,
후진　어례악

먼저 관직에 나간 뒤에 예악을 배우는 것은

君子也라 하나니.
군자야

경대부의 자제들이다.

如用之라면,
여용지

만약 내게 인재를 뽑아 쓰라고 한다면,

則吾從先進하리라.
즉오종선진

나는 예악을 먼저 배운 사람을 쓰겠노라.

---

1 선진, 후진(先進, 後進) : 이 두 단어에 대한 여러 가지 해석이 있지만 모두 적당하지 않다. 번역문은 유보남의 〈논어정의〉에 나오는 설을 약간 수정했다. 공자는 "공부해서 우수하면 벼슬한다[學而優則仕]"는 주장을 한 사람으로, 당시 경대부의 자제들이 부모의 비호를 받아 벼슬을 하면서 공부하는 상황에 대해 불만을 가진 것 같다. 〈맹자〉「고자 하(告子下)」에서 규구(葵丘) 회합의 맹약을 인용하면서 "선비의 관직은 세습하지 않는다[士無世官]"라고 했으며, 또 "임용된 선비는 반드시 타당해야 한다[取士必得]"라고 했다. 그렇다면 공자가 말한 '선진(先進)'은 일반적으로 '선비[士]'를 가리키는 것이다.

2

子曰
자 왈

從我於陳·蔡²者가,
종 아 어 진   채 자

皆不及門³也로다.
개 불 급 문 야

공자께서 말씀하셨다.

진나라와 채나라에서 나를 따라
배고픔을 참던 자가

지금은 모두 이곳에 없구나.

---

2 종아어진·채(從我於陳·蔡): '종(從)'은 거성으로 읽으며, 발음은 zòng이다. 〈사기〉
「공자세가」에 다음과 같이 기록되어 있다 : "오나라가 진나라를 공격하자, 초나라가 진나
라를 구하기 위해 성보(城父)에 군대를 주둔시켰다. 초나라는 공자가 진나라와 채나라의
중간 지역에 있다는 말을 듣고 사람을 보내어 공자를 초빙하였다. 공자가 가서 예를 갖추
려고 하자, 진나라와 채나라의 대부들이 의논하여 말했다. '공자는 현인으로, 그가 비난
하는 바는 모두 제후들의 잘못과 들어맞습니다. 지금 그가 진나라와 채나라 사이에서 오
래 머물고 있는데, 그간 여러 대부들이 한 행실은 모두 공자의 뜻에 맞지 않습니다. 오늘
의 초나라는 대국으로 공자를 초빙하려고 합니다. 공자가 초나라에 등용되면 우리 진나라
와 채나라에서 일하는 대부들은 모두 위험해질 것입니다.' 이에 진나라와 채나라의 대부들
은 각각 사람을 보내어 들판에서 공자를 포위했다. 부득이 식량은 끊어지고 따르던 이들
이 병이 나서 일어날 수가 없었다.……그래서 자공을 초나라로 보냈고, 초나라 소왕이
군대를 일으켜 공자를 맞이한 후에야 벗어나게 되었다[吳伐陳, 楚救陳, 軍於城父. 聞
孔子在陳·蔡之間, 楚使人聘孔子, 孔子將往拜禮. 陳·蔡大夫謀曰: '孔子賢者, 所刺
譏皆中諸侯之疾, 今者久留陳·蔡之間, 諸大夫所設行皆非仲尼之意. 今楚, 大國也,
來聘孔子. 孔子用於楚, 則陳·蔡用事大夫危矣.' 乃相與發徒役圍孔子於野. 不得已,
絶糧. 從者病, 莫能興.……於是使子貢至楚. 楚昭王興師迎孔子, 然後得免]."

3 불급문(不及門) : 한·당(漢唐) 시대의 학자들은 '불급문(不及門)'을 "벼슬을 하는 문턱
에 이르지 않다[不及仕進之門]"나 "경대부 밑에서 벼슬하지 않다[不仕於卿大夫之門]"로
해석했다. 이 때문에 유보남은 〈맹자〉의 "아래위로 교제가 없다[無上下之交]"를 억지로
갖다 붙여서 "공자의 제자가 진나라와 채나라에서 벼슬한 자가 없다[孔子弟子無仕陳蔡
者]"라고 해석했다. 그러나 여기서는 문장의 의미와 그다지 관련이 없는 것으로 생각되어
취하지 않았고, 주희의 설을 따랐다. 정진(鄭珍)의 〈소경소문집(巢經巢文集)〉 권 2의
「주죽타의「공자문인고」를 논박함[駁朱竹垞孔子門人考]」에서 다음과 같이 말했다 : "옛
날 교육자의 집에는 숙(塾)이라는 것이 있었다. 숙은 문간방으로 좌우에 있었으며, 가르

3

德行엔,　　　　　　　　〔공자의 제자들에게는 각기 뛰어난
덕 행　　　　　　　　　점이 있었다.〕
　　　　　　　　　　　덕행이 훌륭하기로는

顔淵, 閔子騫, 冉伯牛, 仲弓이요.　　안연, 민자건, 염백우,
안 연　민 자 건　염 백 우　중 궁　　　중궁이요,

言語엔,　　　　　　　　말을 잘하기로는
언 어

宰我, 子貢이요.　　　　재아, 자공이요,
재 아　자 공

政事엔　　　　　　　　정사를 잘 처리하기로는
정 사

冉有, 季路요.　　　　　염유, 계로요,
염 유　계 로

文學[4]엔,　　　　　　　　고대 문헌에 밝기로는
문 학

치는 사람과 배우는 사람이 거기에서 기거했다. '개불급문(皆不及門)'이라고 하는 것은 바로 이 문을 말한 것이다. '무엇 때문에 나 공구(孔丘)의 문에서 연주하는가(원래는 아무개라고 썼으나, 피휘하는 습관 때문에 지금은 고쳐 씀)?'라고 말할 때의 문은 바로 이 문이다. 등경(등나라 임금의 동생)이 '문에 와서 있다'고 말할 때의 문도 바로 이 문이다. 그렇기 때문에 '원하옵건대 머물러서 문에서 수업을 받고자 합니다'라고 한 것이다(위의 두 구절은 모두 〈맹자〉에 보인다)[古之敎育家有塾, 塾在門堂之左右, 施敎受業者居焉. 所謂 '皆不及門', 及此門也. '奚爲於丘(原作某, 由於避諱故, 今改)之門', 於此門也. 滕更之 '在門', 在此門也, 故曰 '願留而受業於門'(按上兩句俱見〈孟子〉)]." 이러한 것들은 주희의 설에 근거가 있음을 나타낸다.

子游, 子夏니라.
_{자 유   자 하}

자유, 자하였다.

4

子曰
_{자 왈}

공자께서 말씀하셨다.

回也는 非助我者也로다.
_{회 야   비 조 아 자 야}

안회는 나를 돕는 자가 아니로구나.

於吾言에 無所不說이온여.
_{어 오 언   무 소 불 열}

내 말에 대해 기뻐하지 않는 바가 없구나.

---

4 문학(文學) : 고대 문헌을 가리키며, 공자가 전수한 〈시〉·〈서〉·〈역〉 등이다. 황간의 〈의소〉에서 범녕(范寧)을 인용하여 말한 것도 그러하다. 〈후한서〉「서방전(徐防傳)」에서 "서방이 상소를 올려 말했다. '경서 예악은 공자에 의해서 정해지고, 장구의 발명은 자하로부터 시작되었다.'[防上疏云: '經書禮樂, 定自孔子, 發明章句, 始於子夏.']"라고 한 것도 증거를 삼을 수 있다.
또 이 장과 앞 장의 '종아어진채자(從我於陳蔡者)'와는 서로 관련이 없다. 주희의 〈집주〉에서는 이 열 명이 곧 진나라와 채나라 사이에 있을 때 수행했던 사람이라고 했으나, 이는 잘못된 것이다. 〈좌전〉에 의하면 염유는 그때 노나라 계씨의 가신으로 있었기 때문에 반드시 수행했다고 볼 수 없다. 〈사기〉「중니제자열전」에 따르면 당시 수행했던 사람으로 또 자장(子張)이 있었지만, 여기서는 왜 언급하지 않고 있는가? 각종 사료에 의하면 공자가 진나라에서 식량이 떨어져 고생한 때는 노나라 애공 4년으로 공자의 나이 61살 때였음이 분명하다. 또 〈사기〉「중니제자열전」에 의하면, 자유(子游)는 공자보다 45살이나 적고, 자하는 44살이 적다고 한다. 그렇다면 공자가 진나라와 채나라 사이에서 곤궁에 빠졌을 때, 자유는 16살에 불과하고 자하는 17살밖에 되지 않으므로, 성인이라고 할 수 없다. 이렇게 나이가 어린 사람들이 설사 이미 공자의 문하에서 수업을 받고 있었다 할지라도 반드시 따라갔다고는 볼 수 없다. 이 문장은 공자가 이 열 명의 제자들에 대해 일시적으로 언급한 것이 제자들에 의해 전해져 기록된 것일 뿐이다.

5

子曰
자 왈

공자께서 말씀하셨다.

孝哉라 閔子騫이여!
효 재   민 자 건

참으로 효성스럽구나, 민자건이여!

人不間⁵於其父母昆弟⁶之言이로다.
인 불 간 어 기 부 모 곤 제 지 언

다른 사람이 그 부모 형제가 그를 칭찬하는 말에 대하여 조금도 이의가 없구나.

6

南容이 三復白圭⁷어늘,
남 용   삼 복 백 규

남용이 흰 규의 티는 갈아서 없앨 수 있지만, 우리들 말 속의 티는 어쩔 수 없다는 시를 읽고 또 읽으니,

孔子以其兄之子로 妻之하시다.
공 자 이 기 형 지 자   처 지

공자께서 자기 형의 딸을 그에게 시집보내었다.

---

5 간(間) : 비난하다·비방하여 논하다라는 뜻이다.
6 곤제(昆弟) : 형제를 가리킨다.
7 백규(白圭) : 백규의 시 네 구절은 〈시경〉「대아·억(大雅·抑)」에 보이며, 흰 규의 티는 지워 없앨 수 있지만, 우리들 말 속에 있는 티는 없앨 방법이 없다는 뜻이다. 아마 남용은 조심스럽고 세심한 사람이었기 때문에 "나라의 정치가 깨끗하면, [설사 관직에 있더라도] 물리침을 당하지 않을 것이고, 나라의 정치가 어지럽더라도, 형벌을 면할 수 있을 것이다 [邦有道, 不廢, 邦無道, 免於刑戮]"라고 할 수 있었을 것이다.

7

季康子가 問⁸.
계강자 문

弟子가 孰爲好學이니잇고?
제자 숙위호학

계강자가 물었다.

제자 가운데 누가 열심히
공부합니까?

孔子對曰
공자대왈

有顔回者好學하더니,
유안회자호학

不幸短命死矣라,
불행단명사의

今也則亡⁹하니라.
금야즉무

공자께서 말씀하셨다.

안회라는 제자가 열심히
공부했는데,

불행히도 명이 짧아 죽었는지라,

지금은 더 이상 그런 사람이
없습니다.

8

顔淵이 死커늘,
안연 사

안연이 죽으니,

---

8 계강자문(季康子問) : 노나라 애공(哀公)도 이렇게 물은 적이 있으며, 공자의 대답이 비교적 상세하다. 어떤 사람은 여기에서 공자가 노나라 임금과의 문답과 계씨와의 문답 사이의 번간(繁簡)의 차이를 볼 수 있다고 한다.

9 무(亡) : '무(無)' 자와 같다.

顔路[10]가 請子之車하여 以爲之[11]椁[12]한대.　　그의 아버지인
안로　　청자지거　　이위지　곽　　　　　　　안로가 공자에게 그의
수레를 팔아 외관[椁]을 사자고
하였더니,

子曰　　　　　　　　　　공자께서 말씀하셨다.
자 왈

才不才에,　　　　　　　재주가 있든지 없든지
재 부 재

亦各言其子也니.　　　　결국은 자기 자식인 것이오.
역 각 언 기 자 야

鯉也死[13]커늘,　　　　　내 아들 리가 죽었을 때에도
리 야 사

有棺而無椁하니.　　　　내관[棺]은 있었으나 외관은
유 관 이 무 곽　　　　　　없었소.

吾不徒行以爲之椁은,　　내가 [수레를 팔아서] 그를 위해
오 부 도 행 이 위 지 곽　　외관을 사고 걸어다닐 수
없는 것은,

---

10 안로(顔路) : 안회의 부친으로, 〈사기〉「중니제자열전」에 의하면, 이름은 무요(無繇), 자는 로(路)이며, 역시 공자의 제자였다.
11 지(之) : '기(其)'와 용법이 같다.
12 곽(椁) : 또 곽(槨)으로 쓰며, 발음은 guǒ이다. 고대 대관들은 관을 최소한 두 종류를 사용했는데, 안쪽의 한 층을 관(棺)이라 했고, 밖에 또 하나의 큰 것을 곽(椁)이라 했다. 평상시에 우리가 말하는 '내관외곽(內棺外椁)'은 바로 이런 뜻이다.
13 리야사(鯉也死) : 리(鯉)의 자는 백어(伯魚)로, 50살에 죽었다. 그 당시 공자의 나이가 70살이었다.

以吾從大夫之後[14]라,
이 오 종 대 부 지 후

내가 일찍이 대부를 지냈던 까닭에

不可徒行也일새니라.
불 가 도 행 야

걸어서 다닐 수 없기 때문이니라.

9

顔淵이 死커늘,
안 연   사

안연이 죽자,

子曰
자 왈

공자께서 말씀하셨다.

噫라!
희

아!

天喪予샷다!
천 상 여

하늘이 내 목숨을 빼앗으려는구나.

天喪予[15]샷다!
천 상 여

하늘이 내 목숨을 빼앗으려는구나.

10

顔淵이 死커늘,
안 연   사

안연이 죽자,

---

14 종대부지후(從大夫之後) : 공자는 노나라의 사구(司寇)라는 벼슬을 지낸 적이 있으며, 그것이 바로 대부의 직위이다. 그러나 이때는 공자가 그 자리를 그만둔 지 이미 여러 해 되었다. 공자가 "내가 대부를 지낸 적이 있다[我曾爲大夫]"라고 하지 않고, "대부의 행렬 뒤를 수행한 적이 있다[吾從大夫之後]"고 한 것은 단지 겸손의 어투일 뿐이다.
15 천상여(天喪予) : 번역문에서는 단지 글자 그대로만 번역했다.

子哭之慟[16]하신대.　　　　　공자께서 매우 상심해 하셨다.
자 곡 지 통

從者曰　　　　　　　　　　이에 그를 따르는 사람이 말했다.
종 자 왈

子慟矣시니이다!　　　　　　선생님께서는 너무 상심해
자 통 의　　　　　　　　　　하시는군요!

曰　　　　　　　　　　　　공자께서 말씀하셨다.
왈

有慟乎아?　　　　　　　　정말로 너무 상심해 한단 말이냐?
유 통 호

非夫人之爲慟이요 而誰爲[17]리오?　　내가 이러한 사람을 위해
비 부 인 지 위 통　　　 이 수 위　　　상심해 하지 않는다면, 대체
　　　　　　　　　　　　　　　　　　누구를 위해 상심해 하겠느냐!

11
顔淵이 死커늘,　　　　　　안연이 죽으니,
안 연　　　사

---

16 통(慟) : 정현의 주석에 "통은 용모가 변하는 것이다[慟, 變動容貌]"라고 했으며, 마융(馬融)의 주에서는 "통은 슬픔이 지나친 것이다[慟, 哀過也]"라고 했다. 번역문에서는 마융의 주장을 따랐다.

17 비부인지위통이수위(非夫人之爲慟而誰爲) : '비부인지위통(非夫人之爲慟)'은 '비위부인통(非爲夫人慟)'의 도치 형식이다. 부인(夫人)의 '부(夫)'는 양평(陽平)으로 읽고, 지시형용사이며, '저[那]'라는 뜻이다. '지위(之爲)'의 '지(之)'는 단지 문장에서 도치를 돕기 위해서 사용된 것으로, 실제의 뜻은 없다. 본문 마지막에 있는 '수위(誰爲)'도, 현대 한어의 격식에 따를 것 같으면 역시 도치된 것이지만, 고대에는 개사(介詞)나 혹은 동사의 목적어가 의문대명사이면 일반적으로 모두 개사나 동사 앞에 놓았다.

| 門人이 欲厚葬¹⁸之한대. | 공자의 제자들이 그를 성대하게 |
| 문 인 욕 후 장 지 | 장사지내자고 하였다. |

子曰   이에 공자께서 말씀하셨다.
자 왈

不可라 하더시다.   그렇게 할 수 없다.
불 가

門人이 厚葬之한대.   제자들이 여전히 매우 성대하게
문 인 후 장 지   그를 장사지내자,

子曰   공자께서 말씀하셨다.
자 왈

回也視予猶父也어늘,   안회야, 너는 나를 아비 대하듯이
회 야 시 여 유 부 야   하였거늘,

予不得視猶子也하니라. 나는 아들처럼 너를 대하지
여 부 득 시 유 자 야   못했구나.

非我也라,   이것은 나의 뜻이 아니라,
비 아 야

---

18 후장(厚葬) : 〈예기〉「단궁(檀弓)」에 기록된 공자의 말에 의하면 장례는 당연히 "집안 살림이 있고 없음을 저울질하여, 있더라도 예에 지나쳐서는 안 된다. 정말 아무것도 없다면 머리와 발과 몸을 염하여 즉시 장사지내고, 관에 새끼를 달아 손으로 내려놓고 매장한다[稱家之有亡, 有, 毋過禮. 苟亡矣, 斂首足形, 還葬, 縣棺而封]"고 했다. 안연의 집이 원래 가난했으면서 장례를 후하게 지냈기 때문에, 공자의 관점에서 보면 이것은 마땅히 해서는 안 되는 것이었다. 실제로 공자의 탄식은 후하게 장사를 치른 제자들을 꾸짖은 것이다.

夫二三子也니라. 너와 같이 공부하던 이들이
부 이 삼 자 야   그렇게 한 것이다.

12

季路가 問事鬼神한대. 자로가 귀신을 섬기는 방법에 대해
계 로   문 사 귀 신   묻자,

子曰 공자께서 말씀하셨다.
자 왈

未能事人이면, 산 사람도 아직 섬기지 못하면,
미 능 사 인

焉能事鬼리오? 어떻게 죽은 귀신을 섬길 수 있단
언 능 사 귀   말이냐?

曰 자로가 또 말하기를,
왈

敢¹⁹問死하노이다. 제가 대담하게 죽음에 대해 묻고자
감   문 사   합니다.

曰 공자께서 말씀하셨다.
왈

---

19 감(敢) : 존경을 나타내는 부사로, 실제로는 아무 뜻이 없다. 〈의례〉「사우례(士虞禮)」의 정현 주석에서 "감(敢)은 주제넘다라는 뜻을 나타내는 단어이다[敢, 冒昧之詞]"라고 했으며, 가공언(賈公彦)의 소(疏)에서 "대체로 '감(敢)'이라고 말하면, 지위가 낮은 사람이 존귀한 사람을 거슬려 자기는 분명히 알지 못한다는 뜻이다[凡言 '敢'者, 皆是以卑觸尊不自明之意]"라고 했다.

未知生이면,
미 지 생

삶의 이치도 아직 분명히 알지 못하면,

焉知死리오?
언 지 사

어떻게 죽음을 이해할 수 있겠느냐?

13

閔子[20]는 侍側에,
민 자   시 측

민자건이 공자 옆에 서 있을 때에는

誾誾如也하고,
은 은 여 야

공손하고 정직한 모습이었고,

子路는,
자 로

자로는

行行[21]如也하고,
항 항   여 야

매우 굳센 모습이었으며,

冉有 · 子貢은,
염 유   자 공

염유와 자공은

侃侃如也어늘.
간 간 여 야

온화하고 즐거운 모습이더니,

子樂[22]하시다.
자 락

공자께서 기뻐하셨다.

---

20 민자(閔子) : 황간의 〈의소〉에는 '민자건(閔子騫)'으로 되어 있다.
21 항항(行行) : 옛날에는 거성으로 읽었으며, 발음은 hàng이다. 주희의 〈집주〉에서는 "굳세고 강한 모양이다[剛强之貌]"라고 했다.
22 락(樂) : 어떤 사람은 이 '락(樂)' 자는 '왈(曰)' 자를 잘못 쓴 것이라고 주장한다(두 글자의 독음이 서로 비슷하다).

若由也는, [그러나 또 말씀하셨다.] 중유와
약 유 야   같은 사람은

不得其死然²³이로다.   제 명에 죽지 못할까 걱정이다.
부 득 기 사 연

14

魯人²⁴이 爲長府²⁵어늘.   노나라가 장부(長府)라는 창고를
노 인   위 장 부   보수하였다.

閔子騫曰   이에 민자건이 말했다.
민 자 건 왈

仍舊貫,   이전 그대로 놔두는 것이
잉 구 관

如之何오?   어떻겠습니까?
여 지 하

何必改作이리오?   왜 보수해야만 합니까?
하 필 개 작

---

23 부득기사연(不得其死然) : '득사(得死)'는 당시의 속어(俗語)로, 천수를 다함을 말한다. 〈좌전〉「희공(僖公) 19년」에 "제 명에 죽는 것만 해도 다행이다[得死爲幸]"와 〈좌전〉「애공(哀公) 16년」에 "그가 제 명대로 죽게 내버려둔다면 나는 내가 아니다[得死, 乃非我]"의 예가 있다. '연(然)'은 어기사로 '언(焉)'과 용법이 같다.
24 노인(魯人) : '노인(魯人)'의 '인(人)'은 그 나라의 집정 대신을 가리키는 말이다. 이 '인(人)'은 '민(民)' 자와는 차이가 있다.
25 장부(長府) : 노나라 관부(官府)의 명칭으로 〈좌전〉「소공 25년」 두예 주를 참고, 소공 25년에 계씨가 난을 일으켜 소공을 몰아내려 하자, 소공이 장부(長府)를 근거로 하여 대항했기 때문에, 그곳을 다시 개축하여 그 방어 능력을 없애 버렸다.

子曰	공자께서 말씀하셨다.
자 왈	
夫人이 不言이언정,	이 사람은 평소에는 그다지 말을
부 인 불 언	하지 않다가,
言必有中²⁶이니라.	말을 하면 반드시 이치에 맞느니라.
언 필 유 중	

15

子曰	공자께서 말씀하셨다.
자 왈	
由之瑟²⁷을 奚爲於丘之門고?	중유가 슬을 어찌 내가 있는
유 지 슬 해 위 어 구 지 문	여기에서 타느냐?
門人이 不敬子路한대.	이 때문에 문인들이 자로를
문 인 불 경 자 로	업신여기자,

---

26 언필유중(言必有中) : '중(中)'은 거성으로 읽으며, 말이 들어맞다 · 정곡을 찌르다라는 뜻이다. 공자가 왜 민자건의 말이 들어맞다고 칭찬했는지에 대해서는 몇 가지 주장이 있다. 첫째는 민자건이 노나라 임금에게 계씨를 정벌하지 말라고 간언한 것을 가리킨다고 했고, 둘째는 민자건이 계씨가 권력을 마음대로 휘두르는 것을 풍자한 것을 가리킨다는 것이다. 셋째는 그가 노나라 임금과 당시 권력을 잡고 있는 자들에게 백성들을 혹사시키고 재물을 헛되이 쓰지 말 것을 간언한 것을 가리킨다고 했다.

27 슬(瑟) : 슬(瑟)의 발음은 sè이고, 고대의 악기로 금(琴)과 같은 종류이다. 여기서 공자는 자로가 슬(瑟)을 연주하는 것에 대해 불만족스럽게 여긴 것이 아니라, 그가 연주한 곡조에 대해 불만을 나타낸 것이다. 〈설원(說苑)〉「수문(脩文)」에 이 글자에 대한 충분한 설명이 있다.

子曰
자 왈

공자께서 말씀하셨다.

由也는 升堂矣요,
유야   승당의

중유는 학문이 이미 훌륭하지만,

未入於室[28]也니라.
미입어실   야

다만 정밀하고 심오한 것이 아직 부족할 따름이다.

16

子貢이 問.
자공   문

자공이 공자에게 물었다.

師與商也가 孰賢이니잇고?
사여상야   숙현

전손사(자장)와 복상(자하) 중에 누가 더 낫습니까?

子曰
자 왈

공자께서 말씀하셨다.

師也는 過하고,
사야   과

사는 약간 지나치고,

商也는 不及이니라.
상야   불급

상은 약간 미치지 못하니라.

曰
왈

자공이 다시 말했다.

---

28 승당입실(升堂入室) : 이것은 비유의 말이다. '당(堂)'은 바로 집의 대청을 말하고, '실(室)'은 내실이다. 먼저 문으로 들어가서, 그 다음에 마루에 오르고, 마지막으로 방에 들어간다. 이것은 학문을 하는 데 몇 가지 단계를 나타낸다. '입실(入室)'은 오늘날에 말하는 '최고에 달하다'와 같다. 우리들이 "이 사람의 학문이 최고에 다다랐다"라고 말하면, 바로 그의 학문이 대단히 훌륭하다는 것을 나타낸다.

然則師愈與잇가?
연 즉 사 유 여

그렇다면 사가 더 낫습니까?

子曰
자 왈

공자께서 말씀하셨다.

過猶不及이니라.
과 유 불 급

지나친 것과 미치지 못한 것은 똑같이 좋지 못하다.

17

季氏²⁹富於周公³⁰이어늘,
계 씨 부 어 주 공

계씨가 주공보다 돈이 더 많은데도

而求也爲之聚斂而附益之³¹한대.
이 구 야 위 지 취 렴 이 부 익 지

염구는 오히려 그를 위하여 세금을 수탈하여, 더 많은 부(富)를 만들어 주었다.

---

29 계씨(季氏) : 계강자를 가리킨다.
30 주공(周公) : 두 가지 설이 있다. (1) 주공 단(周公旦). (2) 일반적으로 주나라 천자 주위의 경사(卿士)를 지낸 사람들을 가리키며, 주공 흑견(周公黑肩)·주공 열(周公閱)과 같은 사람들이다.
31 취렴이부익지(聚斂而附益之) : 이 사실에 대해서는 〈좌전〉「애공(哀公) 11년과 12년」의 기록을 참고할 수 있다. 계씨는 전부(田賦) 제도를 시행하여, 세금을 늘리려고 했다. 그래서 염구(冉求)를 시켜 공자의 의견을 물어 보았는데, 공자는 "사람들에게 혜택을 베풂에는 관대하게 하고, 일은 도에 벗어나지 않게 시키며, 징세는 적게 하는 것[施取其厚, 事舉其中, 斂從其薄]"을 주장했다. 그러나 결국 염구는 여전히 계씨의 명에 따라 전부(田賦) 제도를 실시했다. 취렴(聚斂)은 〈예기〉「대학(大學)」에서 "전차 백 대를 갖추고 있는 제후의 집에서는 세금을 수탈하는 가신을 두어서는 안 될 것이니, 그 세금을 수탈하는 가신을 두는 것보다는 차라리 도적질하는 가신을 두는 것이 낫다[百乘之家, 不畜聚斂之臣. 與其有聚斂之臣, 寧有盜臣]"라고 한 것을 보면, 유가들은 통치 체제를 유지하기 위해, 백성들에 대한 과분한 착취는 반대했다는 것을 알 수 있다. 그 사상의 연원이 아마 이 장에 있는 듯하다.

子曰³²
자왈

이에 공자께서 말씀하셨다.

非吾徒也로소이다.
비 오 도 야

염구는 우리 사람이 아니다.

小子아 鳴鼓³³而攻之가,
소 자 명 고 이 공 지

너희들은 크게 북을 울려 그를 성토해도

可也니라.
가 야

좋을 것이니라.

18

柴³⁴也는 愚하고,
시 야   우

고시는 어리석고,

參也는 魯하고,
삼 야   노

증삼은 둔하고,

師也는 辟³⁵하고,
사 야   벽

전손사는 한쪽으로 치우치며,

---

32 자왈(子曰) : 문장의 기세나 어법적인 측면을 고려할 때, '자왈'은 이 장의 첫머리에 위치해야 한다.

33 명고(鳴鼓) : 고(鼓)는 전쟁 중 공격을 호령할 때 사용하던 것으로, 여기서는 공개적으로 비판하고 규탄하라는 의미가 있다.

34 시(柴) : 고시(高柴)이다. 자는 자고(子羔)이며, 공자의 학생으로, 공자보다 나이가 30살이 적다(BC 521~?).

35 벽(辟) : 발음은 pi이다. 황식삼(黃式三)의 〈논어후안(論語後案)〉에서 다음과 같이 말했다. "벽(辟) 자를 〈좌전〉에 나오는 '궐서벽(闕西辟)'으로 읽으면, 치우치다는 뜻이다. 그 뜻이 지나치게 높아서 한쪽으로 치우친다[辟讀若 〈左傳〉 '闕西辟'之辟, 偏也. 以其志過高而流於一偏]."

由也는 喭³⁶이니라.
유 야   언

중유는 경솔하며 성격이 거칠다.

19

子曰
자 왈

공자께서 말씀하셨다.

回也는 其庶³⁷乎이나,
회 야   기 서   호

안회의 학문과 도덕은 대충 되었으나,

屢空³⁸이니라.
누 공

항상 어쩔 도리 없이 곤궁하였다.

賜는 不受命³⁹이요,
사   불 수 명

단목사는 본분에 만족하지 아니하고,

---

36 언(喭): 경솔하며 성격이 거칠다. 주희는 "거칠고 속되다[粗俗]"라고 해석했다.
37 서(庶): 거의·대략의 뜻이 있다. 일반적으로 칭찬하는 경우에 사용한다.
38 공(空): 일반적으로 '공(空)' 자는 거성으로 읽지만, 근거도 없을 뿐 아니라, 그렇게 읽을 필요도 없다. 고대에는 '빈(貧)'과 '궁(窮)' 두 글자를 때에 따라 구별해서 썼으며, 금전이 부족한 것을 빈(貧)이라 하고, 생활을 의지할 곳이 없고, 앞길에 활로가 없는 것을 궁(窮)이라 했다. '공(空)' 자는 오히려 이 두 가지의 뜻을 함께 겸하고 있다. 그래서 "어쩔 도리 없이 곤궁하였다[窮得沒有辨法]"로 '공(空)' 자를 번역했다.
39 사불수명(賜不受命): 이 말은 예로부터 여러 가지 다른 해석이 있었다. 관건은 '명(命)' 자의 함의(含意)에 있다. 어떤 이는 '명(命)' 자를 '교명(敎命)'으로 해석하여, '불수명(不受命)'을 '가르침을 따르지 않다[不奉敎]'라고 하지만, 이것은 명백한 착오이다. 왕필(王弼)과 강희(江熙)는 '명(命)'을 '작명(爵命)' 혹은 '녹명(祿命)'으로 해석하여, '불수명(不受命)'이 '벼슬을 하지 않다[不做官]'라고 해석했다. 이럴 경우 자연스럽게 말은 통하지만, 그러나 자공(子貢)이 벼슬을 한 적이 있기 때문에 사실에 부합하지 않는다. 〈사기〉「중니제자열전」에서 그에 대해 "일찍이 노나라와 위나라에서 재상을 지냈다[嘗相魯衛]"라 했고, 〈사기〉「화식열전(貨殖列傳)」에서 또 그가 "공자에게서 공부한 적이 있으며, 그곳에서 떠난 후에 위나라에 가서 벼슬을 했고, 또 제나라와 노나라에서 싼 것을 구입해서 파는 방법으로 장사했다[旣學於仲尼, 退而仕於衛, 廢著鬻財於曹魯之間]"고 했

| 而貨殖焉이나, | 물건을 사재어 투기를 하였으나, |
| 이 화 식 언 | |

| 億⁴⁰則屢中이니라. | 시세를 추측함에 매번 잘 들어 |
| 억 즉 루 중 | 맞추었다. |

20

| 子張이 問善人⁴¹之道한대. | 자장이 어떻게 해야 착한 |
| 자 장 문 선 인 지 도 | 사람인지에 대해 물으니, |

| 子曰 | 공자께서 말씀하셨다. |
| 자 왈 | |

| 不踐迹⁴²이나, | 착한 사람이 다른 사람의 발자취를 |
| 불 천 적 | 좇지 않고서는, |

으니, 자공이 장사한 것과 벼슬한 것은 같은 시기이다. 그렇다면 이 설은 사실에 부합하지 않을 뿐 아니라, 공자의 원래 뜻과도 맞지 않는다. 또 어떤 사람은 '명(命)'이 '천명(天命)'이라고 했으며, 유월의 〈군경평의〉에서는 옛날의 장사는 모두 관청에서 명령을 받았다고 생각하며, "만약 관청으로부터 명령을 받지 않고 스스로 싼 물건을 사서 비싸게 팔면, 십분지 일의 이익만을 가졌으니, 이것을 명령을 받지 않고 장사하는 것이라고 한다[若夫不受命於官而自以其財市賤鬻財貴, 逐什一之利, 是謂不受命而貨殖]"라고 했다. 두 설이 모두 이치에 맞고, 어느 것이 옳은지 알 수 없기 때문에, 번역문에서는 단지 "본분에 만족하지 않다"로 번역했다.

40 억(億) : 추측하다라는 뜻이다.
41 선인(善人) : 〈논어〉에서 '선인(善人)'이라는 말이 다섯 차례 언급되었다. 군자나 소인처럼 매우 중요한 단어로 취급하지는 않았지만, 단어 자체에 함의를 갖고 있다. 이 장에서는 비유의 방법으로 선인을 정의 내리고 있다. 주희의 주석에서는 "자질은 아름다우나 아직 배우지 아니한 사람이다[質美而未學者也]"라고 했다. 7장 · 13장을 함께 참고해 볼 수 있다.
42 천적(踐迹) : 주희의 〈집주〉에서는 정이(程頤)의 말을 인용하여 "천적은 길을 따르고 바퀴자국을 지킨다는 말과 같다. 선인은 비록 굳이 옛 자취를 밟지 않더라도 저절로 악한 짓을 하지 않는다. 그러나 그 또한 성인의 방에 들어가지 못한다"라고 했다.

亦不入於室이니라.
역 불 입 어 실

〔학문 도덕은〕 최고의 경지에
이르기 어렵다.

21

子曰
자 왈

공자께서 말씀하셨다.

論篤을 是與⁴³면,
논 독   시 여

항상 의론(議論)이 독실한 사람을
받들어 칭찬한다면,

君子者乎아?
군 자 자 호

이런 독실한 사람이 진정한
군자인가?

色莊⁴⁴者乎아?
색 장 자 호

아니면 안색이 거짓으로 장중한
척하는 사람인가?

22

子路가 問,
자 로   문

자로가 물었다.

聞斯行諸⁴⁵잇가?
문 사 행 저

들으면 곧 행할까요?

---

43 논독시여(論篤是與) : 이것은 '여논독(與論篤)'의 도치된 형식이다. '시(是)'는 도치를 돕기 위해 사용된 것이며, '유이시문(唯你是問 : 당신에게 묻다)'의 '시(是)'와 용법이 같다. '여(與)'는 칭찬하다라는 뜻으로, '논독(論篤)'은 바로 '언론이 독실한 사람[論篤者]'이라는 뜻이다.
44 색장(色莊) : 외모는 장중하지만 실제 마음은 그렇지 않은 것을 가리킨다.
45 문사행저(聞斯行諸) : '사(斯)'는 사물을 가리키는 대명사로, 여기서 무엇을 가리키는지

子曰 자 왈	공자께서 말씀하셨다.
有父兄在하니, 유 부 형 재	아버지와 형이 살아 계시니,
如之何其聞斯行之리오? 여 지 하 기 문 사 행 지	어찌 듣는 대로 곧 행할 수 있겠느냐?
冉有가 問 염 유 문	염유가 물었다.
聞斯行諸잇가? 문 사 행 저	들으면 곧 행할까요?
子曰 자 왈	공자께서 말씀하셨다.
聞斯行之니라. 문 사 행 지	들으면 곧 행하거라.
公西華가 曰 공 서 화 왈	공서화가 말했다.
由也가 問聞斯行諸어늘, 유 야 문 문 사 행 저	중유가 들으면 곧 행할까요라고 물으니,
子曰, 자 왈	선생님께서 말씀하시기를

는 분명치 않다. 역대 주석가들이 그것에 대해 여러 가지 견해를 내놓았으나, 대부분 개인적인 견해일 뿐, 모두 근거가 없다. 단지 한 가지 분명한 것은 그것이 착한 말과 착한 행동이라는 점이다. '저(諸)'는 '지호(之乎)'의 합음이다.

有父兄在라 하시고,
_{유 부 형 재}

아버지와 형이 살아 계시니
〔그렇게 할 수 없다〕라고 하셨고,

求也가 問聞斯行諸어늘,
_{구 야   문 문 사 행 저}

염구가 들으면 곧 행할까요라고
물으니,

子曰,
_{자 왈}

선생님께서 말씀하시기를

聞斯行之라 하시니이라.
_{문 사 행 지}

들으면 곧 행하라고 하셨습니다〔두 사람이 똑같은 문제를 물었는데, 선생님의 대답은 반대입니다〕.

赤也가 惑하여,
_{적 야   혹}

제게 약간 이해되지 않는 것이 있어

敢問하노이다.
_{감 문}

대담하게 묻고자 합니다.

子曰
_{자 왈}

공자께서 말씀하셨다.

求也는 退라,
_{구 야   퇴}

염구는 평소 일을 함에 있어
위축되어 있기 때문에

故로 進之하고,
_{고   진 지}

그래서 그에게 용기를 북돋워준
것이고,

11. 먼저 배우고(先進篇)_325

由也는 兼人⁴⁶이라,
유야   겸인

중유는 용기가 두 사람을 합한 것만큼 커서 용감하게 행동하기 때문에,

故로 退之니라.
고   퇴지

그래서 내가 그를 억제하려고 한 것이다.

23

子畏於匡하실새,
자 외 어 광

공자께서 광(匡)이라는 곳에서 갇힌 뒤에,

顔淵이 後러니.
안 연   후

안연이 맨 마지막으로 왔다.

子曰
자 왈

이에 공자께서 말씀하셨다.

吾以女爲死矣로라.
오 이 여 위 사 의

나는 네가 죽은 줄 알았노라.

曰
왈

안연이 말했다.

子在어시니,
자 재

선생님께서 살아 계신데,

---

46 겸인(兼人) : 공안국과 주희는 '겸인(兼人)'을 '남보다 낫대[勝人]'로 해석했다. 그러나 자로가 용감하기는 했지만, 반드시 '일하는 데 다른 사람보다 나은 것'은 아니었다. 그래서 차라리 장경부(張敬夫)의 해석처럼 '겸인(兼人)'을 '용감하게 행하다'로 해석하는 것이 더 적절하다.

回가 何敢死리잇가?　　　　제가 어찌 죽을 수 있겠습니까?
회　하감사

24

季子然⁴⁷이 問　　　　　　계자연이 물었다.
계자연　　문

仲由·冉求는 可謂大臣與잇가?　　중유와 염유는 대신이라
중유　염구　　가위대신여　　　말할 수 있겠습니까?

子曰　　　　　　　　　　　공자께서 말씀하셨다.
자왈

吾以子爲異之問⁴⁸이러니,　　나는 그대가 다른 사람에 대해 물을
오이자위이지문　　　　　　것이라 생각했는데,

曾由與求之問이로다.　　　　결국 중유와 염유에 대해 묻는군요.
증유여구지문

所謂大臣者는,　　　　　　　우리가 말하는 대신이란 것은
소위대신자

以道事君하다가,　　　　　　그가 인의에 잘 맞는 내용과
이도사군　　　　　　　　　방식으로 임금을 섬기다가,

---

47 계자연(季子然) : 계씨의 동족으로 보아야 하지만, 〈사기〉「중니제자열전」에서 "계손이 물었다 : '자로는 대신이라고 할 수 있습니까[季孫問曰: '子路可謂大臣與]"라고 한 것은, 〈논어〉와는 약간 다르다.
48 위이지문(爲異之問) : 여기에 대해서 세 가지 해석이 있다. 첫째는 다른 일[異事]이고, 둘째는 다른 사람[異人]이며, 셋째는 특별한 것으로, 세 가지 해석 모두 뜻은 통한다.

不可則止하니라.
불 가 즉 지

통하지 않으면 차라리 사직하고 그만둡니다.

今由與求也는,
금 유 여 구 야

지금 중유와 염유 이 두 사람은

可謂具臣矣[49]니라.
가 위 구 신 의

상당한 재능을 갖춘 신하라 말할 수 있을 것입니다.

曰
왈

계자연이 또 말했다.

然則從之者與잇가?
연 즉 종 지 자 여

그렇다면 그들은 모든 일에 윗사람에게 순종할까요?

子曰
자 왈

공자께서 말씀하셨다.

弑父與君은,
시 부 여 군

아비나 임금을 죽이는 일에는

亦不從也리이다.
역 부 종 야

그들도 순종할 리가 없을 것입니다.

---

49 이 장은 공자가 그들이 어진지 모르겠다며 칭찬하지 않은 장과 계씨가 태산에 제사지내러 가는 것을 염유가 말리지 못한 장, 계씨가 전유를 치려는 것에 대해 염유와 자공이 그 책임을 회피하는 장과 같이 대조하여 볼 수 있다.

25

子路가 使子羔로 爲費宰한대.
자로 사자고 위비재

자로가 자고를 비현(費縣)의
현장(縣長)으로 삼자,

子曰
자왈

공자께서 말씀하셨다.

賊[50]夫人之子로다.
적 부인지자

이것은 다른 사람의 자식을 해치는
것이구나!

子路가 曰
자로 왈

자로가 말했다.

有民人焉하며,
유민인언

그곳에 백성이 있으며,

有社稷焉하니,
유사직언

토지와 오곡이 있으니,

何必讀書,
하필독서

어찌 반드시 글을 읽은 후에야만

然後爲學이리잇고?
연후위학

학문을 했다고 하겠습니까?

子曰
자왈

공자께서 말씀하셨다.

是故로 惡夫佞者[51]하노라.
시고 오부녕자

그래서 내가 말재주 있는 자를
싫어하노라.

---

50 적(賊) : 해가 되다라는 뜻이다.
51 시고오부녕자(是故惡夫佞者) : '녕(佞)'은 말재주가 있는 것을 가리킨다. 자고가 아직

26

子路·曾皙[52]·冉有·公西華가 侍坐러니.
자로 증석 염유 공서화 시좌

자로·증석·염유와 공서화 네 사람이 공자를 모시고 앉아 있었다.

子曰
자 왈

공자께서 말씀하셨다.

以吾一日[53]長乎爾나,
이 오 일 일 장 호 이

내가 너희들보다 나이가 많아 (늙어서),

毋吾以也[54]하라.
무 오 이 야

나를 써 주는 사람이 없느니라.

居[55]則曰
거 즉 왈

너희들은 평소에 말하기를

不吾知也라 하나니!
불 오 지 야

다른 사람들이 나를 알아주지 않는구나!라고 하는데,

어려서 배움이 성숙하지 않았는데, 그가 정치에 참여하도록 한다면 공자가 평소에 말하던 가르침을 어기는 것이다. 자로가 강변(强辯)했기 때문에 공자가 그를 욕한 것이다.

52 증석(曾晳) : 이름은 점(點)이고, 증삼(曾參)의 아버지이며, 역시 공자의 학생이었다. 그 나이는 분명치 않으나 대략 자로보다 젊었으며, 공자보다 10여 살이 적었다.

53 일일(一日) : 나이차가 적음을 나타내며, 겸손한 표현이다.

54 무오이야(毋吾以也) : 황간의 〈의소〉에는 '무(毋)' 자가 '무(無)'로 되어 있다. 이 구절에 대해 여러 가지 해석이 있다. 첫째, 내가 손위라는 것 때문에 대답하는데 어려워하지 말라는 뜻으로 해석했다. 둘째, '이(以)' 자와 '이(已)' 자를 통용하여, 그만두다라는 뜻으로 해석했다. 즉, 내가 손위이기 때문에 그만두고 말하지 않는 것은 하지 말라는 뜻으로 해석했다. 넷째, '이(以)'는 쓰다는 뜻으로, 즉 남들이 나를 쓰지 않게 되었다는 뜻이다.

55 거(居) : 당·송 때 사람들의 구어인 '평거(平居)'와 뜻이 같다. '평소'·'평상시'의 뜻이다.

如或知爾면,
여 혹 지 이

則何以哉오?
즉 하 이 재

子路가 率爾[56]而對曰
자 로   솔 이   이 대 왈

千乘之國이,
천 승 지 국

攝乎大國之間하여,
섭 호 대 국 지 간

加之以師旅요,
가 지 이 사 려

因之以饑饉[57]이어든,
인 지 이 기 근

由也가 爲之면,
유 야   위 지

比[58]及三年하여,
비   급 삼 년

만약 누군가가 너희들을 알아주면

너희들은 어떻게 하겠느냐?

자로가 생각하지도 않고
대답하였다.

전쟁용 수레 천 대를 갖고 있는
나라가

큰 나라 사이에 협소하게 끼어서
강요당하여,

밖으로는 군대의 침입을 받고,

나라 안에서는 기근까지 겹쳤을 때,

제가 가서 다스린다면

3년이 될 무렵이면

---

56 솔이(率爾) : 황간의 〈의소〉에는 '솔(率)'이 '졸(卒)'로 되어 있다. 두 글자 모두 의미상 으로는 통한다. '졸이(卒爾)'는 급하다는 뜻으로, 매우 바쁜 모양을 나타내고, '솔이(率爾)'는 경솔하다는 뜻이다.
57 기근(饑饉) : 곡식이 익지 않은 것을 '기(饑)'라고 하고, 채소가 자라지 않은 것을 '근(饉)'이라고 한다.

可使有勇이요,
가 사 유 용

사람들마다 용기 있게 하고,

且知方也케 하리이다.
차 지 방 야

또한 큰 도리를 깨닫게 하겠습니다.

夫子哂⁵⁹之하시다.
부 자 신 지

공자께서 빙그레 웃으셨다.

求아!
구

〔이에 또 물으셨다.〕
염구야!

爾는 何如오?
이 하 여

너는 어떠냐?

對曰
대 왈

염구가 대답을 하였다.

方六七十⁶⁰과,
방 육 칠 십

국토가 종횡으로 각각 육칠십 리나

如⁶¹五六十에,
여 오 륙 십

오륙십 리 정도 되는 작은 나라를

求也가 爲之면,
구 야 위 지

제가 가서 다스린다면,

---

58 비(比) : 거성으로 발음은 bi이고, '때에 이르다'라는 뜻이다.
59 신(哂) : 빙그레 웃다라는 뜻이다.
60 방육칠십(方六七十) : 고대 토지 면적을 계산하는 방식에 따르면, '방육칠십(方六七十)'은 '육칠십 평방리[六七十方里]'와는 다르며, 매 변의 길이가 육칠십 리라는 뜻이다. 육칠십 리는 소국이다.
61 여(如) : '혹은'의 뜻이다.

比及三年하여,
비 급 삼 년

3년이 될 무렵이면

可使足民**62**이어니와.
가 사 족 민

사람들을 풍족하게 만들 수 있을 것입니다.

如其禮樂엔,
여 기 례 악

하지만 예악을 밝히는 것에 대해서는

以俟君子하리이다.
이 사 군 자

현명한 군자를 기다리겠습니다.

赤아!
적

〔또 공자께서 물으셨다.〕
공서적아!

爾는 何如오?
이   하 여

너는 어떠냐?

對曰
대 왈

공서적이 대답하였다.

非曰能之라,
비 왈 능 지

제가 매우 능력이 있다고 말씀드리기 어려우니,

願學焉하노이다.
원 학 언

저는 이렇게 배우기를 원합니다.

---

62 가사족민(可使足民) : '족민(足民)'은 의식이 풍족한 것을 가리킨다. 황간의 〈의소〉에는 '가사족민야(可使足民也)'로 되어 있다.

11. 먼저 배우고(先進篇)_333

| 宗廟之事⁶³와, | 제사를 드리는 일과 |
| 종묘지사 | |

| 如會同에, | 외국과 동맹을 맺는 일에, |
| 여회동 | |

| 端章甫⁶⁴로, | 예복을 입고 예모를 쓰고 |
| 단장보 | |

| 願爲小相⁶⁵焉하노이다. | 의식을 집행할 때 돕는 사람이 되었으면 합니다. |
| 원위소상 언 | |

| 點아! | 〔또 물으셨다.〕 증점아! |
| 점 | |

| 爾는 何如오? | 너는 어떠냐? |
| 이 하여 | |

| 鼓瑟希러니, | 그가 마침 마지막 곡을 슬(瑟)로 연주하더니, |
| 고슬희 | |

| 鏗爾, | 뚱땅하는 소리를 한번 내고, |
| 갱이 | |

| 舍瑟而作⁶⁶하여, | 슬을 내려놓고는 일어나, |
| 사슬이작 | |

---

63 종묘지사(宗廟之事) : 제사를 가리킨다.
64 단장보(端章甫) : 단(端)은 고대 예복의 이름이고, 장보(章甫)는 고대 예모의 이름이다. '단장보(端章甫)'는 수식구로, 고대에는 동사를 쓰지 않아도 되었다.
65 상(相) : 거성으로 읽고, 명사이며, 고대 의식을 진행할 때 진행자를 말한다.
66 사슬이작(舍瑟而作) : 작(作)은 일어서다는 뜻이다. 증점(曾點)이 공자의 질문에 답하

對曰 대 왈	대답하였다.
異乎三子者之撰[67]이니다. 이 호 삼 자 자 지 찬	저의 포부는 저 세 사람이 말한 것과 다릅니다.
子曰 자 왈	공자께서 말씀하셨다.
何傷乎리오? 하 상 호	무슨 거리낄 게 있겠느냐?
亦各言其志也니라. 역 각 언 기 지 야	저들은 각자 자기의 포부를 말한 것이다!
曰 왈	증석이 대답하였다.
莫[68]春者에, 모 춘 자	늦은 봄 3월에
春服旣成[69]이어든, 춘 복 기 성	봄옷을 모두 입고,
冠者[70]五六人과, 관 자 오 륙 인	어른 오륙 명과

기 위해 일어나자, 다른 제자들도 마찬가지로 일어났음을 짐작할 수 있다. 단지 앞 문장에서 분명하게 말하지 않았을 뿐이다.
67 찬(撰) : 여기서는 생각이나 내용을 가리킨다.
68 모(莫) : '모(暮)' 자와 같으며, 저물다라는 뜻이다. 즉, 늦은 봄을 말한다.
69 성(成) : '정하다라는 뜻이다. 〈국어〉「오어(吳語)」에서 '오진쟁장미성(吳晉爭長未成)' 이라고 한 것은, 맹주가 되기 위해 다투었으나 아직 정해지지 않았다는 뜻이다.
70 관자(冠者) : 이미 관례(冠禮)를 치른 성인을 가리킨다. 고대에는 20살에 관례를 거행하

童子六七人으로,
동자육칠인

동자 육칠 명과 함께

浴乎沂[71]하여,
욕호기

기수(沂水)에서 목욕을 하여,

風乎舞雩[72]하여,
풍호무우

무우대(舞雩臺)에서 바람을 쐬고

詠而歸하리이다.
영이귀

노래를 부르며 돌아오겠습니다.

夫子喟然歎曰
부자위연탄왈

공자께서는 길게 한숨을 쉬시고 말씀하셨다.

吾與點也하노라!
오여점야

나는 증점의 주장에 동의하노라!

三子[73]者가 出커늘,
삼자자출

자로와 염유, 공서화 세 사람이 모두 나가고,

여 성인이 되었음을 나타내었다. 황간의 〈의소〉에는 '관(冠)' 자 앞에 '득(得)' 자가 있다.
71 기(沂) : 강 이름이지만, 대기하(大沂河)와 대기하에 유입된 소기하(小沂河)는 다르다. 이 기수(沂水)는 산동성(山東省) 추현(鄒縣) 동북쪽에서 발원하여, 서쪽으로 흘러 곡부(曲阜)를 거쳐 수수(洙水)와 합쳐져 사수(泗水)에 유입된다. 또 〈좌전〉 「소공(昭公) 25년」에서 "계평자가 기수가에 가 있기를 청했다[季平子請待於沂上]"의 '기(沂)'도 역시 '기수(沂水)'를 가리키는 말이다.
72 무우(舞雩) : 〈수경주(水經注)〉에서 다음과 같이 말했다. "기수 북쪽에 직문(稷門)을 마주하고 있고, 일명 고문(高門)이라고도 하며, 우문(雩門)이라고도 한다. 남쪽 강물을 사이에 두고 우단(雩壇)이 있는데, 단의 높이가 3장(丈)으로, 증점(曾點)이 바람을 쐬려고 했던 곳이다[沂水北對稷門, 一名高門, 一名雩門. 南隔水有雩壇, 壇高三丈, 卽曾點所欲風處也]." 지금의 곡부현(曲阜縣) 남쪽에 있다.
73 삼자(三子) : 자로와 염유, 공서화 세 사람을 가리킨다.

曾晳이 後러니.
증석 후

증석이 뒤에 갔다.

曾晳이 曰
증석 왈

증석이 물었다.

夫三子者之言이 何如하니잇고?
부 삼 자 자 지 언   하 여

저 세 사람의 말은 어떻습니까?

子曰
자 왈

공자께서 말씀하셨다.

亦各言其志也已矣니라.
역 각 언 기 지 야 이 의

각자 자기의 포부를 말했을 뿐이다.

曰
왈

증석이 또 물었다.

夫子何哂由也[74]시니잇고?
부 자 하 신 유 야

선생님께서는 어찌 중유의 말에 빙그레 웃으셨습니까?

曰
왈

공자께서 말씀하셨다.

爲國以禮어늘,
위 국 이 례

나라를 다스린다는 것은 예의와 겸손으로 해야 하는데,

---

[74] 부자하신유야(夫子何哂由也) : 황간의 〈의소〉에는 '부자(夫子)'가 '오자(吾子)'로 되어 있다.

其言이 不讓이라,
기언　불양

그의 말은 오히려 조금도 겸허하지 않기에

是故로 哂之호라.
시고　　신지

웃었다.

唯[75]求則非邦也與잇고?
유　구즉비방야여

염구가 말한 것은 나라가 아닙니까?

安見方六七十과 如五六十而非邦也者리오?
안견방육칠십　여오륙십이비방야자

〔공자께서 말씀하셨다.〕 어찌 종횡으로 각각 육칠십 리나 오륙십 리 정도의 땅을 나라가 아니라고 하겠느냐?

唯赤則非邦也與잇가?
유적즉비방야여

공서적이 말한 것은 나라가 아닙니까?

宗廟會同[76]이,
종묘회동

〔공자께서 말씀하셨다.〕 종묘와 나라간의 동맹이 있는 것이,

非諸侯而何오?
비제후이하

나라가 아니면 무엇이란 말이냐?

---

75 유(唯) : 어기사로, 아무런 뜻이 없다.
76 종묘회동(宗廟會同) : 황간의 〈의소〉에는 '종묘(宗廟)' 뒤에 '지사여(之事如)' 자가 있다.

赤也가 爲之⁷⁷小면,
적 야 위 지 소

〔내가 중유의 말에 웃은 것은 그가 나라를 다스릴 수 없다는 것을 말하는 게 아니다. 관건은 나라가 아니라, 그가 한 말의 내용과 태도에 겸허함이 부족해서 웃은 것이다. 예를 들자면 공서적은 예의를 대단히 잘 알고 있는 사람이지만, 그는 단지 의식을 집행할 때 옆에서 돕는 사람이 되는 것을 배우고 싶다고 말했다.〕 공서적이 의식을 집행할 때 옆에서 돕는 사람이 되겠다고 한다면,

孰能爲之大리오?
숙 능 위 지 대

누가 의식을 직접 집행하는 사람이 되겠느냐?

---

77 지(之) : '기(其)' 자와 용법이 같다.

12 안연이
顔淵篇

「안연 편」은 공자 사상의 가장 핵심인 '인'에 대한 내용으로 안연이 이에 대해 묻는 것으로 시작해서, 가장 마지막 장에서 증자가 벗의 도리를 말하며 재차 인의 쓰임에 대해 분명히 말하고 있다. 전 편에 걸쳐 제자들이나 당시 권력자들이 묻고, 공자가 대답하는 형식으로 이루어져 있으며, 주로 정치와 관련된 추상적인 질문이 많다.

1

顏淵이 問仁한대.
_{안 연   문 인}

안연이 인덕을 물으니,

子曰
_{자 왈}

공자께서 말씀하셨다.

克己復禮가 爲仁¹이니라.
_{극 기 복 례   위 인}

자기를 억제하고 말과 행동이 모두 예에 맞도록 하는 것이 곧 인이다.

一日克己復禮면,
_{일 일 극 기 복 례}

일단 이렇게 하면

天下가 歸仁²焉하리라.
_{천 하   귀 인 언}

천하 사람들이 너를 어진 사람이라고 칭찬할 것이다.

爲仁이 由己니,
_{위 인   유 기}

인덕을 실천하는 것이 완전히 자기 자신에 의지해야지,

而由人乎哉아?
_{이 유 인 호 재}

어찌 다른 사람에게 의지할 것이냐?

---

1 극기복례(克己復禮) : 〈좌전〉「소공(昭公) 12년」에 "공자가 말했다 '옛날의 책에 있는데, 자신의 욕망을 억제하여 예의적인 것으로 돌아감이 인이다'라고 하였다[仲尼曰: '古也有志. 克己復禮, 仁也.']"라고 했으니, 그렇다면 '극기복례위인(克己復禮爲仁)'은 공자가 이전 사람의 말에 새로운 의미를 부여한 것이다.

2 귀인(歸仁) : '인을 칭찬하다[稱仁]'라는 뜻으로, 모기령의 〈논어계구편〉에 보인다. 주희 〈집주〉에서 "귀는 허여(許與 : 인정하기를 허락하다)와 같다[歸猶與也]"고 한 것도 역시 이와 같은 뜻이다. 어떤 사람은 '귀(歸)'자를 귀착하다·귀순하다·돌아가다라는 뜻으로 해석하기도 한다.

顔淵이 曰
안 연 왈

안연이 말했다.

請問其目하나이다.
청 문 기 목

그 행동 강령을 묻겠습니다.

子曰
자 왈

공자께서 말씀하셨다.

非禮勿視하며,
비 례 물 시

예에 맞지 않는 일은 보지 말며,

非禮勿聽하며,
비 례 물 청

예에 맞지 않는 말은 듣지 말며,

非禮勿言하며,
비 례 물 언

예에 맞지 않는 말은 하지 말며,

非禮勿動이니라.
비 례 물 동

예에 맞지 않는 일은 하지 않는다.

顔淵이 曰
안 연 왈

안연이 말하였다.

回雖不敏이나,
회 수 불 민

제가 비록 우둔하나,

請事斯語矣리이다.
청 사 사 어 의

이 말씀을 실행하겠습니다.

2

仲弓이 問仁[3]한대.
중 궁 문 인

중궁이 인덕을 물으니,

---

[3] 중궁문인(仲弓問仁) : 어떤 사람은 '인(仁)' 자를 '정(政)'으로 바꾸어야 한다고 주장한다.

子曰
자왈

공자께서 말씀하셨다.

出門如見大賓하고,
출문여견대빈

문을 나가서는 〔일을 할 때〕 귀한 손님을 맞듯이 하고,

使民如承大祭하니라.
사민여승대제

백성을 부릴 때에는 큰 제사를 모시듯이 한다. 〔모두 엄숙하고 진지하며, 조심스럽고 신중해야 한다.〕

己所不欲을,
기소불욕

자기가 하고 싶지 않은 일을

勿施於人이니라.
물시어인

억지로 다른 사람에게 시키지 말 것이다.

在邦無怨하며,
재방무원

그리하면 직위에 있더라도 원망이 없을 것이며,

在家⁴無怨이니라.
재가무원

직위에 있지 않더라도 원망이 없을 것이다.

---

4 재가(在家) : 유보남의 〈논어정의〉에서 말했다 : "재방은 제후의 나라에서 벼슬하는 것을 말하고, 재가는 경대부의 집에서 벼슬하는 것을 말한다[在邦謂仕於諸侯之邦, 在家爲仕於卿大夫之家也]." '가(家)' 자를 '대부를 가리고 한다[大夫曰家]'는 뜻으로 한정시키는 것은 타당하지 않다.

仲弓이 曰
중궁 왈

중궁이 말했다.

雍雖不敏이나,
옹 수 불 민

제가 비록 우둔하나,

請事斯語矣리이다.
청 사 사 어 의

이 말씀을 실행하겠습니다.

3

司馬牛⁵가 問仁한대.
사 마 우   문 인

사마우가 인덕을 물으니,

子曰
자 왈

공자께서 말씀하셨다.

仁者는,
인 자

어진 사람은

其言也가 訒⁶이니라.
기 언 야   인

그 말하는 것이 어눌하다.

曰
왈

사마우가 말했다.

其言也가 訒이면,
기 언 야   인

말하는 것이 어눌하면

---

5 사마우(司馬牛) : 〈사기〉「중니제자열전」에서 말했다 : "사마경은 자가 자우이다. 우는 말이 많고 성질이 급하여 한 번은 공자에게 인을 물었는데, 공자가 '인자는 말을 함부로 하지 않는다'라고 대답해 주었다[司馬耕, 字子牛. 牛多言而躁, 問仁於孔子. 孔子曰: '仁者其言也訒']." 사마천의 이 견해에 의하면, 공자의 대답은 질문하는 사람의 '말이 많고 성질이 급한[多言而躁]' 결점에 대해 말한 것이다.
6 인(訒) : 보통 어렵다 · 참다 · 둔하다라는 뜻으로 해석한다. 주희의 주석에서는 "그 말이 참는 바가 있는 것 같아서 쉽게 말하지 않다[其言若有所忍而不易發]"라고 했다.

斯謂之仁已乎잇가?
사 위 지 인 이 호

이것을 어질다고 하겠습니까?

子曰
자 왈

공자께서 말씀하셨다.

爲之難하니,
위 지 난

실행하기가 어려우니,

言之得無訒乎아?
언 지 득 무 인 호

말하는 것이 어눌해지지 않을 수 있겠느냐?

4

司馬牛가 問君子한대.
사 마 우   문 군 자

사마우가 어떻게 해야 군자가 되는지를 물으니,

子曰
자 왈

공자께서 말씀하셨다.

君子는 不憂不懼니라.
군 자   불 우 불 구

군자는 근심하지 않으며 두려워하지 않느니라.

曰
왈

사마우가 말했다.

不憂不懼면,
불 우 불 구

근심하지 않으며 두려워하지 않으면

斯謂之君子已乎잇가?
사 위 지 군 자 이 호

군자라 부를 수 있겠습니까?

子曰
자 왈

공자께서 말씀하셨다.

內省不疚어니,
_{내 성 불 구}

스스로 마음에게 물어 보아 부끄러운 것이 없으니,

夫何憂何懼리오?
_{부 하 우 하 구}

무슨 근심하고 두려워할 것이 있겠느냐?

5

司馬牛가 憂曰
_{사 마 우   우 왈}

사마우가 근심스레 말했다.

人皆有兄弟어늘,
_{인 개 유 형 제}

다른 사람들은 모두 형제가 있는데

我獨亡7로다.
_{아 독 무}

오로지 나만 없구나.

---

7 인개유형제, 아독무(人皆有兄弟, 我獨亡) : 역대 주석가들은 모두 여기의 사마우(司馬牛)가 바로 송나라 환퇴(桓魋)의 형제라고 했다. 환퇴는 사람됨이 악하여, 결국 모반이 실패하고, 그의 여러 형제들도 따라서 실패했다. 그 중에 단지 사마우가 그 형제들의 행동에 찬동하지 않았지만, 결국 해외로 도망가 길에서 죽었다(〈좌전〉「애공(哀公) 14년」에 보임). 번역문에서는 우선 이 견해를 따랐다. 그러나 공자의 학생 사마우와 송나라 환퇴의 동생 사마우는 아마도 다른 인물로, 같은 사람으로 보기는 어렵다. 그 이유로는 첫째, 〈사기〉「중니제자열전」에서는 사마우가 송나라 사람이라고 언급하고 있지 않으며, 더욱이 〈좌전〉에서의 사마우의 일을 시기적으로 앞에 기록하지 않았다. 태사공(太史公)이 만약 이러한 사료(史料)들을 보고 취하지 않았다면, 사마천은 두 명의 사마우를 각기 다른 사람으로 보았다는 것을 알 수 있다. 둘째, 〈논어〉에서의 사마우가 바로 〈좌전〉의 사마우라고 말한 것은 공안국(孔安國)에서 비롯되었다. 공안국은 또 사마우의 이름은 리(犁)이고, 〈사기〉「중니제자열전」의 사마우 이름은 경(耕)으로 서로 다르다고 했다. 만약 공안국의 말에 근거가 있었다면, 원래 두 명의 사마우가 있었던 것으로, 한 명은 이름이 경(耕)으로 공자의 제자이고, 다른 한 명은 이름이 리(犁)이고, 환퇴의 동생이 된다. 그러나 공안국 이후에도 여전히 이름이 리(犁)인 사람도 공자의 학생이었다고 오해하는 사람이 있었다. 참고로 삼기 위해 여기에 적어 보았다.

子夏가 曰
자 하   왈

자하가 말했다.

商은 聞之矣[8]로니,
상   문 지 의

내가 듣건대

死生有命이요,
사 생 유 명

죽고 사는 것은 운명에 따르고,

富貴在天이라 호라.
부 귀 재 천

부유하고 귀한 것은 하늘에 달렸다고 한다.

君子가 敬而無失하며,
군 자   경 이 무 실

군자가 일을 엄숙하고 진지하게 하여 잘못을 저지르지 아니하며,

與人恭而有禮면,
여 인 공 이 유 례

다른 사람을 대함에 말과 안색을 공손하게 하고 예절에 맞게 한다면,

四海之內가,
사 해 지 내

온 세상이

皆兄弟也니.
개 형 제 야

도처에 모두 형제이다.

君子가 何患乎無兄弟也리오?
군 자   하 환 호 무 형 제 야

그러므로 군자가 어찌 형제가 없는 것을 근심하겠느냐?

---

8 상문지의(商聞之矣) : 일설에는 '생사유명(生死有命)'부터 '개형제야(皆兄弟也)'까지는 모두 자하가 공자로부터 들은 말을 다시 말한 것이며, 제일 마지막 구절인 '군자하환호무형제야'는 자하 자신의 말이라고 했다. 또 다른 설에는 '지(之)'가 반드시 공자가 한 말을 가리키는 것은 아니라고도 하는데, 두 주장 모두 일리가 있다.

6

子張이 問明한대.
자 장   문 명

자장이 어떻게 해야 사물을 분명하게 본다고 할 수 있는가를 물으니,

子曰
자 왈

공자께서 말씀하셨다.

浸潤之譖과,
침 윤 지 참

물방울이 스며들듯이 쌓여 가는 비방과

膚受之愬[9]가,
부 수 지 소

피부에 와닿는 급박하고 절실한 무고가

不行焉이면,
불 행 언

너에게는 통하지 않는다면,

可謂明也已矣니라.
가 위 명 야 이 의

분명하게 본다고 말할 수 있을 것이다.

浸潤之譖과,
침 윤 지 참

물방울 스며들듯이 쌓여 가는 비방과

---

9 침윤지참·부수지소(浸潤之譖·膚受之愬) : 주희의 〈집주〉에서 말했다 : "침윤(浸潤)은 물이 배어들고 적셔지는 것과 같아 점차로 스며들지 갑자기 하지 않는 것이다. 참(譖)은 다른 사람의 행실을 비방하는 것이다. 부수(膚受)는 피부로 받는 이해가 몸에 절실함을 이르니, 주역에서 말하는 '상(床)'을 깎아서 피부에 미치니 재앙에 매우 가깝다'라는 것과 같다. 소(愬)는 자신의 억울함을 하소연하는 것이다."

膚受之愬가,
부 수 지 소

피부에 와닿는 급박하고 절실한 무고가

不行焉이면,
불 행 언

너에게는 통하지 않는다면,

可謂遠也已矣니라.
가 위 원 야 이 의

네가 멀리 내다본다고 말할 수 있을 것이다.

7

子貢이 問政한대.
자 공   문 정

자공이 어떻게 정사를 다스리는지를 물으니,

子曰
자 왈

공자께서 말씀하셨다.

足食,
족 식

양식을 풍족하게 하고,

足兵[10]이면,
족 병

군비를 든든하게 하면,

---

10 병(兵) : 〈오경(五經)〉과 〈논어〉·〈맹자〉 중의 '병(兵)' 자는 대부분 병기(兵器)를 가리키는 말이지만, 간혹 '병사(兵士)'로 해석되는 경우도 있다. 예를 들면 〈좌전〉「은공(隱公) 4년」 "제후의 군대는 정나라의 보병을 패배시키고[諸侯之師敗鄭徒兵]"와 〈은공 원년〉 "(정나라의) 그 보병을 유수가에서 패배시켰다[敗其徒兵於洧上]" 등이 있다. 고염무(顧炎武)와 염약거(閻若璩)는 모두 〈오경〉에 나오는 '병(兵)' 자 중에는 '병사'로 해석할 수 있는 것이 없다고 여겼는데, 아마도 자세하지는 않은 듯하다(유보남의 설). 그러나 이 '병(兵)' 자를 여전히 군대 무기로 해석하는 것이 적절한 것 같아, 군비(軍備)로 번역했다.

民이 信之矣¹¹리라.
민 신지의

백성들이 나라에 대해 믿음을 갖게 될 것이다.

子貢이 曰
자공 왈

자공이 말했다.

必不得已而去인댄,
필부득이이거

어쩔 수 없이 양식과 군비, 백성들의 믿음 세 가지 중에 반드시 하나를 버려야 한다면,

於斯三者에 何先이리잇고?
어사삼자 하선

이 세 가지 중에 어느 것을 먼저 버려야 합니까?

曰
왈

공자께서 말씀하셨다.

去兵이니라.
거병

군비를 버려야 한다.

子貢이 曰
자공 왈

자공이 말했다.

必不得已而去인댄,
필부득이이거

어쩔 수 없이 양식과 백성들의 믿음 중에 반드시 하나를 버려야 한다면,

於斯二者에 何先이리잇고?
어사이자 하선

이 두 가지 중에 어느 것을 먼저 버려야 합니까?

---

11 민신지의(民信之矣) : 황간의 〈의소〉에는 '민(民)' 자 앞에 '영(令)' 자가 있다. 어떤 사람은 여기서의 '지(之)'는 군주를 가리킨다고 했는데, 번역에서는 '나라'로 번역했다.

曰
왈

공자께서 말씀하셨다.

去食이니라.
거 식

양식을 버려야 한다.

自古皆有死어니와,
자 고 개 유 사

〔양식이 없으면, 죽을 따름이지만〕
예로부터 어느 누구도 죽음으로부터
벗어난 사람이 없었거니와,

民無信不立이니라.
민 무 신 불 립

백성들이 나라에 대한 믿음이
없으면 나라가 설 수 없는 것이다.

8

棘子成[12]이 曰
극 자 성   왈

극자성이 말했다.

君子는 質而已矣니,
군 자   질 이 이 의

군자는 좋은 바탕만 있으면
그만이니,

何以文爲리오?
하 이 문 위

그런 화려한 것은 〔예절이나 형식〕
무엇에 쓰리오?

子貢이 曰
자 공   왈

자공이 말했다.

---

12 극자성(棘子成) : 위나라의 대부이다. 고대의 대부는 모두 '부자(夫子)'라고 존칭할 수 있었기 때문에 자공이 이렇게 불렀다.

惜乎라,
석 호

애석하도다!

夫子之說이 君子也[13]로다!
부 자 지 설　　　군 자 야

그대가 그렇게 군자를 논한 것은 틀렸도다.

駟不及舌이로다.
사 불 급 설

말은 한번 하고 나면 사두마차로도 따를 수 없도다.

文猶質也며,
문 유 질 야

본질과 화려함은 같으며,

質猶文也니라.
질 유 문 야

화려함은 본질과 똑같이 중요하도다.

虎豹之鞹이 猶犬羊之鞹이니라.
호 표 지 곽　　　유 견 양 지 곽

만약 범 표범과 개 양 가죽의 화려한 털을 뽑아낸다면, 이 두 종류의 가죽이 매우 구별하기 어려울 것이니라.

9

哀公이 問於有若曰
애 공　　문 어 유 약 왈

노나라 애공이 유약에게 물었다.

年饑하야,
연 기

농사의 작황이 좋지 않아서

---

[13] 석호부자지설군자야(惜乎夫子之說君子也) : 주희의 〈집주〉에서는 이 구절을 두 번 끊어 "惜乎! 夫子之說, 君子也"라고 읽었다. 그렇게 되면 "그대의 말씀은 군자의 입에서 나왔으나, 안타깝게도 틀렸습니다"라고 번역해야 된다. 여기서는 '부자지설군자야(夫子之說君子也)'가 주어이고, '석호(惜乎)'가 서술어로, 도치된 문장으로 보는 것이 맞다.

用不足하니,
_{용 부 족}

如之何오?
_{여 지 하}

有若이 對曰
_{유 약   대 왈}

盍¹⁴徹¹⁵乎시니잇고?
_{합 철 호}

曰
_왈

二도,
_이

吾猶不足이어니,
_{오 유 부 족}

如之何其徹也리오?
_{여 지 하 기 철 야}

對曰
_{대 왈}

百姓이 足이면,
_{백 성   족}

나라의 재정이 부족하니,

어떻게 해야 하겠는가?

유약이 대답했다.

어찌 1할의 세율을 시행하지 않으십니까?

애공이 말했다.

2할의 세율도

나는 오히려 부족하거늘,

어떻게 1할의 세율을 시행하겠는가?

유약이 말했다.

백성들이 넉넉하다면,

---

14 합(盍) : 의문의 반어를 나타내며, '어찌…하지 않느냐'는 뜻이다.
15 철(徹) : 주나라 제도에 한 가장(家長)은 토지 100묘를 받아서 도랑을 함께하고 정(井)을 함께하는 사람과 더불어 공동 경작하여 이랑을 계산하여 고르게 수확하니, 대체로 백성은 그 아홉을 얻고(곧 10분의 9) 국가는 그 하나(10분의 1)를 취한다. 그러므로 이것을 철(徹)이라고 한다.

君孰與不足이며?
군 숙 여 부 족

百姓이 不足이면,
백 성   부 족

君孰與足이리잇고?
군 숙 여 족

임금께서 어떻게 부족하겠으며,

백성들이 부족하다면,

임금께서는 또 어떻게
풍족하겠습니까?

10

子張이 問崇德辨惑¹⁶한대.
자 장   문 숭 덕 변 혹

子曰
자 왈

主忠信하며,
주 충 신

徙義¹⁷가,
사 의

崇德也니라.
숭 덕 야

愛之란 欲其生하고,
애 지   욕 기 생

자장이 어떻게 해야 덕을 높이며
미혹됨을 판별하는가를 물으니,

공자께서 말씀하셨다.

충성과 믿음을 위주로 하며,

단지 의를 따르는 것이,

곧 덕을 높일 수 있는 것이다.

한 사람을 사랑할 때는 그가 오래
살기를 바라고,

---

16 혹(惑) : 미혹 · 의혹의 뜻이다.
17 사의(徙義) : 대의를 따르다. 사(徙)는 옮긴다는 뜻이다.

惡之란 欲其死하나니라. 오 지　　욕 기 사	미워할 때는 그가 빨리 죽기를 바란다.
旣欲其生이요, 기 욕 기 생	이미 그가 오래 살기를 바라다가
又欲其死가, 우 욕 기 사	또 그가 빨리 죽기를 바라는 것이
是惑也니라. 시 혹 야	바로 미혹이다.
誠不以富요, 성 불 이 부	이처럼 분명 자신에게 조금도 좋은 점이 없으며,
亦祗以異[18]니라. 역 지 이 이	단지 이상하게 생각될 뿐이다.

11

齊景公[19]이 問政於孔子한대. 제 경 공　　　문 정 어 공 자	제나라의 경공이 공자에게 정치를 물으니,

---

[18] 성불이부, 역지이이(誠不以富, 亦祗以異) : 이 두 구절은 〈시경〉「소아·아행기야 편(小雅·我行其野篇)」에 나오는 것으로, 이 구절에서 의미가 통하도록 해석하기가 매우 어렵다. 정이(程頤)는 본래 여기에 들어가야 할 것이 아니고, 「계씨 편」에 들어가야 하는데 착간(錯簡)으로 인해 들어오게 되었다고 주장하지만, 명확한 증거는 없다. 여기에서는 우선 주희의 〈집주〉에 근거해 의역했다.

[19] 제경공(齊景公) : 제나라의 임금으로, 이름이 저구(杵臼)이다. BC 547~490년까지 재위했다. 〈사기〉「공자세가」의 기록에 따르면, 공자가 노나라 소공 25년에 노나라 내란을 피해 제나라로 갔다고 한다. 공자와 제경공의 대화는 이 당시에 있었을 것이다.

孔子對曰
공 자 대 왈

공자께서 대답하셨다.

君君[20],
군 군

임금은 임금다워야 하며,

臣臣,
신 신

신하는 신하다워야 하며,

父父,
부 부

아비는 아비다워야 하며,

子子니이다.
자 자

자식은 자식다워야 하는 것입니다.

公曰
공 왈

경공이 말했다.

善哉라!
선 재

맞습니다.

信如君不君하며,
신 여 군 불 군

만약에 임금이 임금답지 못하며,

臣不臣하며,
신 불 신

신하가 신하답지 못하며,

父不父하며,
부 불 부

아비가 아비답지 못하며,

子不子면,
자 부 자

자식이 자식답지 못하면,

---

20 군군(君君) : 임금이 임금답다는 뜻이다. 두 번째 '군(君)' 자는 동사로 사용되었다. 뒤에 나오는 '신신(臣臣)'·'부부(父父)'·'자자(子子)'도 이와 마찬가지다.

雖有粟이나,
_{수 유 속}

설사 양식이 많다 한들,

吾得而食諸아?
_{오 득 이 식 저}

내가 얻어먹을 수 있겠습니까?

12

子曰
_{자 왈}

공자께서 말씀하셨다.

片言에 可以折獄[21]者는,
_{편 언　　가 이 절 옥　자}

한쪽 말에 근거하여 안건을 판결할 수 있는 사람은

其由也與인저!
_{기 유 야 여}

아마 중유밖에 없을 것이니라!

子路는 無宿諾[22]이러라.
_{자 로　　무 숙 낙}

자로는 승낙하는 말을 미루는 법이 없었다.

---

[21] 편언절옥(片言折獄) : 고대 사람들은 '편언(片言)'을 '단사(單辭 : 증거 없는 일방적인 말)'라고도 했다. 소송을 걸 때에는 반드시 원고와 피고, 쌍방의 사람이 있으며, 이를 양조(兩造)라고 한다. 옛날부터 단지 소송 당사자 한쪽의 말을 근거로 안건을 판결한 일이 없었다(피고를 제외시키고 하는 재판). 공자가 자로는 "한쪽 편의 말을 근거로 바로 안건을 판결할 수 있다[片言可以折獄]"라고 한 것은 단지 그의 사람됨이 성실하고 직설적이어서, 다른 사람이 그를 속이는 것을 원하지 않는다는 것을 나타낼 뿐이다.

[22] 자로무숙낙(子路無宿諾) : 이 말이 위 문장과 어떤 논리적 관계가 있는지에 대해 분명하게 설명한 사람이 없었다(초순(焦循)의 〈논어보소(論語補疏)〉 해석도 신뢰할 것은 못 된다). 육덕명(陸德明)의 〈경전석문(經典釋文)〉에서는 "아마 다른 장에서 나눈 것이다[或分此爲別章]"라고 했다.

13

子曰
자 왈

聽訟[23]이,
청 송

吾猶人也나.
오 유 인 야

必也使無訟乎인저!
필 야 사 무 송 호

공자께서 말씀하셨다.

소송을 심리하는 것은

나도 다른 사람과 다를 것이 없다.

반드시 소송하는 일이 완전히 없도록 해야 될 것이다.

14

子張이 問政한대.
자 장   문 정

子曰
자 왈

居之無倦하며,
거 지 무 권

行之以忠이니라.
행 지 이 충

자장이 정치를 물으니,

공자께서 말씀하셨다.

자리에 있을 때에는 게을리 하지 않으며,

정령(政令)을 집행함에 충심으로 해야 한다.

---

23 청송(聽訟) : 〈사기〉「공자세가」에 의하면 공자는 노나라 정공(定公) 때 대사구(大司寇)를 지낸 적이 있었다. 사구(司寇)는 형사(刑事)를 처리하는 관직으로, 공자의 이 말은 아마도 막 사구가 되었을 때 했던 말인 것 같다.

15

子曰
자 왈

공자께서 말씀하셨다.

博學於文이요,
박 학 어 문

광범하게 문헌을 배우고,

約之以禮면,
약 지 이 례

다시 예절로 제약하면

亦可以弗畔矣夫²⁴인저!
역 가 이 불 반 의 부

도리에 어긋나지 않을 수 있게 된다.

16

子曰
자 왈

공자께서 말씀하셨다.

君子는 成²⁵人之美하고,
군 자   성   인 지 미

군자는 다른 사람의 좋은 일을 이루어 주고,

不成人之惡하나니.
불 성 인 지 악

다른 사람의 나쁜 일은 이루어 주지 않는다.

小人은 反是니라.
소 인   반 시

소인은 오히려 이와 반대이다.

---

24 「옹야 편」을 참조.
25 성(成) : 주자의 주석에 따르면 '성(成)'이란 인도하여 돕고 장려하고 권하여 그 일이 이루어지도록 하는 것을 가리킨다.

17

季康子가 問政於孔子한대.
계강자 문정어공자

계강자가 공자에게 정치를 물으니,

孔子對曰
공자대왈

공자께서 대답하셨다.

政者는,
정자

정(政) 자의 뜻은

正也니라.
정야

바로 바르게 한다는 것입니다.

子帥以正이면,
자솔이정

그대가 앞장서서 바르게 하면,

孰敢不正이리오?
숙감부정

누가 감히 바르지 않겠습니까?

18

季康子가 患盜하여,
계강자 환도

계강자가 도둑이 너무 많은 것을 근심하여,

問於孔子한대.
문어공자

공자에게 가르침을 구하자,

孔子對曰
공자대왈

공자께서 대답하셨다.

苟子之不欲이면,
구자지불욕

만약 그대가 지나치게 많은 재화를 탐하지 않는다면,

雖賞之라도 不竊하리라.
 수상지   부절

도둑질을 장려하더라도 그들이 하지 않을 것입니다.

19

季康子²⁶가 問政於孔子曰
 계강자   문정어공자왈

계강자가 공자에게 정치에 대해 가르침을 청해 말했다.

如殺無道²⁷하여,
 여살무도

만약 나쁜 사람은 죽이고,

以就有道인댄,
 이취유도

좋은 사람은 가까이 한다면

何如하니잇고?
 하여

어떻겠습니까?

孔子對曰
 공자대왈

공자께서 말씀하셨다.

子가 爲政에,
 자   위정

그대는 정치를 하는데,

焉用殺이리오?
 언용살

어찌 살육(殺戮)을 하려고 하십니까?

---

26 계강자(季康子) : 〈춘추〉나 〈좌전〉에 의하면, 계손사(季孫斯)가 애공 3년 가을 7월에 죽자, 계손비(季孫肥 : 康子)가 뒤를 이어 세습했다고 한다. 그러므로 이상의 세 장에서 계강자의 물음은 바로 노나라 애공 3년 가을 7월 이후에 있었을 것이다.

27 무도(無道) : 나쁜 사람, 간사한 사람, 법을 어긴 사람을 가리킨다.

子가 欲善이면 而民이 善矣니라.
子 欲善 而民 善矣

그대가 나라를 좋게
하고자 하면, 백성들은 곧 좋아질
것입니다.

君子之德은 風이요,
군자지덕 풍

다스리는 사람의 기풍은 흡사
바람과 같고,

小人之德은 草이니라.
소인지덕 초

백성들의 기풍은 풀과 같은
것입니다.

草上之風이면,
초상지풍

바람이 어느 쪽으로 불면,

必偃[28]이니라.
필언

풀은 바람에 따라 그쪽으로
쓰러집니다.

20

子張이 問
자장 문

자장이 물었다.

士가 何如라야 斯可謂之達[29]矣니잇고?
사 하여 사가위지달 의

선비는 어떻게 해야
달(達)했다고 할 수 있겠습니까?

子曰
자왈

공자께서 말씀하셨다.

---

28 언(偃) : 쓰러지다라는 뜻이다.
29 달(達) : 통달(通達)과 현달(顯達) 두 가지 뜻이 있다.

何哉오,
하 재

爾所謂達者여?
이 소 위 달 자

子張이 對曰
자 장   대 왈

在邦必聞하며,
재 방 필 문

在家必聞이니이다.
재 가 필 문

子曰
자 왈

是는 聞也라,
시   문 야

非達也니라.
비 달 야

夫達也者는,
부 달 야 자

質直而好義하며,
질 직 이 호 의

察言而觀色하며,
찰 언 이 관 색

무슨 뜻이냐,

네가 말하는 달(達)이라는 것이?

자장이 대답했다.

나라의 관직을 맡고 있을 때도 반드시 명망이 있으며,

대부 집에서 일할 때도 반드시 명망이 있는 것입니다.

공자께서 말씀하셨다.

그것은 문(聞)이라고 하지,

달(達)이라고 하지는 않는다.

달이라는 것은

품성이 정직하고 어떤 일이 생기면 이치를 따지며,

남의 말을 잘 분석하고 남의 안색을 잘 관찰하며,

慮以下人하나니.
여 이 하 인

생각에서 남에게 낮추기를 원하는 것이다.

在邦必達하며,
재 방 필 달

〔이런 사람은〕
나라의 관직을 맡고 있을 때에도
분명 매사에 잘 통하고,

在家必達이니라.
재 가 필 달

대부 집에서 일할 때도 반드시
매사에 잘 통하느니라.

夫聞也者는,
부 문 야 자

문(聞)이라는 것은

色取仁而行違요,
색 취 인 이 행 위

겉으로는 인덕을 좋아하는 듯하지만
실제 행동은 오히려 그렇지 못하고,

居之不疑하나니.
거 지 불 의

스스로 어진 사람이라고 여기며
살면서 의심하지 않는 것이다.

在邦必聞하며,
재 방 필 문

〔이런 사람은〕
나라의 관직을 맡고 있을 때에
반드시 거짓으로 명성을 취하고,

在家必聞이니라.
재 가 필 문

대부의 집에서 일할 때도 반드시
거짓으로 명성을 취하는 법이다.

21

樊遲가 **從遊於舞雩之下**러니,
번지 종유어무우지하

번지가 공자를 모시고 무우의 아래에서 한가히 거닐며

曰
왈

말했다.

敢問崇德하고,
감문숭덕

어떻게 해야 자기의 덕을 높이고,

修慝[30]하며,
수특

자신에 대한 다른 사람의 드러나지 않은 원한을 없애며,

辨惑하노이다.
변혹

의혹을 판별할 수 있는지를 묻고자 합니다.

子曰
자왈

공자께서 말씀하셨다.

善哉라 **問**이여!
선재 문

참 잘 물었구나!

先事後得이,
선사후득

먼저 일을 하고 나서 수확을 얻는 것이,

---

[30] 수특(修慝) : 악한 마음을 없애는 것으로, 주희의 〈집주〉에서는 호인(胡寅)의 말을 인용하였다 : "특(慝)의 글자는 심(心)을 따르고 익(匿)을 따랐으니, 악이 마음에 숨겨진 것이다. 수는 다스려서 이를 제거하는 것이다[慝之字從心從匿, 蓋惡之匿於心者. 修者, 治而去之]."

| 非崇德與아? | 덕을 높이는 것이 아니겠는가? |
| 비 숭 덕 여 | |

攻其惡이요,
공 기 악
자신의 나쁜 점은 공박하고,

無攻人之惡이,
무 공 인 지 악
다른 사람의 나쁜 점은 공박하지 않는 것이,

非修慝與아?
비 수 특 여
보이지 않는 원한을 없애는 것이 아니겠는가?

一朝之忿으로,
일 조 지 분
우연한 분노 때문에

忘其身하여,
망 기 신
자기를 잊고,

以及其親이,
이 급 기 친
심지어는 부모까지도 잊어버리게 되니,

非惑與아?
비 혹 여
의혹함이 아니겠느냐?

22

樊遲가 問仁한대.
번 지 문 인
번지가 인(仁)을 물으니,

子曰
자 왈
공자께서 말씀하셨다.

愛人이니라. 사람을 사랑하는 것이다.

問知[31]한대. 또 지(智)를 물으니,

子曰 공자께서 말씀하셨다.

知人이니라. 사람을 잘 분별하는 것이다.

樊遲가 未達이어늘. 번지가 여전히 분명하게 이해하지 못하자,

子曰 공자께서 말씀하셨다.

擧直錯諸枉[32]이면, 정직한 사람을 뽑아 사악한 사람 위에 두면,

能使枉者直이니라. 사악한 사람을 정직하게 할 수 있다.

樊遲가 退하여, 번지가 물러나와

見子夏曰 자하를 찾아서 말했다.

---

31 지(知) : 이 장에서 '지(知)' 자가 모두 세 번 나오는데, 황간의 〈의소〉에는 '문지(問知)'가 모두 '문지(問智)'로 되어 있다.

32 거직조저왕(擧直錯諸枉) : 공자는 노나라 애공이 어떻게 하면 백성들이 잘 따르도록 할 수 있느냐는 물음에 「위정 편」에서 똑같이 대답한 적이 있다.

鄉³³也에 吾見於夫子而問知하니,　　방금 선생님을 찾아뵙고
향　야　　오현어부자이문지　　　　지(智)에 대해 물으니,

子曰,　　　　　　　　　　선생님께서 말씀하시기를
자왈

擧直錯諸枉이면,　　　　　정직한 사람을 뽑아 사악한 사람
거 직 조 저 왕　　　　　　위에 두면,

能使枉者直이라 하시니,　　사악한 사람을 정직하게 할 수 있을
능 사 왕 자 직　　　　　　것이라고 하시니,

何謂也오?　　　　　　　　이게 무슨 뜻인가?
하 위 야

子夏가 曰　　　　　　　　자하가 말했다.
자 하　　왈

富哉라 言乎여!　　　　　　얼마나 의미가 풍부한 말씀인가!
부 재　　언 호

舜有天下에,　　　　　　　순임금이 천하를 가짐에
순 유 천 하

選於衆하사,　　　　　　　많은 사람들 가운데 선발해서,
선 어 중

擧皐陶³⁴하시니,　　　　고요를 뽑아 쓰시니,
거 고 요

---

33 향(鄉) : 거성으로, '향(嚮)' 자와 같다.
34 고요(皐陶) : 발음은 gáo yáo로, 순임금 밑에서 법을 관리하는 관직을 지낸 적이 있다.

不仁者가 遠³⁵矣요.
불인자   원 의

나쁜 사람들이 있기가 어려워졌다.

湯³⁶有天下에,
탕 유천하

탕임금이 천하를 차지하자,

選於衆하사,
선 어 중

많은 사람들 가운데 선발하여,

擧伊尹³⁷하시니,
거 이 윤

이윤을 뽑아 쓰시니,

不仁者가 遠矣³⁸니라.
불인자   원 의

나쁜 사람들이 있기가 어려워졌다.

23

子貢이 問友한대.
자공   문 우

자공이 벗을 대하는 방법을 물으니,

고대 중국인들은 그가 법을 공평하게 집행하는 전범(典範)이라고 생각했다.

35 원(遠) : 본래는 '떠나다'·'도망하다'라는 뜻이지만, 사람은 변화시킬 수 있는 것인데, 반드시 도망하지 않으면 안 된다고 하겠는가? 그래서 번역에서는 "있기가 어렵다[難以存在]"라고 표현했다. 이것은 글자 표면상에 나타난 뜻에 얽매이는 것에 비교하면, 자하(子夏)의 본뜻에 약간 더 부합할 것이다.

36 탕(湯) : 복사(卜辭)에는 '당(唐)'으로 되어 있다. 나진옥(羅振玉)은 "당은 처음에 태을의 시호였다[唐始太乙之諡]"(〈증정은허서계고석(增訂殷虛書契考釋)〉)라고 했다. 상나라를 세운 임금으로 이름은 리(履 : 복사에서는 '大乙'로 되어 있고, '履' 자는 없다)이고, 하나라의 걸(桀)을 정벌하여 천하를 얻었다.

37 이윤(伊尹) : 탕(湯) 임금의 재상이다. 이름은 이(伊 : 일설에는 지(摯)라고도 한다)이고, 윤(尹)은 관직명이다. 그는 탕임금을 도와서 하나라를 멸망시키고 상나라 초기의 통치를 공고히 했다.

38 "정직한 사람을 뽑음[擧直]"으로 "사악한 사람을 정직하게 할 수 있다[使枉者直]"는 것은 '인(仁)'에 속하고, 누가 정직한 사람인지 알아서 그를 기용하는 것은 '지(智)'에 속하므로, "정직한 사람을 뽑아 사악한 사람 위에 둔다[擧直錯諸枉]"는 것은 인지(仁智)의 일이다. 이것은 공자가 여러 차례 언급한 적이 있다.

子曰
자 왈

공자께서 말씀하셨다.

忠告³⁹而善道之하되,
충 고   이 선 도 지

충심으로 그에게 권고하여 잘 인도하되,

不可則止하여,
불 가 즉 지

그가 따르지 않거든 그만두어서,

毋自辱焉이니라.
무 자 욕 언

스스로 모욕을 자초하지 말라.

24

曾子가 曰
증 자   왈

증자가 말했다.

君子는 以文會友하고,
군 자   이 문 회 우

군자는 문장과 학문으로 벗을 모으고,

以友輔仁이니라.
이 우 보 인

벗으로 자기의 인덕을 기르는데 돕도록 한다.

---

39 고(告) : 옛날에는 곡(梏)으로 읽었으며, 발음은 gù이다.

13 자로가
子路篇

〈논어〉 전체 편장의 연관성이라는 측면에서 보자면, 「자로 편」은 「위정 편」과 관련이 있다. 한 사람의 학문적 수양과 외용(外用)을 말하고 있으며, 과거 벼슬하는 사람들이 말하던 학문과 수양, 그리고 사람으로서의 도리, 일하는 도리를 포괄하고 있다. 전반적으로 정치와 관련된 내용이 많다.

1

子路가 問政한대.　　　　　　자로가 정치를 물으니,

子曰　　　　　　　　　　　　공자께서 말씀하셨다.

先之¹勞之니라.　　　　　　　백성들에게 솔선수범하고 그런 후
　　　　　　　　　　　　　　그들이 부지런히 일하도록 한다.

請益한대.　　　　　　　　　　자로가 더 말씀해 주시기를 청하자,

曰　　　　　　　　　　　　　〔공자께서 또〕 말씀하셨다.

無倦²이니라.　　　　　　　　 게을리 하지 말지니라.

2

仲弓이 爲季氏宰하여,　　　　 중궁이 계씨의 총관이 되어

問政한대.　　　　　　　　　　공자에게 정치를 물으니,

---

1 선지(先之) : 바로 다음 장의 "직책을 맡은 사람이 솔선수범하도록 하며[先有司]"의 뜻이다. 주희의 〈집주〉에서는 소식(蘇軾)의 말을 인용하여 말했다 : "백성들이 행해야 할 것을 자신이 먼저 솔선하면 명령하지 않아도 행해진다[凡民之行, 以身先之, 則不令而行]."
2 무권(無倦) : 이 문장도 바로 "자리에 있으되 게을리 하지 않는다[居之無倦]"라는 뜻이다.

子曰 자 왈	공자께서 말씀하셨다.
先有司[3]하며, 선 유 사	직책을 맡은 사람이 솔선수범하도록 하며,
赦小過하며, 사 소 과	다른 사람의 작은 잘못은 따지지 않으며,
擧賢才니라. 거 현 재	우수한 인재를 등용하여라.
曰 왈	중궁이 말했다.
焉知賢才而擧之리잇고? 언 지 현 재 이 거 지	어떻게 우수한 인재를 식별하여 그들을 등용합니까?
子曰 자 왈	공자께서 말씀하셨다.
擧爾所知면, 거 이 소 지	네가 알고 있는 사람을 등용하면,
爾所不知를, 이 소 부 지	네가 모르는 인재들을

---

[3] 선유사(先有司) : 여기에 대해서 세 가지 해석이 있다. 첫째는 먼저 유사를 선임하는 것이다. 둘째는 먼저 유사에게 명하여 그 일을 하도록 하고 그런 후 그 성과를 평가하는 것이다. 셋째는 먼저 유사를 맡은 사람이 솔선수범하는 것이다. 이때 '선(先)' 자와 앞 장에 나온 '선지(先之)'는 비슷한 뜻이다. 여기서는 세 번째 설을 따랐다.

人其舍諸⁴아? 다른 사람들이 내버려두겠느냐?
인 기 사 저

3

子路가 曰 자로가 공자에게 말했다.
자 로   왈

衛君⁵이 待子而爲政인댄, 위나라 임금이 선생님을 기다려
위 군   대 자 이 위 정 국정을 다스리려고 하는데,

子將奚先이시리잇고? 선생님께서는 무엇을 먼저 하실
자 장 해 선 생각입니까?

子曰 공자께서 말씀하셨다.
자 왈

必也正名⁶乎인저! 반드시 명분상 부당한 용어를
필 야 정 명 호 바로잡으리라!

---

4 인기사저(人其舍諸) : 두 가지의 해석이 있다. 하나는 본문의 번역문과 같은 해석이고, 다른 하나는 "설마 다른 사람이 당신에게 추천하지 않겠는가?"이다. 두 가지 해석 모두 가능하다.

5 위군(衛君) : 역대 주석가들은 모두 위출공첩(衛出公輒)이라고 한다.

6 정명(正名) : 이 두 글자에 대한 해석은 한나라 이래로 이견이 분분하다. 황간의 〈의소〉에는 정현의 주석을 인용하여 "정명(正名)은 글자를 바로 쓴다는 것이다. 옛날에는 명(名)이라고 했고, 지금은 자(字)라고 한다[正名謂正書字也, 古者曰名, 今世曰字]"고 했다. 그러나 이 설은 공자의 본래 뜻과는 맞지 않는 것 같다. 〈좌전〉「성공(成公) 2년」에 공자의 말을 기록한 것이 있는데, "예기와 명의는 다른 사람에게 함부로 빌릴 수 없다[唯器(禮器)與名(名義·名分)不可以假人]"라고 했다. 〈논어〉에서의 이 '명(名)'은 마땅히 〈좌전〉의 '명(名)'과 같은 뜻으로 보아야 할 것이다. 〈논어〉에 공자가 "모난 술잔이 모나지 않구나[觚不觚]"라고 탄식한 것이 있다. '고(觚)'이면서 '고(觚)' 같지 않다는 것은 그 이름은

子路가 曰	자로가 말했다.
자 로 왈	
有是哉라,	어찌 이 정도입니까,
유 시 재	
子之迂⁷也여!	선생님의 현실에 어두우심이여!
자 지 우 야	
奚其正이시리잇고?	그것을 바로잡아 무엇하겠습니까?
해 기 정	
子曰	공자께서 말씀하셨다.
자 왈	

있으나 실상이 없는 것으로, 곧 이름이 바르지 않은 것이다[名不正]. 공자가 제나라 경공(景公)의 물음에 대해 "군군, 신신, 부부, 자자(君君, 臣臣, 父父, 子子)"라고 한 것도 정명이다. 〈한시외전(韓詩外傳)〉 권 5에 공자의 이야기가 있다 : "공자가 계강자를 모시고 앉아 있는데, 계강자의 살림살이를 맡은 통(通)이 말하기를 '임금께서 사람을 보내어 말을 빌리시려고 하신다면 빌려주시겠습니까?' 공자가 말하기를 '내가 듣건대 임금이 신하에게 물건을 가져오는 것은 취한다[取]라고 하지 빌린다[假]고 하지 않습니다'라고 했다. 계강자가 분명히 깨닫고 살림살이를 맡은 통에게 '지금 이후로는 임금이 사람을 보내어 물건을 가져오는 것을 취한다고 하지, 빌린다고 하지 말아라'라고 명했다. 그러자 공자가 말했다 '말을 빌린다는 말을 바로잡아서 임금과 신하의 명의(名義)가 바로잡아졌다[孔子侍坐於季孫, 季孫之宰通曰: '君使人假馬, 其與之乎?' 孔子曰: '吾聞: 君取於臣曰取, 不曰假.' 季孫悟, 告宰通曰: '自今以往, 君有取謂之取, 無曰假.' 孔子曰: '正假馬之言而君臣之義定矣]." 이것으로 공자가 말한 정명의 실질적인 뜻을 설명할 수 있다.

번역문에서 '명부정(名不正)'을 '명분상 용어가 부적당하다'라고 번역하는 것이 공자의 원래 뜻에 비교적 가까운 듯하다. 그러나 공자가 바로잡으려 했던 것은 단지 고대 예의 제도와 명분상 용어와 관련된 부당한 현상이었지, 일반적인 용어 사용에 있어서 부당한 현상은 아니었다. 일반적인 용어 사용에 있어 부당한 현상은 문법적인 수사 범주의 문제이고, 예의 제도와 명분상 용어와 관련된 부당한 현상은 공자의 의견에 따르자면, 윤리와 정치에 관련된 문제로 이 두 가지는 반드시 구별해야 한다.

7 우(迂) : 주희의 〈집주〉에서 "우는 사정과 거리가 먼 것을 이르니, 오늘날의 급한 일이 아님을 말한 것이다[迂, 謂遠於事情, 言非今日之急務也]"라고 했다.

野哉라,
야 재

어쩌면 이렇게 경솔한가!

由也여!
유 야

유야!

君子가 於其所不知에,
군자　어기소부지

군자는 자기가 모르는 것에 대해서는

蓋闕如也니라.
개 궐 여 야

대개 유보하는 태도를 취하느니라.
〔너는 어떻게 멋대로 말할 수 있는가?〕

名不正하면,
명 부 정

용어 사용이 바르지 아니하면,

則言不順하고,
즉 언 불 순

말이 이치에 맞지 않게 되고,

言不順하면,
언 불 순

말이 이치에 맞지 않게 되면,

則事不成하고,
즉 사 불 성

일이 잘될 리가 없고,

事不成하면,
사 불 성

일이 잘되지 않으면,

則禮樂不興하고,
즉 예 악 불 흥

나라의 예악제도 역시 제대로 시행되지 못하고,

禮樂不興하면,
예 악 불 흥

예악제도가 제대로 시행되지 못하면,

則刑罰不中하고,
즉 형 벌 부 중

형벌이 적절해지지 못하고,

刑罰不中하면,
형 벌 부 중

형벌이 적절해지지 못하면,

則民無所錯[8]手足이니라.
즉 민 무 소 조 수 족

백성들은 [불안에 떨며] 손발을 어디다 두어야 좋을지를 모르게 된다.

故로 君子는 名之인댄 必可言也며,
고 　 군 자 　 명 지 　 필 가 언 야

그러므로 군자는 하나의 용어를 사용할진댄 반드시 [그것에 일정한 이유가 있어서] 말할 수 있으며,

言之인댄 必可行也니라.
언 지 　 필 가 행 야

이치에 맞는 말은 반드시 실행할 수 있다.

君子는 於其言에,
군 자 　 어 기 언

군자는 그 말을 표현함에

無所苟[9]而已矣니라.
무 소 구 이 이 의

조금의 소홀함도 없을 뿐이니라.

---

8 조(錯) : '조(措)' 자와 같으며 '두다'라는 뜻이다.
9 구(苟) : 소홀히 하다·대강대강 해치우다라는 뜻이다.

4

樊遲가 請學稼한대.
번지   청학가

번지가 농사일을 배우고자 청하니,

子曰
자왈

공자께서 말씀하셨다.

吾不如老農호라.
오불여로농

나는 늙은 농부만 못하다.

請學爲圃[10]한대.
청학위포

또 채소 가꾸는 일을 배우고자 청하니,

曰
왈

말씀하셨다.

吾不如老圃호라.
오불여로포

나는 채소 농사 짓는 늙은 농부만 못하다.

樊遲가 出이어늘.
번지   출

번지가 나가자,

子曰
자왈

공자께서 말씀하셨다.

小人哉라,
소인재

참으로 소인이구나,

樊須也여!
번수야

번지여!

---

10 포(圃) : 주희의 〈집주〉에서 "채소를 심는 것을 포라고 한다[種蔬菜曰圃]"라고 했다.

上好禮면,
상 호 례

통치자가 예절을 좋아하면

則民莫敢不敬하고,
즉 민 막 감 불 경

백성들이 감히 존경하지 않는 사람이 없고,

上好義면,
상 호 의

통치자의 행위가 정당하면

則民莫敢不服하고,
즉 민 막 감 불 복

백성들이 감히 복종하지 않는 사람이 없고,

上好信이면,
상 호 신

통치자가 성실하면

則民莫敢不用情이니라.
즉 민 막 감 불 용 정

백성들이 감히 진실한 말을 하지 않는 사람이 없다.

夫如是면,
부 여 시

그렇게 하면,

則四方之民이 襁[11]負其子而至矣리니,
즉 사 방 지 민   강   부 기 자 이 지 의

사방의 백성들이 자식을 업고서 올 것인데,

焉用稼리오?
언 용 가

왜 스스로 농사짓는 일을 해야겠는가?

---

11 강(襁) : 포대기를 가리키며, 어린아이를 등에 업을 때 사용하는 것이다.

5

子曰
자왈

공자께서 말씀하셨다.

誦〈詩〉三百하되,
송 시 삼 백

〈시경〉 300편을 숙독하고도

授之以政에,
수 지 이 정

그에게 정사를 맡겼을 때에

不達하며,
부 달

제대로 처리하지 못하고,

使於四方에,
시 어 사 방

외국에 사신으로 나가

不能專對¹²하면,
불 능 전 대

혼자서 응대하지 못한다면,

雖多나,
수 다

설사 많이 읽었다 한들

亦奚以爲¹³리오?
역 해 이 위

무슨 소용이 있겠느냐?

---

12 불능전대(不能專對) : 고대의 사신은 명령을 받으면, 어떻게 교섭하는가는 임기응변으로 혼자 처리할 수 있어야 하고, 더욱이 일이 있을 때마다 물어보거나 미리 국내에서 준비할 수 없었다. 이것을 바로 "명령을 받았으나 말을 받지는 않았다(受命不受辭)"라는 것이며, 바로 본문에서 말하는 '전대(專對)'이다. 동시에 춘추시대의 외교적 접대나 담판은 대부분 시편(詩篇)을 외워 말을 대신했기 때문에(〈좌전〉에 이러한 기록이 많다), 〈시〉는 외교관의 필독서였다.

13 역해이위(亦奚以爲) : '이(以)'는 동사로, '쓰다'라는 뜻이다. '위(爲)'는 의문을 나타내는 어기사로 단지 '해(奚)'와 '하(何)' 자 등의 글자와 연용해 쓴다. 예를 들면 '하이문위(何以文爲 : 왜 수식해야 합니까?)'· '하이벌위(何以伐爲 : 왜 정벌해야 합니까?)' 등이 있다.

6

子曰
자 왈

其身正이면,
기 신 정

不令而行하고,
불 령 이 행

其身不正이면,
기 신 부 정

雖令不從이니라.
수 령 부 종

공자께서 말씀하셨다.

통치자 자신의 행위가 정당하면

명령하지 않아도 일이 잘 행해지고,

그 자신의 행위가 정당하지 않으면,

비록 여러 번 명령해도 백성들이 믿고 따르지 않는다.

7

子曰
자 왈

魯衛之政이,
노 위 지 정

兄弟也¹⁴로다.
형 제 야

공자께서 말씀하셨다.

노나라와 위나라의 정치는

마치 형제와 같다[차이가 별로 없다].

8

子謂衛公子荊¹⁵하시되,
자 위 위 공 자 형

공자께서 위나라의 공자 형(荊)에 대해 말씀하셨다.

---

14 형제야(兄弟也) : 황간의 〈의소〉에는 '야(也)' 자가 없다.
15 위공자형(衛公子荊) : 춘추시대에는 두 명의 공자 형(荊)이 있었다. 한 명은 노나라에

善居室[16]이로다.
선 거 실

그는 집안의 재산을 잘 늘리며 지냈다.

始有[17]에,
시 유

처음 재물이 약간 생겼을 때,

曰
왈

말하기를

苟合[18]矣라 하고.
구 합 의

이만하면 충분하다고 했고,

少有에,
소 유

좀더 생겼을 때

있었고, 다른 한 명은 위나라에 있었다. 여기서는 위나라의 공자(公子 : 제후의 아들)를 가리키며, 오나라의 계찰(季札)은 그를 위나라 군자에 넣었다(〈좌전〉 「양공(襄公) 29년」에 보임). 어떤 사람은 "여기서 공자 형(荊)이 집에 있기를 잘했다는 것을 취한 것은 당시 지위가 높은 사람을 풍자한 것이다[此取荊之善居室以風有位者也]"라고 했다. 당시의 경대부들은 탐욕스러울 뿐 아니라, 사치스러운 풍조가 만연하여, 공자가 "겸손함으로 탐욕을 풍자하고, 검소함으로 사치스러움을 풍자했다[以廉風貪, 以儉風侈]"라고 했다.

16 거실(居室) : 이 단어에는 매우 여러 가지 뜻이 있다. (1) 거주하는 집. 〈예기〉 「곡례(曲禮)」에 "군자가 집 지으려고 할 때는 종묘를 가장 우선으로 하고, 마구간이나 창고가 그 다음이요, 거실을 나중으로 한다[君子將營宮室, 宗廟爲先, 廏庫爲次, 居室爲後]"라고 했다. (2) 부부가 같이 살다. 〈맹자〉 「만장(萬章)」에 "남녀가 같이 사는 것은 사람의 큰 윤리이다[男女居室, 人之大倫也]"라고 했다. (3) 한대에는 또 감옥 이름으로 삼았다. 〈사기〉 「위장군표기열전(衛將軍驃騎列傳)」에 "청은 일찍이 누군가를 따라 감천궁에 있는 감옥에 간 적이 있다[靑嘗從人甘泉居室]"라고 했다. (4) 여기서는 가산(家産)을 모으며 집에서 지냈다는 뜻이다. '거(居)'는 "물건을 쌓아 두고 기다리다[奇貨家居]"의 '거(居)'로 읽었다.

17 유(有) : 유보남의 〈논어정의〉에서 "유는 재물이 있는 것이다[有, 有財]"라고 했다.

18 합(合) : '넉넉하다[給]'·'충분하다[足]'라는 뜻이다. 여기서는 유월의 〈군경평의〉에 나오는 설을 따랐다.

曰
왈

苟完矣라 하고.
구 완 의

富有에,
부 유

曰
왈

苟美矣라 하니라.
구 미 의

말하기를

이만하면 다 갖추어졌다고 했고,

많이 생겼을 때

말하기를

이만하면 화려하고 웅장하다고 했다.

9

子適衛하실새,
자 적 위

冉有가 僕[19]이러니,
염 유   복

子曰
자 왈

庶矣哉라!
서 의 재

공자께서 위나라에 갈 때에,

염유가 마차를 몰았는데,

공자께서 말씀하셨다.

백성들이 많기도 하구나!

---

[19] 복(僕) : 동사로, '마차를 몰다'라는 뜻이다. 마차 모는 사람을 복부(僕夫)라고 하며, 〈시경〉「소아・출거(小雅・出車)」에 "내 마부까지도 병이 났네[僕夫況瘁]"라고 한 것으로 증거를 삼을 수 있다. '복(僕)' 자는 또 명사로 쓰여 '마차를 모는 사람[駕車者]'이라는 뜻도 있으니, 〈시경〉「소아・정월(小雅・正月)」에서 "자주 그대의 마부를 돌아보면[屢顧爾僕]"이라고 한 것이 있다.

冉有가 曰	염유가 말했다.
既庶[20]矣어든,	이미 백성들이 많아졌다면
又何加焉이리잇고?	그 다음은 어떻게 해야 합니까?
曰	공자께서 말씀하셨다.
富之니라.	그들을 부유하게 해야 할 것이다.
曰	염유가 말했다.
既富矣어든,	이미 부유해졌다면
又何加焉이리잇고?	그 다음은 어떻게 해야 합니까?
曰	공자께서 말씀하셨다.
敎之[21]니라.	그들을 가르쳐야 할 것이다.

---

20 서(庶) : 매우 많다는 뜻이다.
21 기부(既富)……교지(敎之) : 공자는 "먼저 부유해진 후에 가르치는 것[先富後敎]"을 주장했고, 맹자와 순자도 이 주장을 이어받았다. 그래서 맹자가 "작황이 좋더라도 처지가 곤란하고 생활이 곤궁하고, 작황이 좋지 않으면 오로지 죽음을 면치 못합니다. 이렇게 모든 사람들이 전심전력으로 자기의 목숨을 구하려고 애써도 안 될까 두렵거늘, 어디 한가로이 예의를 배울 여유가 있겠습니까(樂歲終身苦, 凶年不免於死亡. 此惟救死而恐不

10

子曰
자 왈

공자께서 말씀하셨다.

苟有用我者면,
구 유 용 아 자

만약 나를 써서 나라의 정사를
맡기는 사람이 있다면,

期月²²而已라도 可也니,
기 월   이 이   가 야

1년 정도라도 대충 될 것이니,

三年이면 有成이니라.
삼 년   유 성

3년이면 아주 큰 성과가 있을
것이다.

11

子曰
자 왈

공자께서 말씀하셨다.

善人이 爲邦百年이면,
선 인   위 방 백 년

착한 사람이 계속해서 100년 동안
나라를 다스리면

亦可以勝²³殘去²⁴殺矣²⁵라 하니,
역 가 이 승   잔 거   살 의

잔학함을 극복하고 학살을
면하게 할 수 있다고 하는데,

贍, 奚暇治禮義哉]?"(〈맹자〉 「양혜왕 상(梁惠王上)」)라고 말한 것과 〈관자〉 「치국 편(治國篇)」에서 "대개 나라를 다스리는 도는 반드시 먼저 그 백성들을 부유하게 해야 한다[凡治國之道, 必先富民]"라고 주장한 것과 같은 것이다.

22 기월(期月) : '기(期)'는 '기(朞)' 자와 같으며, 어떤 본에는 이미 '기(朞)' 자로 쓰고 있다. 발음은 jī이며, '기월(期月)'은 '1년'이라는 뜻이다.

23 승(勝) : 옛날에는 평성으로 읽었다. 승잔(勝殘)은 잔혹한 사람을 악하지 않게 하는 것을 말한다.

誠哉라 是言也여!
성재 시언야

이 말은 참으로 옳은 말이구나!

12

子曰
자왈

공자께서 말씀하셨다.

如有王者라도,
여유왕자

만일 왕자(王者)가 일어나더라도,

必世²⁶而後仁이니라.
필세 이후인

반드시 30년은 지내야 어진 정치가 크게 행해질 것이다.

13

子曰
자왈

공자께서 말씀하셨다.

苟正其身矣면,
구정기신의

만약 자신을 바르게 한다면,

於從政乎에 何有며?
어종정호 하유

국정을 다스리는데 무슨 어려움이 있겠는가?

不能正其身이면,
불능정기신

자기 몸조차도 바르게 할 수 없다면,

---

24 거(去) : 옛날에는 상성으로 읽었다. 거살(去殺)은 백성들이 착하게 되어서 형벌을 써서 죽일 필요가 없도록 되는 것을 말한다.
25 선인(善人)⋯⋯거살의(去殺矣) : 문장의 뜻을 볼 때 공자가 다른 사람의 말을 인용한 것이다.
26 세(世) : 옛날에는 30년을 1세(世)라고 했다.

如正人何오?
여 정 인 하

어떻게 다른 사람을 바르게 할 수 있겠는가?

14

冉子가 退朝[27]어늘.
염 자 퇴 조

염유가 집무를 보는 곳에서 돌아오자,

子曰
자 왈

공자께서 말씀하셨다.

何晏[28]也오?
하 안   야

오늘은 왜 이렇게 늦게 돌아왔느냐?

對曰
대 왈

염유가 대답하였다.

有政이러이다.
유 정

정사(政事)가 있었습니다.

子曰
자 왈

공자께서 말씀하셨다.

其事也로다.
기 사 야

그것은 단지 사사로운 일이었을 것이다.

如有政인댄,
여 유 정

만일 정사(政事)가 있었다면,

---

[27] 조(朝): 주희의 〈집주〉에서 "계씨의 사사로운 조정이다[季氏之私朝也]"라고 했다. 염유는 그 당시 계씨의 가신이 되었다.
[28] 안(晏): 늦다라는 뜻이다.

雖不吾以²⁹나,
수 불 오 이

비록 내가 등용되지 않았다 하더라도

吾其與聞之³⁰니라.
오 기 여 문 지

나도 그것을 알았을 것이다.

15

定公이 問
정 공 문

노나라 정공이 물었다.

一言而可以興邦이라 하니,
일 언 이 가 이 흥 방

한마디 말로 나라를 흥하게 할 수 있다 하니,

有諸잇가?
유 저

이런 일이 있습니까?

孔子對曰
공 자 대 왈

공자께서 말씀하셨다.

---

29 이(以) : 여기서는 쓰이다라는 뜻이다. '불오이(不吾以)'는 바로 '불이오(不以吾)'이다.
30 여문지(與聞之) : '여(與)'는 거성으로, '참여하다'라는 뜻이다. 〈좌전〉「애공(哀公) 11년」의 기록에 계손씨(季孫氏)가 토지세[田賦]를 적용하는 일로 공자의 의견을 물은 적이 있고, 또 계손씨가 "그대는 국가의 고문이니 그대의 말을 듣고 행하려 한다[子爲國老, 待子而行]"라고 말한 기록으로 보아, 공자가 "만약 정사가 있었다면, 비록 내가 등용되지 않았다 하더라도, 나도 그것을 알았을 것이다[如有政, 吾其與聞之]"라고 한 말이 근거가 있음을 알 수 있다. 단지 염유가 '정(政)'과 '사(事)'의 구분을 분명하게 이해하지 못해, 잠시 용어 사용이 적당하지 않았을 따름이다. 여러 가지로 볼 때 이 장에는 결코 다른 뜻이 있는 것은 아니며, 옛날 사람들이 어렵게 해석한 것이 반드시 옳다고는 볼 수 없다.

言不可以若是其幾也[31]어니와.
언 불 가 이 약 시 기 기 야

말을 그렇게 간단하고 융통성 없게
해서는 안 됩니다.

人之言曰
인 지 언 왈

그러나 사람들 모두 말하기를

爲君難하며,
위 군 난

임금 노릇 하기도 매우 어렵고

爲臣不易라 하나니.
위 신 불 이

신하 노릇 하기도 쉽지 않다고 하니,

如知爲君之難也인댄,
여 지 위 군 지 난 야

만일 임금 노릇 하기가 어렵다는
것을 안다면〔자연히 신중하고
진지하게 해 나갈 것이므로〕,

不幾乎一言而興邦乎잇가?
불 기 호 일 언 이 흥 방 호

한마디 말로 나라를 흥하게 함에
가깝지 않겠습니까?

曰
왈

정공이 또 말했다.

一言而喪邦이라 하니,
일 언 이 상 방

한마디의 말로 나라를 잃을 수
있다 하니,

---

31 언불가이약시기기야(言不可以若是其幾也) : 두 가지 읽는 법이 있다. 하나는 '기기야
(其幾也)' 세 글자를 앞에 붙여서 읽는 것이고, 다른 하나는 '기기야(其幾也)' 세 글자를
따로 하나의 구절로 만드는 것이다.

有諸잇가?
유 저

이런 일이 있습니까?

孔子對曰
공 자 대 왈

공자께서 말씀하셨다.

言不可以若是其幾也니라.
언 불 가 이 약 시 기 기 야

말을 그렇게 간단하고 융통성 없게 해서는 안 됩니다.

人之言曰
인 지 언 왈

그러나 사람들 모두 말하기를

予無樂乎爲君이요,
여 무 락 호 위 군

내가 임금 노릇을 함에 다른 즐거움이 없고,

唯其言而莫予違也라 하나니라.
유 기 언 이 막 여 위 야

다만 내가 무슨 말을 하면 아무도 나를 어기는 사람이 없다 합니다.

如其善而莫之違也인댄,
여 기 선 이 막 지 위 야

만약 말이 정확한데도 어기는 사람이 없다면,

不亦善乎잇가?
불 역 선 호

또한 좋지 않겠습니까?

如不善而莫之違也인댄,
여 불 선 이 막 지 위 야

그러나 만약 말이 정확하지 못한데도 어기는 사람이 없다면,

不幾乎一言而喪邦乎잇가?
불 기 호 일 언 이 상 방 호

그것은 곧 한마디 말로 나라를 잃어버리는 데 가깝지 않겠습니까?

16

葉公이 問政한대.
섭공   문정

섭공이 정치를 묻자,

子曰
자왈

공자께서 말씀하셨다.

近者悅하며,
근자열

나라 안에 있는 사람을 기쁘게 하고,

遠者來니라.
원자래

나라 밖에 있는 사람은 찾아오게
하는 것입니다.

17

子夏가 爲莒父³²宰하여,
자하   위거보   재

자하가 거보의 현장(縣長)이
되어서,

問政한대.
문정

정치를 묻자,

子曰
자왈

공자께서 말씀하셨다.

無欲速하며,
무욕속

빨리 하려고 하지 말며,

無見小利니라.
무견소리

작은 이익을 보지 말 것이다.

---

32 거보(莒父) : 노나라의 읍(邑) 중 하나로, 지금은 이미 어디인지 확실히 알 수 없다. 〈산동통지(山東通志)〉에서는 지금의 산동성 고밀현(高密縣) 동남쪽이라고 한다.

欲速,
욕 속

빨리 하려고 하면

則不達하고,
즉 부 달

오히려 목적을 이루지 못하고,

見小利,
견 소 리

작은 이익을 보면

則大事不成이니라.
즉 대 사 불 성

큰일을 이루지 못한다.

18
葉公이 語孔子曰
섭 공 어 공 자 왈

섭공이 공자에게 말했다.

吾黨[33]에 有直躬[34]者하니,
오 당   유 직 궁 자

내가 있는 곳에 솔직한 사람이 있으니,

其父攘[35]羊이어늘,
기 부 양   양

그 아비가 양을 훔치자

而子證[36]之하니이다.
이 자 증 지

그 자식이 바로 고발하였습니다.

---

33 당(黨) : 향당(鄕黨)을 가리킨다.
34 직궁(直躬) : 주희의 〈집주〉에서 "정직하게 행하는 자이다[直身而行者]"라고 했다. 정현은 직궁을 "정직한 궁(躬)이라는 이름의 사람"이란 뜻이라고 보았다.
35 양(攘) : 원인이 있어서 훔치는 것을 양(攘)이라고 한다. 즉, 양이 자신의 집으로 스스로 걸어 들어왔기 때문에 그것을 자신이 소유하게 되었다는 의미이다.
36 증(證) : 〈설문해자〉에서는 "증은 알리다[證, 告也]"라고 했으며, 여기서는 바로 이런 뜻이다. 오늘날의 '검거하다[檢擧]'나 '드러내다[揭發]'와 비슷하고, 〈한비자〉「오두(五蠹)」에서는 이 일을 서술하면서 "관리를 찾아가서 알리다[謁之吏]"로 썼고, 〈여씨춘추〉

孔子曰
공자왈

공자께서 말씀하셨다.

吾黨之直者는 異於是하니,
오 당 지 직 자   이 어 시

우리가 있는 곳의 솔직한 사람은 당신네 사람과는 다르니,

父爲子隱[37]하며,
부 위 자 은

아비가 자식을 위하여 숨겨주고,

子爲父隱하나니.
자 위 부 은

자식은 아비를 위하여 숨겨주니,

直在其中[38]矣니라.
직 재 기 중   의

솔직함이란 그 가운데에 있습니다.

19

樊遲가 問仁한대.
번 지   문 인

번지가 인을 묻자,

子曰
자 왈

공자께서 말씀하셨다.

居處恭[39]하며,
거 처 공

평소에는 용모와 태도를 단정하고 근엄하게 하며,

「당무(當務)」에서는 "윗사람을 찾아가서 알리다[謁之上]"로 쓰고 있는데, 모두 그 자식이 아버지를 고발하는 것을 설명할 수 있다. 고서에서 '증명(證明)'의 '증(證)'은 일반적으로 '징(徵)'자를 사용했다.

[37] 은(隱) : 잘못을 칭찬하지 않는다는 뜻으로, 즉 잘못을 숨겨주다라는 뜻이다.
[38] 직재기중(直在其中) : 공자의 윤리 철학의 기초는 바로 '효(孝)'와 '자(慈)'에 있다. 이 때문에 솔직함이란 부자(父子)가 서로 숨겨주는 가운데 있다고 말했다.
[39] 거처공(居處恭) : 어떤 판본에는 '처(處)' 자가 '가(家)'로 되어 있다. 그렇게 해도 의미는 통한다.

執事敬하며,
_{집 사 경}

일을 할 때는 엄숙하고 진지하게 하며,

與人[40]忠이니라.
_{여 인 충}

다른 사람을 위해서는 충심으로 성의를 다한다.

雖之[41]夷狄이라도,
_{수 지 이 적}

이런 인품과 덕성은 비록 다른 나라에 가더라도

不可棄也니라.
_{불 가 기 야}

버릴 수 없는 것이다.

20

子貢이 問曰
_{자 공 문 왈}

자공이 물었다.

何如라야 斯可謂之士矣잇고?
_{하 여 사 가 위 지 사 의}

어떻게 해야 선비라고 말할 수 있습니까?

子曰
_{자 왈}

공자께서 말씀하셨다.

行己[42]有恥하며,
_{행 기 유 치}

자기의 행동에 대해서는 부끄러운 마음을 가지며,

---

40 여인(與人) : 다른 사람을 대하다라는 뜻이다.
41 지(之) : 동사로, '가다'라는 뜻이다.
42 행기(行己) : 자신의 행동을 가리킨다.

使於四方하여,
시 어 사 방

不辱君命이면,
불 욕 군 명

可謂士矣니라.
가 위 사 의

曰
왈

敢問其次하노이다.
감 문 기 차

曰
왈

宗族이 稱孝焉하며,
종 족   칭 효 언

鄕黨이 稱弟焉이니라.
향 당   칭 제 언

曰
왈

敢問其次하노이다.
감 문 기 차

曰
왈

외국에 사신으로 가서는

군주의 명령을 매우 훌륭하게
완수하면

선비라고 말할 수 있느니라.

자공이 말했다.

감히 그 다음을 묻겠습니다.

공자께서 말씀하셨다.

일가친척들이 그가 부모에게
효도한다고 칭찬하며,

마을에서 그가 어른을 공경한다고
칭찬하는 것이다.

자공이 또 말했다.

감히 그 다음을 묻겠습니다.

공자께서 말씀하셨다.

13. 자로가(子路篇)_397

言必信하며,
_{언 필 신}

말은 반드시 신실하고,

行必果면,
_{행 필 과}

행동은 반드시 결연하면,

硜硜⁴³然小人哉나!
_{경 경   연 소 인 재}

그것은 시비와 흑백을 따지지 않은 채 단지 스스로의 언행을 관철시키는 소인일 것이다!

抑亦可以爲次矣니라.
_{억 역 가 이 위 차 의}

그러나 그 다음 단계의 선비라고 할 수 있다.

曰
_왈

자공이 말했다.

今之從政者는 何如하니잇고?
_{금 지 종 정 자   하 여}

오늘날 정치를 잡고 있는 자들은 어떠합니까?

子曰
_{자 왈}

공자께서 말씀하셨다.

噫⁴⁴라!
_희

아!

---

43 경경(硜硜) : 주희의 〈집주〉에서 "작은 돌의 단단하고 확실한 것이다[小石之堅確者]"라고 하여, 고집을 피우는 것을 비유했다. 정현은 "소인의 모양이다[小人之貌也]"라고 했다.
44 희(噫) : 마음이 편하지 않아서 탄식하는 소리이다.

斗筲之人⁴⁵을,　　　　　도량이 좁은 이들을
두 소 지 인

何足算也리오?　　　　무슨 따질 것이 있겠는가?
하 족 산 야

21

子曰　　　　　　　　　공자께서 말씀하셨다.
자 왈

不得中行而與之⁴⁶인댄,　언행이 중용에 들어맞는 사람과
부 득 중 행 이 여 지　　　사귀지 못한다면

必也狂狷⁴⁷乎인저!　　　반드시 과격한 사람이나 고집 센
필 야 광 견 호　　　　　사람과 사귈 것이다.

---

45 두소지인(斗筲之人) : 두(斗)는 고대의 도량 단위이다. 소(筲)의 발음은 shāo이고, 고대에 밥 담던 대 그릇으로(〈설문해자〉에서는 '삭(箱)'으로 쓰고 있다), 다섯 되를 담을 수 있었다. 두소(斗筲)는 도량과 견식이 좁은 사람을 비유한 것이다. 어떤 사람은 '두소지인(斗筲之人)'을 "수레로 싣고 말로 될 정도로 많은 사람[車載斗量之人]"으로 번역할 수 있다고 하지만, 그렇게 해도 특별히 나은 것은 없다.

46 여지(與之) : 여기에 대해 두 가지 해석이 있다. 하나는 그와 사귀다라는 뜻이고, 다른 하나는 그들에게 전해 주다라는 뜻이다. 번역문에서는 전자를 따랐다.

47 광견(狂狷) : 〈맹자〉「진심편 하(盡心篇下)」에 나오는 말로, 본문을 해석할 수 있다. "맹자가 대답하기를 '공자께서는 중도를 걷는 사람을 얻어서 사귀지 못한다면, 나는 반드시 과격한 사람과 고집 센 사람을 택할 것이다. 과격한 사람은 진취적이고 고집 센 사람은 이것만은 하지 않는다는 지조가 있다고 말씀하신 적이 있다. 공자께서 어찌 중도를 걷는 사람을 원하지 않으셨는가(이것은 만장이 묻는 말인데, 아래도 같다)? 반드시 얻을 수 있는 것이 아니었기 때문에, 그 다음가는 사람을 생각하셨던 것이다.' '어떤 사람을 과격한 사람이라 하는지 감히 여쭈어 봅니다.'(이것은 만장이 묻는 말인데 아래도 같다) '금장 · 증석 · 목피 같은 이들이 공자께서 말씀하신 과격한 사람이다.' '어째서 그들을 과격한 사람이라고 하는지요?' '그들의 뜻은 매우 크나 말은 과장되어 입으로 항상 "옛 사람이여! 옛 사람이여!" 말하지만 그들의 행동을 살펴보면 오히려 말이 맞지 않다. 또

狂者는 進取요,
과격한 사람은 오로지 앞으로 나아가려고 하고,

狷者는 有所不爲也니라.
고집 센 사람도 나쁜 일은 안하려고 할 것이다.

22

子曰
공자께서 말씀하셨다.

南人이 有言曰
남쪽 사람들의 말에

人而無恆이면,
사람이 항구한 마음이 없으면,

不可以作巫醫[48]라 하니,
무의(巫醫)조차도 될 수 없다고 하니,

이런 과격한 사람을 얻지 못하면 나쁜 일을 한 사람을 사귀려는데, 이는 곧 고집 센 사람으로 그 다음이다.'[孟子曰: '孔子不得中道而與之, 必也狂獧(同 '狷')乎! 狂者進取, 獧者有所不爲也. 孔子豈不欲中道哉? 不可必得, 故思其次也.' '敢問何如斯可謂狂矣?' 曰: '如琴張·曾晳·牧皮者, 孔子之所謂狂矣.' '何以謂之狂也?' 曰: '其志嘐嘐然, 曰: 古之人! 古之人! 夷考其行而不掩焉者也. 狂者又不可得, 欲得不屑不潔之士而與之, 是獧也, 是又其次也.']" 맹가(孟軻)의 이 말은 공자의 본래 뜻과 완전히 일치하는 것은 아니지만, 참고할 만하다.

48 무의(巫醫): 무의는 한 단어로, 점치는 무당과 병을 치료하는 의사로 나누어서는 안 된다. 고대에는 자주 기도로 재앙을 물리쳐 사람을 치료했으며, 이런 사람을 무의(巫醫)라고 했다.

善夫⁴⁹라!
선 부

이 말이 참 좋구나!

不恆其德⁵⁰이면,
불 항 기 덕

〔〈주역〉「항괘·효사(恆卦·
爻辭)」에 이르기를〕
우유부단하고 변덕을 부리면,

或承之羞라 하니.
혹 승 지 수

결국 부끄러움을 초래한다고
하였다.

子曰
자 왈

공자께서 또 말씀하셨다.

不占而已矣⁵¹니라.
부 점 이 이 의

〔이 말의 뜻은 항구한 마음이 없는
사람은〕
점칠 필요도 없다는 말이다.

23

子曰
자 왈

공자께서 말씀하셨다.

---

49 부(夫) : 감탄을 나타내는 종결사이다.
50 불항기덕(不恆其德) : 여기에는 두 가지 뜻이 있다. (1) 오래 유지하지 못하고 하다가 말다가 하는 것. (2) 일정한 절개가 없는 것. 번역문에서는 '오랫동안 유지하지 못하는 것'을 '우유부단하다'로 번역했고, '절개가 없는 것'을 '변덕을 부리다'로 번역했다.
51 부점이이의(不占而已矣) : 주희는 이 구절 앞에 있는 '자왈(子曰)'은 〈주역〉의 글과 구별하기 위해 덧붙인 것이지만, 사실 앞에 말과 동시에 말한 것이라고 생각했다. 또한 이 말의 함의가 분명하지 않다고 생각했다.

君子는 和而不同하고,
_{군 자   화 이 부 동}

군자는 자기의 정확한 의견으로
다른 사람의 잘못된 의견을
바로잡아 모든 것이 꼭 맞도록 하되
맹목적으로 다른 사람을
따라 하지 않고,

小人은 同而不和[52]니라.
_{소 인   동 이 불 화}

소인은 단지 맹목적으로 다른
사람을 따라 하되 자기의 다른
의견을 표시하려 하지 않는다.

---

[52] 화, 동(和, 同) : '화(和)'와 '동(同)'은 춘추시대에 널리 상용되던 전문용어로, 〈좌전〉「소공(昭公) 20년」에 기록된 안자(晏子)가 제나라 경공(景公)에게 양구거(梁丘據)를 비판하는 말과 〈국어〉「정어(鄭語)」에 기록된 사백(史伯)의 말에서 대단히 상세하게 설명하고 있다. '화(和)'는 다섯 가지 맛[五味]의 알맞은 배합이나 여덟 가지 음[八音]의 어우러짐과 같은 것으로, 반드시 물·불·간장·식초 같은 여러 가지 다른 재료들이 있어야 그 맛을 알맞게 할 수 있고, 반드시 높고 낮음[高下], 길고 짧음[長短], 빠르고 느림[疾徐] 같은 여러 가지 다른 성조(聲調)가 있어야 악곡을 조화롭게 할 수 있는 것이다. 안자가 "군신 간에도 그와 마찬가지입니다. 군주가 좋다고 말하더라도 좋지 못한 것이 있으면, 신하는 그것을 말씀드려 시정하고, 군주가 좋지 않다고 하더라도 좋은 것이 있으면, 그 좋은 점을 말씀드려서 그 그릇된 것을 제거하도록 하는 것입니다[君臣亦然. 君所謂可, 而有否焉, 臣獻其否以成其可, 君所謂否, 而有可焉, 臣獻其可以去其否]"라고 했다. 이에 사백도 "딴 것으로 그것을 고르게 하는 것을 화라고 한다[以他平他謂之和]"라고 했다. '동(同)'은 이와는 다르며, 안자의 말을 빌리자면 다음과 같다 : "군주께서 좋다고 말하면, 양구거 역시 좋다고 말하며, 군주께서 좋지 않다고 말하면, 양구거 역시 좋지 않다고 합니다. 만약 같은 맑은 물로 물의 맛을 맞추려 한다면, 누가 그것을 마시겠습니까? 만약 금슬의 한 가지 소리만으로 연주한다면 누가 그것을 듣겠습니까? 서로 같아서는 안 되는 도리가 곧 이와 같은 것입니다[君所謂可, 據亦曰可. 君所謂否, 據亦曰否. 若以水濟水, 誰能食之? 若琴瑟之專一, 誰能聽之? '同'之不可也如是]." 이 '화(和)' 자는 "예의 쓰임은 화(和)를 귀하게 여긴다[禮之用和爲貴]"의 '화(和)'와 서로 통하는 점이 있다고 생각한다. 이 때문에 번역문에서 "꼭 맞도록 하다"라는 말을 썼다.

24

子貢이 問曰
자 공   문 왈

鄕人이 皆好之면,
향 인   개 호 지

何如잇고?
하 여

子曰
자 왈

未可也⁵³니라.
미 가 야

鄕人이 皆惡之면,
향 인   개 오 지

何如잇고?
하 여

자공이 물었다.

온 마을 사람들이 모두 그를 좋아하면,

그 사람은 어떻습니까?

공자께서 말씀하셨다.

옳지 아니하니라.

〔자공이 또 말했다.〕
온 마을 사람들이 모두 그를 싫어하면,

그 사람은 어떻습니까?

---

53 미가야(未可也) : 온 마을 사람들이 모두 그를 좋아하면, 소위 '무골 호인'에 가까우므로, 공자와 맹자는 그를 가리켜 "마을의 신망을 얻기 위해 가장한 사람[鄕愿]"이라 했다. 이 때문에 공자는 "모두가 그를 싫어하더라도 반드시 그를 살피고, 모두가 그를 좋아하더라도 반드시 그를 살필 것이다[衆好之, 必察焉, 衆惡焉, 必察焉]"라고 했으며, 또 "단지 어진 사람만이 사람을 좋아할 수 있고, 사람을 싫어할 수 있다[唯仁者能好人, 能惡人]"라고 했다. 이것은 "좋은 사람들은 그를 좋아하고, 나쁜 사람들은 그를 싫어한다[善者好之, 不善者惡之]"의 해석이 될 수 있다.

子曰
자 왈

공자께서 말씀하셨다.

未可也니,
미 가 야

옳지 아니하니,

不如鄕人之善者는 好之하고,
불 여 향 인 지 선 자　　호 지

가장 좋기로는 마을의 착한 사람들이 모두 그를 좋아하고,

其不善者는 惡之니라.
기 불 선 자　　오 지

마을의 악한 사람들이 모두 그를 미워하는 것이다.

25

子曰
자 왈

공자께서 말씀하셨다.

君子는 易事⁵⁴而難說也니라.
군 자　　이 사　　이 난 열 야

군자 밑에서는 일을 하기는 매우 쉬우나 그를 기쁘게 하기는 어렵다.

說之不以道면,
열 지 불 이 도

정당한 방법으로 그를 기쁘게 하지 않으면,

不說也요.
불 열 야

그가 기뻐할 리 없다.

---

54 이사(易事) : 〈설원〉「잡언(雜言)」에서 말했다 : "증자가 말했다 '선생님이 다른 사람의 한 가지 좋은 점을 보게 되면 곧 그 사람의 모든 잘못을 잊으시니, 이것이 선생님의 쉽게 일하시는 것입니다'[曾子曰, '夫子見人之一善而忘其百非, 是夫子之易事也']." 이 말은 '군자이사(君子易事)'에 대한 설명이라 할 수 있다.

及其使人也하여는,
급 기 사 인 야

그가 사람을 쓸 때는

器之⁵⁵니라.
기 지

각자의 재능과 덕행을 고려하여
임무를 나눈다.

小人은 難事而易說也니라.
소 인   난 사 이 이 열 야

소인 밑에서는 일을 하기는
어려우나 그를 기쁘게 하기는 쉽다.

說之雖不以道라도,
열 지 수 불 이 도

정당하지 못한 방법으로 그를
기쁘게 해도

說也요,
열 야

그는 기뻐하며,

及其使人也하여는,
급 기 사 인 야

그가 사람을 쓸 때는

求備焉이니라.
구 비 언

갖가지 결점을 들어 책망하며
완전무결하도록 강요한다.

26

子曰
자 왈

공자께서 말씀하셨다.

君子는 泰而不驕⁵⁶하고,
군 자   태 이 불 교

군자는 침착하고 태연하나
교만하지 않고,

---

55 기지(器之) : 주희의 주석에서는 그 재질과 도량에 따라 이를 부리는 것을 말한다고 했다.
56 태, 교(泰, 驕) : 황간의 〈의소〉에서 말했다 : "군자는 마음이 넓고, 항상 즐거워하므로,

小人은 驕而不泰니라.
소인 교이불태

소인은 교만하며 침착하고 태연하지 못하다.

27

子曰
자왈

공자께서 말씀하셨다.

剛·毅·木[57]·訥[58]이 近仁이니라.
강 의 목 눌 근인

강직하고, 결단력 있고, 소박하고 말을 쉽게 내뱉지 않는 네 가지 인품을 가진 사람이 인덕에 가깝다.

28

子路가 問曰
자로 문왈

자로가 물었다.

何如라야 斯可謂之士矣니잇고?
하여 사가위지사의

어떻게 해야 선비라고 말할 수 있습니까?

이것이 침착하고 태연하나 교만하지 않은 것이고, 소인은 성격이 남을 가볍게 업신여기기를 잘하며, 마음속으로 항상 근심하고 두려워하므로, 이것이 교만하나 침착하고 태연하지 못한 것이다[君子坦蕩蕩, 心貌怡平, 是泰而不爲驕慢也. 小人性好輕凌, 而心恒戚戚, 是驕而不泰也].” 이공(李塨)의 〈논어전주(論語傳注)〉에서는 "군자는 사람이 많고 적든, 세력이 크고 적든, 그들을 소홀히 하지 않으니, 어찌 마음이 편하고 기분이 좋지 않겠는가! 소인은 스스로 자만하고 남을 업신여기며, 오로지 자신의 존귀함을 잃어버릴까 두려워하니, 어찌 교만하지 않으며, 태연함을 가질 수 있겠는가?[君子無衆寡, 無小大, 無敢慢, 何其舒泰! 小人矜己傲物, 惟恐失尊, 何其驕侈, 而安得泰?]"라고 했는데, 번역문에서는 바로 이 뜻을 취했다.

57 목(木) : 소박한 것이다.
58 눌(訥) : 말을 더디고 둔하게 하는 것이다.

子曰
자 왈

切切偲偲[59]하며,
절 절 시 시

怡怡[60]如也면,
이 이 여 야

可謂士矣니라.
가 위 사 의

朋友엔 切切偲偲요,
붕 우 절 절 시 시

兄弟엔 怡怡니라.
형 제 이 이

공자께서 말씀하셨다.

서로 비평해 주며

화목하게 같이 살면

선비라고 말할 수 있다.

친구간에는 서로 지적해 주고,

형제간에는 화목하게 함께 산다.

29

子曰
자 왈

善人이 敎民七年[61]이면,
선 인 교 민 칠 년

공자께서 말씀하셨다.

착한 사람이 7년 동안 백성들을 가르치면

---

59 절절시시(切切偲偲) : 시(偲)의 발음은 sī이다. 절절시시(切切偲偲)는 서로 선을 권장하는 모습이다.

60 이이(怡怡) : 화목한 모습을 말한다.

61 칠년(七年) : '칠년'은 대략적인 숫자로, 시간이 오래됨을 나타내며, 대체로 대략적인 수를 나타낼 때에는 홀수를 사용했다. 옛날에는 평상시에 농사를 짓다가 전쟁이 나면 군인이 되어 싸움에 나갔기 때문에 훈련하는 데 오랜 시간이 필요했다.

亦可以卽戎⁶²矣니라.
역 가 이 즉 융 의

그들을 전쟁에 나가게 할 수 있다.

30

子曰
자 왈

공자께서 말씀하셨다.

以不敎民⁶³戰이면,
이 불 교 민 전

아직 훈련을 받은 적이 없는 백성을 전쟁에 나아가게 하는 것은

是謂棄之니라.
시 위 기 지

생명을 유린하는 것과 같다.

---

62 즉융(卽戎) : '즉(卽)'은 '즉위하다[卽位]'의 '즉(卽)' 자로 '나아가다'·'그쪽으로 가다'라는 뜻이다. '융(戎)'은 '군대[兵戎]'의 뜻이다.

63 불교민(不敎民) : '불교민(不敎民)'은 세 글자로 이루어진 명사로 '훈련을 받지 않은 백성[不敎之民]'이라는 뜻이다. 이러한 예는 〈시경〉「패풍·백주(邶風·柏舟)」에서 "마음의 걱정은 빨래하지 않은 옷을 입은 듯[心之憂矣, 如匪澣衣]"의 '비한의(匪澣衣)'와 마찬가지로, "빨래한 적이 없는 옷[匪澣之衣]"이라는 뜻이다.

14 원헌이
憲問篇

「헌문 편」은 전반부 「이인 편」의 내용을 좀더 발전시킨 것으로 볼 수 있다. 주로 삶의 태도에 대한 내용이 많고, 구체적인 인물을 언급하면서 소개하기도 한다. 이 편명에서 흥미로운 것은 원헌이라는 인물이 공자의 제자 중에서 72현에 속하는 매우 유명한 인물이라는 점이다. 「옹야 편」에 그가 공자의 집에서 살림살이를 주관했다는 기록이 있으며, 공자가 죽은 후에는 숨어서 은둔생활을 했다고 한다.

주희의 〈집주〉에서는 1장, 20장, 37장을 각각 한 장씩 더 나누어 모두 47장으로 하였으나, 이 책에서는 44장으로 나누었다.

1

憲이 **問恥**한대.
헌　　문치

　　　　　　　　　원헌이 어떻게 하는 것을
　　　　　　　　　치욕적이라고 하는지 묻자,

子曰
자 왈

　　　　　　　　　공자께서 말씀하셨다.

邦有道에,
방 유 도

　　　　　　　　　나라의 정치가 깨끗하면

穀하며,
곡

　　　　　　　　　벼슬을 해서 봉록을 받지만,

邦無道에,
방 무 도

　　　　　　　　　나라의 정치가 부패했을 때

穀[1]이,
곡

　　　　　　　　　벼슬을 하여 봉록을 받는 것이

恥也니라.
치 야

　　　　　　　　　바로 치욕이다.

克 · 伐[2]**· 怨 · 欲**을 **不行焉**이면,　　〔원헌이 또 물었다.〕
극　벌　　 원　욕　　 불행언
　　　　　　　　　이기기를 좋아하고, 스스로
　　　　　　　　　자랑하며, 원망하고, 탐욕함을
　　　　　　　　　드러낸 적이 없다면

可以爲仁矣[3]잇가?　　　　　　어진 사람이라고 말할 수 있습니까?
가 이 위 인 의

---

1 곡(穀) : 봉록을 가리키며, 흔히 말하는 벼슬을 해서 봉급을 받는 것이다.
2 벌(伐) : 스스로 자랑하다라는 뜻이다.

子曰
자 왈

可以爲難矣어니와,
가 이 위 난 의

仁則吾不知也로라.
인 즉 오 부 지 야

공자께서 말씀하셨다.

매우 기특한 일이라 할 수 있지만

어진 사람이라고 말한다면, 나는 동의할 수 없다.

2

子曰
자 왈

士而懷居[4]면,
사 이 회 거

不足以爲士矣니라.
부 족 이 위 사 의

공자께서 말씀하셨다.

선비로서 안락함을 그리워하면

선비가 되기에 어울리지 않는다.

---

3 가이위인의(可以爲仁矣) : 이 말은 형식 면에서 보면 당연히 긍정문이지만, 앞뒤의 문맥으로 보면 실제로는 의문문이다. 단지 의문은 말하는 사람의 어기를 나타낼 뿐, 다른 표현 형식을 빌리지 않았을 따름이다. 이 단락은 "정치가 깨끗한데, 자신은 빈천한 것은 곧 치욕이고, 정치가 어두운데, 자신은 부귀한 것 역시 치욕이다[邦有道, 貧且賤焉, 恥也. 邦無道, 富且貴焉, 恥也]"라는 문장과 서로 비교해 설명할 수 있다.

4 회거(懷居) : 회(懷)는 그리워하거나, 떠나지 못하게 하다라는 뜻이며, 거(居)는 안거(安居)하다라는 뜻이다. 〈좌전〉「희공(僖公) 23년」에 진(晉)나라 문공(文公)이 망명한 고사가 있으며, 그가 제나라에 안거하면서 첩이 생기고, 재산이 생기자 다시 옮길 생각을 않았다고 한다. 그러자 그의 아내 강씨(姜氏)가 그에게 "떠나시죠! 첩을 그리워하고 안일함을 도모하면, 실로 명성을 잃게 됩니다[行也! 懷與安, 實敗名]"라고 했는데, 이것과 뜻이 비슷하다.

3

子曰
자 왈

공자께서 말씀하셨다.

邦有道엔,
방 유 도

나라의 정치가 깨끗할 때에는

危⁵言危行하고,
위 언 위 행

말을 바르게 하고 행실을 바르게 하고,

邦無道엔,
방 무 도

나라의 정치가 암담할 때에는

危行言孫⁶이니라.
위 행 언 손

행실은 바르게 하되 말은 겸손하게 해야 한다.

4

子曰
자 왈

공자께서 말씀하셨다.

有德者는 必有言이어니와,
유 덕 자   필 유 언

덕이 있는 사람은 반드시 훌륭한 말을 하지만

---

5 위(危) : 〈예기〉「치의(緇衣)」주석에 "위(危)는 높고 험준하다[危, 高峻也]"라고 했으며, 보통 것보다는 귀하다는 뜻이다. 주희 〈집주〉에서도 이처럼 해석하고 있다. 그렇게 해석해도 물론 뜻은 통하지만, 〈광아(廣雅)〉에서는 "위(危)는 바르다[危, 正也]"라고 해석했다. 왕념손(王念孫)의 〈광아소증(廣雅疏證)〉에서도 〈논어〉의 이 문장을 인용하여 예를 들었다. 번역문에서는 후자의 뜻이 더 합당한 것 같아, 후자의 뜻으로 해석했다.

6 손(孫) : '손(遜)'과 같다.

有言者는 不必有德이니라.
유언자   불필유덕

훌륭한 말을 하는 사람이 반드시 덕이 있는 것은 아니다.

仁者는 必有勇이어니와,
인자   필유용

어진 사람은 반드시 용감하지만

勇者는 不必有仁이니라.
용자   불필유인

용감한 사람이라고 해서 반드시 어진 것은 아니다.

5

南宮适[7]이 問於孔子曰
남궁괄   문어공자왈

남궁괄이 공자에게 물었다.

羿[8]는 善射하고,
예   선사

예는 활을 잘 쏘았고,

奡[9]는 盪舟[10]하되,
오   탕주

오는 수전(水戰)에 뛰어났지만

---

[7] 남궁괄(南宮适) : 공자의 학생인 남용(南容)이다.
[8] 예(羿) : 발음은 yì이다. 고대 전설에 예(羿)라는 사람이 세 명 나오는데, 모두 활을 잘 쏘았다고 한다. 한 명은 제곡(帝嚳)의 신하로 〈설문해자〉에 보인다. 다른 한 명은 요임금 때 사람으로 전설에 의하면 당시 10개의 태양이 동시에 나타나자, 예(羿)가 아홉 개를 떨어뜨렸다고 한다. 이 고사는 〈회남자〉「본경훈(本經訓)」에 보인다. 또 다른 한 명은 하나라 때 유궁국(有窮國)의 임금으로 〈좌전〉「양공(襄公) 4년」에 보인다. 여기서 가리키는 예와 〈맹자〉「이루(離婁)」에 기록된 "봉몽이 예에게 활쏘기를 배웠다[逢蒙學射於羿]"의 예는 모두가 하나라 때의 예이다.
[9] 오(奡) : 발음은 ào이다. 고대 전설 속의 인물로, 하나라 한착(寒浞)의 아들이다. 매우 용맹하였으며, 한착이 하나라 왕위를 빼앗은 후 그를 제후에 봉했지만, 하나라가 다시 왕권을 회복한 후에 죽임을 당했다고 한다. 자를 '요(澆)'라고도 한다.
[10] 탕주(盪舟) : 고염무(顧炎武)의 〈일지록(日知錄)〉에서 다음과 같이 말했다 : "옛날 사람들은 좌우로 돌격하는 것을 탕(盪)이라 했고, 그 정예로운 병사를 포진하는 것을 도탕(跳盪)이라 했으며, 별군의 통솔자[別帥]를 탕주(盪主)라고 했다. 탕주(盪舟)는 이 뜻

俱不得其死然¹¹이어늘. 　　모두 제명을 다하지 못하고
구 부 득 기 사 연 　　　　　　　죽었습니다.

禹稷은 躬稼而有天下하시니이다.　그러나 우와 직은 몸소
우 직　　궁 가 이 유 천 하　　　농사를 지었어도 천하를
　　　　　　　　　　　　　　　얻었습니다. 〔어떻게 이러한
　　　　　　　　　　　　　　　역사를 해석해야 합니까?〕

夫子不答이러시니.　　　　　　공자께서는 대답하지 않으셨다.
부 자 부 답

南宮适이 出이어늘,　　　　　남궁괄이 밖으로 나가자,
남 궁 괄　　출

子曰　　　　　　　　　　　　공자께서 말씀하셨다.
자 왈

君子哉라 若人이여!　　　　　이 사람은 참으로 군자로구나!
군 자 재　　약 인

尙德哉라 若人¹²이여!　　이 사람은 얼마나 덕을 숭상하는가!
상 덕 재　　약 인

　을 모두 담고 있다[古人以左右衝殺爲盪. 陳其銳卒, 謂之跳盪, 別帥謂之盪主. 盪舟 蓋兼此義].” 현대어로 번역하면, 해군을 이용해서 적진 깊숙이 들어가 함락시킨다는 뜻이다.
11 구부득기사연(俱不得其死然) : 이 구절은 두 가지 끊어 읽는 법이 있다. 첫째는 '연(然)' 자에서 끊어 읽는 법이고, 둘째는 '사(死)' 자에서 끊어 읽고 '연(然)' 자는 아래에 붙여 읽는 방법이다.
12 군자(君子)……상덕재약인(尙德哉若人) : 남궁괄(南宮适)이 고대의 일을 가지고 공자에게 질문한 것으로, 당시에는 무력을 숭상하고 덕을 숭상하지 않고 있지만 역사를 살펴보면 결국 무력을 숭상했던 사람의 끝은 좋지 않았고, 덕을 숭상하던 사람은 결국 천하를 얻었다는 내용이다. 이 때문에 공자가 그를 칭찬했다.

6

子曰
자 왈

공자께서 말씀하셨다.

君子而不仁者는 有矣夫어니와,
군 자 이 불 인 자   유 의 부

군자 중에서 어질지 못한 사람이 있을지 모르나,

未有小人¹³而仁者也니라.
미 유 소 인   이 인 자 야

소인 중에는 어진 사람이 있을 리 없다.

7

子曰
자 왈

공자께서 말씀하셨다.

愛之인댄,
애 지

그를 사랑한다면

能勿勞乎¹⁴아?
능 물 로 호

그를 수고롭게 하지 않을 수 있겠는가?

---

13 군자, 소인(君子, 小人) : 여기서 '군자'·'소인'이 내포하고 있는 뜻이 그다지 분명하지 않다. '군자'와 '소인'이 덕이 있고 없는 사람을 가리키는 말이라면, 두 번째 구절은 말하지 않아도 될 것이다. 여기서는 아마도 지위가 있는 사람과 일반 백성을 가리키는 말인 듯하다.

14 능물로호(能勿勞乎) : 〈국어〉「노어 하(魯語下)」에서 말했다 : "백성들이 수고하면 곧 절약할 것을 생각하고, 절약할 것을 생각하면 곧 선량한 마음이 생겨난다. 백성들이 안일하면 곧 방탕해지고, 방탕해지면 곧 선량한 마음을 잃어버리게 되고, 선량한 마음을 잃어버리면 곧 나쁜 마음이 생기게 된다[夫民勞則思, 思則善心生. 逸則淫, 淫則忘善, 忘善則惡心生]." 이 구절을 인용하여 "그를 수고롭게 하지 않을 수 있겠는가[能勿勞乎]"의 주석으로 삼을 수 있다.

忠焉인댄, 그에게 충성한다면
충 언

能勿誨乎아? 그를 깨우쳐 주지 않을 수
능 물 회 호 있겠는가?

8

子曰 공자께서 말씀하셨다.
자 왈

爲命¹⁵에, 〔정나라에서는〕 외교문서를 만듦에
위 명

裨諶¹⁶은 草創¹⁷之하고, 비심이 초고를 만들고,
비 심   초 창 지

世叔¹⁸은 討論¹⁹之하고, 세숙이 의견을 제시하고,
세 숙   토 론 지

---

15 위명(爲命) : 〈좌전〉「양공(襄公) 31년」에서 다음과 같이 말했다 : "정나라에 다른 제후국을 상대할 일이 있게 되면, 자산(子産)은 사방 나라의 사정을 자우(子羽)에게 묻고, 그리고 그에게 여러 가지로 외교문서를 짓게 하여, 비심(裨諶)과 같이 수레를 타고 국도 밖의 촌으로 가서, 그 일에 대한 가부(可否)를 도모하게 하고, 그것을 풍간자(馮簡子)에게 말해 판단하게 했다. 그 일에 대한 방침이 결정 나면, 그것을 자태숙(子太叔)에게 넘겨주어 실행하도록 하여 상대국의 빈객을 대하였다. 이 때문에 실패하는 일이 적었다[鄭國將有諸侯之事, 子産乃問四國之爲於子羽, 且使多爲辭令, 與裨諶乘以適野, 使謀可否, 而告馮簡子使斷之. 事成, 乃授子太叔使行之, 以應對賓客, 是以鮮有敗事]." 이 문장과 비교해서 참고할 수 있다. 〈좌전〉에서 말한 과정과 〈논어〉의 이 문장 일부가 맞지 않는 부분이 있지만 주제가 서로 같기 때문에, '명(命)'자를 일반적인 '정치적 명령[政令]'으로 번역하지 않고, '외교문서[外交辭令]'로 번역했다.

16 비심(裨諶) : 발음은 bì chén이고, 정나라의 대부로, 〈좌전〉에 보인다.

17 초창(草創) : 초고의 기초를 잡다.

18 세숙(世叔) : 〈좌전〉의 자태숙(子太叔 : 고대에는 '태(太)'와 '세(世)' 두 글자를 통용했다)으로, 이름은 유길(游吉)이다.

行人子羽[20]는 修飾[21]之하고,　　외교관인 자우가 그것을 고치고,
행 인 자 우　　수 식　지

東里子産[22]은 潤色之하니라.　자산이 문장을 다듬었다.
동 리 자 산　　윤 색 지

9

或이 問子産한대.　　　　　어떤 사람이 공자에게 자산이 어떤
혹　　문 자 산　　　　　　인물인지를 묻자,

子曰　　　　　　　　　　공자께서 말씀하셨다.
자 왈

惠人也니라.　　　　　　　너그러우며 자혜로운 사람이다.
혜 인 야

問子西[23]한대.　　　　　또 자서에 대해 묻자,
문 자 서

---

19 토론(討論) : 오늘날의 '토론'과는 뜻이 다르다. 이것은 한 사람이 연구한 후에 의견을 제시하다라는 뜻이다. 주희의 〈집주〉에서는 "토는 찾아 궁구하다이고, 론은 설명하여 의논하다라는 뜻이다[討, 尋究也, 論, 講議也]"라고 했다.
20 행인자우(行人子羽) : 행인(行人)은 관직명으로, 고대의 외교관이다. 자우(子羽)는 공손휘(公孫揮)의 자이다.
21 수식(修飾) : 바로잡아 수정하는 것을 가리킨다.
22 동리자산(東里子産) : 동리(東里)는 지명이다. 지금의 정주시(鄭州市)로, 자산(子産)이 살던 곳이다.
23 자서(子西) : 춘추 시기에는 자서(子西)라는 사람이 세 명 있었다. 첫째, 정나라의 공손하(公孫夏)로, 노나라 애공(哀公) 때 살았다. 자산(子産)의 집안 형제로, 자산이 그에 이어 정나라의 정치를 이끌어 나갔다. 둘째, 초나라의 투의신(鬪宜申)으로, 노나라 희공(僖公)·문공(文公) 때 살았다. 셋째, 초나라의 공자(公子) 신(申)으로, 공자와 같은 시대 사람이다. 투의신은 공자와 시기적으로 너무 멀고, 공자 신은 반대로 너무 가까우니, 이 사람이 물은 것은 마땅히 공손하일 것이다.

曰	공자께서 말씀하셨다.
彼哉여!	그 사람이냐,
彼哉[24]여!	그 사람이냐!
問管仲한대.	또 관중에 대해 묻자,
曰	공자께서 말씀하셨다.
人也[25]니라.	그 사람은 인재다.
奪伯氏[26]騈邑[27]三百하고,	백씨의 땅 병읍(騈邑) 300호를 빼앗고,

---

24 피재피재(彼哉彼哉) : 〈공양전〉「정공(定公) 8년」에 양호(陽虎)가 계손(季孫)을 살해하려고 한 일이 기록되어 있다. 양호는 모살(謀殺)에 성공하지 못하고, 교외에서 쉬고 있는데, 갑자기 공검처보(公歛處父)가 병사를 이끌고 쫓아오는 것을 보고 '피재피재(彼哉彼哉)!'라고 했다고 한다. 모기령의 〈논어계구〉에서는 이 때문에 "이것은 반드시 옛날의 성어(成語)로, 공자가 그것을 인용해서 대답한 것이다[此必古成語, 而夫子引以作答者]"라고 했다. 아마도 이 말은 당시 경시한다는 것을 나타낼 때 습관적으로 쓰던 말인 것 같다.

25 인야(人也) : 여기에 대해 여러 가지 주장이 있다. 어떤 사람은 '인(人)' 자 앞에 '부(夫)' 자가 빠졌다고 하며, 또 어떤 사람은 '인(人)' 자를 '인(仁)'으로 써야 한다고 주장한다. 또 '인(仁)' 자가 빠져 있으며, 마땅히 '인인(仁人)'으로 해야 한다고 주장한다.

26 백씨(伯氏) : 정나라의 대부로, 황간의 〈의소〉에서는 "백씨의 이름은 언이다[伯氏名偃]"라고 했으나, 무엇을 근거로 했는지는 알 수 없다.

27 병읍(騈邑) : 지명이다. 완원(阮元)이 백작 술그릇[伯爵彝]을 얻은 적이 있는데, 건륭(乾隆) 56년 산동성(山東省) 임구현(臨朐縣) 유산채(柳山寨)에서 출토되었다고 한다. 그는 〈적고재종정이기관지(積古齋鐘鼎彝器款識)〉에서 유산채(柳山寨)에 고성(古城)의

飯疏食하되,
반 소 사

백씨에게 거친 밥을 먹도록 했으나

沒齒²⁸無怨言하니라.
몰 치   무 원 언

죽을 때까지 원망하는 말이 없었다.

10

子曰
자 왈

공자께서 말씀하셨다.

貧而無怨은 難하고,
빈 이 무 원   난

가난하면서도 원망하지 않기는
매우 어렵고,

富而無驕는 易하니라.
부 이 무 교   이

부귀하면서 교만하지 않기는 쉽다.

11

子曰
자 왈

공자께서 말씀하셨다.

孟公綽²⁹이 爲趙魏老³⁰則優³¹어니와,
맹 공 작   위 조 위 로   즉 우

맹공작이 진(晉)나라
경(卿)인 조씨나 위씨의 가신이
되기에는 힘이 남음이 있지만,

성터가 있으며, 바로 춘추시대의 병읍(騈邑)이라고 했다. 〈수경〉「거양수(巨洋水)」주
석으로 그것을 증명할 수 있고, 완원의 말은 상당히 믿을 만하다.
28 몰치(沒齒) : 평생을 비유한 말이다.
29 맹공작(孟公綽) : 노나라의 대부로, 〈좌전〉「양공(襄公) 25년」에 그와 관련된 이야기가
   있다. 〈사기〉「중니제자열전」에서 그는 공자가 존경했던 사람이라고 한다.
30 로(老) : 고대 대부의 가신(家臣)을 칭할 때, '로(老)' 또는 '실로(室老)'라고 했다.

不可以爲滕薛³²大夫니라.
불가이위등설　대부

등나라 설나라 같은 소국의 대부가 될 재능은 없다.

12

子路가 問成人³³한대.
자로　문성인

자로가 어떻게 하는 것이 전인(全人)인지를 물으니,

子曰
자왈

공자께서 말씀하셨다.

若臧武仲³⁴之知와,
약 장무중　　지 지

장무중과 같은 지혜와

公綽之不欲과,
공작지불욕

맹공작과 같은 탐욕하지 않음과

卞莊子³⁵之勇과,
변장자　지용

변장자와 같은 용감함과

冉求之藝에,
염구지예

염구와 같은 다재다능함에,

---

31 우(優) : 본래 뜻이 '부유하다[優裕]'이기 때문에, "힘이 남음이 있다"로 번역했다.
32 등·설(滕·薛) : 서주(西周) 초에 분봉을 받은 제후국으로, 모두 규모가 작은 소국이었으며, 노나라 부근에 있었다. 등(滕)의 옛날 성은 지금의 산동성(山東省) 등현(滕縣) 서남쪽 15리에 있고, 설(薛)의 옛날 성은 등현 남서쪽 44리에 있다.
33 성인(成人) : 오늘날 말하는 성인(成人)이 아니다. 주희는 온전한 사람으로 해석했다.
34 장무중(臧武仲) : 노나라의 대부 장손흘(臧孫紇)로, 장문중(臧文仲)의 아들이다. 그는 매우 총명하여, 제나라로 도망간 후, 제나라 장공(莊公)의 피살을 예견했고, 장공이 그에게 주는 땅을 거절하는 방책을 세웠다. 이 일은 〈좌전〉「양공(襄公) 23년」에 보인다.
35 변장자(卞莊子) : 노나라의 변읍(卞邑)의 대부로, 용맹스럽기로 유명하다. 〈순자〉「대략(大略)」과 〈한시외전(韓詩外傳)〉 권 10에 그의 용감한 이야기가 기록되어 있다.

文之以禮樂이면,
문 지 이 례 악

여기에 다시 예악으로 그의 문채를 완성하면,

亦可以爲成人矣니라.
역 가 이 위 성 인 의

전인이라 할 수 있을 것이다.

曰
왈

잠시 후 다시 말씀하셨다.

今之成人者는 何必然[36]이리오?
금 지 성 인 자   하 필 연

지금의 전인이라는 것은 어디 반드시 그러하겠느냐?

見利思義하며,
견 리 사 의

이익을 보면 마땅히 얻어야 할 것인가를 생각할 수 있으며,

見危授命하며,
견 위 수 명

위태로운 일을 보면 기꺼이 생명을 내놓으려 하며,

久要[37]에 不忘平生[38]之言이면,
구 요   불 망 평 생   지 언

오래도록 빈궁한 날을 지내면서 평소 승낙한 말을 잊지 아니하면,

---

36 왈금지성인자하필연(曰今之成人者何必然) : 여기서 '왈(曰)' 자가 누구의 말인지에 대해 두 가지 주장이 있다. 하나는 공자가 잠시 후에 다시 말한 것을 가리킨다고 했고, 다른 하나는 자로가 말한 것을 가리킨다고 했다. 두 주장 모두 일리가 있지만 본문에서는 전자의 주장을 따랐다.

37 구요(久要) : '요(要)'는 '약(約)'의 가차자로, '약(約)'은 곤궁의 뜻이다. 양수달의 〈적미거소학술림〉에 보인다.

38 평생(平生) : 평상시를 가리킨다.

亦可以爲成人矣니라.
역 가 이 위 성 인 의

또한 전인이라고 할 수 있을 것이다.

13

子問公叔文子[39]於公明賈[40]曰
자 문 공 숙 문 자 어 공 명 가 왈

공자께서 공명가에게 공숙문자에 대해 물으셨다.

信乎아,
신 호

정말로

夫子가 不言,
부 자   불 언

선생님께서는 말씀도 하지 않고

不笑,
불 소

웃지도 않으시고,

不取乎아?
불 취 호

취하지 않으셨는가?

公明賈가 對曰
공 명 가   대 왈

공명가가 대답하였다.

以[41]告者가 過也로소이다.
이   고 자   과 야

그것은 말을 전달한 사람이 잘못 말한 것입니다.

---

39 공숙문자(公叔文子) : 위나라의 대부로, 이름이 발(拔)이다. 위나라 헌공(獻公)의 손자이고, '문(文)'은 그의 시호이다. 「단궁(檀弓)」에 그에 관한 기록이 남아 있다.

40 공명가(公明賈) : 위나라 사람으로, 성은 공명(公明)이고 이름은 가(賈)이다. '가(賈)'의 발음은 jiǎ이며, 〈좌전〉「애공(哀公) 14년」에 보이는 초나라 위가(蔿賈)도 발음이 '가(賈)'이다.

41 이(以) : 대명사로, '이것[此]'이라는 뜻이다. 양수달의 〈사전(詞詮)〉에 나오는 예를 참고할 수 있다.

夫子가 時然後言이라, 부 자 　시 연 후 언	선생님께서는 반드시 말해야 할 때 말씀하셨기에
人不厭其言하며, 인 불 염 기 언	다른 사람들이 그의 말을 싫어하지 않았으며,
樂然後笑라, 낙 연 후 소	기뻐야 웃으셨으니
人不厭其笑하며, 인 불 염 기 소	다른 사람들이 그 분의 웃음을 싫어하지 않았으며,
義然後取라, 의 연 후 취	마땅히 취해야 할 것을 취했기에
人不厭其取하나니이다. 인 불 염 기 취	다른 사람들이 그 분이 취하는 것을 싫어하지 않았던 것입니다.
子曰 자 왈	공자께서 말씀하셨다.
其然가? 기 연	그렇단 말인가?
豈其然乎[42]리오? 기 기 연 호	설마 정말로 그렇단 말인가?

---

42 기연, 기기연호(其然, 豈其然乎) : '기연(其然)'은 그가 할 수 있다는 것에 대해 칭찬한 것이다. '기기연호(豈其然乎)'는 그것을 의심하는 말로, 감히 믿지 못하겠다는 것을 나타낸다.

14

子曰
자 왈

공자께서 말씀하셨다.

臧武仲이 以防求로 爲後於魯[43]하니,
장무중 이방구 위후어노

장무중이〔제나라로 도망가기 전에〕그의 채읍인 방성(防城)을 구실로 그 자제를 노나라의 경대부로 세울 것을 요구하였으니,

雖曰不要[44]君이나,
수왈불요 군

비록 어떤 사람은 그가 임금을 협박하려고 한 것은 아니라 말하지만,

吾不信也하노라.
오불신야

나는 믿지 않는다.

15

子曰
자 왈

공자께서 말씀하셨다.

晉文公[45]은 譎[46]而不正하고,
진문공 휼 이부정

진나라 문공은 속이고 품행이 바르지 않았고,

---

43 장무중이방구위후어노(臧武仲以防求爲後於魯) : 이 일은 〈좌전〉「양공(襄公) 23년」에 보인다. 방(防)은 장무중의 봉읍(封邑)으로, 지금의 산동성 비현(費縣) 동북쪽 60리의 화성(華城)으로, 제나라 변경에서 매우 가깝다.
44 요(要) : 평성으로, 발음은 yāo이다. 강요하다·위협하다라는 뜻이다.
45 진문공·제환공(晉文公·齊桓公) : 진나라 문공의 이름은 중이(重耳)이고, 제나라 환공

齊桓公은 正而不譎하니라.
제환공   정이불휼

제나라 환공은 품행이 바르고 속이지 않았다.

16

子路가 曰
자로 왈

자로가 말했다.

桓公이 殺公子糾⁴⁷어늘,
환공   살공자규

제나라 환공이 그 형인 공자 규를 죽이자,

召忽은 死之하고,
소홀   사지

[공자 규의 사부인] 소홀은 이 때문에 자살했으나,

管仲은 不死⁴⁸하니.
관중   불사

[역시 사부 가운데 하나였던] 관중은 살아 있었습니다.

曰
왈

계속해서 말했다.

의 이름은 소백(小白)이다. 두 사람은 춘추 오패(五覇) 중에서 가장 명성이 있었던 패주(覇主)였다.
46 譎(휼) : 발음은 jué이고, 속이다·권모술수를 부리다라는 뜻이다.
47 공자 규(公子糾) : 제나라 환공의 형이다.
48 관중불사(管仲不死) : 제나라 환공(桓公)과 공자(公子) 규(糾)는 모두 양공(襄公)의 동생이다. 양공이 무도하여, 두 사람 모두 해를 당할까 두려워했다. 환공은 포숙아(鮑叔牙)의 도움을 받아 거(莒)나라로 도망갔고, 공자 규도 관중과 소홀(召忽)의 도움으로 노나라로 도망갔다. 양공이 피살된 후에, 환공이 먼저 제나라로 돌아가 임금이 되고서는 군대를 일으켜 노나라를 공격해 왔다. 그리고는 노나라를 핍박하여 공자 규를 죽이자, 소홀은 그를 따라 자살했지만, 관중은 오히려 환공의 재상이 되었다. 이와 관련된 역사는 〈좌전〉「장공(莊公) 8년과 9년」에 보인다.

未仁乎인저?
미 인 호

관중은 마땅히 어질지 못한 것이지요?

子曰
자 왈

공자께서 말씀하셨다.

桓公이 九合⁴⁹諸侯호대,
환 공 구 합 제 후

제나라 환공이 여러 차례 제후들 간의 동맹을 주재하여

不以兵車는,
불 이 병 거

전쟁을 중지시킨 것은

管仲之力也니.
관 중 지 력 야

모두 관중의 힘이었다.

如其仁이리오,
여 기 인

이것이 곧 관중의 어짊이니라.

如其仁⁵⁰이리오.
여 기 인

이것이 곧 관중의 어짊이니라.

17

子貢이 曰
자 공 왈

자공이 말했다.

---

49 구합(九合) : 제나라 환공이 제후들을 규합한 것이 모두 11차례이다. 여기서 '구(九)'는 실제로는 허수(虛數)로, 그 수가 많음을 나타낼 뿐이다.
50 여기인(如其仁) : 왕인지의 〈경전석사〉에 "여(如)는 내(乃 : 이곳이 곧)와 같다[如猶乃也]"라고 했다. 양웅(揚雄)의 〈법언(法言)〉에서 세 차례 이러한 구법(句法)을 모방하여 썼으며, 같은 뜻이다. 주희의 〈집주〉에서는 "여기인은 누가 그의 어짊만 하겠는가라고 말한 것이니, 다시 두 번 말하여 깊이 이를 허여하였다[如其仁, 言誰如其仁者, 又再言以探許之]"라고 했다. 여기서는 "이것이 바로 관중의 어짊이다"라는 뜻이다.

管仲은 非仁者與인저?
관 중   비 인 자 여

관중은 어진 사람이 아니겠지요?

桓公이 殺公子糾어늘,
환 공   살 공 자 규

환공이 공자 규를 죽였는데도

不能死하고,
불 능 사

그는 따라 죽지 못하였을 뿐만 아니라,

又相之온여.
우 상 지

오히려 환공을 도왔습니다.

子曰
자 왈

공자께서 말씀하셨다.

管仲이 相桓公,
관 중   상 환 공

관중이 환공을 도와서

覇諸侯하여,
패 제 후

제후의 패자(覇者)가 되어

一匡天下⁵¹하니,
일 광 천 하

천하의 모든 것을 바로잡았으니,

民到于今에 受其賜하나니.
민 도 우 금   수 기 사

백성들이 지금까지도 그의 도움을 받고 있느니라.

微⁵²管仲이면,
미   관 중

관중이 없었더라면,

---

51 일광천하(一匡天下) : 주희의 〈집주〉에서 "광은 바로잡다이대[匡, 正也]"라고 했다.
52 미(微) : '만약 없었다면'의 뜻으로, 이미 발생한 사실과 상반되는 가설 문장의 끝에만 사용된다.

吾其被⁵³髮左衽矣리라.
오 기 피   발 좌 임 의

우리는 머리를 풀어 헤치고 옷깃을 왼쪽으로 여미었을 것이다〔낙후된 민족으로 전락했을 것이다〕.

豈若匹夫匹婦⁵⁴之爲諒也하여,
기 약 필 부 필 부   지 위 량 야

그가 보통 백성들과 같이 작은 신의와 절개를 위해

自經⁵⁵於溝瀆⁵⁶而莫之知也리오?
자 경   어 구 독   이 막 지 지 야

개천에서 자살하여 아무도 알아주는 사람이 없는 것과 같이 하겠느냐?

18

公叔文子之臣大夫⁵⁷僎이 與文子로 同升諸⁵⁸公이러니.
공 숙 문 자 지 신 대 부   선   여 문 자   동 승 저   공

공숙문자의 가신인 대부 선이 〔문자의 추천으로〕 문자와 함께 나라의 대신이 되었다.

---

53 피(被): '피(披)' 자와 같다.
54 필부필부(匹夫匹婦): 보통 사람을 가리키며, 단지 자신의 명예나 절조만을 생각하는 사람이다.
55 자경(自經): '목매어 죽다'라는 뜻이다.
56 구독(溝瀆): 〈맹자〉「양혜왕(梁惠王)」의 '구학(溝壑)'과 같다. 왕부지(王夫之)의 〈사서패소(四書稗疏)〉에서는 지명(地名)이라고 했으며, 바로 〈좌전〉의 '구독(句瀆)', 〈사기〉의 '생독(笙瀆)'이다. 그렇게 되면 공자의 필부필부(匹夫匹婦)는 바로 소홀(召忽)을 가리키는 말이 되어, 신뢰할 수 없다.
57 신대부(臣大夫): 모기령(毛奇齡)의 〈사서잉언(四書賸言)〉에서 "신대부는 곧 가대부이다〔臣大夫卽家大夫也〕"라고 하여, '신대부(臣大夫)' 세 글자를 나누지 않았지만, 여기서는 취하지 않았다. 〈후한서〉「오량전(吳良傳)」의 이현(李賢) 주석에 따르면 "문자(文

子聞之하시고,
자 문 지

공자께서 이 일을 아시고

曰
왈

말씀하셨다.

可以爲文⁵⁹矣로라.
가 이 위 문 의

그는 시호를 문(文)이라고 할 만하다.

19

子言衛靈公⁶⁰之無道也하신대,
자 언 위 영 공 지 무 도 야

공자께서 위나라 영공의 무도함을 말씀하였더니,

康子⁶¹가 曰
강 자 왈

강자가 말했다.

夫如是로되,
부 여 시

이와 같은데

奚而⁶²不喪⁶³이니잇고?
해 이 불 상

어찌하여 패망하지 않습니까?

子)의 가신 이름이 선(僎)이다[文子家臣名僎]"라고 했으며, 당나라 초기 사람들은 '신대부(臣大夫)'를 한 단어로 사용하지 않았다는 것을 알 수 있다.

58 저(諸) : '어(於)' 자와 용법이 같다.
59 〈예기〉「단궁(檀弓)」에 의하면, 공숙문자(公叔文子)의 실제 시호는 정혜문자(貞惠文子)라고 한다. 정현은 〈예기〉 주석에서 말했다 : "'정혜'라고 말하지 않는 것은 '문'으로 충분히 그 뜻을 겸할 수 있기 때문이다[不言'貞惠'者, '文'足以兼之]."
60 위영공(衛靈公) : 이름은 원(元)이고, 위나라 양공(襄公)의 서자이다. BC 534~493년까지 재위했다.
61 강자(康子) : 계강자(季康子)를 가리킨다.
62 해이(奚而) : 유월의 〈군경평의〉에서 말했다 : "'해이(奚而)'는 '해위(奚爲)'와 같다[奚而猶奚爲也]."

孔子曰
공자 왈

공자께서 말씀하셨다.

仲叔圉[64]는 治賓客하고,
중숙어   치빈객

〔그에게〕 중숙어는 빈객을 접대하고,

祝鮀는 治宗廟하고,
축타   치종묘

축타는 제사를 관리하고,

王孫賈는 治軍旅하니라.
왕손가   치군려

왕손가는 군대를 통솔합니다.

夫如是하니,
부여시

이와 같으니

奚其喪이리오?
해기상

어찌 패망할 수 있겠습니까?

20

子曰
자 왈

공자께서 말씀하셨다.

其言之不怍[65]이면,
기언지부작

저 사람이 큰소리치고서 부끄러워하지 않는다면,

則爲之也가 難하니라.
즉위지야   난

실행하기가 쉽지 않을 것이다.

---

63 불상(不喪) : 여기에 대해 두 가지 해석이 있다. 하나는 직위를 잃어버리는 것이고, 다른 하나는 나라를 잃어버리는 것이다.
64 중숙어(仲叔圉) : 바로 「공야장 편」에서 언급된 공문자(孔文子)이다.
65 작(怍) : 부끄러워하다라는 뜻이다.

21

陳成子[66]가 弒[67]簡公[68]이어늘,
진성자　　시　간공

孔子沐浴而朝[69]하사,
공자목욕이조

告於哀公曰
고 어 애 공 왈

陳恆이 弒其君하니,
진항　　시기군

請討之[70]하소서.
청토지

진항이 제나라 간공을 시해하자,

공자께서는 목욕재계하시고 조정에 나아가 임금을 뵙고,

노나라 애공에게 아뢰셨다.

진항이 그 임금을 시해했으니,

청하건대 출병하여 그를 토벌하도록 하소서.

---

66 진성자(陳成子) : 진성자는 바로 진항(陳恆)이다. 성(成)은 그의 시호이다. 진성자가 간공을 시해한 것은 춘추 애공 14년(BC 481년)의 일이다. 이때 공자는 이미 벼슬에서 물러나 노나라에 거하고 있었다.
67 시(弒) : 황간의 〈의소〉에는 '살(殺)'로 되어 있다. 신하가 임금을 죽이는 것을 '시(弒)'라고 한다.
68 간공(簡公) : 제나라 간공으로, 이름은 임(壬)이다. BC 484~481년까지 재위했다.
69 공자목욕이조(孔子沐浴而朝) : 이때 공자는 이미 벼슬을 그만두고 집에 돌아와 있었으며, 특별히 이 일 때문에 조정에 들어가 노나라 임금을 만났다.
70 청토지(請討之) : 공자가 진항(陳恆)을 토벌할 것을 청한 것은, 진항이 신하로서 임금을 시해했기 때문으로, 공자의 학설에 따르자면 토벌하지 않으면 안 되는 것이다. 동시에 공자도 전쟁의 승부를 계산해 보았을 것이다. 〈좌전〉에 다음과 같이 공자의 말이 기록되어 있다 : "진항이 그 임금을 시해했으니, 백성의 반은 그에게 참여하지 않을 것이고, 노나라의 무리에 제나라 백성 반을 더하면 그를 이길 수 있을 것이다[陳恆弒其君, 民之不與者半. 以魯之衆加齊之半, 可克也]." 그러나 이 일에 대해서는 여전히 토론의 여지가 있다.

公曰 공 왈	애공이 말했다.
告夫三子⁷¹하라! 고 부 삼 자	그대는 계손·중손·맹손 세 사람에게 알려라!
孔子曰⁷² 공 자 왈	공자께서 〔물러나와〕 말씀하셨다.
以吾從大夫之後라, 이 오 종 대 부 지 후	내가 송구스럽게 대부를 지낸 적이 있기 때문에
不敢不告也하니라. 불 감 불 고 야	감히 아뢰지 않을 수 없었다.
君曰告夫三子者온여! 군 왈 고 부 삼 자 자	임금께서는 나에게 저 세 사람에게 알려주라고 하시는구나.
之三子하여 告하신대, 지 삼 자 고	공자께서 또 세 명의 대신에게 가서 알리니
不可라 하여늘. 불 가	출병하지 않으려 하거늘,
孔子曰 공 자 왈	공자께서 말씀하셨다.

---

71 삼자(三子) : 당시 권력을 쥐고 있던 계손씨·중손씨·맹손씨를 가리킨다.
72 공자왈(孔子曰) : 이것은 공자가 조정에서 물러나온 후에 한 말로, 〈좌전〉「애공(哀公) 14년」의 기록을 보면 알 수 있다.

以吾從大夫之後라,
이 오 종 대 부 지 후

내가 송구스럽게 대부를 지낸 적이 있어서

不敢不告也니라.
불 감 불 고 야

감히 아뢰지 않을 수 없었다.

22

子路가 問事君한대.
자 로   문 사 군

자로가 임금을 섬기는 것에 대해 물으니,

子曰
자 왈

공자께서 말씀하셨다.

勿欺也요,
물 기 야

〔겉으로는 따르는 척하면서 속으로는 따르지 않으며〕 임금을 속이지 말고,

而犯之니라.
이 범 지

오히려 〔눈앞에서〕 그를 거스르더라도 간하도록 하라.

23

子曰
자 왈

공자께서 말씀하셨다.

君子는 上達[73]하고,
군 자   상 달

군자는 인의에 통달하고,

---

[73] 상달하달(上達下達) : 여기에 대해 역대 학자들은 여러 가지 해석을 하는데, 번역문에서

小人은 下達이니라.
소인 하달

소인은 재물과 이익에 통달한다.

24

子曰
자왈

공자께서 말씀하셨다.

古之學者는 爲己[74]러니,
고지학자 위기

옛날의 학자들은 자기의 학문 도덕을 수양하는 데 목적이 있었는데,

今之學者는 爲人이로다.
금지학자 위인

요즘의 학자들은 자기를 꾸며 다른 사람에게 보이는 데 목적이 있다.

25

蘧伯玉[75]이 使人於孔子어늘.
거백옥 사인어공자

거백옥이 사자(使者)를 보내 공자를 방문케 했다.

孔子與之坐而問焉,
공자여지좌이문언

공자께서는 그에게 자리를 내어주고는 물으며

는 황간 〈의소〉의 견해를 취했다.
74 위기(爲己)·위인(爲人) : 어떤 것을 '위기(爲己)'와 '위인(爲人)'이라고 하는지, 번역문에서는 〈순자〉「권학(勸學)」과 〈북당서초(北堂書鈔)〉에서 인용한 〈신서(新序)〉·〈후한서〉「환영전론(桓榮傳論)」(모두 양수달의 〈논어소증(論語疏證)」에 보임)의 해석을 택했다.
75 거백옥(蘧伯玉) : 위나라의 대부로, 백옥은 그의 자이고, 이름은 원(瑗)이다. 공자가 존경했던 사람 중의 하나로, 위나라에 있을 때 그의 집에 묵은 적이 있었다.

曰
왈

말씀하셨다.

夫子는 何爲오?
부자 하위

그 분께서는 무얼 하고 계시는지요?

對曰
대 왈

사자가 대답했다.

夫子欲寡其過[76]而未能也니이다.
부자욕과기과 이미능야

그 분께서는 허물을 적게 하려고 하시지만 아직 하지 못하십니다.

使者出이어늘.
사 자 출

사자가 물러가자,

子曰
자 왈

공자께서 말씀하셨다.

使乎여!
사 호

훌륭한 사자구나!

使乎여!
사 호

훌륭한 사자구나!

---

[76] 과기과(寡其過): 〈장자〉「칙양(則陽)」에서 말했다 : "거백옥은 나이 60살에 60번이나 변했다. 처음에는 옳다고 생각했다가 나중에는 틀렸다고 부정하지 않은 적이 없다. 따라서 지금 옳다고 말하는 것도 과거 59년 동안에 있어서는 틀렸다고 부정했던 것인지도 모른다(60세가 되어 옳다고 생각하는 것도 과거 59년 동안에 있어서는 틀렸다고 부정했던 것이다)[蘧伯玉行六十而六十化, 未嘗不始於是之, 而卒詘之以非也. 或未知今之所謂 是之非五十九非也(六十之是或爲五十九之非)]." 〈회남자〉「원도(原道)」에서도 "거백옥은 나이 50살에 49년 동안의 잘못을 알았다[蘧伯玉年五十而知四十九年非]"라고 했으니, 아마 이 사람은 앞으로 진보하는 것을 추구하며 자신의 잘못이 있으면 고치는 데 능한 사람일 것이다. 사자(使者)의 말은 그 사실과 맞을 뿐만 아니라, 비굴하지도 거만하지도 않기 때문에 공자가 계속해서 칭찬했다.

26

子曰
자 왈

공자께서 말씀하셨다.

不在其位하면,
부 재 기 위

그 직위에 있지 아니하면,

不謀其政⁷⁷이니라.
불 모 기 정

그 정사를 꾀하지 아니한다.

曾子曰
증 자 왈

증자가 말했다.

君子는 思不出其位니라.
군 자   사 불 출 기 위

군자는 자기의 지위를 벗어나는 일은 생각하지 않는다.

27

子曰
자 왈

공자께서 말씀하셨다.

君子는 恥其言而⁷⁸過其行이니라.
군 자   치 기 언 이   과 기 행

군자는 말을 많이 하고 행실을 적게 함을 부끄러워한다.

28

子曰
자 왈

공자께서 말씀하셨다.

---

77 불모기정(不謀其政) : 「태백 편」을 참고.
78 이(而) : '지(之)'와 용법이 같으며, 〈사전(詞詮)〉에 상세히 보인다. 황간의 〈의소〉와 일본 족리본(足利本) 〈논어〉에서는 이 글자가 모두 '지(之)'로 되어 있다.

君子道者가 三에,
군자도자   삼

군자가 행해야 할 세 가지 일이 있는데,

我無能焉하니,
아 무 능 언

나는 한 가지도 하지 못했으니,

仁者는 不憂하고,
인 자   불 우

인덕이 있는 이는 근심하지 아니하고,

知者는 不惑하고.
지 자   불 혹

지혜로운 이는 미혹되지 아니하고,

勇者는 不懼니라.
용 자   불 구

용감한 이는 두려워하지 않는 것이다.

子貢이 曰
자 공   왈

자공이 말했다.

夫子自道也샷다.
부 자 자 도 야

이는 바로 선생님께서 스스로에 대해 말씀하신 것이다.

29

子貢이 方人⁷⁹이어늘.
자 공   방 인

자공이 다른 사람을 악평하기에,

---

79 방인(方人) : 〈경전석문(經典釋文)〉에서 말하기를 정현 주석의 〈논어〉에서는 '방인(謗人)'으로 쓰고 있다고 했으며, 또 정현 주에서 "다른 사람의 허물이나 잘못을 말하는 것을 이른다[謂言人之過惡]"라고 한 것을 인용했다. 이 때문에 번역문에서는 '악평하다'로 번역했다. 〈세설신어(世說新語)〉「용지(容止)」의 "혹자는 사인조를 중후하지 않은 사람이라고 평하고 있다[或以方謝仁祖不乃重者]"에서 '방(方)' 자를 '품평하다'로 해석

子曰
자 왈

賜也는 賢乎哉⁸⁰아?
사 야 현 호 재

夫我則不暇로라.
부 아 즉 불 가

공자께서 그에게 말씀하셨다.

너는 충분히 훌륭하냐?

나는 오히려 그럴 겨를이 없느니라.

30

子曰
자 왈

不患人之不己知요,
불 환 인 지 불 기 지

患其不能也니라.
환 기 불 능 야

공자께서 말씀하셨다.

다른 사람이 나를 알아주지 않는
것을 안타까워 말고,

스스로 능력이 없는 것을
안타까워하라.

31

子曰
자 왈

不逆⁸¹詐하며,
불 역   사

공자께서 말씀하셨다.

다른 사람이 나를 속이지 않을까
미리 의심하지 말며,

했으며, 그 용법은 아마 여기에서 나왔을 것이다.
80 호재(乎哉) : 의문을 나타내는 말이다.
81 역(逆) : 예측하다 · 헤아리다라는 뜻이다.

不億不信이나,
불억불신

또 근거 없이 다른 사람의 솔직하지 못함을 미리 추측하지 않고,

抑亦先覺[82]者가,
억역선각   자

오히려 일찍 발견해낼 수 있는 사람이

是賢乎인저!
시현호

현자일 것이라!

32

微生畝[83]가 謂孔子曰
미생무   위공자왈

미생무가 공자에게 말했다.

丘는 何爲是[84]栖栖[85]者與오?
구   하위시   서서   자여

자네는 왜 이처럼 바쁜가?

無乃爲佞乎아?
무내위녕호

자네의 말재주를 뽐내기 위해서가 아닌가?

孔子曰
공자왈

공자께서 말씀하셨다.

---

82 선각(先覺) : 일이 있기 전에 먼저 발견하다.
83 미생무(微生畝) : '미생(微生)'은 성이고, 무(畝)는 이름이다. 주희의 〈집주〉에서는 "미생무가 부자의 이름을 불렀고 말이 매우 거만하니, 아마도 나이와 덕이 있으면서 은둔한 자인 듯하다[畝名呼夫子而辭甚倨, 蓋有齒德而隱者]"라고 했다.
84 시(是) : 여기서는 부사로 사용되었으며, '이처럼[如此]'으로 해석했다.
85 서서(栖栖) : 바쁜 모양을 가리킨다.

非敢爲佞也라,
비 감 위 녕 야

내가 감히 말재주를 뽐내기 위해서가 아니라,

疾固也니라.
질 고 야

그런 고집을 부리는 완고한 이를 싫어하는 것입니다.

33

子曰
자 왈

공자께서 말씀하셨다.

驥[86]는 不稱其力이라,
기   불 칭 기 력

천리마를 칭하여 기(驥)라고 하는 것은 그 힘을 찬미하는 것이 아니라,

稱其德[87]也니라.
칭 기 덕   야

그 덕을 찬미하는 것이다.

34

或이 曰
혹   왈

어떤 사람이 공자에게 말했다.

以德報怨[88]이,
이 덕 보 원

은혜로 원한을 갚는 것은

---

86 기(驥) : 천리마를 가리킨다.
87 덕(德) : 주희는 여기서의 '덕'은 말이 잘 길들여져서 성질이 양순함을 가리키는 것이라고 생각했다.
88 이덕보원(以德報怨) : 〈노자〉에서도 "작은 것을 크게 여기며, 적은 것을 많게 여기고, 원한은 덕으로 갚으라[大小多少, 報德以德]"고 말한 적이 있다. 이 말이 아마 당시에 유행했던 것 같다.

何如하니잇고?
하 여

어떻습니까?

子曰
자 왈

공자께서 말씀하셨다.

何以報德고?
하 이 보 덕

무엇으로 은혜를 갚겠느냐?

以直報怨이요,
이 직 보 원

공평하고 정직함으로 원한을 갚고,

以德報德이니라.
이 덕 보 덕

은혜로 은혜를 갚아야 한다.

35

子曰
자 왈

공자께서 말씀하셨다.

莫[89]我知也夫인저!
막 아 지 야 부

나를 알아주는 사람이 없구나!

子貢이 曰
자 공 왈

자공이 말했다.

何爲其莫知子也잇고?
하 위 기 막 지 자 야

어찌 선생님을 알아주는 사람이 없는 것입니까?

子曰
자 왈

공자께서 말씀하셨다.

---

[89] 막(莫) : 없다는 뜻이다.

不怨天하며, 하늘을 원망하지 않으며,

不尤人이요, 사람을 탓하지 않으며,

下學而上達[90]하노니. 일상적인 지식을 배우면서 오히려 매우 높은 도리를 분명히 이해한다.

知我者는 其天乎인저! 나를 알아주는 것은 단지 하늘뿐일 것이라!

36

公伯寮[91]가 愬[92]子路於季孫이어늘, 공백료가 계손에게 자로를 참소하니,

子服景伯[93]이 以告[94], 자복경백이 공자에게 알려주며

---

90 하학이상달(下學而上達) : 이 말의 구체적인 뜻에 대해 예로부터 상당히 여러 가지 해석이 있으며, 번역문에서 옮겨 놓은 말은 단지 참고자료로 삼을 수 있을 것이다. 황간의 〈의소〉에서 다음과 같이 말했다 : "하학은 사람의 일을 배우는 것이고, 상달은 천명에 통달하는 것이다. 내가 비록 사람의 일을 배웠지만 사람의 일에는 나쁜 일이 있기도 하고 좋은 일이 있기도 하기 때문에 다른 사람을 원망하지 않는다. 천명에 통달하면 천명에는 궁함이 있기도 하고 통함이 있기도 하기 때문에 나는 하늘을 원망하지 않는다[下學, 學人事, 上達, 達天命. 我旣學人事, 人事有否有泰, 故不尤人. 上達天命, 天命有窮有通, 故我不怨天也]." 전체의 뜻이 모두 관통되고 있다. 비록 공자의 원래 뜻에 부합한다고는 말할 수 없지만, 참고해도 무방한 것 같아서 적어 두었다.
91 공백료(公伯寮) : 노나라 사람이며, 〈사기〉「중니제자열전」에서는 '공백료(公伯僚)'로 쓰고 있고, 자는 자주(子周)라고 한다.
92 소(愬) : '소(訴)'와 같다.
93 자복경백(子服景伯) : 노나라의 대부로, 이름은 하(何)이다.

曰
왈   말했다.

夫子固有惑志[95]於公伯寮하나니,   계손씨가 이미 공백료에게
부 자 고 유 혹 지   어 공 백 료   미혹되었으니,

吾力으로 猶能肆諸市朝[96]니이다.   제 힘으로 그래도 그의
오 력   유 능 사 저 시 조   시체를 길거리에 내걸어 사람들에게
                                  보일 수 있습니다.

子曰   공자께서 말씀하셨다.
자 왈

道之將行也與도,   나의 주장이 장차 실현되는 것도
도 지 장 행 야 여

命也며,   천명이며,
명 야

道之將廢也與도,   나의 주장이 영원히 실행되지
도 지 장 폐 야 여   않는 것도

命也니라.   천명이니라.
명 야

---

94 고(告) : 알려주는 대상이 누구인지에 대해 두 가지 주장이 있다. 하나는 공자에게 알려주는 것으로, 자복경백이 공자에게 말하는 것이다. 다른 하나는 자로에게 말하는 것이다.
95 혹지(惑志) : 계손이 헐뜯는 말을 곧이듣고, 공백료에게 미혹되는 것을 말한다.
96 시조(市朝) : 고대에는 죄인들의 시체를 조정(朝廷)이나 시장에 두어 여러 사람들이 보도록 했다.

| 公伯寮가 其如命何리오! | 공백료가 나의 운명을 어찌하겠느냐? |
| 공 백 료 기 여 명 하 | |

37

| 子曰 | 공자께서 말씀하셨다. |
| 자 왈 | |

| 賢者는 辟⁹⁷世하고, | 어떤 현자는 더럽고 탁한 사회를 피하여 은거하고, |
| 현 자 피 세 | |

| 其次는 辟地하고, | 그 다음은 장소를 가려서 살고, |
| 기 차 피 지 | |

| 其次는 辟色하고, | 그 다음은 좋지 않은 안색을 피하고, |
| 기 차 피 색 | |

| 其次는 辟言이니라. | 그 다음은 나쁜 말을 피한다. |
| 기 차 피 언 | |

| 子曰 | 공자께서 또 말씀하셨다. |
| 자 왈 | |

| 作者가 七人矣로다. | 이런 사람이 이미 일곱 명이 있다. |
| 작 자 칠 인 의 | |

38

| 子路가 宿於石門⁹⁸이러니. | 자로가 석문에서 하룻밤을 묵었는데, |
| 자 로 숙 어 석 문 | |

---

97 피(辟) : '피(避)' 자와 같다.
98 석문(石門) : 〈후한서〉「장호왕공전론주(張皓王龔傳論注)」에서는 정현의 〈논어주(論語

晨門⁹⁹이 曰
_{신 문   왈}

〔그 다음날 새벽에 성으로 들어가자〕
문지기가 물었다.

奚自¹⁰⁰오?
_{해 자}

어디에서 오시오?

子路가 曰
_{자 로   왈}

자로가 말했다.

自孔氏로라.
_{자 공 씨}

공씨의 집에서 왔습니다.

曰
_왈

문지기가 말했다.

是가 知其不可而爲之者與아?
_{시   지 기 불 가 이 위 지 자 여}

안 되는 줄 알면서도 하려는 그 사람 말이오?

39

子擊磬¹⁰¹於衛러시니,
_{자 격 경   어 위}

공자가 위나라에 있을 때 하루는 경쇠를 치는데,

注)〉를 인용하여 "석문은 노나라 성의 외문이다[石門, 魯城外門也]"라고 했다.
99 문(門) : 문지기를 가리킨다. 주희의 〈집주〉에서는 다음과 같이 말했다 : "신문은 새벽에 성문을 열어주는 일을 맡은 사람으로, 아마도 현인으로서 관문을 지키는 일에 은둔한 사람인 듯하다[晨門, 掌晨啓門, 蓋賢人隱於抱關者也]."
100 해자(奚自) : '해자래(奚自來)'에서 '래(來)'가 생략된 것이다.
101 경(磬) : 옥이나 돌로 만든 악기의 일종이다.

有荷蕢102而過孔氏之門者가,	어떤 사람이 삼태기를 메고 마침 집 앞을 지나가면서,
曰	말했다.
有心哉라,	깊은 뜻이 담겨 있구나,
擊磬乎103여!	이 경을 침이여!
旣而曰	잠시 후 다시 말했다.
鄙哉라,	참으로 비루하구나!
硜硜乎여!	경 치는 소리의 단단함이여! 〔그 소리가 마치 '나를 알아주는 사람이 없구나!' 라고 말하는 듯하다.〕

---

102 하궤(荷蕢) : 삼태기를 메다라는 뜻이다. 궤(蕢)는 풀로 만든 광주리이다.
103 유심재, 격경호(有心哉, 擊磬乎) : 어떤 사람은 경쇠 소리가 상당히 깊은 뜻이 있다고 하고, 또 어떤 사람은 그 경쇠를 치는 사람이 의미가 있다고 했다. 두 주장 모두 일리가 있다. 삼태기를 멘 사람은 인격이 고결한 사람으로, 음악 소리를 통해서 그 연주하는 사람을 알 수 있었다. 그가 처음 경쇠 소리를 듣고는 경쇠를 두드리는 사람이 보통 사람이 아니라는 것을 알고는 그를 찬미했다. 이것은 삼태기를 멘 사람이 경쇠 소리를 들은 후 최초의 반응이다. 그러나 잠시 후 경쇠를 치는 사람에 대해 동의하지 않는 태도를 표시했기 때문에 바로 "참으로 비루하구나! 경 치는 소리의 단단함이여!"라고 말했다.

莫己知也어든,	자기를 알아주는 사람이 없으면,
막 기 지 야	
斯己而已矣니라.	그만둘 뿐이니라.
사 기 이 이 의	
深則厲요,	물이 깊으면 차라리 옷을 벗고 건너고,
심 즉 려	
淺則揭[104]니라.	물이 얕으면 옷을 걷고 건널 것이로다.
천 즉 게	
子曰	공자께서 말씀하셨다.
자 왈	
果哉라!	참으로 단호하구나!
과 재	
末之難矣[105]로다.	그를 설득시킬 방법이 없도다.
말 지 난 의	

---

104 심려천게(深厲淺揭) : 이 두 구절은 〈시경〉「패풍 · 포유고엽(邶風 · 匏有苦葉)」에 보이며, 비유이다. 물이 깊다는 것[水深]은 세상이 아주 어지러운 것을 비유했으니, 부득이 그것에 맡겨 따를 뿐이고, 물이 얕다는 것[水淺]은 세상이 어지러운 정도가 심하지 않은 것을 비유한 것으로, 스스로 물들지 않고, 옷을 걷고 건너도 젖지 않는다는 것이다. 주희의 〈집주〉에서는 "옷을 벗고 물을 건너는 것을 려(厲)라 하고, 옷을 걷고 물을 건너는 것을 게(揭)라 한다[以衣涉水曰厲, 攝衣涉水曰揭)]"라고 했다.
105 말지난의(末之難矣) : 공자의 대답으로, 어떤 사람은 "만약 이렇다면, 아무런 어려움이 없다"라고 해석하기도 한다.

40

子張이 曰
자 장   왈

〈書〉¹⁰⁶云,
서   운

자장이 말했다.

〈상서〉에 이르기를

高宗¹⁰⁷이 諒陰¹⁰⁸,
고 종   양 암

은나라 고종이 선왕의
상중(喪中)에 있을 때 초막에
거하면서

三年을 不言이라 하니.
삼 년   불 언

3년 동안 말하지 않았다고 하니,

何謂也잇고?
하 위 야

이는 무슨 뜻입니까?

子曰
자 왈

공자께서 말씀하셨다.

何必高宗이리오,
하 필 고 종

어찌 고종뿐이겠느냐?

古之人이 皆然이러니.
고 지 인 개 연

옛날 사람들이 모두 그러했다.

君薨¹⁰⁹이어든,
군 훙

임금이 죽으면,

---

106 서(書) : 여기서 인용한 두 구절은 〈서경〉「무일(無逸)」에 보인다. 유보남의 〈논어정의〉에서는 이 구절이 이미 일실된 「설명(說命)」편에 나와야 한다고 생각했다.
107 고종(高宗) : 은나라를 중흥시킨 왕 무정(武丁)이다(BC 1324~1266년 동안 재위).
108 양암(諒陰) : 상중(喪中)에 있을 때 거하던 집으로, '흉려(凶廬)'라고도 한다. 이 말은 〈서경〉「무일(無逸)」에 보인다.

百官이 總己¹¹⁰하여 以聽於冢宰¹¹¹三年하니라.
백 관   총 기   이 청 어 총 재   삼 년

그 뒤를 잇는 임금은 3년 동안 정치를 묻지 아니하여 각 관리들은 모두 재상의 명령을 따랐다.

41

子曰
자 왈

공자께서 말씀하셨다.

上이 好禮,
상   호 례

윗사람이 일을 처리하는데 예에 따라 행하면,

則民易使也니라.
즉 민 이 사 야

쉽게 백성들이 명령에 따르도록 부릴 수 있다.

42

子路가 問君子한대.
자 로   문 군 자

자로가 어떻게 해야 군자라고 할 수 있는지 물으니,

子曰
자 왈

공자께서 말씀하셨다.

修己¹¹²以敬¹¹³이니라.
수 기   이 경

자기를 수양하여 엄숙하고 진지하게 일을 대하느니라.

---

109 훙(薨) : 옛날 사람들은 군주가 죽는 것을 훙(薨)이라고 불렀다.
110 백관총기(百官總己) : 모든 관리들이 자신의 본분에 속하는 일을 책임지는 것이다.
111 총재(冢宰) : 후대의 재상과 비슷하다.

曰
왈

자로가 말했다.

如斯而已乎잇가?
여 사 이 이 호

그렇게 하면 충분합니까?

曰
왈

공자께서 말씀하셨다.

修己以安人[114]이니라.
수 기 이 안 인

자기를 수양하여 윗사람을 편하게 해주어야 하느니라.

曰
왈

자로가 말했다.

如斯而已乎잇가?
여 사 이 이 호

그렇게 하면 충분합니까?

曰
왈

공자께서 말씀하셨다.

修己以安百姓이니라.
수 기 이 안 백 성

자기를 수양하여 백성들을 편하게 해주어야 하느니라.

修己以安百姓[115]은,
수 기 이 안 백 성

자기를 수양하여 모든 백성들을 편하게 해주는 것은

---

112 수기(修己): '수신(修身)'과 같다.
113 경(敬): 엄숙하고 진지하게 일하는 것이다.
114 인(人): '인(人)'과 아래에 나오는 '백성(百姓)'은 구분해야 한다. 여기서의 '인(人)' 자는 분명한 협의의 뜻으로, '백성'이라는 뜻이 포함되어 있지 않다.
115 수기이안백성(修己以安百姓): 「옹야 편」에서 "백성들에게 널리 이로움을 주고……요·순임금도 하기 어려울 것이다[博施於民……堯舜其猶病諸]"라고 했다. 여기서는

堯舜도 其猶病諸시니라?
_{요 순   기 유 병 저}

요순도 아마 완전하게 못했을 것이다!

43

原壤¹¹⁶이 夷俟¹¹⁷러니,
_{원 양   이 사}

원양이 두 다리를 팔자처럼 뻗고 앉아 공자를 기다리니,

子曰
_{자 왈}

공자께서 꾸짖어 말씀하셨다.

幼而不孫弟¹¹⁸하며,
_{유 이 불 손 제}

너는 어려서는 예절을 모르며,

長而無述焉이요,
_{장 이 무 술 언}

자라서는 조금도 공헌한 것이 없고,

老而不死¹¹⁹가,
_{노 이 불 사}

늙어서는 밥만 축내고 있으니,

是爲賊이라 하시고.
_{시 위 적}

정말 사람에게 해를 끼치는 악인이로구나.

"자기를 수양하여 모든 백성들을 편안하게 하는 것은 요순도 아마 완전하게 못했을 것이다[修己以安百姓, 堯舜其猶病諸]"라고 했다. 여기서의 "자기를 수양하여 모든 백성들을 편안하게 하는 것[修己以安百姓]"이 바로 "백성들에게 널리 이로움을 주는 것[博施於民]"임을 알 수 있다.

116 원양(原壤) : 공자의 오랜 친구로, 〈예기〉「단궁(檀弓)」에 그에 대한 이야기가 있다. 그의 모친이 죽자 공자가 장례를 돕기 위해 갔는데, 그는 오히려 널 위에 서서 노래를 불렀기에, 공자도 어쩔 수 없이 못 들은 척했다고 한다. 아마도 이 사람은 공자와는 반대되는 주장이나 생각을 갖고 있었던 사람인 것 같다.
117 이사(夷俟) : 이(夷)는 다리를 뻗고 앉는 것[箕踞]이고, 사(俟)는 기다리다라는 뜻이다.
118 손제(孫弟) : '손제(遜悌)'와 같다.
119 노이불사(老而不死) : 죽지 않고 구차하게 살아남다라는 뜻이 있다.

以杖叩其脛하시다.
이 장 고 기 경

그리고는 지팡이로 그의 정강이를 치셨다.

44

闕黨[120]童子將命[121]이어늘,
궐 당   동 자 장 명

궐당의 한 아이가 공자에게 소식을 전해 주었는데,

或問之曰
혹 문 지 왈

어떤 사람이 물었다.

益者與잇가?
익 자 여

이 아이는 앞으로 나아가고자 하는 자입니까?

子曰
자 왈

공자께서 말씀하셨다.

吾見其居於位[122]也하며,
오 견 기 거 어 위   야

나는 이 아이가 〔거만하게〕 자리에 앉는 것을 보았으며,

---

120 궐당(闕黨): 고염무(顧炎武)의 〈일지록(日知錄)〉에서 다음과 같이 말했다: "〈사기〉 「노세가」에 '양공이 모궐문을 세웠다'라고 했는데, 그 궐문의 아래 거리를 아마도 궐리라 했고, 공자의 집이 거기에 있었다. 또한 공자가 살던 곳을 궐당이라고도 불렀다〔史記」「魯世家」'煬公築茅闕門', 蓋闕門之下, 其里卽名闕里, 夫子之宅在焉. 亦謂之闕黨〕." 고염무의 이 설은 상당히 정확하며〔염약거(閻若璩)의 〈사서석지(四書釋地)〉에서의 반박은 틀린 것이다), 〈순자〉「유효(儒效)」에서도 공자가 "궐당에 살았다〔居於闕黨〕"는 기록이 있는 것으로 보아, 궐당은 공자가 살던 곳의 지명임을 알 수 있다.

121 장명(將命): 어떤 사람은 공자가 그를 시켜서 말을 전달했다고 주장하고, 또 다른 사람은 공자에게 소식을 전해 주었다고 한다. 주희의 〈집주〉에서는 "손님과 주인의 말을 전달함을 이른다〔謂傳賓主之言〕"라고 했다.

122 거어위(居於位): '위(位)'는 주인의 위치를 가리킨다. 〈예기〉「옥조(玉藻)」에 따르면 "동자는 일이 없으면 주인의 등뒤에 서서 남면한다〔童子無事則立主人之北, 南面〕"라

見其與先生並行**123**也하니.
견 기 여 선 생 병 행   야

연장자들과 어깨를 나란히 하고 가는 것을 보았다.

非求益者也라,
비 구 익 자 야

이 아이는 앞으로 나아가고자 하는 자가 아니라,

欲速成者也니라.
욕 속 성 자 야

단지 급히 성공하고자 하는 자이다.

고 했으니, '자리에 앉는 것[居於位]'은 당시 예절에 어긋나는 것임을 알 수 있다.
123 여선생병행(與先生並行) : 〈예기〉「곡례 상(曲禮上)」에서 "나이가 다섯 살이 많으면 어깨를 나란히 해서 따른다[五年以長, 則肩隨之]"('견수(肩隨)'는 그와 나란히 가거나 약간 뒤에서 가는 것이다)라고 했지만, 동자는 나이차가 많이 나서, 당시의 예절로 보자면 성인과 나란히 걸을 수 없었다.

15 위영공이 衛靈公篇

공자가 때를 잘 만나지 못해 군주에게 등용되지 못하거나, 은자가 공자의 마음을 상하게 하거나 혹은 공자 스스로 불우한 일을 당한 일 그리고 군자가 마땅히 취해야 할 수신·처세의 방법에 대해 이야기하고 있다.
주희의 〈집주〉에서는 1, 2장을 하나의 장으로 합쳐서 41장으로 하였으나, 이 책에서는 42장으로 나누었다.

1

衛靈公이 問陳¹於孔子한대.
위영공   문진 어공자

위나라 영공이 공자에게 군대 진 치는 법을 묻자,

孔子對曰
공자대왈

공자께서 대답하셨다.

俎豆之事²는,
조두지사

예의에 관한 일은

則嘗聞之矣어니와,
즉 상 문 지 의

내가 들은 적이 있지만,

軍旅³之事는,
군 려 지 사

군대의 일은

未之學也라 하시고.
미지학야

한번도 배운 적이 없습니다.

明日에 遂行하시다.
명일   수행

다음날 바로 위나라를 떠났다.

2

在陳絶糧하니,
재 진 절 량

공자께서 진나라에서 양식이 떨어지고,

---

1 진(陳) : 오늘날의 '진(陣)' 자이다. 전쟁과 관련된 일을 가리킨다.
2 조두지사(俎豆之事) : 조(俎)와 두(豆)는 모두 고대에 음식(고기)을 담던 그릇으로, 예를 행할 때 사용했다. 여기서는 그것을 빌려다가 예의에 관한 일을 가리킨다. 이런 용법은 「태백 편」의 '변두지사(籩豆之事)'와 같다.
3 군려(軍旅) : '군(軍)'은 1만 2,500명의 사람으로 구성되고, '려(旅)'는 500명으로 구성된다. '군려의 일이라는 것은 곧 전쟁과 관련된 일이다.

從者가 病⁴하여,
종자   병

따르던 사람들이 모두 굶주려 병이 들어

莫能興이니라.
막 능 흥

일어나지 못했다.

子路가 慍見曰
자 로   온 현 왈

자로가 몹시 화가 나서 공자를 뵙고 말했다.

君子도 亦有窮乎잇가?
군 자   역 유 궁 호

군자도 어쩔 도리가 없이 궁할 때가 있습니까?

子曰
자 왈

공자께서 말씀하셨다.

君子는 固窮⁵이어니와,
군 자   고 궁

군자는 궁하더라도 버티어 나가지마는,

小人은 窮斯濫矣니라.
소 인   궁 사 람 의

소인은 궁하면 아무 짓이나 다하느니라.

3

子曰
자 왈

공자께서 말씀하셨다.

---

4 병(病) : 굶주림으로 인해 곤경에 빠진 것을 가리킨다.
5 군자고궁(君子固窮) : '고(固)' 자는 두 가지 해석이 있다. 첫째, 군자는 원래 궁할 때가 있다는 해석이고, 둘째, 군자는 궁하지만 버티고 지켜나가야 한다는 해석이다. 번역문에서는 두 번째 해석을 따랐다.

賜也아, 사 야	사야!
女가 以予로 爲多學而識之者與아? 여 이여 위다학이지지자여	너는 내가 많이 배우고 그것들을 모두 기억할 수 있다고 생각하느냐?
對曰 대 왈	자공이 대답하였다.
然하니이다. 연	그렇습니다.
非與잇가? 비 여	설마 그렇지 않습니까?
曰 왈	공자께서 말씀하셨다.
非也라. 비 야	아니다.
予一以貫之[6]니라. 여 일 이 관 지	나는 한 가지 기본 관념으로 그것을 꿰뚫고 있다.

---

[6] 일이관지(一以貫之) : 이 부분과 「이인 편」 15장에서 말한 "선생님의 학설은 다만 충(忠)과 서(恕)뿐이다[夫子之道, 忠恕而已矣]"의 '일관(一貫)'과 같다. 여기서 자공이 중시한 것은 공자의 박학다재(博學多才)이다. 이 때문에 공자가 "많이 배우고 그것들을 모두 기억할 수 있다[多學而識之]"라고 생각했다. 그러나 공자 자신이 중시한 것은 그의 충서(忠恕)의 도로, 모든 학문과 품행을 꿰뚫고 있다는 데 있다.

4

子曰
자 왈

공자께서 자로에게 말씀하셨다.

由아!
유

유야!

知德者가 鮮矣니라.
지 덕 자   선 의

덕을 아는 사람이 참으로 적구나.

5

子曰
자 왈

공자께서 말씀하셨다.

無爲而治[7]者는 其舜也與신저?
무 위 이 치 자   기 순 야 여

스스로 조용히 천하를 태평하게 할 수 있는 사람은 순임금밖에 없겠지?

夫[8]何爲哉시리오?
부   하 위 재

그가 무엇을 하였느냐?

---

7 무위이치(無爲而治) : 순임금이 어떻게 이렇게 할 수 있는가? 일반 유가들은 모두 그가 "그 직책에 맞게 사람을 임용했기 때문에 한가롭고 편안하다[所任得其人, 故優游而自逸也]"(《삼국지》「오지·누현전(吳志·樓玄傳)」)고 생각했다. 예를 들면 《대대례》「주언(主言)」에서 "옛날 순임금에게는 왼쪽에 우(禹)가 있고, 오른쪽에는 고요(皐陶)가 있어 자리에서 내려오지도 않고 천하를 다스렸다[昔者舜左禹而右皐陶, 不下席而天下治]"라고 했으며, 〈신서(新序)〉「잡사(雜事)」에 "그러므로 임금은 사람 구하는 데 힘써 어진 사람을 얻어 편안하였다. 순임금은 많은 어진 사람을 그 자리에 맞게 등용하여 옷자락을 늘 어뜨리고 스스로 공손히 아무 일도 하지 않으면서 천하를 다스렸다[故王者勞於求人, 佚於得賢. 舜擧衆賢在位, 垂衣裳恭己無爲而天下治]"라고 했다. 조기(趙岐)의 《맹자》 주석에서도 "그 직책에 맞게 사람을 임용했기 때문에, 아무것도 하지 않고 다스렸다[言任官得其人, 故無爲而治]"라고 했다.

恭己正南面而已矣시니라.
공 기 정 남 면 이 이 의

장엄하고 단정하게 조정에 앉아 있었을 뿐이다.

6

子張이 問行한대.
자 장   문 행

자장이 어떻게 해야 스스로 행해질 수 있는지를 묻자,

子曰
자 왈

공자께서 말씀하셨다.

言忠信하며,
언 충 신

말이 충성스럽고 솔직하며,

行篤敬이면,
행 독 경

행실이 온후하며 엄숙하면,

雖蠻貊⁹之邦이라도,
수 만 맥 지 방

비록 다른 부족의 나라에 가더라도

行矣이니와.
행 의

행해질 수 있을 것이다.

言不忠信하며,
언 불 충 신

말이 기만적이고 솔직하지 못하며,

行不篤敬이면,
행 부 독 경

행실이 각박하고 경망스러우면,

---

8 부(夫) : 지시사로, 순임금을 가리킨다.
9 만맥(蠻貊) : '만(蠻)'은 남쪽에 있고, '맥(貊)'은 북쪽에 있으며, 모두 멀리 떨어져 있는 이민족이다. 아래에 나오는 '주리(州里)'와 상대되는 말이다.

雖州里인들,
_{수 주 리}

行乎哉아?
_{행 호 재}

자기가 태어난 고향이라 한들

행해질 수 있겠는가?

立則見其參於前也¹⁰요,
_{입 즉 견 기 참 어 전 야}

서 있을 때에는 [마치] '충성스럽고 솔직하며 온후하고 엄숙하다' 는 글자가 우리 앞에 있는 듯이 보고,

在輿¹¹則見其倚於衡¹²也니,
_{재 여 　 즉 견 기 의 어 형 　 야}

수레에 타고 있을 때는 [마치] 그것이 앞에 있는 가로목에 새겨져 있는 듯 보고,
[항상 그것을 기억하고 있어야]

夫然後行이니라.
_{부 연 후 행}

이와 같아야 스스로 널리 행해질 수 있는 것이다.

子張이 書諸紳¹³하니라.
_{자 장 　 서 저 신}

자장이 이 말들을 커다란 띠에 적었다.

---

10 입즉견기참어전야(立則見其參於前也) : 황간의 〈의소〉에는 '참(參)' 자 뒤에 '연(然)' 자가 있다.
11 여(輿) : 마차를 가리키며, 또한 특별히 수레에 사람이 타거나 짐을 싣는 본체를 가리키기도 한다.
12 형(衡) : 수레 끌채의 횡목이다.
13 서저신(書諸紳) : 당시 사람들은 항상 중요한 일을 허리띠의 드리워진 부분에 써서 잊지 않고자 했다.

7

子曰
_{자 왈}

공자께서 말씀하셨다.

直哉라 史魚[14]여!
_{직 재   사 어}

참으로 강직하구나 사어여!

邦有道에,
_{방 유 도}

정치가 청명할 때에도

如矢[15]하며,
_{여 시}

화살처럼 곧고,

邦無道에,
_{방 무 도}

정치가 암담할 때에도

如矢로다.
_{여 시}

화살처럼 곧도다.

君子哉라 蘧伯玉[16]이여!
_{군 자 재   거 백 옥}

참으로 군자답구나 거백옥이여!

邦有道,
_{방 유 도}

정치가 청명할 때에는

則仕하고,
_{즉 사}

나와서 벼슬을 하고,

---

[14] 사어(史魚) : 위나라의 대부 사추(史鰌)로, 자는 자어(子魚)이다. 그가 죽을 때 그의 아들에게 유언으로 "정당(正堂) 안에서 장례를 치르는 것[治喪正室]"을 막았다. 그렇게 함으로써 위나라 영공(靈公)에게 거백옥(蘧伯玉)을 등용시키고, 미자하(彌子瑕)를 파면할 것을 권고했으니, 옛날 사람들은 이를 가리켜 '시간(尸諫)'이라고 했다. 이 일은 〈한시외전(韓詩外傳)〉 권 7에 보인다.

[15] 여시(如矢) : 화살처럼 곧다라는 뜻이다.

[16] 거백옥(蘧伯玉) : 이 일은 〈좌전〉「양공(襄公) 14년·26년」을 참고할 수 있다.

邦無道, 　　　　　정치가 암담할 때에는
방 무 도

則可卷而懷之¹⁷로다. 　자신의 재능을 감출 수 있구나.
즉 가 권 이 회 지

8

子曰 　　　　　　　　공자께서 말씀하셨다.
자 왈

可與言而不與之言이면, 　그와 함께 말할 만한데도 그와
가 여 언 이 불 여 지 언 　　말하지 않으면,

失人이요, 　　　　　　이것은 인재를 놓치는 것이고,
실 인

不可與言而與之言이면, 　그와 함께 말할 만하지 않는데도
불 가 여 언 이 여 지 언 　　그와 말한다면,

失言이니라. 　　　　　이것은 말을 낭비하는 것이다.
실 언

知者는 不失人하며, 　　총명한 사람은 인재를 놓치지도
지 자 　 불 실 인 　　　　않으며,

亦不失言이니라. 　　　또한 말을 낭비하지도 않는다.
역 불 실 언

---

17 권이회지(卷而懷之) : 말아서 가슴속에 숨기다라는 뜻으로, 은퇴(隱退)하는 것을 비유
했다.

9

子曰
자 왈

공자께서 말씀하셨다.

志士仁人은,
지 사 인 인

숭고한 뜻을 가진 사람과 어진 사람은

無求生以害仁이요,
무 구 생 이 해 인

삶에 연연하여 인덕을 해침이 없고,

有殺身以成仁이니라.
유 살 신 이 성 인

다만 용감하게 자신을 희생하여 인덕을 이룬다.

10

子貢이 問爲仁한대.
자 공   문 위 인

자공이 어떻게 인덕을 배양하는지를 묻자,

子曰
자 왈

공자께서 말씀하셨다.

工欲善其事인댄,
공 욕 선 기 사

장인이 그의 일을 잘하려면

必先利其器니라.
필 선 리 기 기

반드시 먼저 그 연장을 날카롭게 해 놓아야 한다.

居是邦也면,
거 시 방 야

우리가 어느 나라에 살게 되면,

事¹⁸其大夫之賢者하며,
_{사 기 대 부 지 현 자}

그 나라의 대부 중에서 현인을 받들어 모시며,

友其士¹⁹之仁者니라.
_{우 기 사 지 인 자}

그 선비들 가운데 어진 이와 사귀어야 할 것이다.

11

顔淵이 問爲邦한대.
_{안 연 문 위 방}

안연이 어떻게 나라를 다스리는지에 대해 묻자,

子曰
_{자 왈}

공자께서 말씀하셨다.

行夏之時²⁰하며,
_{행 하 지 시}

하나라의 역법을 쓰고,

---

18 사(事) : '사(事)'가 두 번 나오는데, 앞에 나온 '사'는 명사이고, 뒤에 나온 것은 동사이다.

19 사(士) : 〈논어〉에 나오는 '사(士)'는 어떤 때는 일정한 수양을 갖춘 사람을 가리키기도 하는데, "선비가 진리에 뜻을 두면서[士志於道]"의 '사(士)'와 같은 것이다. 또 어떤 때에는 일정한 사회적 지위가 있는 사람을 가리킨다. 예를 들면 "외국에 사신으로 나가서는 임금이 맡긴 일을 잘 처리하여야 선비라고 부를 수 있다[使於四方, 不辱君命, 可謂士矣]"의 '사(士)'이다. 여기서는 '대부(大夫)'와 함께 칭하여 '사·대부(士·大夫)'의 '사(士)'로 쓰일 수도 있으며, 이미 벼슬을 했거나 대부 밑에 있는 사람을 가리킨다.

20 행하지시(行夏之時) : 옛날 역사 기록에 의하면, 하나라는 자연력(自然曆)을 사용하여, 북두칠성의 자루가 인(寅)의 방향을 가리키는 것[建寅之月 : 옛 달력의 정월]으로 매년의 1월로 삼았으며, 봄, 여름, 가을, 겨울의 자연현상과 맞았다고 한다. 주나라는 북두칠성의 자루가 자(子)의 방향을 가리키는 것[建子之月 : 옛 달력의 11월]으로 매년의 1월로 삼았고, 또는 동지(冬至)를 정월 초하루[元日]로 했다. 이는 비록 천체 현상을 관측하는 방면에서는 이전보다 진보했지만, 사용해 보면 오히려 농업 생산에는 하나라 역법의 편리함을 따라가지 못했다. 주나라 때에도 많은 나라에서는 여전히 옛날의 하나라 역법을 사용했다.

乘殷之輅[21]하며,　　　　　　은나라의 수레를 타며,
승 은 지 로

服周之冕[22]하며,　　　　　　주나라의 예모를 쓰고,
복 주 지 면

樂則「韶」「舞」[23]요,　　　　음악은 「소(韶)」와 「무(武)」를 쓸
악 즉 소 무　　　　　　　　　것이요,

放鄭聲[24]하며,　　　　　　　정나라의 악곡(樂曲)은 내버리며,
방 정 성

遠佞人이니라.　　　　　　　소인은 멀리할 것이다.
원 녕 인

鄭聲은 淫하고,　　　　　　　정나라의 음악은 너무 화려하고
정 성　　음　　　　　　　　　음란하며,

佞人은 殆니라.　　　　　　　소인은 위태롭다.
영 인　　태

---

21 승은지로(乘殷之輅) : 로(輅)는 상나라의 수레로 주나라의 수레에 비해 자연히 소박했다. 그래서 〈좌전〉「환공(桓公) 2년」에도 "하늘에 제사지내는 데 쓰이는 대로와 수레에 깐 풀로 짠 방석은 그 절약함을 나타내는 것이다[大輅·越席, 昭其儉也]"라고 했다.
22 복주지면(服周之冕) : 주나라의 예모는 자연히 이전의 것보다 화려했다. 공자는 예모가 화려한 것은 반대하지 않았으며, 우(禹)의 "제사지낼 때 입는 복장은 매우 화려했다[致美乎黻冕]"라고 찬미한 것에서 알 수 있다.
23 소무(韶舞) : '소(韶)'는 순임금 때의 음악이고, '무(舞)'는 '무(武)'와 같으며, 주나라 무왕(武王) 때의 음악이다.
24 방정성(放鄭聲) : '정성(鄭聲)'과 '정시(鄭詩)'는 다르다. 정시(鄭詩)는 그 가사를 가리키고, 정성(鄭聲)은 그 악곡을 가리킨다. 명나라 양신(楊愼)의 〈단연총록(丹鉛總錄)〉과 청나라 진계원(陳啓源)의 〈모시계고(毛詩稽古)〉에 의거했다.

12

子曰
자 왈

공자께서 말씀하셨다.

人無遠慮면,
인 무 원 려

사람이 멀리 생각함이 없으면,

必有近憂니라.
필 유 근 우

반드시 눈앞에 근심이 있게 될 것이다.

13

子曰
자 왈

공자께서 말씀하셨다.

已矣乎라!
이 의 호

어쩔 수 없구나!

吾未見好德을 **如好色²⁵者也**로라.
오 미 견 호 덕   여 호 색   자 야

내 일찍이 미모를 좋아하는 것처럼 미덕을 좋아하는 사람을 보지 못했느니라.

14

子曰
자 왈

공자께서 말씀하셨다.

---

25 호색(好色) : 〈사기〉「공자세가」에 의하면 공자가 "위나라에 머문 지 한 달 남짓 되었을 때, 영공은 부인(남자)과 함께 수레를 타고 환관인 옹거를 시위관으로 옆에 태우고 궁문을 나서서 가는데, 공자는 뒤 수레에 타고 따라오게 하면서 거드름을 피우고 뽐내며 시내를 지나갔다[居衛月餘, 靈公與夫人(南子)同車, 宦者雍渠參乘出, 使孔子爲次乘, 招搖市過之]"고 한다. 이 때문에 한탄하는 말을 했다.

臧文仲²⁶은 其竊位者與인저! 장문중은 아마도 벼슬은 하되 일은
돌보지 않는 사람일 것이다!

知柳下惠²⁷之賢而不與立²⁸也로다. 그는 유하혜가 어질다는
것을 분명히 알면서도 그에게
관직을 주지 않았다.

15

子曰 공자께서 말씀하셨다.

躬自厚²⁹而薄責於人이면, 자기 자신을 많이 책망하고 다른
사람은 적게 책망하면,

則遠怨³⁰矣니라. 원망이 자연히 멀어질 것이다.

---

26 장문중(臧文仲) : 노나라의 대부 장손진(臧孫辰)으로, 장(莊)·민(閔)·희(僖)·문공(文公) 네 왕조에 걸쳐 벼슬을 했다.
27 유하혜(柳下惠) : 노나라의 현자로, 본래 이름은 전획(展獲)이다. 자는 금(禽)이고, 전계(展季)라고도 부른다. '유하(柳下)'는 아마 그가 살던 곳이기 때문에 그렇게 불렸을 것이다. 〈열녀전(列女傳)〉에 의하면 '혜(惠)'는 그 부인의 제안에 의해 지어진 사시(私謚 : 국가에서 수여한 시호가 아닌 것을 사시라고 함)라고 한다.
28 립(立) : '위(位)' 자와 같으며, 유월의 〈군경평의〉에 상세하게 설명되어 있다.
29 궁자후(躬自厚) : 본래는 '궁자후책(躬自厚責)'으로 써야 하지만, 뒤에 나오는 '박책(薄責)'의 '책(責)'을 보고 생략했다. 자세한 설명은 양백준(楊伯峻)의 〈문언어법〉에 있다. '궁자(躬自)'는 이음절 부사로 〈시경〉 「위풍·맹(衛風·氓)」에 나오는 "가만히 생각해 보니 자기 자신이 슬퍼지네[靜言思之, 躬自悼矣]"의 '궁자(躬自)'와 용법이 같다.
30 원(怨) : 다른 사람이 자기를 원망하고, 자기가 다른 사람을 원망한다는 의미가 모두 포함되어 있다.

16

子曰
자 왈

공자께서 말씀하셨다.

不曰如之何³¹, 如之何者는,
불 왈 여 지 하   여 지 하 자

〔어떤 사람이〕 '어떻게 하지,
어떻게 하지' 라고 생각하지
않는 것은,

吾末如之何也已矣³²니라.
오 말 여 지 하 야 이 의

〔이런 사람에 대해서는〕 나도
어떻게 해야 할지를 모르겠다.

17

子曰
자 왈

공자께서 말씀하셨다.

羣居終日에,
군 거 종 일

여러 사람과 하루 종일 함께 있음에,

言不及義요,
언 불 급 의

도리 있는 말은 한마디도 하지 않고,

好行小慧³³면,
호 행 소 혜

잔재주만을 뽐낸다면,

---

31 여지하(如之何) : '불왈여지하(不曰如之何)'는 머리를 쓰지 않는다라는 뜻이다. 〈순자〉 「대략(大略)」에 "천자가 즉위해 있을 때 상경(上卿)이 진언했다 '어째서 걱정하시는 것이 그토록 장구합니까[天子卽位, 上卿進曰, '如之何, 憂之長也']?" 라고 했다. 이때 '여지하(如之何)'는 바로 '깊이 걱정하고 멀리 고려하는[深憂遠慮]' 사람이다.
32 오말여지하야이의(吾末如之何也已矣) : 이 구절은 두 가지 끊어 읽는 법이 있는데, 본문에서 읽는 것과 다르게, '야(也)' 자 다음에 끊어서 '이의(已矣)'를 따로 읽는 법이 있다. 그렇게 읽어도 의미는 통한다.
33 혜(慧) : 황간의 〈의소〉에는 '혜(惠)'로 되어 있는데, '혜(慧)'는 '혜(惠)'와 통한다.

難矣哉인저!
난 의 재

이런 사람은 참으로 가르치기 어렵구나!

18

子曰
자 왈

공자께서 말씀하셨다.

君子가 **義以爲質**이요,
군 자   의 이 위 질

군자는 〔일에 대해〕 적합함을 원칙으로 삼고,

禮以行之하며,
예 이 행 지

예절에 따라 그것을 실행하며,

孫以出之[34]하며,
손 이 출 지

겸손한 말로 그것을 말하고,

信以成之하나니라.
신 이 성 지

성실한 태도로 그것을 이루느니라.

君子哉인저!
군 자 재

진정한 군자로구나!

19

子曰
자 왈

공자께서 말씀하셨다.

---

[34] 손이출지(孫以出之) : '출(出)'은 말을 한다는 뜻으로, 하안의 〈논어집해〉에서 정현의 주석을 인용하여 " '손이출지(孫以出之)'라고 이르는 것은 언어이다[孫以出之謂言語]"라고 했다.

君子는 病無能焉이요,
_{군자 병무능언}

군자는 단지 스스로 능력이 없는 것을 부끄러워하고,

不病人之不己知也니라.
_{불병인지불기지야}

남이 자기를 알아주지 않는 것은 원망하지 않는다.

20

子曰
_{자왈}

공자께서 말씀하셨다.

君子는 疾沒世[35]而名不稱焉이니라.
_{군자 질몰세 이명불칭언}

군자는 죽을 때까지 명성이 남에게 일컬어지지 않는 것을 한스럽게 생각한다.

21

子曰
_{자왈}

공자께서 말씀하셨다.

君子는 求[36]諸己요,
_{군자 구저기}

군자는 자신에게 요구하나,

小人은 求諸人이니라.
_{소인 구저인}

소인은 다른 사람에게 요구한다.

---

35 몰세(沒世) : 두 가지 의미로 해석할 수 있으며, 뜻이 다소 차이가 있다. 하나는 죽을 때까지라고 해석할 수 있고, 다른 하나는 죽은 후라고 해석할 수 있다.

36 구(求) : 여기에 대해서는 두 가지 해석이 있다. 하안의 〈논어집해〉에서 말하기를 "군자는 자신을 책망하고, 소인은 다른 사람을 책망한다[君子責己, 小人責人]"라고 했으며, 주희의 주석에서는 사량좌(謝良佐)의 말을 인용하여 "군자는 자기에게서 구하지 않음이 없고, 소인은 이와 반대이다[君子無反求諸己, 小人反是]"라고 했다. 두 가지 해석 모두 뜻은 통한다.

22

子曰
자왈

君子는 矜而不爭하며,
군자   긍이부쟁

羣而不黨³⁷이니라.
군이부당

공자께서 말씀하셨다.

군자는 엄숙하되 다투지 아니하며,

무리를 이루되 파벌을 짓지 아니한다.

23

子曰
자왈

君子는 不以言擧人³⁸하며,
군자   불이언거인

不以人廢言³⁹이니라.
불이인폐언

공자께서 말씀하셨다.

군자는 다른 사람의 말 한마디 때문에 〔말을 잘한다고〕 사람을 기용하지 아니하며,

그 사람이 나쁜 사람이라고 해서 그의 좋은 말을 버리지 않는다.

---

37 군이부당(羣而不黨) : '군이부당(羣而不黨)'은 아마 "도의(道義)로 단결하지만, 작은 이해를 위해 결탁하지는 않는다[周而不比]"와 "자기의 정확한 의견으로 다른 사람의 잘못된 의견을 바로잡아 모든 것이 꼭 맞도록 하되, 맹목적으로 다른 사람을 따라 하지 않는다[和而不同]"라는 두 가지 뜻을 포함하고 있는 것 같다.

38 불이언거인(不以言擧人) : 말을 잘하는 사람이 반드시 덕이 있는 것은 아니다. 사람을 기용하려면 반드시 그 사람의 덕행을 알아야 한다.

39 불이인폐언(不以人廢言) : 어떤 사람은 "그가 나쁜 사람이라고 해서 그의 좋은 말을 폐해서는 안 된다"고 해석했으며, 또 어떤 사람은 "그의 지위가 비천하다고 해서 그의 좋은 말을 폐해서는 안 된다"고 해석했다. 두 가지 해석 모두 뜻은 통한다.

24

子貢이 問曰
자공 문왈

자공이 물었다.

有一言而可以終身行之者乎잇가?
유 일 언 이 가 이 종 신 행 지 자 호

한마디 말로서 평생토록 행할 만한 것이 있습니까?

子曰
자왈

공자께서 말씀하셨다.

其恕[40]乎인저!
기 서 호

아마도 '서(恕)'일 것이다!

己所不欲을,
기 소 불 욕

내가 하고 싶지 않은 어떠한 일을

勿施於人이니라.
물 시 어 인

다른 사람에게 시키지 말아라.

25

子曰
자왈

공자께서 말씀하셨다.

---

[40] 서(恕) : '충(忠 : 자기가 서려면 동시에 다른 사람도 서게 하고, 자기가 일에 통달하려고 하면 동시에 다른 사람도 일에 통달하게 할 수 있어야 한다[己欲立而立人, 己欲達而達人])'은 적극적 의미의 도덕으로, 모든 사람들이 조건을 갖추고 실행할 수 있는 것은 아니다. '서(恕)'는 단지 "내가 하고 싶지 않은 어떠한 일을 다른 사람에게 시키지 말아야 한다[己所不欲, 勿施於人]"라는 것으로 누구나 이렇게 할 수 있는 것이다. 이 때문에 여기서 '충(忠)'이라고 말하지 않고 '서(恕)'라고 말했다. 〈예기〉「대학(大學)」의 "자기를 척도로 하여 남을 헤아리는 동정(同情)의 도[絜矩之道]"가 바로 '서(恕)'의 도이지만, 계급사회에서는 단지 환상일 뿐이다.

吾之於人也⁴¹에,　　　　　내가 다른 사람에 대해
오 지 어 인 야

誰毀誰譽리오?　　　　　누구를 헐뜯고 누구를
수 훼 수 예　　　　　　　칭찬하겠는가?

如有所譽者면,　　　　　만일 내가 칭찬하는 사람이 있다면,
여 유 소 예 자

其有所試矣니라.　　　　반드시 그를 경험해 본 적이
기 유 소 시 의　　　　　있어서이다.

斯民也⁴²는,　　　　　　하·상·주 삼대의 사람들은 모두
사 민 야　　　　　　　　이러했으니,

三代⁴³之所以直道而行也니라.　삼대는 사심 없이 일을
삼 대　지 소 이 직 도 이 행 야　행할 수 있었다.

26

子曰　　　　　　　　　공자께서 말씀하셨다.
자 왈

吾猶及史之闕文也니라.　나는 아직도 사서에 의문으로
오 유 급 사 지 궐 문 야　남겨둔 곳을 볼 수 있다.

---

41 오지어인야(吾之於人也) : 같은 시대에 살고 있는 사람을 가리킨다.
42 사민야(斯民也) : 어떤 사람은 하·상·주 삼대의 백성들을 가리킨다고 하고, 또 어떤 사람은 같은 시대의 백성들을 가리킨다고 했다.
43 삼대(三代) : 하·상·주 삼대를 가리킨다.

有馬者가 借人乘之러니,
유 마 자　　차 인 승 지

말을 가진 사람이 〔자기가 훈련시킬 줄 모르면〕 먼저 다른 사람에게 주어 타도록 하였는데,

今亡矣夫[44]인저!
금 무 의 부

지금은 그런 정신이 없어졌구나!

27

子曰
자 왈

공자께서 말씀하셨다.

巧言은 亂德이요,
교 언　　난 덕

감언이설은 도덕을 어지럽히고,

小不忍[45],
소 불 인

작은 일을 참지 못하면,

---

44 "사서에 의심스러운 곳이 남아 있는 것[史之闕文]"과 "말을 가진 사람이 먼저 다른 사람에게 주어 타도록 하는 것[有馬者借人乘之]" 사이에 무슨 관련이 있는지 이해하기 어렵다. 포함(包咸)의 〈논어장구(論語章句)〉와 황간의 〈의소〉에서는 그것이 서로 상관없는 일이라고 보았다. 송나라 섭몽득(葉夢得)의 〈석림연어(石林燕語)〉에서는 오히려 〈한서〉 「예문지(藝文志)」의 인용문에 '유마자차인승지(有馬者借人乘之)'의 문장이 없는 것을 근거로, 이 일곱 글자를 연문(衍文 : 쓸데없이 붙은 말)으로 의심했다. 그 외에도 억지로 끌어다 붙인 해석이 매우 많으며, 여기서는 두 가지 일로 보는 것이 비교적 타당한 것 같다. 또 어떤 사람은 이 일곱 자를 '유언자진인지승(有焉者晉人之乘 : 여기에 있는 것은 진나라 사람들의 승이란 역사책이다)'으로 보는 사람도 있지만〈고경정사육집(詁經精舍六集)〉권 9 방찬요(方贊堯)의 「유마자차인승지해(有馬者借人乘之解)」에 보인다), 역시 아무런 근거가 없는 억측이다.

45 소불인(小不忍) : '소불인(小不忍)'은 작은 분노를 참지 못할 뿐 아니라, 작은 어짊과 작은 은혜를 참지 못하며, "살무사에게 손을 물리면 대담하게 즉시 팔을 잘라서 독이 퍼지지 않도록 하는[蝮蛇螫手, 壯士斷腕]" 용기도 없는 것이 포함되며, 또한 재물에 인색하기만 하고 희사할 줄 모르고, 작은 이익을 보면 탐하는 것도 포함된다.

則亂大謀니라. 큰 일을 그르친다.
즉 란 대 모

28

子曰 공자께서 말씀하셨다.
자 왈

衆惡之라도, 모두가 그를 미워하더라도
중 오 지

必察焉⁴⁶하며, 반드시 살펴보아야 하며,
필 찰 언

衆好之라도, 모두가 그를 좋아하더라도
중 호 지

必察焉이니라. 반드시 살펴보아야 한다.
필 찰 언

29

子曰 공자께서 말씀하셨다.
자 왈

人能弘道요, 사람이 도를 넓힐 수 있는 것이지,
인 능 홍 도

非道弘人⁴⁷이니라. 도로써 사람을 넓히는 것은 아니다.
비 도 홍 인

---

46 필찰언(必察焉) : 「자로 편」에 다음과 같은 말이 있다. "子貢問曰: '鄕人皆好之, 何如?' 子曰: '未可也.' '鄕人皆惡之, 何如?' 子曰: '未可也, 不如鄕人之善者好之, 其不善者惡之.'" 이 단락과 서로 비교해서 설명할 수 있다.

47 이 장을 단지 글자의 표면상에 나타난 뜻만 가지고 번역하면, 공자의 진의(眞意)가 어디

30

子曰 공자께서 말씀하셨다.
자 왈

過而不改가, 잘못이 있으면서 고치지 않는 것,
과 이 불 개

是謂過矣[48]니라. 그 잘못이 바로 진짜 잘못이라고
시 위 과 의 할 수 있다.

31

子曰 공자께서 말씀하셨다.
자 왈

吾嘗終日不食하고, 내 일찍이 온종일 먹지 않고,
오 상 종 일 불 식

終夜不寢하여, 밤새도록 잠자지 않으면서
종 야 불 침

以思하니, 생각하였지만
이 사

있는지, 또 어떤 것을 '비도홍인(非道弘人)'이라고 하는지 이해하기 어렵다. 주희는 무리하게 해석했지만, 정호(鄭皓)의 〈논어집주술요(論語集注述要)〉에서는 오히려 "이 장은 해석하기 가장 번거롭지 않으면서도 가장 의심스럽다[此章最不煩解而最可疑]"라고 말했다. 그래서 여기서는 억지로 해석하지 않았다. 〈한서〉「동중서전(董仲舒傳)」에 기록된 동중서의 대책(對策)과 〈한서〉「예악지(禮樂志)」에 기록된 평당(平當)의 대책에 모두 이 두 구절을 적고 있으며, 어지러움을 다스려 흥하고 폐하게 하는 것은 사람에게 달렸다는 뜻으로 해석했다. 그러나 자세히 생각해 보면 그 해석이 반드시 옳다고는 할 수 없다.

48 시위과의(是謂過矣) : 〈한시외전(韓詩外傳)〉 권 3에 공자의 말을 인용한 것이 있다 : "잘못을 하고 그것을 고치면, 그것은 잘못이 아니다[過而改之, 是不過也]."

無益⁴⁹하고, 아무런 유익함이 없고,

不如學也로다. 배우는 것만 못하였다.

32

子曰 공자께서 말씀하셨다.

君子는 謀道요 不謀食하나니라. 군자는 학업에 힘을 기울이지 먹고 입는 데 마음을 기울이지 않는다.

耕也에, 농사를 지으면

餒在其中矣요, 항상 배고프지만

學也에, 배우면

祿在其中⁵⁰矣니라. 항상 봉록을 얻을 수 있다.

---

49 이사, 무익(以思, 無益) : 주희의 〈집주〉에서는 '이사(以思)'와 '무익(無益)' 사이에 끊어 읽었다. 어떤 사람은 끊어 읽지 않고 '이사무익'으로 읽어야 한다고 주장한다. 본문에서는 주희의 주장에 따라 끊어 읽었다.
50 녹재기중(祿在其中) : 이 장은 '번지청학가(樊遲請學稼)' 장과 연결시켜 볼 수 있다.

君子는 憂道요 不憂貧이니라.　군자는 오직 도를 체득하지 못한
군자　우도　　불우빈　　　　　　것을 근심하지 재물을 얻지 못하는
　　　　　　　　　　　　　　　　것은 근심하지 않는다.

33

子曰　　　　　　　　　　　　　공자께서 말씀하셨다.
자왈

知及之[51]하며,　　　　　　　　총명함과 재주 있음으로 충분히
지급지　　　　　　　　　　　　그것을 얻더라도,

仁不能守之면,　　　　　　　　 인덕으로 그것을 지켜 나갈 수
인불능수지　　　　　　　　　　없으면

雖得之나,　　　　　　　　　　 비록 그것을 얻었다 하더라도
수득지

必失之니라.　　　　　　　　　 반드시 잃게 될 것이다.
필실지

知及之하며,　　　　　　　　　 총명함과 재주 있음으로 충분히
지급지　　　　　　　　　　　　그것을 얻어내며,

---

51 지급지(知及之) : '지급지(知及之)'의 '지(之)' 자가 결국 무엇을 가리키는 것인지는 원문에서 언급하지 않았다. '불장이리지(不莊以涖之)', '동지불이예(動之不以禮)' 등 여러 문구를 볼 때, 작게는 경대부사(卿大夫士)의 봉록과 벼슬을 가리키고, 크게는 천하의 나라를 가리키는 것 같다. 만약 그렇지 않다면 백성을 다스리고 동원하는 일을 언급했을 리 없다.

仁能守之라도,
_{인 능 수 지}

인덕으로써 그것을 지켜 나갈 수 있더라도,

不莊以涖之면,
_{부 장 이 리 지}

엄숙한 태도로 백성들을 다스리지 않으면,

則民不敬이니라.
_{즉 민 불 경}

백성들 역시 진지하게 생활하고 일하지 않을 것이다.

知及之하며,
_{지 급 지}

총명함과 재주 있음으로 충분히 그것을 얻을 수 있고,

仁能守之하며,
_{인 능 수 지}

인덕으로써 능히 지켜 나갈 수 있으며,

莊以涖之라도,
_{장 이 리 지}

엄숙한 태도로 백성들을 다스릴 수 있더라도,

動之不以禮면,
_{동 지 불 이 례}

만약 불합리하게 불법으로 백성들을 동원한다면,

未善也니라.
_{미 선 야}

좋다고 할 수는 없다.

34

子曰
자왈

공자께서 말씀하셨다.

君子는 不可小知而可大受[52]也오,
군자 불가소지이가대수 야

군자는 작은 일로 그를 검증할 수는 없지만 중대한 일을 맡을 수는 있고,

小人은 不可大受而可小知也니라.
소인 불가대수이가소지야

소인은 중대한 일을 맡을 수는 없지만 작은 일로 그를 검증할 수는 있다.

35

子曰
자왈

공자께서 말씀하셨다.

民之於仁也[53]에,
민지어인야

백성들이 인덕을 필요로 함은

甚於水火[54]하니라.
심어수화

물이나 불을 필요로 하는 것보다 더 급하다.

---

[52] 소지대수(小知大受) : 주희의 〈집주〉에서 "군자는 사소한 일에 반드시 볼 만하지는 못하나 재질과 덕이 중한 일을 맡기에 충분하다"고 했다. '소지(小知)'는 사소한 일이다. '대수(大受)'는 중대한 일을 담당하다라는 뜻이다.

[53] 민지어인야(民之於仁也) : 어떤 판본에는 '민(民)' 자가 '인(人)'으로 되어 있다.

[54] 심어수화(甚於水火) : 〈맹자〉「진심 상(盡心上)」에서 "백성들은 물과 불이 없으면 생존할 수가 없다[民非水火不生活]"라고 했으며, 번역문에서는 이 뜻을 취했기 때문에 '필요하다'는 말을 덧붙였다.

水火는,
吾見蹈而死者矣어니와,
未見蹈仁而死⁵⁵者也로라.

물이나 불에
들어갔다가 죽는 것은 보았지만,
인덕을 실천하다 죽는 것은
보지 못했다.

36
子曰
當仁하여는,
不讓於師⁵⁶니라.

공자께서 말씀하셨다.
인덕에 직면하여서는
스승에게도 양보하지 않는다.

37
子曰
君子는 貞⁵⁷而不諒⁵⁸이니라.

공자께서 말씀하셨다.
군자는 큰 믿음을 중시하고 작은
믿음에 얽매이지 않는다.

---

55 사(死): 중국인들은 죽음에 대해 신체적인 사망과 정신적인 사망으로 구분했다. 여기에서 물불에 들어가서 죽는 것은 신체적인 사망이다. 인도(仁道)를 어기면 신체는 죽지 않지만 정신적으로는 이미 죽은 것이다.

56 사(師): 번역문에서는 주희의 주석을 따랐는데, 비록 스승이라 하더라도 또한 사양하지 않고, 마땅히 용감하게 가서 반드시 행해야 함을 말하는 것이라고 했다. 또 황식삼(黃式三)의 〈논어후안(論語後案)〉에서는 '사(師)'를 '사(死)'로 보아야 한다고 했다.

38

子曰
자 왈

공자께서 말씀하셨다.

事君하되,
사 군

임금을 섬기되

敬其事而後其食[59]이니라.
경 기 사 이 후 기 식

먼저 그 일을 진지하게 하고
봉록 받는 일을 뒤에 둔다.

39

子曰
자 왈

공자께서 말씀하셨다.

有敎며 無類[60]니라.
유 교 무 류

사람마다 나는 모두 교육시켰으며
〔빈부나 지역 등등〕구별이 없다.

---

57 정(貞) : 〈고자〉「도술(道術)」에 "말과 행동을 하나로 가지는 것을 정이라 한다[言行抱一謂之貞]"라고 했기 때문에, 번역문에서는 '큰 믿음'으로 해석했다.
58 량(諒) : 주준성(朱駿聲)의 〈설문통훈정성(說文通訓定聲)〉에서는 이 '량(諒)' 자의 가차자(假借字)는 '경(勍)' 자이며, 굳게 지키다라는 뜻과 같다고 했다. 그렇다면 그는 '정(貞)' 자를 〈위고문상서(僞古文尙書)〉「태갑(太甲)」에서 말한 '만방이정(萬邦以貞)'의 '정(貞)' 자인 바르다라는 뜻으로 해석한 것이 되는데, 타당하지 않은 것 같다.
59 이후기식(而後其食) : 송나라 조공무(晁公武)가 지은 〈군재독서지(郡齋讀書志)〉의 기록에 의하면, 오대(五代) 때 새겨진 촉(蜀) 〈석경(石經)〉에는 '이후식기록(而後食其祿)'으로 되어 있다고 한다.
60 무류(無類) : "자진해서 내게 조금의 소박한 선물이라도 주면, 나는 가르치지 않은 적이 없었다[自行束脩以上, 吾未嘗無誨焉]"라는 것이 바로 '유교무류(有敎無類)'이다.

40

子曰
자왈

공자께서 말씀하셨다.

道不同이면,
도 부 동

주장이 같지 않으면,

不相爲謀니라.
불 상 위 모

서로 일을 상의하지 않는다.

41

子曰
자왈

공자께서 말씀하셨다.

辭는 達[61]而已矣니라.
사 달   이 이 의

말은 그 뜻을 전달하면 그뿐이다.

42

師冕[62]이 見할새,
사 면   현

악사 면(冕)이 공자를 찾아뵈러 왔을 때

及階에,
급 계

섬돌에 이르니,

---

61 사달(辭達) : '문승질즉사(文勝質則史)'와 참고해 볼 수 있다. 지나치게 겉만 화려한 문장의 수식은 공자가 동의하지 않은 것이다. 또 다른 설로는 '사(辭)'는 '사령(辭令)'으로, 외교사령을 가리킨다고 한다.

62 사면(師冕) : 사(師)는 악사(樂師)이고, 면(冕)은 이 사람의 이름이다. 고대의 악관(樂官)은 일반적으로 모두 맹인이었다.

子曰 자 왈	공자께서 말씀하셨다.
階也라 하시고. 계 야	이것은 섬돌이오.
及席에, 급 석	자리 옆에 이르니
子曰 자 왈	공자께서 말씀하셨다.
席也라 하시고. 석 야	이것은 자리요.
皆坐에, 개 좌	모두들 자리에 앉자,
子告之曰 자 고 지 왈	공자께서 그에게 일러주셨다.
某在斯이며, 모 재 사	아무개가 여기 있고,
某在斯라 하시다. 모 재 사	아무개가 여기 있소.
師冕이 出이어늘, 사 면 출	악사 면이 나가자,
子張이 問曰 자 장 문 왈	자장이 물었다.
與師言之道與[63]잇가? 여 사 언 지 도 여	그것이 장님과 말하는 방식입니까?

---

63 여사언지도여(與師言之道與) : 이 구절에 대해 두 가지 끊어 읽는 법이 있다. 다른 한

子曰 자 왈	공자께서 말씀하셨다.
然하다. 연	맞다.
固相師之道也니라. 고 상 사 지 도 야	이것이 본래 장님을 돕는 방법이다.

가지 읽는 법은 '지(之)' 자에서 끊어서 '여사언지, 도여(與師言之, 道與?)'라고 읽는 것이다. 그 의미는 "방금 악사와 이렇게 말하는 것 역시 도입니까?"이다.

16 계씨가
季氏篇

「계씨 편」은 「옹야 편」과 서로 호응관계에 있다고 할 수 있다. 「옹야 편」에서 공자는 염옹에게 정치를 맡길 만하다고 했다. 내용 면에서는 주로 중국 문화와 정치철학에 대해 이야기하고 있지만, 내용이나 문장의 성격을 볼 때 다른 편과는 큰 차이를 보이고 있어 많은 사람들이 위작일 가능성을 제기하고 있다.

1

季氏¹가 將伐顓臾²러니,
계 씨   장 벌 전 유

冉有·季路가 見於孔子曰
염 유   계 로   현 어 공 자 왈

季氏가 將有事³於顓臾리이다.
계 씨   장 유 사 어 전 유

孔子曰
공 자 왈

求야!
구

無乃爾是過⁴與아?
무 내 이 시 과 여

계씨가 전유를 치려고 준비하자,

염유와 자로가 공자를 뵙고 말했다.

계씨가 전유에 대해 전쟁을 하려고 준비합니다.

공자께서 말씀하셨다.

염구야!

이것은 마땅히 너를 책망해야 되는 것이 아니냐?

---

1 계씨(季氏) : 계손을 말한다. 일설에는 계강자(季康子)를 가리킨다고 하고, 또 다른 설에는 계환자(季桓子)를 가리킨다고 한다.
2 전유(顓臾) : 노나라의 속국으로, 지금의 산동성(山東省) 비현(費縣) 서북쪽 80리에 전유촌(顓臾村)이 있으며, 그곳이 바로 옛 전유(顓臾)의 땅이다.
3 유사(有事) : 〈좌전〉「성공(成公) 13년」에 "나라의 큰일은 제사와 전쟁이다[國之大事, 在祀與戎]"라고 했으니, 여기서의 '유사(有事)'는 곧 전쟁을 가리킨다.
4 이시과(爾是過) : '이지과(爾之過)'로 해석할 수는 없다. 왜냐하면 고대의 인칭대명사가 말을 이끌어내는 위치[領位]를 나타낼 때에는 다시 그 뒤에 다른 허사(虛辭)를 더하는 경우가 극히 드물었다(〈상서〉「강고(康誥)」의 '짐기제소자봉(朕其弟小子封 : 짐의 아우 소자를 봉한다)'과 같은 예는 대단히 보기 드문 경우이다. 여기에서의 '과(過)' 자는 동사로 볼 수 있으며, '시(是)' 자는 도치를 나타내는 데 사용된 단어로, 도치되지 않으면 '과이(過爾)'가 되고, '너를 책망하다[責備你]', '너의 탓으로 돌리다[歸罪於你]'라는 뜻이다.

夫顓臾는,
부 전 유

전유는

昔者에 先王이 以爲東蒙[5]主하시고,
석 자   선 왕   이 위 동 몽 주

옛날에 선왕이 그에게 동몽산의 제사를 주관하도록 한 적이 있고,

且在邦域之中矣라,
차 재 방 역 지 중 의

또한 그 국경은 오래전에 노나라가 최초로 봉함을 받을 때에 그 영토 안에 있으니,

是가 社稷之臣也니,
시   사 직 지 신 야

이는 바로 노나라와 위급존망을 같이 하던 속국이거늘,

何以伐爲리오?
하 이 벌 위

어찌 그 나라를 공격해야 하는가?

冉有가 曰
염 유   왈

염유가 말했다.

夫子[6]欲之언정,
부 자   욕 지

계손이 그렇게 하려는 것이지,

吾二臣者는 皆不欲也로소이다.
오 이 신 자   개 불 욕 야

저희 두 사람은 모두 동의하지 않은 것입니다.

---

5 동몽(東蒙) : 바로 몽산(蒙山)으로, 지금의 산동성 몽음현(蒙陰縣) 남쪽에 있으며, 비현(費縣)의 경계와 접해 있다.
6 부자(夫子) : 계손을 가리킨다.

孔子曰
공자 왈

공자께서 말씀하셨다.

求야!
구

염구야!

周任⁷이 有言曰
주 임   유 언 왈

주임이 이런 말을 한 적이 있다.

陳力就列⁸하여,
진 력 취 렬

자기의 힘을 다 바칠 수 있거든
다시 직위를 맡고,

不能者가 止라 하니.
불 능 자   지

만약 할 수 없으면 물러나야 한다.

危而不持하며,
위 이 부 지

예를 들어 장님이 위험에 처했는데
부축하러 가지 않고,

顚而不扶면,
전 이 불 부

막 넘어지려고 해도 붙잡아 주러
가지 않는다면,

則將焉用彼相矣리오?
즉 장 언 용 피 상 의

어찌 조수로 쓸 필요가 있겠느냐?

且爾言이 過矣로다,
차 이 언   과 의

네 말이 틀렸다.

虎兕⁹가 出於柙¹⁰하며,
호 시   출 어 합

호랑이와 코뿔소가 우리에서 도망쳐
나오고,

---

7 주임(周任) : 고대의 사관(史官)이다. 일설에는 주 왕실의 대부라고 한다.
8 렬(列) : 여기서는 직위를 맡는 것을 가리킨다.

龜玉이 毁於櫝中이,
귀옥   훼어독중

거북이 껍데기와 아름다운 옥이 궤 안에서 깨어졌다면,

是誰之過與오?
시 수 지 과 여

이것은 누구의 책임이겠느냐?

冉有가 曰
염 유   왈

염유가 말했다.

今夫顓臾,
금 부 전 유

지금 전유는

固而近於費11하니라.
고 이 근 어 비

성곽이 견고하며 또한 계손의 채읍인 비(費) 땅에서 매우 가깝습니다.

今不取면,
금 불 취

지금 그곳을 점령하지 않으면,

後世에 必爲子孫憂하리이다.
후 세   필 위 자 손 우

후세에 반드시 자손들에게 화를 남길 것입니다.

孔子曰
공 자 왈

공자께서 말씀하셨다.

---

9 시(兕) : 코뿔소를 가리킨다. 일설에는 들소라고도 한다.
10 합(柙) : 맹수를 가두어 두는 우리를 말한다.
11 비(費) : 발음은 bèi이며, 노나라 계씨(季氏)의 채읍으로 지금의 산동성 비현(費縣) 서남쪽 70리에 비성(費城)이 있다.

求아!
구

염구야!

君子는 疾夫舍¹²曰欲之요 而必爲之辭니라.
군자 질부사 왈욕지   이필위지사

군자는 자기가 하고자 하는 욕심은 없다고 말하면서 반드시 다른 구실을 찾아내는 그런 태도를 싫어한다.

丘也聞호니 有國有家者가,
구야문   유국유가자

내가 들으니 제후나 대부는

不患寡貧으로 써야 한다而患不均하며,
불환과   이환불균

재산이 적은 것을 근심하지 말고 단지 재산이 고르지 않은 것을 근심해야 하며,

不患貧寡로 써야 한다而患不安¹³이라 하니.
불환빈   이환불안

백성이 너무 적은 것을 근심하지 말고 단지 나라 안이 불안한 것을 근심해야 한다고 했다.

---

12 사(舍) : '사(捨)' 자와 같다.
13 불환과이환불균, 불환빈이환불안(不患寡而患不均, 不患貧而患不安) : 당연히 '불환빈이환불균, 불환과이환불안(不患貧而患不均, 不患寡而患不安)'으로 써야 한다. '가난하다[貧]'와 '고르다[均]'는 모두가 재물과 부에서 착안한 것으로, 뒷문장의 "만약 재산이 고르면 가난한 것을 상관치 않는다[均無貧]"로 증명할 수 있다. '적다[寡]'와 '편안하다[安]'는 백성들에서 착안한 것으로 뒷문장 "나라 안이 평화스러우면, 곧 사람이 적은 것을 깨닫지 못하게 된다[和無寡]"로 증명할 수 있다. 자세한 설명은 유월의 〈군경평의〉에 보인다.

蓋均이면 無貧이요,
개 균　　무 빈

만약 재산이 고르면 가난한 것을 상관치 않고,

和면 無寡요,
화　무 과

나라 안이 평화스러우면 사람이 적다고 느끼지 못하고,

安이면 無傾[14]이니라.
안　　무 경

나라 안이 편안하면 위기에 빠지지 않게 될 것이다.

夫如是,
부 여 시

이렇게 해도,

故로 遠人이 不服이면,
고　　원 인　　불 복

먼 곳에 있는 사람들이 여전히 복종치 않는다면,

則修文德以來之하고,
즉 수 문 덕 이 래 지

다시 인의예악의 정교(政敎)를 닦아서 그들을 모으고,

旣來之,
기 래 지

그들이 왔으면

則安之니라.
즉 안 지

안심하도록 해야 할 것이다.

今由與求也는,
금 유 여 구 야

지금 중유와 염구는

---

14 안무경(安無傾) : 일설에 이 세 글자는 아래에 나오는 '기래지, 즉안지(旣來之, 則安之)' 다음에 있어야 한다고 했다.

相夫子하되, _{상 부 자}	계손씨를 돕고 있지만,
遠人이 不服, _{원 인 　　 불 복}	먼 곳에 있는 사람이 복종치 않는데도
而不能來也하며, _{이 불 능 래 야}	불러 모으지 못하며,
邦分崩離析, _{방 분 붕 리 석}	나라가 지리멸렬해도
而不能守也하고, _{이 불 능 수 야}	온전하게 보호하지 못하고,
而謀動干戈15於邦內하나니라. _{이 모 동 간 과 　　어 방 내}	오히려 나라 안에서 병력을 쓰려고 생각한다.
吾가 恐季孫之憂가, _{오 　　 공 계 손 지 우}	내가 걱정하는 것은 계손의 근심이
不在顓臾, _{부 재 전 유}	전유에 있지 아니하고
而在蕭牆之內16也하노라. _{이 재 소 장 지 내 　 야}	노나라 임금에 있지 않을까 하노라.

---

15 간과(干戈) : 무력을 사용하다라는 뜻이다.
16 소장지내(蕭牆之內) : '소장(蕭牆)'은 노나라 임금이 사용하던 병풍이다. 신하들은 이 병풍에 이르면, 곧 경건한 마음으로 옷깃을 여미기 때문에, 소장(蕭牆 : '소(蕭)' 자는 '숙(肅)' 자에서 소리를 따온 것이다)이라고 했다. '소장지내(蕭牆之內)'는 곧 노나라 임금을 가리키는 것이다. 당시 계손은 노나라의 정치를 장악하고 있어서, 노나라 임금과는 매우 대립되었고, 또한 노나라 임금이 그에게서 주권을 거두어 가려고 한다는 것을 알고

2

孔子曰
공자왈

天下有道면,
천하유도

공자께서 말씀하셨다.

천하가 태평하면

則禮樂征伐이 自天子出[17]하고,
즉례악정벌   자천자출

예악을 제정하는 것과 군대를 출동시키는 것이 모두 천자에 의해서 결정되고,

天下無道면,
천하무도

천하가 어지러우면

則禮樂征伐이 自諸侯出하나니.
즉례악정벌   자제후출

예악을 제정하는 것과 군대를 출동시키는 것이 모두 제후에 의해 결정된다.

自諸侯出이면,
자제후출

제후에 의해 결정되면

蓋十世에 希[18]不失矣요,
개십세   희 불실의

대개 10대를 전하고는 계속 전해지는 것이 드물고,

있었다. 이 때문에 전유(顓臾)가 유리한 지세(地勢)를 이용해서 노나라를 돕는 것을 두려워했으며, 먼저 손을 써서 유리하게 전유를 공격하려고 한 것이다. 공자의 이 말은 깊숙이 계손의 마음을 찌른 것이다.

17 자천자출(自天子出) : 주희의 〈집주〉에서 "선왕의 제도에 제후는 마음대로 예악을 변경하고 정벌을 할 수 없다[先王之制, 諸侯不得變禮樂, 專征伐.]"라고 했다.
18 희(希) : 적다는 뜻이다.

| 自大夫出이면, | 대부에 의해 결정되면 |
| 자 대 부 출 | |

| 五世에 希不失矣요, | 5대를 전하고는 계속되는 것이 |
| 오 세   희 불 실 의 | 드물며, |

| 陪臣[19]執國命이면, | 대부의 가신이 나라의 정권을 |
| 배 신   집 국 명 | 좌지우지하면 |

| 三世에 希不失矣[20]니라. | 3대를 전하고는 계속되는 것이 |
| 삼 세   희 불 실 의 | 드물다. |

---

19 배신(陪臣) : 대부의 가신(家臣)을 뜻한다.
20 공자의 이 말은 아마도 역사를 고찰한 것에서 나왔으며, 특히 당시에 벌어지고 있는 상황에서 얻어낸 결론일 것이다. "모두 천자에 의해서 결정되었다[自天子出]"라는 것은 공자가 보기에 요(堯)・순(舜)・우(禹)・탕(湯)과 서주(西周) 때에는 모두 그렇게 이루어졌던 것이다. "세상이 어지럽다[天下無道]"는 것은 곧 제나라 환공(桓公) 후부터 주나라 천자가 이미 명령을 내리는 힘이 없어졌다는 것이다. 제나라는 환공부터 패권을 잡았고, 효공(孝公)・소공(昭公)・의공(懿公)・혜공(惠公)・경공(頃公)・영공(靈公)・장공(莊公)・도공(悼公)・간공(簡公)까지 10공을 거쳐, 간공에 이르러 진항(陳恆)에게 죽었으니, 공자가 그것을 직접 보았다. 진(晉)나라는 문공(文公)부터 패권을 잡았는데, 양공(襄公)・영공(靈公)・성공(成公)・경공(景公)・여공(厲公)・평공(平公)・소공(昭公)・경공(頃公)까지 9공을 거쳐, 육경(六卿)이 전권(全權)을 장악하는 것 역시 공자가 직접 본 것이다. 그래서 "십대를 전하고는 계속 전해지는 것이 드물다[十世希不失]"라고 말한 것이다. 노나라는 계우(季友) 때부터 모든 권력을 장악하기 시작하여 문자(文子)・무자(武子)・평자(平子)・환자(桓子)를 거쳐서 양호(陽虎)가 집권을 했는데, 이것 역시도 공자가 직접 본 것이다. 그래서 "오대를 전하고는 계속 전해지는 것이 드물다[五世希不失]"라고 말한 것이다. 노나라 계손씨의 가신(家臣)인 남괴(南蒯)・공산불요(公山弗擾)・양호(陽虎) 같은 부류들은 모두 당대에 몰락해서, 삼대에 이른 적이 없었다. 당시에는 각 나라의 가신들이 정치를 맡고 있었으며, 공자가 "삼대를 전하고는 계속 전해지는 것이 드물다[三世希不失]"라고 말한 것은 아마 그것을 관대하게 말했던 것 같다.

天下有道면,
천하유도

천하가 태평하면,

則政不在大夫하고,
즉정부재대부

나라의 최고 정치권력이 대부의
손에 장악될 수 없고,

天下有道면,
천하유도

천하가 태평하면

則庶人不議니라.
즉서인불의

백성들의 의론이 분분할 수 없다.

3
孔子曰
공자왈

공자께서 말씀하셨다.

祿之去公室이 五世[21]矣요,
녹지거공실   오세 의

나라의 정권이 노나라 임금의 손을
떠난 지[노나라 임금으로 보면]
이미 5대가 되었고,

政逮於大夫가 四世矣니,
정체어대부   사세의

정권이 대부의 손에 들어간 지가
[계씨로 말하자면] 이미 4대이니,

---

21 오세사세(五世四世) : 노나라 임금이 정치적 권력을 잃은 때부터 공자가 이 말을 했을
때까지는 선공(宣公)·성공(成公)·양공(襄公)·소공(昭公)·정공(定公)을 거쳤으며,
계손(季孫)이 최초로 노나라의 정권을 장악하고부터 공자의 이 말을 들었을 때는, 문자
(文子)·무자(武子)·평자(平子)·환자(桓子)까지 사대가 지났다. 여기에 대해 모기령
의 〈논어계구〉에 설명되어 있다.

故로 夫三桓²²之子孫이 微矣니라.　　그러므로 환공의 세
고　부삼환　지자손　미의　　　　　　후손들도 이제는 미약해졌다.

4

孔子曰　　　　　　　　　　공자께서 말씀하셨다.
공자왈

益者三友요,　　　　　　　도움이 되는 세 벗이 있고,
익자삼우

損者三友니.　　　　　　　해로움이 되는 세 벗이 있다.
손자삼우

友直하며,　　　　　　　　정직한 사람과 사귀며,
우직

友諒²³하며,　　　　　　　성실한 사람과 사귀며,
우량

友多聞이면,　　　　　　　견문이 넓은 사람과 사귀면,
우다문

益矣요.　　　　　　　　　곧 도움이 된다.
익의

友便辟하며,　　　　　　　아첨하며 남의 비위를 잘 맞추는
우편벽　　　　　　　　　　사람과 사귀며,

---

22 삼환(三桓) : 노나라의 삼경(三卿)으로, 중손(仲孫 : 즉 맹손(孟孫)이다)·숙손(叔孫)·
계손(季孫)은 모두 노나라 환공(桓公)에서 나왔기 때문에, '삼환(三桓)'이라고 칭한다.
23 량(諒) : 〈설문해자〉에서 "량은 믿다[諒, 信也]"라고 했다. 때로는 '량(諒)'과 '신(信)'이
같은 뜻으로 쓰이는데, 바로 여기서 그렇다. 때로는 뜻이 다르게 사용될 때가 있으니, 예
를 들면 「헌문 편」에 "그가 어찌 일반 백성들과 같이 작은 신의와 절개를 지키기 위해서
[豈若匹夫匹婦之爲諒也]"의 '량(諒)'은 단지 '작은 일에 성실하다[小信]'라는 뜻이다.

友善柔하며,
_{우 선 유}

앞에선 치켜세우다 뒤에선 비방하는 사람과 사귀며,

友便佞[24]이면,
_{우 편 녕}

말을 과장되게 하는 사람과 사귀면,

損矣니라.
_{손 의}

곧 해가 된다.

5

孔子曰
_{공 자 왈}

공자께서 말씀하셨다.

益者三樂이요,
_{익 자 삼 락}

도움이 되는 세 즐거움이 있고,

損者三樂이니.
_{손 자 삼 락}

해가 되는 세 즐거움이 있다.

樂節禮樂하며,
_{요 절 예 악}

예악을 알맞게 조절함을 즐거워하고,

樂道[25]人之善하며,
_{요 도   인 지 선}

다른 사람의 장점을 널리 알리기를 즐거워하며,

---

24 편녕(便佞) : 주희의 〈집주〉에서는 "말에만 익숙하고 견문의 실제가 없음을 말한다[謂習於口語而無聞見之實]"라고 했다.
25 도(道) : '도(道)' 자에 대해 두 가지 해석이 있다. 하나는 '칭찬하다‧알리다'로 해석하고, 다른 하나는 '이끌다[導]'로 해석한다. 본문에서는 전자에 따라 번역했다.

樂多賢友면,
요 다 현 우

많은 유익한 벗을 사귀기를 즐거워하면,

益矣요.
익 의

곧 도움이 된다.

樂驕樂²⁶하며,
요 교 락

교만함을 즐거워하고,

樂佚遊하며,
요 일 유

빈둥거리며 노는 것을 즐거워하며,

樂宴樂이면,
요 연 락

향락에 빠져 방탕하게 노는 것을 즐거워하면,

損矣니라.
손 의

곧 해로움이 있게 된다.

6

孔子曰
공 자 왈

공자께서 말씀하셨다.

侍於君子에 有三愆²⁷하니,
시 어 군 자   유 삼 건

군자를 모시고 말할 때 세 가지 잘못을 범하기 쉬우니,

---

26 교락(驕樂) : 주희의 〈집주〉에서는 "교락하면 잘난 체하고 방자해져서 절도를 모르게 된다[驕樂則侈肆而不知節]"라고 했다.
27 건(愆) : 과실·허물을 가리킨다.

言未及之而言을 謂之躁[28]요,
언미급지이언 위지조

아직 그가 말할 차례가 되지
않았는데도 먼저 말하는 것을
경솔하다고 이르고,

言及之而不言을 謂之隱이요,
언급지이불언 위지은

말을 해야 할 때 오히려 말하지
않는 것을 숨긴다고 이르고,

未見顔色而言을 謂之瞽니라.
미견안색이언 위지고

군자의 안색을 살피지 않고
경솔하게 말을 꺼내는 것을 눈이
멀었다고 이른다.

7

孔子曰
공자왈

공자께서 말씀하셨다.

君子有三戒하니,
군자유삼계

군자에게 세 가지 경계해야 할 것이
있으니,

少之時에는,
소지시

젊었을 때에는

血氣未定이라,
혈기미정

혈기가 안정되어 있지 않으므로

戒之在色이요,
계지재색

여색에 빠지지 않도록 경계해야
할 것이고,

---

[28] 조(躁) : 급하게 서두르다 · 경솔하다라는 뜻이다.

及其壯也하여는, _{급 기 장 야}	장성해서는
血氣方剛이라, _{혈 기 방 강}	혈기가 한창 왕성하므로,
戒之在鬪요, _{계 지 재 투}	승벽이 강해 싸움을 좋아하지 않도록 경계해야 하며,
及其老也하여는, _{급 기 로 야}	늙어서는
血氣旣衰라, _{혈 기 기 쇠}	혈기가 이미 쇠하므로
戒之在得[29]이니라. _{계 지 재 득}	탐욕이 끝없이 생기지 않도록 경계해야 할 것이다.

8

孔子曰 _{공 자 왈}	공자께서 말씀하셨다.
君子有三畏[30]하니, _{군 자 유 삼 외}	군자에게 세 가지 두려워해야 할 것이 있으니,

---

29 공안국의 주석에서 "득은 얻기를 탐하다[得, 貪得]"라고 했다. 탐한 것으로는 아마 명예, 지위, 재화 등이 포함될 것이다. 〈회남자〉「전언훈(詮言訓)」에서 "대체로 사람들의 성질이 젊어서는 몹시 방자하고 오만하며, 장년이 되어서는 사납고 포악하고, 늙어서는 이익을 탐내게 된다[凡人之性, 少則猖狂, 壯則强暴, 老則好利]"라고 한 것이 본래 이 장의 뜻이지만, '이익을 탐내다[好利]'로 '득(得)' 자를 해석하면 뜻이 너무 좁아져 버릴 것이다.

30 외(畏) : 두려워하면서 또 공경하는 것이다.

畏天命하며,
천명을 두려워하며,

畏大人[31]하며,
지위가 높은 사람을 두려워하며,

畏聖人之言이니라.
성인의 말을 두려워해야 할 것이다.

小人은 不知天命而不畏也라,
소인은 천명을 알지 못하므로 그것을 두려워하지 않고,

狎[32]大人하며,
지위가 높은 사람을 하찮게 여기며,

侮聖人之言이니라.
성인의 말을 업신여긴다.

9

孔子曰
공자께서 말씀하셨다.

---

[31] 대인(大人) : 고대에는 지위가 높은 사람을 '대인(大人)'이라고 불렀다. 예를 들면 〈역〉「건괘(乾卦)」의 "대인을 얻는 데 이로울 것이다[利見大人]"와 〈예기〉「예운(禮運)」의 "대인은 세습하는 일을 예로 여긴다[大人世及以爲禮]", 〈맹자〉「진심 하(盡心下)」의 "제후에게 진언할 때는 그를 가벼이 보아야 한다[說大人, 則藐之]"가 있다. 또 도덕이 있는 사람에 대해서도 '대인'이라고 부를 수 있었다. 〈맹자〉「고자 상(告子上)」에 "그 마음에 따라 행하면 대인이 된다[從其大體爲大人]"라고 했다. 여기서의 '대인'은 지위가 높은 사람을 가리키며, '성인은 도덕이 있는 사람이다.

[32] 압(狎) : 여기서는 하찮게 여기다라는 뜻으로 사용되었다. 그러나 대인은 지위가 높은 사람인데, 어떻게 소인이 오히려 대인을 경시하는 것인가? 정현의 주석에서는 '관홀(慣忽)'이라고 했다. 즉, 자주 보아서 오히려 함부로 대하다라는 뜻이다.

生而知之者는 上也요,
생 이 지 지 자　　　상 야

태어나면서 아는 것이 으뜸이고,

學而知之者는 次也요,
학 이 지 지 자　　　차 야

배운 후에 아는 것이 그 다음이며,

困³³而學之는,
곤　　이 학 지

실천하는 중에 곤란을 당해 다시 그것을 배우는 것은

又其次也니,
우 기 차 야

또 그 다음이니,

困而不學이면,
곤 이 불 학

어려움을 만나서도 배우지 않으면,

民斯爲下矣니라.
민 사 위 하 의

백성들이 바로 이런 가장 낮은 것이다.

10

孔子曰
공 자 왈

공자께서 말씀하셨다.

君子有九思하니,
군 자 유 구 사

군자에게 아홉 가지 생각하는 바가 있으니,

視思明하며,
시 사 명

볼 때는 분명하게 보았는가를 생각하며,

---

33 곤(困) : 곤란을 당하다라는 뜻이고, 또 통하지 않다라는 뜻으로 해석하기도 한다.

聽思聰하며,
청 사 총

들을 때는 똑똑히 들었는가를 생각하며,

色思溫하며,
색 사 온

얼굴빛은 온화한가를 생각하며,

貌思恭하며,
모 사 공

용모와 태도는 공손한가를 생각하며,

言思忠하며,
언 사 충

말은 충성스럽고 솔직한가를 생각하며,

事思敬하며,
사 사 경

일을 행할 때에는 엄숙하고 진지한가를 생각하며,

疑思問하며,
의 사 문

의심이 있을 때에는 어떻게 다른 사람에게 물을까를 생각하며,

忿思難하며,
분 사 난

분노가 치밀어오를 때에는 어떤 후환이 있을까를 생각하고,

見得思義니라.
견 득 사 의

얻는 것을 보면 내가 마땅히 얻어야 할 것인가를 생각한다.

11

孔子曰
공 자 왈

공자께서 말씀하셨다.

見善如不及하며,
견 선 여 불 급

선량한 것을 보고 열심히 추구하는 것을 마치 따라가지 못하는 것처럼 하며,

見不善如探湯[34]하나라.
견 불 선 여 탐 탕

사악한 것을 만나면 힘써 피하기를 마치 뜨거운 물에 손을 대는 것처럼 한다.

吾見其人矣요,
오 견 기 인 의

나는 그런 사람을 보았고,

吾聞其語矣[35]로라.
오 문 기 어 의

그런 말을 들은 적이 있다.

隱居以求其志하며,
은 거 이 구 기 지

세상을 피해 은둔하면서도 그 뜻을 보전하기를 구하며,

行義以達其道하나라.
행 의 이 달 기 도

의에 따라 행하여 그 주장을 관철시킨다.

吾聞其語矣요,
오 문 기 어 의

나는 그런 말을 들은 적은 있지만

未見其人也로라.
미 견 기 인 야

그런 사람을 본 적은 없다.

---

34 탕(湯) : 펄펄 끓는 물을 가리킨다.
35 오견기인의, 오문기어의(吾見其人矣, 吾聞其語矣) : 어떤 사람은 이 두 구절의 원문이 도치된 것이 아닌가 의심했다.

12

齊景公이 有馬千駟³⁶호대,
제경공   유마천사

제나라 경공이 말 사천 필을 갖고 있었지만,

死之日에,
사지일

죽은 후에

民無德而稱焉³⁷이오.
민무덕이칭언

누구도 그에게 어떤 칭찬할 만한 좋은 행실이 있었다고 생각하지 않았다.

伯夷叔齊는 餓于首陽³⁸之下호대,
백이숙제   아우수양   지하

백이와 숙제는 수양산 아래에서 굶어 죽었지만,

民到于今稱之하나니라.
민도우금칭지

모두들 지금까지도 그들을 칭송하고 있다.

---

36 천사(千駟) : 고대에는 일반적으로 4필의 말이 수레 한 대를 끌었다. 그래서 1사(駟)는 바로 4필의 말을 가리킨다. 〈좌전〉「애공(哀公) 8년」에 "제나라의 포목이 여러 공자들에게 '내가 당신이 군주가 되게 해 줄까요?'라고 말했다[鮑牧謂羣公子曰: '使女有馬千乘乎?']"고 하며, 이때 '천승(千乘)'은 바로 경공(景公)이 남겨 놓은 '천사(千駟)'이다. 포목(鮑牧)은 이것으로 여러 공자들이 왕위 다툼을 하도록 유혹했으니, '천승(千乘 : 큰 제후국이라는 뜻으로도 사용됨)'은 상당히 많은 재산인 것을 알 수 있다.
37 민무덕이칭언(民無德而稱焉) : 황간의 〈의소〉에는 '덕(德)' 자가 '득(得)'으로 되어 있고, '이(而)' 자가 없다. 황간의 판본에 따르면 "백성들이 그에 대해 말할 것이 별로 없다"라고 번역할 수 있다.
38 수양(首陽) : 산 이름으로, 지금의 어디인지는 예로부터 설이 분분했지만, 확실히 알 길이 없다.

其斯之謂與[39]인저? 그것이 바로 이 뜻이겠지!
기 사 지 위 여

13

陳亢[40]이 問於伯魚曰 진강이 공자의 아들인 백어에게
진 강 문 어 백 어 왈 물었다.

子亦有異聞乎[41]아? 그대는 〔선생님과 같이 계시니〕
자 역 유 이 문 호 보통 사람과 다른 것을 전수받은
  것이 있습니까?

對曰 그가 대답하였다.
대 왈

未也로이다. 없습니다.
미 야

---

39 기사지위여(其斯之謂與) : 이 장에는 '자왈(子曰)'이라는 자구(字句)가 없고, 또 "그것이 바로 이 뜻이 아니겠는가[其斯之謂與]"의 앞부분과 연결되는 바가 없다. 이 때문에 정이(程頤)는 「안연 편」의 "이렇게 하면 자신에게는 조금도 좋은 점이 없으며, 단지 사람들이 이상하게 생각할 뿐이다[誠不以富, 亦祗以異]"라는 인용문을 마땅히 이 장의 '기사지위여(其斯之謂與)' 앞에 두어야 한다고 생각했지만, 아무런 근거가 없다. 주희의 〈답강덕공서(答江德功書)〉에서 다음과 같이 말했다 : "이 장의 글의 힘이 혹은 끊어졌다 이어졌으며, 혹은 궐문(闕文)이라고도 하며, 혹은 하나의 장이 아니라고도 하는데, 모두 믿을 만하지 못하다[此章文勢或有斷續, 或有闕文, 或非一章, 皆不可考]."
40 진강(陳亢) : 강(亢)의 발음은 gāng으로, 바로 진자금(陳子禽)을 말한다(우리 말에서는 속음으로 항으로 읽음).
41 자역유이문호(子亦有異聞乎) : 진강은 공자가 특별한 것을 아들에게만 전해 주고 제자들에게 전해 주지 않는 것이 없는지 의심했기 때문에 이와 같은 질문을 했다. '이문(異聞)'은 곧 특별한 지식을 말한다. '역(亦)' 자는 본래 앞의 말을 이어 주는 역할을 하지만, 여기서는 앞의 말과 이어 주는 것이 없고, 어기를 강조하는 데 사용되었다.

嘗獨立이어시늘,
상 독 립

홀로 뜰에 서 계실 때에

鯉가 趨而過庭이러니,
이 추 이 과 정

내가 공손히 지나가는데

曰
왈

내게 물어보시기를,

學詩乎아?
학 시 호

시를 배웠느냐고 하시기에

對曰
대 왈

대답하기를,

未也로이다.
미 야

못하였습니다.

不學詩면,
불 학 시

시를 배우지 않으면

無以言이라 하여시늘.
무 이 언

말을 할 수가 없다고 하셔서,

鯉가 退而學詩호라.
이 퇴 이 학 시

나는 물러가 곧 시를 배웠습니다.

他日에,
타 일

며칠 뒤에

又獨立이어시늘,
우 독 립

또 혼자 뜰에 서 계시기에

鯉가 趨而過庭이러니,
이 추 이 과 정

내가 역시 공손하게 지나는데

曰
왈

물어보시기를,

學禮乎아,
學 禮 乎

對曰
對 曰

未也로이다.
未 也

不學禮면,
不 學 禮

無以立이라 하여시늘.
無 以 立

鯉가 退而學禮호라.
鯉   退 而 學 禮

聞斯二者로라.
聞 斯 二 者

陳亢이 退而喜曰
陳 亢   退 而 喜 曰

問一得三하니,
問 一 得 三

聞詩하고,
聞 詩

聞禮하고,
聞 禮

예를 배웠느냐고 하시기에

대답하기를,

못하였습니다.

예를 배우지 않으면

사회에 발붙일 근거가 없다고 하셔서,

나는 물러가 곧 예를 배웠습니다.

단지 이 두 가지를 들었습니다.

진강이 돌아가서 매우 기뻐하며 말했다.

내가 한 가지 일을 물어서
세 가지를 알게 되었구나.

시를 알게 되었고,

예를 알게 되었고,

又聞君子之遠其子⁴²也로라.　　또 군자가 그의 아들을 대하는
우 문 군 자 지 원 기 자　야　　　　태도를 알게 되었다.

14

邦君之妻를,　　　　　　　　　임금의 아내를
방 군 지 처

君이 稱之曰夫人이요,　　　　　임금이 이를 일컬어
군　칭 지 왈 부 인　　　　　　　부인(夫人)이라고 말하고,

夫人이 自稱曰小童이요,　　　　부인이 스스로를 일컬어
부 인　자 칭 왈 소 동　　　　　　소동(小童)이라 말하며,

邦人이 稱之曰君夫人이요,　　　나라 사람들이 이를 일컬어
방 인　칭 지 왈 군 부 인　　　　군부인(君夫人)이라 말하고,

稱諸異邦曰寡小君이요,　　　　　다른 나라 사람에게 일컬어
칭 저 이 방 왈 과 소 군　　　　　과소군(寡小君)이라 말하고,

---

42 원기자(遠其子) : 주희의 〈집주〉에서는 윤돈(尹焞)의 말을 인용하여 "공자께서 그 아들을 가르침에 문인과 다름이 없었다. 그러므로 진강은 그 아들을 멀리한다고 생각했다[孔子之敎其子, 無異於門人. 故陳亢以爲遠其子]"라고 했다.

異邦人이 **稱之**에 **亦曰君夫人**[43]이니라.　다른 나라 사람이 이를
　이 방 인　　칭 지　　역 왈 군 부 인　　　　　일컬음에 또한 군부인(君夫人)
　　　　　　　　　　　　　　　　　　　　　이라고 말한다.

---

43 이 장도 공자가 한 말인 듯하지만, '자왈(子曰)'이라는 글자가 빠져 있다. 어떤 사람은 이 장이 후대 사람이 죽간을 보다가 공백을 발견하고는 임의대로 기록한 것이라고 의심했다. 그러나 그것은 〈논어〉가 쓰여진 죽간(竹簡)이 불과 8촌밖에 되지 않고, 짧은 것은 각 장(章)이 1간(簡 : 대나무 한쪽), 긴 것은 1장이 여러 간으로, 절대 40여 자나 쓸 공간이 없다는 것을 모르고 한 말이다. 뿐만 아니라 이 장은 이미 〈고논(古論)〉과 〈노논(魯論)〉(〈노논〉에는 '국군지처(國君之妻)'로 되어 있음)에도 보인다. 더욱이 각종 고본에도 모두 있는 것으로 보아 결코 후대 사람에 의해 추가된 것은 아닐 것이다.

17 양화가
陽貨篇

〈논어〉 20편 전체를 두고 볼 때, 마지막의 몇 편은 결론에 해당한다. 특히 「양화 편」은 전반부 「술이 편」의 연장선으로 볼 수 있다. 이 편에서는 대부분 공자의 사람됨과 처세에 관한 이야기를 하면서 후세 사람들이 귀감으로 삼도록 하고 있다.

하안의 〈논어집해〉에서는 2, 3장과 9, 10장을 각각 하나의 장으로 합쳐서 24장으로 하였으나, 이 책에서는 26장으로 나누었다.

1

陽貨¹가 **欲見孔子**어늘,
양화   욕현공자

양화가 공자로 하여금 그를 방문하도록 하려고 했으나,

孔子不見하신대,
공자불견

공자께서 가지 않으시자,

歸孔子豚²이어늘.
귀공자돈

공자에게 〔삶은〕 새끼돼지 한 마리를 선물로 보냈다.
〔공자가 그의 집으로 찾아가서 사례하도록 하려고〕

孔子時其亡也³,
공자시기무야

공자께서는 그가 집에 없을 때를 틈타서

而往拜之러시니라.
이왕배지

사례하러 갔다.

---

1 양화(陽貨) : 양호(陽虎)라고도 부르며, 계씨의 가신이다. 계씨가 몇 대에 걸쳐 노나라의 정치를 장악해 왔으며, 이때 양화가 마침 계씨의 권력을 잡고 있었다. 최후에 삼환(三桓)을 제거하려다가 뜻을 이루지 못하고 진(晉)나라로 도망갔다. 청대 학자 최술(崔述)은 〈수사고신록(洙泗考信錄)〉에서 양화는 양호와 동일인물이 아니라고 주장했다.

2 귀공자돈(歸孔子豚) : '귀(歸)'는 '궤(饋)' 자와 같으며, 선물을 보내다라는 뜻이다. 〈맹자〉「등문공 하(滕文公下)」에 이 일에 대한 설명이 있다. 맹자가 말하기를 "대부가 사(士)에게 선물을 했는데, 그때 마침 사가 집에 없어서, 직접 받지 못했다면, 다시 대부의 집으로 찾아가 사례를 해야 한다[大夫有賜於士, 不得受於其家, 則往拜其門]"고 했다. 양화는 이러한 예절을 이용해 공자가 집에 없는 틈을 타서, 삶은 새끼돼지 한 마리를 선물했지만 공자도 양화가 집에 없는 틈을 타서 찾아가 사례했다.

3 시기무야(時其亡也) : '시(時)'는 엿보다[伺]라는 뜻이고, '무(亡)'는 '무(無)'와 같다. '시기무야(時其亡也)'는 '사기출(伺其出)'과 같다.

| 遇諸塗⁴하시다.
우 저 도 | 돌아오는 길에 두 사람이 길에서 만났는데, |

| 謂孔子曰
위 공 자 왈 | 그가 공자를 불러 말했다. |

| 來하라!
내 | 이리 오시오! |

| 予가 與爾言하리라.
여 여 이 언 | 내가 그대에게 할 말이 있소. |

| 曰⁵
왈 | 〔공자가 그냥 지나치자〕그가 다시 말했다. |

| 懷其寶而迷其邦⁶이면,
회 기 보 이 미 기 방 | 스스로 재능을 갖고 있으면서 나라의 일이 혼미하게 되도록 내버려 둔다면 |

---

4 도(塗) : '도(途)'와 같다. '우저도(遇諸塗)'는 바로 돌아오는 길에서 만나다라는 뜻이다.
5 왈(曰) : 이 이하의 '왈(曰)' 자는 모두 양화가 자문자답한 것이다. 모기령의 〈논어계구〉에 명나라 사람 학경(郝敬)의 설을 인용한 것이 있다. 유월의 〈고서의의거례(古書疑義擧例)〉 권 2에 "한 사람의 말에 '왈(曰)' 자를 더하는 규정[一人之辭而加曰字例]"이 있으며, 이러한 수사 방식에 대해 더 상세히 예를 들고 있다.
6 회기보이미기방(懷其寶而迷其邦) : 이 구절에서 '세불아여(歲不我與)'까지는 모두 양화 한 사람의 자문자답이다. 주희의 〈집주〉에서는 공자와 양화의 일문일답이라고 생각하여 다음과 같이 말했다 : "양화의 말은 모두 공자를 풍자하여 넌지시 공자가 빨리 벼슬하도록 하고자 한 것이다. 공자는 본디 일찍이 이와 같지 아니하였고, 또한 벼슬을 안하려고 한 것이 아니라 단지 양화에게 벼슬하지 않으셨을 뿐이다. 그러므로 바로 이치에 근거하여 대답하고 다시 그와 변론하지 아니하여 마치 양화의 뜻을 이해하지 못하는 것처럼 했다."

可謂仁乎아?
가 위 인 호

인애(仁愛)라고 말할 수 있겠는가?

曰
왈

〔공자가 아무 말도 안하자〕 그가 계속해서 말했다.

不可하다.
불 가

그래서는 안 되지.

好從事而亟[7]失時[8]가,
호 종 사 이 기 실 시

어떤 사람이 벼슬하기를 좋아하면서 자주 그 기회를 놓친다면,

可謂知乎아?
가 위 지 호

총명하다고 할 수 있겠는가?

曰
왈

〔공자가 여전히 아무 말을 않고 있자〕 그가 또 이어서 말했다.

不可하다.
불 가

그래서는 안 되지.

日月逝矣라,
일 월 서 의

세월은 한 번 가버리면

歲不我與니라.
세 불 아 여

다시는 돌아오지 않는 것이니라.

---

7 기(亟) : 거성으로, 발음은 qi이고, '여러 차례'의 뜻이다.
8 시(時) : 본 장에서 '시(時)' 자가 두 번 나오는데, 앞에 나온 것은 동사로 사용되어 '엿보다'라는 뜻으로 해석할 수 있고, 뒤에 나오는 것은 명사로 사용되어 '시기·기회'로 해석할 수 있다.

孔子曰
공자왈

공자께서 비로소 말씀하셨다.

諾다.
낙

좋습니다.

吾將仕矣⁹로리라.
오 장 사 의

나는 장차 벼슬을 하려고 합니다.

2

子曰
자왈

공자께서 말씀하셨다.

性相近也나,
성 상 근 야

사람의 타고난 본성은 서로
비슷하지만

習相遠也니라.
습 상 원 야

습성이 다르기 때문에 서로 현격한
차이가 생긴다.

3

子曰
자왈

공자께서 말씀하셨다.

唯上知與下愚¹⁰는 不移니라.
유 상 지 여 하 우   불 이

오직 가장 지혜로운 사람과 가장
어리석은 사람은 바꿀 수 없다.

---

9 오장사의(吾將仕矣) : 공자는 양호가 권력을 잡고 있을 때, 양호 밑에서 벼슬을 한 적이 없다. 〈좌전〉「정공(定公) 8년·9년」의 전(傳)을 참고할 수 있다.

10 상지하우(上知下愚) : '상지(上知)'와 '하우(下愚)'에 대한 해석은 예로부터 많은 이설(異說)이 있었다. 〈한서〉「고금인표(古今人表)」에서 "같이 있으면 착해지고, 같이 있지

4

子之武城[11]하사,
자 지 무 성

공자께서 [자유가 현장으로 있는] 무성에 가서

聞弦歌[12]之聲하시다.
문 현 가 지 성

거문고와 비파를 타면서 시를 노래하는 소리를 들었다.

夫子莞爾[13]而笑,
부 자 완 이 이 소

공자께서는 빙그레 웃으면서

曰
왈

말씀하셨다.

않으면 악해지는 사람을 가장 지혜로운 사람(上智)이라고 하며, 같이 있으면 악해지고 같이 있지 않으면 선해지는 사람을 가장 어리석은 사람이라고 한다[可與爲善, 不可與爲惡, 是謂上智. 可與爲惡, 不可與爲善, 是謂下愚]"라고 했으니, 이것은 그 인품을 말한 것이다. 손성연(孫星衍)의 〈문자당집(問字堂集)〉에서는 "가장 지혜로운 사람은 나면서부터 아는 사람을 말하고, 가장 어리석은 사람은 곤란함을 만나면 배우지 않는 사람을 말한다[上知謂生而知之, 下愚謂困而不學]"라고 했으니, 이것은 그 지식과 인품을 같이 말한 것이다. 번역문에서는 단지 글자 자구만을 번역했다. 그러나 공자가 "나면서부터 아는 것이 으뜸이다[生而知之者上也]"라고 말한 적이 있기 때문에, 아마도 여기서 말하는 '상지(上知)'는 '나면서부터 아는[生而知之]' 사람일 것이다. 당연히 이런 사람이 있을 리가 없지만, 당시 사람들은 오히려 반드시 있다고 생각했으며, 심지어 공자도 "나는 태어날 때부터 지식을 갖고 있었던 사람은 아니다[我非生而知之者]"라고 부정적으로 말한 적이 있다.

11 무성(武城) : 당시 자유(子游)가 마침 무성의 현장을 지내고 있었다. 「옹야 편」에 자유가 무성 현장이 된 기록이 보인다.
12 현가(弦歌) : 거문고와 비파를 타면서 노래한다는 것은 무성 사람들이 예악을 배우고 있는 것을 가리킨다.
13 완이(莞爾) : 미소 짓는 모양을 나타낸다.

割雞에 焉用牛刀리오?
할계　　언용우도

닭을 잡는데 어찌 소 잡는 칼을 쓸 필요가 있겠는가〔이 작은 곳을 다스리는데, 교육이 필요한가〕?

子游가 對曰
자유　　대왈

자유가 대답했다.

昔者에 偃也가 聞諸夫子하니 曰
석자　　언야　　문저부자　　　왈

예전에 제가 선생님께서 말씀하시는 것을 듣기로는,

君子가 學道[14]則愛人이요,
군자　　학도　즉애인

벼슬하는 사람이 배우면 인애의 마음이 있게 되고,

小人이 學道則易使也라호이다.
소인　　학도즉이사야

백성들이 배우면 쉽게 지휘를 따르고 말을 잘 듣게 된다고 하셨습니다〔교육은 결국 유용한 것이다〕.

子曰
자왈

공자께서 학생들에게 말씀하셨다.

二三子아!
이삼자

제자들아!

偃之言이 是也니.
언지언　　시야

언언(言偃)의 이 말이 정확한 것이다.

---

14 도(道) : 여기서는 예악을 가리킨다.

前言은 戲之耳니라.
전언   희지이

내가 방금 한 그 말은 그에게
농담한 것일 뿐이다.

5

公山弗擾¹⁵가 以費畔¹⁶하여,
공산불요   이비반

공산불요가 비 땅에
웅거(雄據)하여 모반을 꾀하고

召¹⁷어늘,
소

공자를 부르니,

子欲往¹⁸이러시니.
자욕왕

공자께서 가려고 준비하였다.

---

15 공산불요(公山弗擾) : 〈좌전〉「정공(定公) 5년·8년·12년」과 「애공(哀公) 8년」에 나오는 공산불유(公山不狃)와 같은 인물인지 의심스럽다(단지 진천상(陳天祥)의 〈사서변의(四書辨疑)〉에서만 딴 사람이라고 생각했다). 〈좌전〉에는 〈논어〉에서 서술하고 있는 일은 보이지 않지만, 〈좌전〉「정공 12년」에 공산불유가 노나라에서 반란을 도모한 일에는 공자가 가지도 않았을 뿐만 아니라, 당시에 마침 사구(司寇)가 되어 사람을 시켜서 그를 무찌르도록 명령했다고 한다. 이 때문에 조익(趙翼)의 〈해여총고(陔餘叢考)〉와 최술(崔述)의 〈수사고신록(洙泗考信錄)〉에서는 모두 이 문장이 믿을 수 없다고 의심했다. 그러나 그 후 일부 사람들, 예를 들면 유보남의 〈논어정의〉에서는 조익과 최술이 〈좌전〉을 믿고 〈논어〉를 의심해서는 안 된다고 말했다. 여기에 대해서는 의문을 남겨 둘 뿐이다.

16 반(畔) : 모기령은 "반은 반역을 꾀하다[畔是謀逆]"라는 뜻이라고 했다. 번역문에서는 이 뜻을 취했다.

17 소(召) : 누가 불렀는지에 대해 두 가지 설이 있다. 하나는 공산불요가 불렀다는 설이고, 다른 하나는 계씨가 불렀다는 설이다. 여기서는 전자의 설을 따랐다.

18 자욕왕(子欲往) : 〈사기〉「공자세가」에서 공자의 이 행동에 대해 다음과 같이 설명하고 있다 : "공자는 도를 추구한 지 오래되었고, 시험해 볼 곳이 없음을 답답해했으나 아무도 자신을 등용하려고 하지 않았다. 이때 공자가 말했다 : '주나라의 문왕과 무왕은 풍(豐)과 호(鎬)처럼 작은 지방에서 왕업을 일으켰다. 지금 비(費) 땅이 작기는 하지만 대체로 풍, 호와 같지 않겠느냐?'" 후대 사람들은 공자의 이 말에 대해 그다지 신뢰할 수 없다고 생각했다.

子路가 不說,	이에 자로가 매우 못마땅해 하며,
자로 불열	
曰	말했다.
왈	
末之也이면,	가실 곳이 없다면
말 지 야	
已¹⁹니,	그만둘 일이지,
이	
何必公山氏之之也²⁰시리잇고?	왜 하필 공산씨가 있는 곳으로
하 필 공 산 씨 지 지 야	가려고 하십니까?
子曰	공자께서 말씀하셨다.
자 왈	
夫召我者는,	나를 부른 저 사람이
부 소 아 자	
而豈徒哉²¹리오?	설마 공연히 나를 부르겠느냐?
이 기 도 재	
如有用我者이면,	만일 나를 등용하려는 자가 있다면,
여 유 용 아 자	

---

19 말지야이(末之也已) : 옛날에는 끊어 읽지 않았으나, 여기서는 무억(武億)의 〈경독고이(經讀考異)〉에 따라서 중간에 끊어 읽었다. '말(末)'은 '장소가 없다는 뜻이고, '지(之)'는 동사로 가다라는 뜻이며, '이(已)'는 그만두다라는 뜻이다.
20 하필공산씨지지야(何必公山氏之之也) : '하필지공산씨야(何必之公山氏也)'의 도치된 문장이다. '지지(之之)'의 첫 번째 '지(之)'자는 단지 도치를 돕기 위해 사용된 결구조사(結構助詞)이고, 두 번째 '지(之)' 자는 동사이다.
21 이기도재(而豈徒哉) : '도(徒)' 자 다음에 서술어-목적어 구조가 생략되었다. 모두 말한다면 '이기도소아재(而豈徒召我哉)'가 된다.

吾其爲東周[22]乎인저?
오 기 위 동 주 호

나는 주나라 문왕과 무왕의 도를 동방에서 부흥시킬 것이다.

6

子張이 問仁於孔子한대.
자 장 문 인 어 공 자

자장이 공자에게 인을 묻자,

孔子曰
공 자 왈

공자께서 말씀하셨다.

能行五者於天下면 爲仁矣니라.
능 행 오 자 어 천 하 위 인 의

도처에 다섯 가지 인품과 덕성을 행할 수 있으면 어진 사람이 된다고 할 것이다.

請問之한대.
청 문 지

〔자장이 말했다.〕
어떤 다섯 가지인가를 물어보고자 합니다.

曰
왈

공자께서 말씀하셨다.

恭,
공

장중하고,

寬,
관

관대하며,

---

22 동주(東周) : 하안의 〈논어집해〉에서는 다음과 같이 말했다 : "주나라의 도를 동방에서 부흥시키기 때문에 동주라고 했다〔興周道於東方, 故曰東周也〕."

信,   성실하고,
신

敏,   부지런하고 민첩하며,
민

惠니.   자혜로운 것이다.
혜

恭則不侮하고,   장중하면 모욕을 당하지 않고,
공 즉 불 모

寬則得衆하고,   관대하면 많은 사람들의 옹호를
관 즉 득 중   받게 되며,

信則人任焉하고,   성실하면 다른 사람에게 임용을
신 즉 인 임 언   받게 되고,

敏則有功하고,   부지런하고 민첩하면 일의 효율이
민 즉 유 공   높아져 공헌하는 바가 커지고,

惠則足以使人이니라.   자혜로우면 사람을 부릴 수 있다.
혜 즉 족 이 사 인

7

佛肹[23]이 召어늘,   필힐이 공자를 부르거늘,
필 힐   소

---

[23] 필힐(佛肹) : 진(晉)나라 대부 조간자(趙簡子)가 범중행(范中行)을 공격하자, 필힐(佛肹)은 범중행의 가신으로 중모(中牟)의 현장(縣長)으로 있었기 때문에, 중모에 웅거하여 조간자에게 항거했다.

子欲往이러시니,
자 욕 왕

공자께서 가시려 하니,

子路가 曰
자 로 왈

자로가 말했다.

昔者에 由也가 聞諸夫子하니 曰,
석 자 유 야 문 저 부 자 왈

예전에 제가 선생님께서 말씀하신 것을 듣기로는,

親於其身에 爲不善者어든,
친 어 기 신 위 불 선 자

몸소 나쁜 일을 하는 사람에게는

君子不入也라 하시니.
군 자 불 입 야

군자는 가지 않는다고 하셨으니,

佛肸이 以中牟²⁴畔이어늘,
필 힐 이 중 모 반

지금 필힐이 중모에 웅거하여 반역을 꾀하는데,

子之往也는,
자 지 왕 야

선생님께서 가시려 하시니,

如之何잇고?
여 지 하

어찌 말이 되겠습니까?

子曰
자 왈

공자께서 말씀하셨다.

然하다,
연

맞다.

---

24 중모(中牟) : 춘추시기 진(晉)나라의 읍으로, 옛 터는 지금의 하북성(河北省) 형태(邢台)와 한단(邯鄲) 사이에 있으며, 하남성(河南省)의 중모(中牟)와는 전혀 관계가 없다.

有是言也니라.
유 시 언 야

내가 그런 말을 했었다.

不曰堅乎아,
불 왈 견 호

〔하지만 너는 모르고 있었느냐?〕
가장 굳센 것은

磨而不磷²⁵이니라,
마 이 불 린

아무리 갈아도 얇아지지 않으며,

不曰白乎아,
불 왈 백 호

가장 흰 것은

涅而不緇²⁶니라.
날 이 불 치

아무리 물들여도 검어지지
아니한다.

吾豈匏瓜²⁷也哉라?
오 기 포 과 야 재

내가 설마 저 포과(匏瓜)와
같겠느냐?

---

25 린(磷) : 발음은 lín이고, 얇아지다라는 뜻이다.
26 날이불치(涅而不緇) : 날(涅)의 발음은 niè이고, 본래는 광물의 일종으로, 옛날 사람들은 검은색 염색 재료로 사용했다. 여기서는 동사로, 검은색을 물들이다라는 뜻이다. '치(緇)'는 검은색을 뜻한다.
27 포과(匏瓜) : '포과(匏瓜)'는 박으로, 옛날에는 단 것과 쓴 것 두 종류가 있었다. 쓴 것은 먹을 수 없었지만, 물보다 가벼워 허리에 매고 헤엄쳐 건널 때 사용했다. 〈국어〉「노어하(魯語下)」에서 "대저 쓴 박은 먹을 수 없고, 사람이 물을 건널 때 사용할 뿐이다[夫苦匏不材, 於人共濟而已]"라고 한 것과 〈장자〉「소요유(逍遙遊)」에서 "지금 그대는 다섯 섬짜리 바가지를 가지고 있으면서, 어째서 그것으로 큰 통을 만들어 강호에 띄울 것을 생각하지 못하는가[今子有五石之匏,何不慮以爲大樽, 而浮乎江湖]"라고 한 것으로 증명할 수 있다.

焉能繫而不食[28]이리오?
_{언 능 계 이 불 식}

어찌 단지 매달려서 사람들이 따먹지 못하게 하겠느냐?

8

子曰
_{자 왈}

공자께서 말씀하셨다.

由也아!
_{유 야}

중유야!

女聞六言[29]六蔽矣乎아?
_{여 문 육 언   육 폐 의 호}

너는 여섯 가지 인품이 있으면 여섯 가지 병폐가 있게 된다는 것을 들어본 적이 있느냐?

對曰
_{대 왈}

자로가 대답하였다.

未也로이다.
_{미 야}

없습니다.

居[30]하라!
_거

〔공자께서 말씀하셨다.〕
앉거라!

---

28 언능계이불식(焉能繫而不食) : 주희의 〈집주〉에서 말했다 : "포과는 한 곳에 매달려 있어 먹지 못하지만 사람은 이와 같지 않다[匏瓜繫於一處而不能飮食, 人則不如是也]."
29 언(言) : 이 '언(言)' 자와 '한마디 말로 평생토록 행할 만한 것[有一言而可以身行之]'의 '언(言)' 자는 서로 같으며, 명칭은 '말[言]'이지만, 실제로는 '덕(德)'을 가리킨다. '일언(一言)'으로는 공자가 '서(恕)' 자를 골라내었고, '육언(六言)'으로는 '인(仁)'·'지(知)'·'신(信)'·'직(直)'·'용(勇)'·'강(剛)' 여섯 자를 골라내었다. 후대 '오언시(五言詩)'나 '칠언시(七言詩)'가 한 글자로 '말'의 뜻을 나타내는 것도 아마 여기에서 나왔을 것이다.
30 거(居) : 앉다. 자로가 서서 문제에 대답했기 때문에, 공자가 자로에게 앉아서 말을 듣도록 했다.

吾語女하리라.
오 어 여

내가 너에게 말해 주리라.

好仁不好學³¹이면,
호 인 불 호 학

인덕을 좋아하되 학문을 좋아하지 않으면,

其蔽也가 愚³²요,
기 폐 야   우

그 병폐는 사람들에게 쉽게 우롱당하는 것이고,

好知不好學이면,
호 지 불 호 학

총명함을 좋아하되 학문을 좋아하지 않으면,

其蔽也가 蕩³³이요,
기 폐 야   탕

그 병폐는 방탕하고 기초가 없어지게 되는 것이고,

好信不好學이면,
호 신 불 호 학

성실함을 좋아하되 학문을 좋아하지 않으면,

其蔽也가 賊³⁴이요,
기 폐 야   적

그 병폐는 〔남에게 쉽게 이용당해 오히려〕 자신을 해치는 것이고,

---

31 불호학(不好學) : 배우지 않으면 그 이치를 분명하게 알 수 없다.
32 우(愚) : 주희 〈집주〉에 "우라는 것은 가히 빠뜨릴 수 있고, 속일 수 있는 부류와 같다[愚若可陷可罔之類]"라고 했으며, 번역문에서는 이 뜻을 취했다.
33 탕(蕩) : 공안국(孔安國)은 "탕은 적절하게 지키는 바가 없다[蕩, 無所適守也]"라고 했으며, 번역문에서는 그 뜻을 취했다.
34 적(賊) : 관동(管同)의 〈사서기문(四書紀聞)〉에서 다음과 같이 말했다 : "대인이 반드시 성실함을 좇을 필요가 없는 것은 오로지 학문을 하게 되면 의가 어디에 있는지 알게 되기

| 好直不好學이면, | 솔직함을 좋아하되 학문을 좋아하지 않으면, |
| 호직불호학 | |

| 其蔽也가 絞요, | 그 병폐는 말이 날카로워 다른 사람의 마음을 아프게 하는 것이고, |
| 기폐야 교 | |

| 好勇不好學이면, | 용감한 것을 좋아하되 학문을 좋아하지 않으면, |
| 호용불호학 | |

| 其蔽也가 亂이요, | 그 병폐는 난을 일으켜 화를 자초하는 것이고, |
| 기폐야 난 | |

| 好剛不好學이면, | 강함을 좋아하되 학문을 좋아하지 않으면, |
| 호강불호학 | |

| 其蔽也가 狂이니라. | 그 병폐는 겁 없이 함부로 행동하는 것이다. |
| 기폐야 광 | |

때문이다. 가령 성실함만을 좋아하고 학문을 좋아하지 않으면, 약속을 중히 여기는 것만 알고 사리의 옳고 그름을 분명히 모르게 되는데, 근면하고 순후한 사람도 곧 소견이 좁고 고집불통의 소인이 되며, 더욱이 강건하고 용감한 기운을 가진 사람은 반드시 주나라나 한나라 때의 협객처럼 다른 사람을 위해 가벼이 자신을 희생하여, 법규를 어기고 공의를 범하게 되므로, 성인의 관점에서 본다면 (자기를) 해치는 것이 아니고 무엇인가[大人之所以不必信者, 惟其爲學而知義之所在也. 苟好信不好學, 則惟知重然諾而不明事理之是非, 謹厚者則硜硜爲小人, 苟又挾以剛勇之氣, 必如周漢刺客游俠, 輕身殉人, 扞文綱而犯公義, 自聖賢觀之, 非賊而何?]." 이것은 춘추의 협객[俠勇之士]들의 사실에 근거하여 이야기한 것이고, 또 유가들이 명철보신(明哲保身)의 이론에 근거해 제기한 의론(議論)이나 공자의 본래 뜻에 가까운 듯하다.

9

子曰
자 왈

공자께서 말씀하셨다.

小子³⁵는 何莫學夫詩오?
소 자   하 막 학 부 시

너희들은 어찌하여 시를 연구하지 않느냐?

詩는,
시

시를 읽음으로

可以興이며,
가 이 흥

연상력을 기를 수 있으며,

可以觀이며,
가 이 관

관찰력을 높일 수 있으며,

可以羣이며,
가 이 군

다른 사람과 잘 어울리는 훈련을 할 수 있으며,

可以怨이니라.
가 이 원

풍자하는 법을 배울 수 있느니라.

邇³⁶之事父며,
이   지 사 부

가깝게는 그 속의 도리를 운용해 부모를 모실 수 있고,

遠之事君이요,
원 지 사 군

멀게는 임금을 섬기는 데 사용할 수 있고,

---

35 소자(小子) : 제자들을 가리킨다.
36 이(邇) : 가깝다는 뜻이다.

多識37於鳥獸草木之名이니라.　또한 조수 초목의 이름도 많이
다식 어조수초목지명　　　　　　알게 된다.

10

子謂伯魚曰　　　　　　　　공자께서 백어에게 말씀하셨다.
자위백어왈

女가 爲「周南」·「召南」38矣乎아?　너는「주남」과「소남」을
여   위 주남   소남   의호　　　연구한 적이 있느냐?

人而不爲「周南」·「召南」이면,　사람이「주남」과「소남」을 연구하지
인이불위 주남   소남　　　　　 않으면,

其猶正牆面而立39也與인저?　그것은 마치 담을 마주 대하고 서
기유정장면이립 야여　　　　　 있는 것과 같으니라!

---

37 식(識) : 발음은 식으로, 알다라는 뜻이며, '지'로 읽어도 된다.
38 주남·소남(周南·召南) : 현재〈시경〉「국풍(國風)」에 남아 있다. 그러나 심괄(沈括)의〈몽계필담(夢溪筆談)〉권 3에서는 다음과 같이 말했다 : "「주남」과「소남」은 음악 이름이다. ……그 가운데는 노래도 있고 춤도 있으니, 공부하는 사람들이 다 배워야 할 일들이다. ……이른바「주남」과「소남」을 연구한다는 것은 유독 그 노래의 가사만을 따로 낭송하라는 뜻은 아니다[周南·召南, 樂名也. ……有樂有舞焉, 學者之事. ……所謂爲周南·召南者, 不獨誦其詩而已]."
39 정장면이립(正牆面而立) : 주희의〈집주〉에서는 다음과 같이 말했다 : "매우 가까운 곳에 나아가도 어떤 사물도 보이는 것이 없고, 한 걸음도 나아갈 수 없음을 말하는 것이다[言卽其至近之地而一物無所見, 一步不可行]."

11

子曰
자 왈

공자께서 말씀하셨다.

禮云禮云이나,
예 운 예 운

예(禮)라, 예라 하지만

玉帛云乎哉아?
옥 백 운 호 재

단지 옥이나 비단 같은 예물을 말하는 것이겠느냐?

樂云樂云이나,
악 운 악 운

악(樂)이라, 악이라 하지만

鐘鼓云乎哉아?
종 고 운 호 재

단지 종이나 북과 같은 악기를 말하는 것이겠느냐?

12

子曰
자 왈

공자께서 말씀하셨다.

色厲[40]而內荏[41]을,
색 려   이 내 임

얼굴빛은 위엄 있게 하지만 마음은 겁 많고 약한 것을

譬諸小人하면,
비 저 소 인

만약 나쁜 사람에게 비유하면,

---

40 려(厲) : 준엄하다·위엄이 있다라는 뜻으로, '색려(色厲)'는 겉으로 매우 위엄 있는 것처럼 행동하는 것을 말한다.
41 임(荏) : 유약하다. '내임(內荏)'은 마음속으로 겁이 많은 것을 말한다.

其猶穿窬⁴²之盜也與인저?
기유천유 지도야여

아마 구멍을 뚫고 담을 넘는 좀도둑과 같을 것이라!

13

子曰
자 왈

공자께서 말씀하셨다.

鄕愿⁴³은 德之賊也니라.
향 원   덕지적야

진정한 시비를 가리지 못하는 무골호인은 도덕을 망치는 소인이다.

14

子曰
자 왈

공자께서 말씀하셨다.

---

42 천유(穿窬) : 구멍을 뚫고 담을 넘는 것이다. 천(穿)은 구멍을 뚫는 것을 가리키고, 유(窬)는 담을 넘는 것을 가리킨다.

43 향원(鄕愿) : '원(愿)'의 발음은 yuàn으로, 〈맹자〉에는 '원(原)'으로 썼다. 〈맹자〉「진심하(盡心·下)」에 '향원'에 대한 가장 구체적인 해석이 있다. "왜 이렇게 뜻이 높고 큰 것인가? 실제로는 말이 행위와 서로 맞을 수 없고 행위도 말과 맞을 수 없으면서, 단지 말로 '옛 사람이여! 옛 사람이여!'라고 하며, 왜 이렇게 고독하여 다른 사람들과 어울리지 못하는가? 이 세상에 태어났으면, 이 세상을 위해 일하며, 그저 살아가면 그만이다'라고 하며, 누구에게나 곱게 보이고, 사방에 기분 맞추는 사람이 바로 무골호인[향원]이다[何以是嘐嘐也? 言不顧行, 行不顧言, 則曰:'古之人, 古之人, 行何爲踽踽涼涼? 生斯世也, 爲斯世也, 善斯可矣.' 閹然媚於世也者, 是鄕原也]." 또 "이런 사람은 그에게 지적하려고 해도 오히려 큰 잘못을 지적해 낼 수 없다. 그를 욕하려 해도 오히려 욕할 것이 없으며, 그는 단지 못된 무리와 어울려 나쁜 짓을 한다. 사람됨은 마치 충성스럽고 성실한 것 같으며, 행위도 바르고 청결한 듯하여 모두들 그를 좋아하고, 그 자신도 바르다고 여기지만, 요순의 도와는 완전히 위배되기 때문에, 그를 '도덕을 해치는 사람'이라 한다[非之無擧也, 刺之無刺也. 同乎流俗, 合乎汚世. 居之似忠信, 行之似廉潔. 衆皆悅之, 自以爲是, 而不可與入堯舜之道. 故曰:'德之賊也']"라고 말했다.

道聽而塗說은,
도 청 이 도 설

길거리에 떠도는 말을 듣고
사방으로 퍼뜨리는 것은

德之棄⁴⁴也니라.
덕 지 기 야

마땅히 버려야 할 태도이다.

15

子曰
자 왈

공자께서 말씀하셨다.

鄙夫는 可與⁴⁵事君也與哉아?
비 부   가 여   사 군 야 여 재

비루한 사람과는 함께 일할 수
있겠느냐?

其未得之也에는,
기 미 득 지 야

그가 아직 벼슬을 얻지 못할 때에는

患得之^{患不得之라고 써야 한다46}하고,
환 득 지

얻지 못할까 근심하고,

---

44 덕지기(德之棄) : 여기에 대해 두 가지 해석이 있다. 하나는 스스로 그 덕을 버린다는 것이고, 다른 하나는 덕이 있는 자가 버려야 할 것이라고 해석했다. 여기서는 후자의 설을 따랐다.

45 가여(可與) : 함께하다라는 뜻이다. 왕인지의 〈경전석사〉에서는 '가이(可以)'라고 했으나, 여기서는 취하지 않았다.

46 환득지(患得之) : 왕부(王符)의 〈잠부론〉「애일(愛日)」에서 말했다 : "공자는 사내가 아직 얻지 못했을 때 그것을 얻지 못하는 것을 근심하고, 이미 그것을 얻고 나서는 그것을 잃어버릴까 걱정하는 것을 싫어했다[孔子疾夫未之得也, 患不得之, 旣得之, 患失之者]." 이것은 동한(東漢) 사람들이 근거로 했던 판본에는 '불(不)' 자가 있었다는 것을 알 수 있다. 〈순자〉「자도(子道)」에서는 다음과 같이 말했다 : "공자께서 말씀하시기를, ……소인은 그것을 얻지 못했으면 얻지 못함을 근심하고, 이미 그것을 얻었으면 또 그것을 잃을까 두려워한다[孔子曰, ……小人者, 其未得也, 則憂不得, 旣已得之, 又恐失

旣得之하여는,
기 득 지

이미 얻고서는

患失之하나니.
환 실 지

또 잃을까 근심한다.

苟患失之⁴⁷면,
구 환 실 지

만약에 벼슬을 잃을까 근심하게 되면,

無所不至矣니라.
무 소 부 지 의

못하는 짓이 없게 된다.

16

子曰
자 왈

공자께서 말씀하셨다.

古者에 民有三疾이러니,
고 자   민 유 삼 질

옛날에는 백성들에게 세 가지 병폐가 있었는데,

今也에는 或是之亡也로다.
금 야   혹 시 지 무 야

지금에는 아마도 없어진 것 같도다.

之].ˮ(〈설원〉「잡언(雜言)」에도 같음) 이것은 비록 뜻을 서술한 것이지만, '득(得)' 자 앞에 역시 '불(不)' 자가 있다. 송나라 사람 심작철(沈作喆)이 〈우간(寓簡)〉에서 "동파가 해석하기를 '환득지(患得之)'는 '환부득지(患不得之)'로 써야 된다고 했다[東坡解云, '患得之'當作 '患不得之']"라고 한 것을 보면, 송나라 사람이 보았던 판본에는 이미 이 '불(不)' 자가 빠져 있었음을 알 수 있다.

47 지(之) : 본 장에서는 '지(之)' 자가 다섯 차례 사용되었는데, 모두 대명사로, 벼슬자리를 가리킨다.

古之狂也는 肆러니,
고 지 광 야   사

옛날에 광인은 제멋대로 행동해도 직언을 했으나,

今之狂也는 蕩이요,
금 지 광 야   탕

요즘의 광인은 매인 데 없이 방탕하기만 하다.

古之矜也는 廉[48]이러니,
고 지 긍 야   염

옛날에 스스로 긍지를 갖고 있는 사람은 어느 정도 건드릴 수 없는 부분이 있었는데,

今之矜也는 忿戾요,
금 지 긍 야   분 려

요즘의 스스로 긍지를 갖고 있는 사람은 단지 성을 내고 이유 없이 소란만 피운다.

古之愚也는 直이러니,
고 지 우 야   직

옛날에 어리석은 사람은 그래도 솔직했는데,

今之愚也는 詐而已矣로다.
금 지 우 야   사 이 이 의

요즘의 어리석은 사람은 단지 남을 기만하고 수단을 부릴 뿐이다.

17

子曰
자 왈

공자께서 말씀하셨다.

---

[48] 염(廉) : '모서리[廉隅]'의 '염(廉)'은 본의(本義)가 기물(器物)의 모서리이다. 사람의 행동이 바르고 위엄이 있는 것도 '염(廉)'이라고 한다.

巧言令色이,
교언영색

교묘하게 꾸며대는 말과 위선적인 얼굴을 하는 사람은

鮮矣仁⁴⁹이니라.
선의인

인덕이 많을 리가 없다.

18

子曰
자왈

공자께서 말씀하셨다.

惡紫之奪朱⁵⁰也하며,
오자지탈주 야

자주색이 붉은색의 빛과 자리를 빼앗는 것을 미워하며,

惡鄭聲之亂雅樂⁵¹也하며,
오정성지란아악 야

정나라의 악곡이 우아한 악곡을 망치는 것을 미워하며,

惡利口之覆邦家者하노라.
오리구지복방가자

교묘한 말재주가 나라를 전복시키는 것을 미워한다.

---

49 「학이 편」을 참고.
50 자지탈주(紫之奪朱) : 춘추시대에 노나라 환공(桓公)과 제나라 환공(桓公)이 모두 자주색 옷 입는 것을 좋아했다. 그리고 〈좌전〉「애공(哀公) 17년」에 위나라 혼양부(渾良夫)가 '자주색의 가죽옷[紫衣狐裘]'을 입었다가 죽음을 당한 일을 볼 때, 그 당시 자주색은 이미 붉은색을 대신해 제후 의복의 정색(正色)이 되었음을 알 수 있다.
51 아악(雅樂) : '아(雅)'는 바르다[正也]라는 뜻이다. 아악은 정악(正樂)을 가리킨다고 주장하기도 하고, 조정에서 연주하는 음악을 가리킨다고 주장하기도 한다. 여기서는 전자를 따랐다.

19

子曰
자 왈

공자께서 말씀하셨다.

予欲無言하노라.
여 욕 무 언

나는 말을 하지 않으려고 한다.

子貢이 曰
자 공 왈

자공이 말했다.

子如不言이시면,
자 여 불 언

선생님께서 말씀하지 않으시면,

則小子가 何述焉이리잇고?
즉 소 자 하 술 언

저희들이 무엇을 전하겠습니까?

子曰
자 왈

공자께서 말씀하셨다.

天何言哉시리오?
천 하 언 재

하늘이 무엇을 말하더냐?

四時行焉하며,
사 시 행 언

사계절이 여전히 운행되고,

百物生焉하나니,
백 물 생 언

온갖 사물들이 예전처럼 자라는데,

天何言哉시리오?
천 하 언 재

하늘이 무엇을 말하더냐?

20

孺悲[52]가 欲見孔子어늘,
유 비   욕 현 공 자

유비가 공자를 만나 보고자 했는데,

孔子辭以疾[53]하시고.
공자사이질

공자께서는 병을 핑계로 거절하시었다.

將命者[54]가 出戶커늘,
장명자 출호

말을 전하는 자가 문을 나가자,

取瑟而歌하사,
취슬이가

공자께서 슬(瑟)을 타면서 노래하여,

使之聞之[55]하시다.
사지문지

일부러 유비가 듣도록 했다.

21

宰我가 問,
재아 문

재아가 물었다.

---

52 유비(孺悲) : 노나라 사람이다. 〈예기〉「잡기(雜記)」에서 다음과 같이 말했다 : "휼유의 상에 애공이 유비를 시켜 공자에게 가서 사상례를 배우게 했는데, 〈사상례〉가 여기에서 비로소 기록되었다[恤由之喪, 哀公使孺悲之孔子學士喪禮, 〈士喪禮〉於是乎書]."

53 사이질(辭以疾) : 〈맹자〉「고자 하(告子下)」에서 "가르치는 데에도 많은 방식이 있으니, 내가 그를 가르칠 만한 가치가 없다고 생각하는 것 역시 가르치는 것이다[敎亦多術矣. 予不屑之敎誨也者, 是亦敎誨之而已矣]"라고 했다. 공자가 고의로 유비(孺悲)를 만나지 않았을 뿐 아니라, 그에게 그것을 알도록 한 것은 바로 이 때문이 아닐까?

54 장명자(將命者) : 말을 전하는 사람을 가리킨다. 여기에 대해 두 가지 주장이 있다. 하나는 유비가 보낸 사람을 가리킨다고 했고, 다른 하나는 공자 집에서 심부름하는 사람을 가리킨다고 했다.

55 사지문지(使之聞之) : '지(之)' 자가 두 번 나오는데, 가리키는 것이 다르다. 두 번째 '지' 자는 슬 소리와 노랫소리를 가리키고, 첫 번째 '지' 자는 말을 전하는 자가 유비의 사람이라면 '지' 자가 가리키는 것은 말을 전하는 사람이고, 만약 말을 전하는 자가 공자의 사람이라면 이 '지' 자는 유비를 가리킨다. 두 가지 해석 모두 가능하다.

三年之喪이,
삼 년 지 상

부모가 죽었을 때 3년상을 지내는 것이,

期已久矣로소이다.
기 이 구 의

기간이 너무 긴 것 같습니다.

君子가 三年不爲禮면,
군 자   삼 년 불 위 례

군자가 3년 동안 예의를 익히지 아니하면,

禮必壞하고,
예 필 괴

예의가 반드시 폐기될 것이고,

三年不爲樂이면,
삼 년 불 위 악

3년 동안 음악을 연주하지 아니하면,

樂必崩하리니.
악 필 붕

음악은 반드시 전해지지 않게 될 것입니다.

舊穀이 旣沒하고,
구 곡   기 몰

묵은 곡식이 다 없어지고,

新穀이 旣升하며,
신 곡   기 승

새로운 곡식이 이미 또 나오며,

鑽燧改火[56]하나니,
찬 수 개 화

불씨를 일으키는 나무도 또 바꾸어지니,

---

[56] 찬수개화(鑽燧改火): 고대에는 나무를 문질러 불씨를 얻는 방법을 썼다. 불씨를 일으키는 나무가 계절마다 달라 "봄에는 느릅나무와 버드나무의 불을 취하고, 여름에는 대추나무와 살구나무의 불을 취했으며, 늦여름에는 뽕나무와 산뽕나무의 불을 취하고, 가을에

期⁵⁷可已矣로소이다. 기 가 이 의	1년이면 될 것입니다.
子曰 자 왈	공자께서 말씀하셨다.
食夫稻⁵⁸하며, 식 부 도	〔부모가 죽은 지 3년이 안 되어〕 너는 저 쌀밥을 먹고,
衣夫錦이, 의 부 금	비단옷을 입는 것이
於女에 安乎아? 어 여 안 호	네 마음에 편안하냐?
曰 왈	재아가 말했다.
安하나이다. 안	편안합니다.
女가 安하면, 여 안	〔공자께서 서둘러 말씀하셨다.〕 네가 편안하면

는 떡갈나무와 졸참나무의 불을 취하고, 겨울에는 홰나무와 박달나무의 불을 취한다[春取楡柳之火, 夏取棗杏之火, 季夏取桑柘之火, 秋取柞楢之火, 冬取槐檀之火]." (마융(馬融)이 〈주서(周書)〉「월령(月令)」의 문장을 인용했다)고 했으며, 1년이면 한 바퀴 돈다.

57 기(期) : '기(朞)' 자와 같으며, 발음은 jī이고, 1년이다.
58 도(稻) : 고대 중국 북방에서는 기장[稷]이 매우 중요한 식량이었으며, 논벼[水稻]와 조[梁]가 매우 귀했고, 벼의 경작 면적도 작았다. 그래서 여기서 특별히 '벼[稻]'와 '비단[錦]'으로 문장을 대조시켜 놓았다.

則爲之하라!
즉 위 지

그렇게 하도록 하라!

夫君子之居喪에,
부 군 자 지 거 상

군자가 상중에 있을 때에는

食旨不甘하며,
식 지 불 감

맛있는 것을 먹어도 단 줄을 모르며,

聞樂不樂하며,
문 악 불 락

음악을 들어도 즐겁지 아니하며,

居處不安[59]이라,
거 처 불 안

집안에 있어도 편안하다고 생각하지 않아서

故로 不爲也하나니.
고   불 위 야

그렇게 하지 않는 것이다.

今女가 安하면,
금 여   안

지금 네가 마음이 편하다고 느끼면,

則爲之하라!
즉 위 지

그렇게 하도록 해라.

宰我가 出이어늘,
재 아   출

재아가 물러 나가자,

子曰
자 왈

공자께서 말씀하셨다.

---

[59] 거처불안(居處不安) : 옛날의 상주는 "오두막집에 기거하며, 거적 위에서 자고 흙덩이를 베개 삼는[居倚廬, 寢苦枕塊]"생활을 했다고 한다. 이것은 곧 임시로 풀과 나무로 만든 오두막집에 살면서, 잠은 풀을 엮어 만든 거적 위에 자고, 흙덩이로 베개를 삼았다는 것이다. 여기서의 '거처(居處)'는 평상시 거주하는 생활을 말한다.

予之不仁也여!
자 여지불인야

재여는 참으로 어질지 못하구나!

子生三年,
자생삼년

자식은 낳은 지 3년이 되어야

然後에 免於父母之懷하나니.
연후   면어부모지회

부모의 품을 완전히 벗어날 수 있다.

夫三年之喪은,
부 삼년지상

부모를 위해서 3년의 상은

天下之通喪也니,
천하지통상야

천하의 사람들이 다 그렇게 하는 것이다.

予也有三年之愛於其父母乎아!
여야유삼년지애어기부모호

재여는 설마 그의 부모로부터 3년 동안 사랑을 받지 않았단 말이냐?

22

子曰
자왈

공자께서 말씀하셨다.

飽食終日하여,
포식종일

하루 종일 배불리 먹고,

無所用心이면,
무소용심

아무 일도 하지 않으면,

難矣哉인저!
난의재

안 될 것이지!

不有博[60]奕者乎아?
불유박   혁자호

주사위 던지고 바둑 두는 놀이가 있지 않은가?

爲之,
위 지

猶賢乎已⁶¹니라.
유 현 호 이

그것이라도 하는 것이

아무것도 하지 않는 것보다는 나을 것이다.

23

子路가 曰
자 로   왈

자로가 말했다.

君子가 尙勇乎잇가?
군 자   상 용 호

군자가 용감함을 귀하게 여깁니까?

子曰
자 왈

공자께서 말씀하셨다.

君子가 義以爲上⁶²이니,
군 자   의 이 위 상

군자는 의로움을 가장 귀하게 여긴다.

---

60 박(博) : 고대 바둑 놀이의 일종으로, 선진 양한 시기에 널리 유행했으며, 지금은 전해지지 않는다. 초순(焦循)의 〈맹자정의(孟子正義)〉에서 "대개 혁(奕)은 단지 바둑을 두는 것이지만, 박(博)은 주사위를 던진 후에 바둑을 두는 것이다[蓋奕但行棊, 博以擲采(骰子)而後行棊]"라고 했으며, 또 "후대 사람들이 바둑은 두지 않고 오직 주사위만 던져서, 마침내 주사위 던지는 것을 박[賭博]이라 부르게 되었으며, 박과 혁은 더욱 멀어지게 되었다[後人不行棊而專擲采, 遂稱擲采爲博(賭博), 博與奕益遠矣]"라고 말했다.
61 유현호이(猶賢乎已) : 문장의 구성 방식과 뜻이 〈묵자〉「법의(法儀)」의 '유유이(猶逾已)'(逾는 愈와 같음)와 〈맹자〉「진심 상(盡心上)」의 '유유어이(猶愈於已)'와 완전히 같다. '이(已)'는 '움직이지 않는다'는 뜻이다.
62 상(尙), 상(上) : "용감한 것을 귀하게 여긴대[尙勇]"의 '상(尙)' 자와 '상(上)' 자는 서로 같으며, 동사로 쓰였을 뿐이다.

君子가 有勇而無義면 爲亂하고,　　군자가 단지 용감함만
　　　　　　　　　　　　　　　　있고 의로움이 없다면 소란을
　　　　　　　　　　　　　　　　피우고 반란을 꾀할 것이고,

小人이 有勇而無義면 爲盜니라.　　소인이 단지 용감함만
　　　　　　　　　　　　　　　　있고 의로움이 없다면 도둑질을
　　　　　　　　　　　　　　　　할 것이다.

24

子貢이 曰　　　　　　　　　자공이 말했다.

君子가 亦有惡乎잇가?　　　　군자도 미워하는 일이 있습니까?

子曰　　　　　　　　　　　공자께서 말씀하셨다.

有惡[63]하니,　　　　　　　미워하는 일이 있으니,

惡稱人之惡者하며,　　　　　다른 사람의 나쁜 점을 퍼뜨리는
　　　　　　　　　　　　　사람을 미워하며,

惡居下流[64]而訕[65]上者하며,　아랫자리에 있으면서 윗사람을
　　　　　　　　　　　　　　비방하는 것을 미워하며,

---

63 자왈유오(子曰有惡) : 어떤 판본에는 '오(惡)' 자가 없다.
64 하류(下流) : 혜동(惠棟)의 〈구경고의(九經古義)〉와 풍등부(馮登府)의 〈논어이문고증(論語異文考證)〉에 의하면, 만당(晩唐) 이전의 판본에는 이 '류(流)' 자가 없다는 것이

惡勇而無禮者하며,
_{오 용 이 무 례 자}

용감하지만 예의가 없는 사람을 미워하며,

惡果敢而窒⁶⁶者니라.
_{오 과 감 이 질 자}

자기의 주장을 관철하는 데에는 용감하나 완고하여 통하지 않고 끝까지 고집을 부리는 사람을 미워한다.

曰
_왈

공자께서 또 말씀하셨다.

賜也가 亦有惡乎⁶⁷아?
_{사 야 역 유 오 호}

사야, 너도 미워하는 일이 있느냐?

惡徼⁶⁸以爲知者하며,
_{오 요 이 위 지 자}

[자공이 곧 대답했다.]
저는 다른 사람의 공적을 빌려 자신의 총명함으로 삼는 사람을 미워하며,

증명되었다. 문장의 뜻을 보아도 이 '류(流)' 자가 반드시 있어야 되는 것은 아니다. 그러나 소식(蘇軾)이 「한 태위에게 올리는 글[上韓太尉書]」에서 이 문장을 인용할 때 이미 '류(流)' 자가 있었던 것으로 보아 북송(北宋) 때 이미 잘못 들어간 것으로 보인다.

65 산(訕) : 주희의 〈집주〉에서는 "비방하여 헐뜯는 것이다[毁謗也]"라고 했다.
66 질(窒) : 주희의 〈집주〉에서는 "통하지 않는 것이다[不通也]"라고 했다.
67 왈사역유오호(曰賜亦有惡乎) : 여기에 두 가지 주장이 있다. 하나는 공자의 물음이라고 하고, 다른 하나는, 이 말은 자공이 한 말이라고 했다.
68 요(徼) : 공안국은 주석에서 "베끼는 것으로, 다른 사람의 뜻을 자기가 갖고 있는 것으로 베끼는 것이다[抄也, 抄人之意以爲己有]"라고 했다. 또 주희의 〈집주〉에서는 "엿보아 살피다이다[伺察也]"라고 했다.

惡不孫以爲勇者하며,
오 불 손 이 위 용 자

겸허한 마음은 조금도 없이 스스로를 용감한 사람이라 여기는 사람을 미워하며,

惡訐以爲直者하노이다.
오 알 이 위 직 자

다른 사람의 비밀스런 부분을 들추어내어 스스로를 솔직하다고 여기는 사람을 미워합니다.

25

子曰
자 왈

공자께서 말씀하셨다.

唯女子與小人은 爲難養也니,
유 녀 자 여 소 인   위 난 양 야

오직 여자와 소인은 같이 지내기가 어려우니,

近之則不孫하고,
근 지 즉 불 손

가까이하면 무례하고,

遠之則怨이니라.
원 지 즉 원

소원하면 원망한다.

26

子曰
자 왈

공자께서 말씀하셨다.

年四十而見惡焉이면,
연 사 십 이 견 오 언

나이 마흔이 되어서도 여전히 미움을 받는다면,

其終也已⁶⁹니라.
기 종 야 이

그의 인생도 끝이다.

---

69 기종야이(其終也已) : '이(已)'는 동사로, '말지야이(末之也已)'와 '사해야이(斯害也已)'의 '이(已)'자와 서로 같으며, 문장의 구성 방식도 '사해야이(斯害也已)'와 일치한다. '기종야(其終也)'와 '사해야(斯害也)'는 주어이고, '이(已)'는 동사로 서술어이다. 만약 '기종야(其終也)' 다음에 한 번 쉬어서 읽으면, 문장의 뜻이 더욱 분명해진다.

18 미자
微子篇

「미자 편」은 내용 면에서 「태백 편」과 서로 호응작용을 하고 있으므로, 이 두 편은 연속적인 것이라고 할 수 있다. 「태백 편」이 전반부를 결론짓는 성격을 띠고 있다면, 「미자 편」은 후반부의 결론에 가깝다. 대부분 공자 당시의 학설이나 사상과 관련된 일을 기록하고 있기 때문에 본문에서 완전히 공자의 말만 사용한 곳은 많지 않다. 그리고 일부 공자의 사상과 관련이 있는 사람의 역사를 기록하고 있다. 특히 체재나 내용 면에서 다른 편과 상이한 점이 있다.

1

微子¹는 去之하고,
미자 거지

[주왕(紂王)의 정신이 혼란해져 극악무도해지자]
미자는 그를 떠났고,

箕子는 爲之奴²하고,
기자   위지노

기자는 그의 노예가 되었고,

比干은 諫而死³하니라.
비간   간이사

비간은 간하다가 죽었다.

孔子曰
공자왈

공자께서 말씀하셨다.

殷有三仁焉하니라.
은유삼인언

은나라 말년에 세 분의 어진 이가 있었다.

2

柳下惠가 爲士師하여,
유하혜   위사사

유하혜가 법관이 되어,

---

1 미자(微子) : 이름은 계(啓)이고, 주왕(紂王)의 서형(庶兄)이다. 그러나 그가 태어났을 때, 그의 모친은 아직 제을(帝乙)의 첩(妾)이었으며, 후에 정실[妻]이 된 후에 주(紂)를 낳았기 때문에, 제을이 죽자, 주는 임금 자리를 이어 받았지만, 미자(微子)는 그렇지 못했다. 이 일은 〈여씨춘추〉「중동기(仲冬紀)」에 보인다. 고서 중에서 〈맹자〉「고자(告子)」에서만 미자가 주왕의 숙부(叔父)였다고 한다.

2 기자위지노(箕子爲之奴) : 기자(箕子)는 주왕(紂王)의 숙부이다. 주왕이 무도하여, 그에게 충고했으나 듣지 않자, 머리를 풀어헤치고 미친 척하여 노예의 신분으로 떨어졌다.

3 비간간이사(比干諫而死) : 비간(比干)도 주왕(紂王)의 숙부로 극구 간했는데, 주왕이 "내가 듣기로는 성인(聖人)의 심장에는 일곱 개의 구멍이 있다고 하는데…"라며 그의 심장을 갈라 죽였다고 한다.

三黜⁴이어늘, 여러 차례 파직되자,

人이 曰 어떤 사람이 그에게 말했다.

子가 未可以去乎아? 그대는 노나라를 떠날 수 없는 겁니까?

曰 그가 말했다.

直道而事人이면, 정직하게 일을 하면,

焉往而不三黜이며? 어디 간들 여러 차례 파직되지 않겠는가?

枉道而事人이면, 정직하지 않게 일을 하면,

何必去父母之邦이리오? 어찌 반드시 조국을 떠나야겠는가?

3

齊景公이 待孔子曰 제나라 경공이 공자를 대우할 계획에 대해 말했다.

---

4 삼출(三黜) : 세 차례 혹은 여러 차례 쫓겨나는 것을 가리킨다.

若季氏라면,
약 계 씨

노나라 임금이 계씨를 대우하는
모양으로 공자를 대우한다면,

則吾不能이어니와,
즉 오 불 능

내가 하지 못하겠지만,

以季孟之間으로 待⁵之하리라 하고.
이 계 맹 지 간   대 지

계씨와 맹씨의 중간
정도로 그를 대우하려고 한다.

曰
왈

곧 다시 말했다.

吾老矣⁶라,
오 로 의

나는 늙었으니,

不能用也⁷라 한대.
불 능 용 야

아무런 역할을 할 수 없구나.

孔子가 行하시다.
공 자   행

〔이 말을 듣고〕 공자께서는
제나라를 떠나셨다.

---

5 대(待) : 대우하다라는 뜻이다. 이 단락의 말은 제나라 경공의 말로, 공자 앞에서 한 말은 아니다.
6 오로의(吾老矣) : 염약거(閻若璩)의 〈사서석지(四書釋地)〉에서는 공자가 제나라에 있었을 때가 경공 33년으로, 경공의 나이가 이미 60살이 되었으므로 늙었다고 말했다고 한다.
7 불능용야(不能用也) : 여기에 대해 두 가지 해석이 있다. 하나는 공자를 쓸 수 없다는 것이고, 다른 하나는 내가 늙어서 아무런 역할을 할 수 없다는 것이다. 여기서는 후자의 의미로 해석했다.

4

齊人이 **歸女樂**[8]이어늘,
제인   귀녀악

제나라 사람이 가희(歌姬)와 무녀(舞女)를 노나라에 보내니,

季桓子[9]受之하고,
계환자 수지

계환자가 이를 받고

三日不朝한대,
삼일부조

사흘 동안 정사를 묻지 않았더니,

孔子行하시다.
공자행

공자께서 곧 사직하고 떠나셨다.

5

楚狂接輿[10]가 歌而過孔子[11]曰
초광접여   가이과공자 왈

초나라의 광인 접여가 노래를 하면서 공자의 수레 앞을 지나가며 말했다.

---

8 제인귀녀악(齊人歸女樂) : '귀(歸)'는 '궤(饋)'와 같다. 노나라 정공 때(14년?) 공자가 대사구(大司寇)가 되어 정사를 맡아 보는 동안, 노나라가 매우 잘 다스려졌다. 제나라 사람들이 이 소식을 듣고 매우 두려워한 나머지 가희와 무녀를 보내어 그것을 막으려 했다. 이 일을 〈사기〉「공자세가」와 〈한비자〉「내저설(內儲說)」에서 참고할 수 있다.

9 계환자(季桓子) : 계평자(季平子)의 아들로, 이름이 계손사(季孫斯)이다. 노나라 정공(定公) 때부터 애공(哀公) 초년까지 상경(上卿)을 지냈으며, 애공 3년에 죽었다.

10 접여(接輿) : 조지승(曹之升)의 〈사서척여설(四書撫餘說)〉에서 다음과 같이 말했다 : "〈논어〉에 기록된 은자(隱者)는 모두 그 일로써 이름을 불렀다. 문을 지키는 이를 '신문(晨門)'으로, 지팡이를 짚고 있는 사람을 '장인(丈人)'으로, 나루터의 사람을 '저(沮)'·'닉(溺)'이라 했으며, 공자의 수레와 만났기 때문에 '접여(接輿)'라고 했을 뿐, 이름도 자(字)도 아니다[〈論語〉所記隱士皆以其事名之. 門者謂之 '晨門', 杖者謂之 '丈人', 津者謂之 '沮'·'溺', 接孔子之輿者謂之 '接輿', 非名亦非字也]."

11 이과공자(而過孔子) : 일설에는 공자의 집 문 앞을 지나갔다고 하고, 다른 설에는 공자의 수레 앞을 지나갔다고 한다. 여기서는 후자의 설에 따라 번역했다.

鳳兮¹²鳳兮여!
봉혜 봉혜

봉황이여, 봉황이여!

何德之衰오?
하 덕 지 쇠

왜 이렇게 불운한가?

往者는 不可諫이어니와,
왕 자 불 가 간

지나간 것은 돌이킬 수 없지만,

來者는 猶可追¹³니.
내 자 유 가 추

오는 것은 더 이상 집착할 것이 아니니.

已而어다,
이 이

그만두어라,

已而¹⁴어다!
이 이

그만두어라!

今之從政者가 殆而니라!
금 지 종 정 자 태 이

지금의 정치에 종사하는 자가 위험하구나!

孔子가 下하사,
공 자 하

공자께서 수레에서 내려서

欲與之言이러시니.
욕 여 지 언

그와 이야기하려 하셨으나,

---

12 봉혜(鳳兮) : 공자를 비유한 말이다.
13 유가추(猶可追) : '따라잡을 수 있다'· '늦지 않았다'라는 뜻으로, 번역문에서는 전체의 뜻을 살려 의역했다.
14 이이이이(已而已而) : 정현의 주석에서는 이 구절은 고문(古文)본의 독법(讀法)이며, 〈노논어(魯論語)〉에는 '기사이의(期斯已矣)'로 되어 있다고 했다. 그렇게 되면 벼슬에 나아갈 시기가 이미 지났다는 뜻이다.

趨而辟之하니,
추 이 피 지
그가 재빨리 피하므로,

不得與之言하시다.
부 득 여 지 언
공자께서 그와 이야기할 수가 없었다.

6

長沮·桀溺이 耦而耕¹⁵이어늘,
장 저   걸 익   우 이 경
장저와 걸익이 함께 밭을 가는데,

孔子過之하실새,
공 자 과 지
공자께서 그곳을 지나시다가,

使子路로 問津¹⁶焉하신대.
사 자 로   문 진 언
자로를 시켜 나루터를 물어 보도록 하였다.

---

15 장저·걸익우이경(長沮·桀溺耦而耕): '장저(長沮)'와 '걸익(桀溺)'은 진짜 이름이 아니다. 그 당시에 이미 이름을 물을 사이가 없었기 때문에, 후세에는 더욱 알 도리가 없었다. 우경(耦耕)은 고대 밭 가는 방법 중의 하나이다. 춘추 시대에 이미 소를 이용해 밭을 갈았으며, 염경(冉耕)의 자(字)가 백우(伯牛)이고, 사마경(司馬耕)의 자가 자우(子牛)인 것에서 알 수 있다. 〈국어〉「진어(晉語)」에 "지금 그들의 자손들은 오히려 제나라에서 농사를 짓고 있는데, 본래는 종묘에서 제사를 주관할 수 있으나 오히려 밭이랑 사이에서 일하고 있다[其子孫將耕於齊, 宗廟之犧爲畎畝之勤]"라고 한 것에서 더욱 확실한 증거로 삼을 수 있다. 우경(耦耕)의 방법에 관한 주장은 적지 않지만, 모두가 정확하다고 말하기는 어렵다. 뒷문장에서 또 '우이불철(耰而不輟)'이라고 했으니, 하흔(夏炘)의 〈학례관석(學禮管釋)〉「석이사위우(釋二耜爲耦)」에서 말한 것처럼, 이 우경(耦耕)은 반드시 쟁기를 잡고서 하는 것은 아닐 것이다. 아마 이 우경(耦耕)은 단지 두 사람이 농사일을 하는 것을 말할 뿐이다. 1959년 과학출판사가 출간한 〈농사연구집간(農史研究集刊)〉에 만국균(萬國鈞)이 「우경고(耦耕考)」라는 글을 써 이에 대한 해석을 했으며, 상해중화서국(上海中華書局)이 출간한 〈중화문사논총(中華文史論叢)〉 제3집에 하자전(何玆全)이 「담우경(談耦耕)」이라는 글을 통해 만국균의 설에 대해 보충을 하고 있으므로 참고할 수 있다.

16 진(津) : 나루터를 가리킨다.

長沮가 曰	장저가 자로에게 물었다.
장 저 왈	
夫執輿¹⁷者가 爲誰오?	저기 수레 고삐를 잡고 있는 사람은 누구요?
부 집 여 자 위 수	
子路가 曰	자로가 말했다.
자 로 왈	
爲孔丘시니라.	공구(孔丘)이시오.
위 공 구	
曰	그가 다시 말했다.
왈	
是가 魯孔丘與아?	저 사람이 노나라의 공구란 말인가?
시 노 공 구 여	
曰	자로가 말했다.
왈	
是也니라.	그렇소.
시 야	
曰	그가 말했다.
왈	
是가 知津矣¹⁸니라.	그가 벌써 나루터가 어디에 있는지 알 것이오.
시 지 진 의	

---

17 집여(執輿) : 말의 고삐를 잡는 것이다. 본래는 자로가 하던 것이지만, 자로가 수레에서 내렸기 때문에 공자가 대신 잡고 있었다.
18 시지진의(是知津矣) : '시(是)'는 공자를 가리키며, 경멸하는 뜻이 포함되어 있다. 그러나 그들은 자로에 대해서는 악의가 없었으니, 걸익이 자로에게 물을 때 '자위수(子爲誰)'라고 했다.

問於桀溺한대.
문 어 걸 익

걸익에게 가서 묻자,

桀溺이 曰
걸 익 왈

걸익이 말했다.

子는 爲誰오?
자   위 수

그대는 누구요?

曰
왈

자로가 말했다.

爲仲由로라.
위 중 유

나는 중유요.

曰
왈

걸익이 말했다.

是가 魯孔丘之徒與아?
시   노 공 구 지 도 여

그대가 노나라 공구의 제자요?

對曰
대 왈

자로가 말했다.

然하다.
연

그렇소.

曰
왈

그가 말했다.

滔滔者가 天下皆是也니,
도 도 자   천 하 개 시 야

홍수처럼 나쁜 것이 어디나 할 것 없이 다 이러하니,

而誰以[19]易之리오?
이 수 이 역 지

그대들은 누구와 더불어 그것을 개혁하겠는가?

且而[20]가 與其從辟[21]人之士也론,　　그대는 〔공자처럼〕 나쁜
차 이　　　여기종피　인지사야　　　사람을 피해 다니는 사람을 따르는
　　　　　　　　　　　　　　　　　것보다는

豈若從辟世之士哉리오 하고?　　어찌 〔우리처럼〕 온 세상 사람을
기 약 종 피 세 지 사 재　　　　　　피해 다니는 사람을 따르지 않소?

耰[22]而不輟[23]하더라.　　　　　〔말을 마치고〕 여전히 뿌린 씨앗을
우　이 불 철　　　　　　　　　　덮으면서 밭일을 멈추지 않았다.

子路가 行하여 以告한대.　　　　자로가 돌아와서 공자께 고하니,
자 로　 행　　　 이 고

夫子憮[24]然曰　　　　　　　　공자께서 매우 실망한 듯이
부 자 무　 연 왈　　　　　　　　말씀하셨다.

鳥獸는 不可與同羣이니,　　　　우리가 어차피 새나 짐승과는
조 수　 불 가 여 동 군　　　　　무리를 지어 같이 살 수 없을
　　　　　　　　　　　　　　　것이니,

---

19 이(以): '더불어[與]'의 뜻이다. 뒷문장 '불가여동군(不可與同羣)'과 '사인지도여이수여
　　(斯人之徒與而誰與)', '구불여역야(丘不與易也)' 등에서의 '여(與)' 자와 같은 뜻이다.
20 이(而): '이(爾)' 자와 같으며, 자로를 말한다.
21 피(辟): '피(避)' 자와 같다.
22 우(耰): 발음은 yōu이다. 파종(播種)한 후에, 다시 그 위에 흙을 덮고 평평하게 골라
　　씨앗이 땅 속에 묻히도록 하여 새가 먹지 못하도록 하는 것을 우(耰)라고 한다.
23 철(輟): 멈추다라는 뜻이다.
24 무(憮): 발음은 wǔ이고, 낙심하거나, 몹시 실망하여 멍청하게 있는 모양을 말한다.

吾非斯人之徒[25]與오 而誰與리오?　내가 사람들과 어울려
오 비 사 인 지 도　여　이 수 여　　　　살지 않는다면 누구와 함께
　　　　　　　　　　　　　　　　　　살아간단 말인가?

天下有道면,　　　　　　만약 천하가 태평하다면,
천 하 유 도

丘不與易也리라.　　　내가 너희들과 함께 그것들을
구 불 여 역 야　　　　　개혁하려고도 하지 않았을 것이다.

7

子路가 從而後러니,　　자로가 공자를 따르다가 멀리
자 로　　종 이 후　　　　뒤처졌는데,

遇丈人이,　　　　　　　길에서 만난 노인이
우 장 인

以杖荷蓧[26]하여.　　　지팡이에 풀 베는 공구를 달아매고
이 장 하 조　　　　　　　있었다.

子路가 問曰　　　　　　자로가 물었다.
자 로　　문 왈

子見夫子乎아?　　　　　노인께서는 우리 선생님을
자 견 부 자 호　　　　　　보셨습니까?

---

25 사인지도(斯人之徒) : 인류, 사람들을 가리킨다.
26 조(蓧) : 발음은 diào로, 고대에 밭의 김을 매는 데 사용하던 도구이다. 〈설문해자〉에서
　는 '유(莜)'자로 쓰고 있다.

丈人이 曰
장 인 왈

노인이 말했다.

四體를 不勤하며,
사 체 불 근

자네는 사지를 놀려 일을 하지도 아니하며,

五穀을 不分²⁷하나니,
오 곡 불 분

오곡을 분별하지 못하거늘,

孰爲夫子오 하고?
숙 위 부 자

누가 자네의 스승이 어떤 사람인지를 알겠는가?

植其杖而芸²⁸하더라.
치 기 장 이 운

〔말을 다하고는〕지팡이를 짚고 김을 매었다.

子路가 拱而立한대.
자 로 공 이 립

자로는 손을 공손히 모으고 서 있었다.

止子路宿하여,
지 자 로 숙

그는 자로를 그의 집으로 데리고 가서 묵어가도록 하고는,

---

27 사체불근, 오곡불분(四體不勤, 五穀不分) : 이 두 구절에 대해서는 송나라 여본중(呂本中)의 〈자미잡설(紫微雜說)〉에서부터 청나라 주빈(朱彬)의 〈경전고증(經傳考證)〉·송상봉(宋翔鳳)의 〈논어발미(論語發微)〉에 이르기까지 모두 장인(丈人)은 자신을 말한 것이라고 했다. 그 외 더 많은 사람들은 장인이 자로를 책망한 것이라고 주장한다. 번역문에서는 후자의 설을 따랐다.

28 운(芸) : 풀을 제거하다라는 뜻이다.

殺雞爲黍²⁹而食之하고,　　닭을 잡고 밥을 지어 먹이고
살 계 위 서　이 사 지

見其二子焉이어늘.　　그의 두 아들을 불러 인사하도록
현 기 이 자 언　　　　하였다.

明日에,　　다음날
명 일

子路가 行하여 以告한대.　　자로가 공자를 뒤쫓아 가서 그 일을
자 로　행　　　 이 고　　　말씀드렸더니,

子曰　　공자께서 말씀하셨다.
자 왈

隱者也로다 하시고.　　그분은 은사(隱士)이다.
은 자 야

使子路로 反見之³⁰하시니,　　자로로 하여금 돌아가서 다시 그를
사 자 로　 반 견 지　　　　　만나보게 하였는데,

---

29 위서(爲黍) : '서(黍)'는 오늘날의 기장으로, 기장쌀[黃米]이라고도 한다. '서(黍)'는 당시 주요 식량이었던 '직(稷)'보다 적었기 때문에, 일반인 가운데서도 비교적 귀한 주식(主食)으로 여겨졌다. 닭을 잡아 반찬을 하고, 서(黍)로 밥을 한다는 것은 당시로서는 매우 훌륭한 대접이었다.

30 사자로반견지(使子路反見之) : 주희의 〈집주〉에서 말했다. "공자가 자로에게 돌아가서 만나보게 한 것은 아마도 군신의 의로써 말하고자 한 것 같은데, 장인은 자로가 반드시 다시 돌아올 것이라고 생각하였다. 그러므로 먼저 떠나가서 종적을 없앤 것이니, 또한 접여의 뜻이다[孔子使子路反見之, 蓋欲告之以君臣之義, 而丈人意子路必將復來, 故先去之以滅其跡, 亦接輿之意也]."

至, 지	그곳에 도착해 보니
則行矣러라. 즉 행 의	그는 떠나고 없었다.
子路가 曰 자 로 왈	자로가 말했다.
不仕無義니라. 불 사 무 의	벼슬을 하지 않는 것은 잘못된 것이다.
長幼之節을, 장 유 지 절	장유(長幼) 간의 관계를
不可廢也온, 불 가 폐 야	없앨 수 없는 것이거늘,
君臣之義를, 군 신 지 의	군신간의 관계를
如之何其廢之리오? 여 지 하 기 폐 지	어찌 상관하지 않을 수 있으리오?
欲潔其身이나, 욕 결 기 신	그대는 원래 자기 몸을 더럽히지 않고자 생각했겠으나,
而亂大倫이로다. 이 란 대 륜	〔이렇게 은거하는 것이〕 군신 간의 필수적인 관계를 소홀히 했다는 것을 알지 못하는도다.
君子之仕也는, 군 자 지 사 야	군자가 벼슬을 하는 것은

行其義也니라.
_{행 기 의 야}

단지 마땅히 해야 할 책임을 다하는 것이다.

道之不行은,
_{도 지 불 행}

우리의 정치 주장이 실행될 수 없다는 것은

已知之矣시니라.
_{이 지 지 의}

진작 알고 있었다.

8

逸³¹民은,
_{일　민}

고금에 버림을 받은 인재는

伯夷 · 叔齊 · 虞仲 · 夷逸 · 朱張 · 柳下惠 · 少連³²이니라.
_{백 이　숙 제　우 중　이 일　주 장　유 하 혜　소 련}

백이 · 숙제 · 우중 · 이일 · 주장 · 유하혜 · 소련이니라.

---

31 일(逸) : '일(佚)' 자와 같으며, 〈논어〉에서 모두 두 차례 '일민(逸民)'이라는 단어가 사용되었는데, 같은 뜻으로 쓰였다. 〈맹자〉 「공손추 상(公孫丑上)」에서 "유하혜는……버림을 받는데도 원망하는 일이 없고, 가난에 고생해도 걱정하는 일이 없었다[柳下惠……遺佚而不怨, 阨窮而不閔]"라고 했다. 여기서의 '일(逸)'이 바로 〈맹자〉에서의 '버림을 받다[遺佚]'라는 뜻이다. 황식삼(黃式三)의 〈논어후안(論語後案)〉에 설명되어 있다.

32 우중 · 이일 · 주장 · 소련(虞仲 · 夷逸 · 朱張 · 少連) : 네 사람의 언행에 대해서는 이미 대부분 고증할 수 없다. 이전 사람들은 우중(虞仲)이 오태백(吳太伯)의 동생 중옹(仲雍)이라고 생각했으나, 정확하지는 않다. 이일(夷逸)은 〈시자(尸子)〉에 보이며, 어떤 사람이 그에게 벼슬을 하라고 권했으나, 그가 듣지 않았다고 한다. 소련(少連)은 〈예기〉 「잡기(雜記)」에 보이며, 공자는 그가 부모의 상을 잘 치렀다고 말했다. 하흔(何炘)의 〈경자당문집(景紫堂文集)〉 권 3 「일민우중이일주장개무고설(逸民虞仲夷逸朱張皆無考說)」에서 일부 억지 주장에 대해 논박하고 바로잡았다.

子曰
자 왈

공자께서 말씀하셨다.

不降其志하며,
불 강 기 지

자기의 의지를 흔들리지 아니하며,

不辱其身은,
불 욕 기 신

자기의 신분을 욕되게 하지 않은 이는

伯夷·叔齊與인저!
백 이 숙 제 여

백이와 숙제일 것이다!

謂하시대
위

또 말씀하셨다.

柳下惠·少連은,
유 하 혜 소 련

유하혜와 소련은

降志辱身矣나,
강 지 욕 신 의

자기의 의지를 낮추고 자기의 신분을 욕되게 했으나,

言中倫하며,
언 중 륜

그 말이 법도에 맞으며,

行中慮하니,
행 중 려

그 행실이 사려에 맞았으니,

其斯而已矣니라.
기 사 이 이 의

그 또한 이럴 뿐이었다.

謂하시대
위

또 말씀하셨다.

虞仲·夷逸은,
우 중 이 일

우중과 이일은

隱居放言³³하나,
은 거 방 언

세상을 피해 은둔하면서 거리낌 없이 직언을 하였으나,

身中淸하며,
신 중 청

행실은 청렴결백하며,

廢中權이니라.
폐 중 권

내쳐진 것 역시 그의 권모술수였다.

我則異於是하여,
아 즉 이 어 시

나는 그들과 달라서

無可無不可호라.
무 가 무 불 가

가한 것도 없고 가하지 않은 것도 없다.

9

大師摯³⁴는 適齊하고,
태 사 지   적 제

태사 지는 제나라로 도망쳤고,

亞飯干은 適楚하고,
아 반 간   적 초

이반(二飯) 악사(樂師) 간은 초나라로 도망쳤고,

三飯繚는 適蔡하고,
삼 반 요   적 채

삼반(三飯) 악사 요는 채나라로 도망쳤고,

---

33 방언(放言) : 어떤 사람은 '방(放)'은 버리다라는 뜻으로, 더 이상 세상일을 말하지 않다라는 뜻이라고 했다. '방언'은 곧 '폐언(廢言)'으로 세상 일을 말하지 않는 것이다. 또 어떤 사람은 '방'이 거리낌 없이 직언하는 것이라고 했다. 여기서는 후자의 뜻을 따라 번역했다.

34 태사 지(大師摯) : 「태백 편」에 "노나라 태사 지(太師摯)가 연주를 시작할 때[師摯之始]"라는 문장이 있지만, 바로 이 사람인지는 알 수 없다.

四飯缺은 適秦³⁵하고,　　　사반(四飯) 악사 결은 진나라로
사 반 결　 적 진　　　　　　도망쳤고,

鼓方叔은 入於河하고,　　　북을 치던 방숙은 황하 유역에서
고 방 숙　 입 어 하　　　　 살았으며,

播鼗武는 入於漢³⁶하고,　　소고(小鼓)를 흔들던 무는
파 도 무　 입 어 한　　　　 한수(漢水) 부근에 살았으며,

少師陽과 擊磬襄은 入於海하니라.　　소사(少師) 양과 경을
소 사 양　 격 경 양　 입 어 해　　　치던 양은 바닷가에 살았다.

10

周公이 謂魯公³⁷曰　　　주공이 노공에게 말했다.
주 공　 위 노 공　왈

君子는 不施³⁸其親하며,　군자는 그 친족에 대해 소홀히
군 자　 불 시　기 친　　하지 아니하며,

---

35 아반(亞飯) : 고대 천자나 제후들이 식사를 할 때에는 반드시 음악을 연주했기 때문에, 악관(樂官) 역시 '아반(亞飯)'·'삼반(三飯)'·'사반(四飯)'이라는 명칭이 있었다. 그러나 이들이 어느 시기 때 사람인지는 이미 알 도리가 없다.
36 한(漢) : 주희의 〈집주〉에서는 한중(漢中)을 가리키는 것이라고 생각했다.
37 주공·노공(周公·魯公) : 주공(周公)은 주공 단(周公旦)으로, 공자가 마음속으로 존경하던 성인이다. 노공(魯公)은 그의 아들인 백금(伯禽)이다.
38 시(施) : '이(弛)' 자와 같으며, 어떤 판본에서는 '이(弛)'로 쓰고 있다.

不使大臣으로 怨乎不以하며,
불사대신 원호불이

대신(大臣)으로 하여금 신용하지 않는 데 대한 원한을 품지 않게 하며,

故舊無大故면,
고구무대고

늙은 신하나 옛 친구는 큰 잘못이 없으면

則不棄也하며,
즉불기야

저버리지 아니하며,

無求備於一人이니라!
무구비어일인

한 사람에게 완전무결하기를 요구하지 말라!

11

周有八士하니,
주유팔사

주나라에 여덟 명의 교양 있는 사람이 있었으니,

伯達·伯适·仲突·仲忽·叔夜·叔夏·季隨·季騧[39]니라.
백달 백괄 중돌 중홀 숙야 숙하 계수 계와

백달·백괄·중돌·중홀·숙야·숙하·계수와 계와이다.

---

[39] 백달(伯達) 등 여덟 명: 이 여덟 명은 이미 고증해 볼 수 없다. 이전 사람들은 이 여덟 중에 두 사람씩을 하나의 예로 보았으니, 백(伯)·중(仲)·숙(叔)·계(季)에 따라 배열하였다. 또 각자 압운[달(達)과 괄(适), 돌(突)과 홀(忽), 야(夜)와 하(夏), 수(隨)와 와(騧)가 각각 같은 운자임]을 했다.

19 자장편(子張篇)

「자장 편」의 내용은 전반부 「자한 편」과 유사한 점이 있다. 「자한 편」이 당시 공자의 학문이나 언행·행동의 실제 이론을 기록했다면, 「자장 편」에서는 공자의 제자나 문인들이 공자로부터 교육을 받고 나서 그의 학문을 발휘한 일에 대해 이야기하고 있다. 특이한 것은 제자들의 말만 있고 공자의 말은 포함되어 있지 않다는 점이다.

1

子張이 曰
자 장   왈

자장이 말했다.

士가 見危致命¹하며,
사   견 위 치 명

선비가 위험을 보면 기꺼이 목숨을 내놓으며,

見得²思義하며,
견 득 사 의

이익을 보면 마땅히 얻어야 되는 것인가를 생각하며,

祭思敬하며,
제 사 경

제사 때에는 공손함을 생각하며,

喪思哀면,
상 사 애

상(喪) 중에 있을 때에는 비통함을 생각하면,

其可已矣니라.
기 가 이 의

그것으로도 된 것이다.

2

子張이 曰
자 장   왈

자장이 말했다.

執德不弘³하며,
집 덕 불 홍

도덕에 대해 행동이 강인하지 않으며,

---

1 치명(致命) : 주희의 〈집주〉에서 "치명은 목숨을 바침을 이르니, 수명(授命)이란 말과 같다[致明, 謂委致其命, 猶言授命也]"라고 했다.

2 견득(見得) : '견득(見得)'은 바로 '이익을 보다[見利]'라는 뜻이다.

信道不篤하면, 믿음이 충실하지 않으면,
언능위유
焉能爲有며? [이런 사람은] 있어도 그만이며,

焉能爲亡⁴리오? 없어도 그만이다.
언능위무

3

子夏之門人이 問交於子張한대. 자하의 제자가 자장에게
자하지문인   문교어자장   어떻게 친구를 사귀는지 묻자,

子張이 曰 자장이 말했다.
자장 왈

子夏가 云何오? 자하는 무엇이라고 말하던가?
자하 운하

對曰 대답하여 말했다.
대왈

子夏가 曰, 자하께서 말하기를,
자하 왈

可者를 與之하고, 사귈 만한 사람을 사귀고,
가자 여지

---

3 홍(弘) : 이 '홍(弘)'자는 지금의 '강(强)' 자이다. 장병린(章炳麟)의 〈광논어병지(廣論語駢枝)〉에 보인다.
4 언능위유, 언능위무(焉能爲有, 焉能爲亡) : 이 두 구절은 당시에 습관적으로 사용되었던 말일 것이다. 하안의 〈논어집해〉에서는 "[존재가] 중요하지 않다는 말이다[言無所輕重]" 라고 했기 때문에, 번역문에는 오늘날의 속어로 이 뜻을 표현했다.

其不可者를 拒之라 하더이다.
기 불 가 자　　　거 지

사귈 만하지 못한 사람을 거절하라고 했습니다.

子張이 曰
자 장　　왈

자장이 말했다.

異乎吾所聞이로다.
이 호 오 소 문

내가 들은 바는 이와 다르다.

君子는 尊賢而容衆하며,
군 자　　존 현 이 용 중

군자는 현인을 존경하면서도 보통 사람을 받아들이며,

嘉善而矜不能하나니.
가 선 이 긍 불 능

좋은 사람을 격려하면서도 무능한 사람을 불쌍히 여긴다.

我之大賢與인댄,
아 지 대 현 여

내가 정말로 좋은 사람이라면,

於人에 何所不容이며?
어 인　　하 소 불 용

어떤 사람이든지 내가 받아들이지 않을 수 있겠는가?

我之不賢與인댄,
아 지 불 현 여

내가 정말로 나쁜 사람이라면,

人將拒我니,
인 장 거 아

다른 사람들이 나를 거절할 것이니,

如之何其拒人也리오?
여 지 하 기 거 인 야

내가 어찌 다른 사람을 거절할 수 있겠는가?

4

子夏가 曰
자 하   왈

雖小道⁵나,
수 소 도

必有可觀者焉이어니와,
필 유 가 관 자 언

致遠恐泥⁶라.
치 원 공 니

是以로 君子가 不爲也니라.
시 이   군 자   불 위 야

자하가 말했다.

비록 작은 기예라 할지라도,

반드시 취할 만한 것이 있으나,

그것이 원대한 사업에 방해될까 두려워하노라.

그래서 군자가 그것을 하지 않는 것이다.

5

子夏가 曰
자 하   왈

日知其所亡하며,
일 지 기 소 무

자하가 말했다.

날마다 아직 몰랐던 것을 알며,

---

5 소도(小道) : 여기에 대해 여러 가지 해석이 있다. 첫째는 '소도'를 '이단(異端)'으로 해석했다. 둘째, 제자백가들의 공리(功利)로 해석했다. 셋째는 주희의 〈집주〉에서 언급한 것처럼 "소도는 농사와 원예, 의술과 복술 같은 것들이다[小道, 如農圃醫卜之屬]." 번역에서는 세 번째 해석을 따랐다.

6 니(泥) : 방해되다라는 뜻이다. 주희의 〈집주〉에서는 "통하지 못하는 것이다[不通]"라고 했다. 또한 양시(楊時)의 말을 인용하여 '치원공니(致遠恐泥)'를 해석했는데 "모두 밝은 바가 있으나 서로 통하지 못한다[皆有所明而不能相通]"라고 했다.

月無忘其所能이면,
월 무 망 기 소 능

달마다 이미 능한 것을 복습하면

可謂好學也已矣니라.
가 위 호 학 야 이 의

배움을 좋아한다고 할 만하다.

6

子夏가 曰
자 하 왈

자하가 말했다.

博學而篤志[7]하며,
박 학 이 독 지

넓게 배우고 자기의 뜻을 견실하게 지키며,

切問[8]而近思하면,
절 문 이 근 사

간절히 묻고 직면한 문제를 많이 생각하면,

仁在其中矣니라.
인 재 기 중 의

인덕이 그 가운데 있느니라.

7

子夏가 曰
자 하 왈

자하가 말했다.

---

7 지(志) : 공영달의 주석에서는 '지(志)'와 '식(識)'은 같다고 보았다. 그렇게 되면 "넓게 배우고, 자기의 뜻을 견실하게 지키는 것[博學篤志]"은 바로 "지식을 넓히고 기억력이 뛰어나다"라는 뜻이 된다. 비록 말은 통하지만 본문의 번역보다는 자연스럽지 않다.

8 절문(切問) : '절(切)' 자에 대해 깊다 · 가깝다 · 자기와 가깝다 · 간절하다라는 해석이 있다. 본문에서는 간절하다라는 뜻으로 번역했다

百工은 居肆⁹하여 以成其事하고,　　모든 장인들은 일터에
백 공　거 사　　이 성 기 사　　　　　있으면서 그들의 일을 이루고,

君子는 學¹⁰하여 以致其道니라. 군자는 배워서 그 도를 얻는다.
군 자　학　　이 치 기 도

8

子夏가 曰　　　　　　　자하가 말했다.
자 하　왈

小人之過也는 必文¹¹이니라.　소인은 잘못에 대해 반드시
소 인 지 과 야　　필 문　　　숨기려고 한다.

9

子夏가 曰　　　　　　　자하가 말했다.
자 하　왈

君子有三變하니,　　　　군자에게 세 가지 변화가 있으니,
군 자 유 삼 변

望之儼然하고,　　　　　멀리서 바라보면 장엄하며 두렵고,
망 지 엄 연

---

9 사(肆) : 기물(器物)을 만드는 곳으로, 오늘날의 공장과 같다.
10 학(學) : 배우다라는 뜻이다. 또 다른 해석으로 '학교'로 해석하기도 한다. 조우(趙佑)의 〈사서온고록(四書溫故錄)〉에서 "학은 바로 학교의 학으로, 거사와 상대가 되어 '거'가 생략되었을 뿐이다[學乃學校之學, 對居肆省一居耳]"라고 했다. 즉, 장인은 공장에서 일을 이루고, 군자는 학교에서 학문을 얻는다는 뜻이다.
11 문(文) : 주희의 〈집주〉에서는 "문은 이를 꾸미는 것이다[文, 飾之也]"라고 했다.

卽¹²之也溫하고,
_{즉 지 야 온}

그에게 가까이 다가서면 온화하며 정답고,

聽其言也厲니라.
_{청 기 언 야 려}

그의 말을 들어보면 준엄하고 소홀히 하지 않는다.

10

子夏가 曰
_{자 하 왈}

자하가 말했다.

君子는 信而後에 勞其民이니,
_{군 자 신 이 후 노 기 민}

군자는 반드시 믿음을 얻은 뒤에야 백성들을 동원하니,

未信이면,
_{미 신}

그렇지 않으면,

則以爲厲己也니라.
_{즉 이 위 려 기 야}

백성들은 당신이 그들을 괴롭힌다고 생각한다.

信而後에 諫이니,
_{신 이 후 간}

군자는 반드시 믿음을 얻은 뒤에야 진언(進言)하니,

未信이면,
_{미 신}

그렇지 않으면,

---

12 즉(卽) : 가까이 가다라는 뜻이다.

則以爲謗己也니라.
_{즉 이 위 방 기 야}

군주는 당신이 자기를 비방한다고 생각한다.

11

子夏가 曰
_{자 하 왈}

자하가 말했다.

大德13이 不踰14閑이나,
_{대 덕 불 유 한}

사람의 큰 지조는 한계를 넘어설 수 없지만,

小德은 出入이라도 可也니라.
_{소 덕 출 입 가 야}

일상생활에 있어 작은 지조는 다소 느슨해도 괜찮다.

12

子游가 曰
_{자 유 왈}

자유가 말했다.

子夏之門人小子가,
_{자 하 지 문 인 소 자}

자하의 제자들이

當洒掃15應對進退는,
_{당 쇄 소 응 대 진 퇴}

청소하며 손님을 접대하고 응대하고 나아가고 물러나는 일은

---

13 대덕(大德) : 여기에 대해 두 가지 해석이 있다. 하나는 일을 가리키는 것으로, 사람이 입신(立身)하는 데 중대한 절개와 같은 것이다. 다른 하나는 사람을 가리키는 말이다. 번역에서는 전자의 설을 따랐다.
14 유(踰) : 본분을 넘다·과분하다라는 뜻이다.
15 쇄소(洒掃) : '쇄(洒)'는 곧 '쇄(灑)'와 같으며, 땅과 벽에 물을 뿌려서 먼지가 나지 않도록 하고서 청소하는 것이다. '쇄소(洒掃)'는 물을 뿌리고 쓰는 것이다.

則可矣나,
즉 가 의

괜찮으나,

抑末也라.
억 말 야

이는 단지 사소한 일에 불과하다.

本之則無하니,
본 지 즉 무

그들의 학문적 기초를 살펴보면 없으니,

如之何오?
여 지 하

어찌하겠는가?

子夏가 聞之하고,
자 하 문 지

자하가 이 말을 듣고

曰
왈

말했다.

噫라!
희

아!

言游가 過矣로다!
언 유 과 의

언유가 잘못 말했구나!

君子之道가,
군 자 지 도

군자의 학문 중에

孰先傳焉이며?
숙 선 전 언

어떤 것을 먼저 전수할 것이며?

孰後倦焉이리오?
숙 후 권 언

어떤 것을 마지막에 이야기할 것인가?

譬諸草木컨대,
비 저 초 목

학문은 초목과 같아서

區¹⁶以別矣니.
구 이별 의

여러 가지 종류로 구별해야 한다.

君子之道가,
군 자 지 도

군자의 학문이

焉可誣¹⁷也리오?
언 가 무 야

어떻게 왜곡될 수 있겠는가?

有始有卒者는,
유 시 유 졸 자

〔일정한 순서에 따라 전수하고〕
시작과 끝이 있는 자는,

其惟聖人乎인저!
기 유 성 인 호

아마도 성인뿐일 것이다!

13

子夏가 曰
자 하 왈

자하가 말했다.

仕而優則學하고,
사 이 우 즉 학

벼슬을 하고 남은 힘이 있거든 배우고,

學而優則仕니라.
학 이 우 즉 사

배우고 남은 힘이 있거든 벼슬을 한다.

---

16 구(區) : 종류와 같다.
17 무(誣) : 기만하다·속이다라는 뜻이다. 주희의 주석에서 말했다 : "만약 그 얕고 깊음을 헤아리지 않고, 그 생소함과 익숙함을 묻지 않고서, 대략 높고도 먼 것으로 억지로 이를 말해 준다면 이것은 속이는 것일 뿐이다[若不量其淺深, 不問其生熟, 而槪以高且遠者强而語之, 則是誣之而已]."

14

子游가 曰
자 유   왈

자유가 말했다.

喪은 致乎哀而止니라.
상   치호애이지

상(喪)은 그의 슬픔을 충분히
드러내었으면 충분하다.

15

子游가 曰
자 유   왈

자유가 말했다.

吾友張也가 爲難能也[18]나,
오우장야   위난능야

나의 벗 자장은 다른 사람이 하기
어려운 일을 했으나,

然而未仁이니라.
연이미인

아직 인을 이루지는 못했다.

16

曾子가 曰
증자   왈

증자가 말했다.

堂堂[19]乎라 張也여,
당당 호   장야

오를 수 없을 정도로 높구나,
자장의 사람됨이여.

---

18 위난능야(爲難能也) : 여기에 대해 두 가지 해석이 있다. 첫째, '난능(難能)'은 자장의 태도가 다른 사람으로서는 따라갈 수 없다는 것을 말하는 것이다. 둘째, 다른 사람이 하기 어려운 일을 했다는 것이다. 번역에서는 후자를 따랐다.

19 당당(堂堂) : 이것은 두 글자를 중첩시켜 형용사가 된 것으로, 그 뜻이 무엇인지는 예로부터 해석이 분분하다. 〈순자〉「비십이자(非十二子)」에서 "그 모자는 구불구불하며 높

難與並爲仁矣로다.
난 여 병 위 인 의

그러나 다른 사람을 데리고 함께
인덕을 행하기는 어렵도다.

17

曾子가 曰
증 자 왈

증자가 말했다.

吾가 聞諸夫子하니,
오 문 저 부 자

내가 선생님께 들으니,

人未有自致者也나,
인 미 유 자 치 자 야

〔보통 때에는〕 사람들이 자신의
감정을 자발적으로 충분히 다
드러낼 수는 없지만,

必也親喪乎인저!
필 야 친 상 호

〔만약에 그런 일이 있다면〕 분명
부모가 돌아가셨을 때일 것이라!

18

曾子가 曰
증 자 왈

증자가 말했다.

고, 그 말은 허하고 답답하며, 마치 우임금이 걸어가고 순임금이 구부리고 나아가는 듯한데, 이것이 바로 자장씨 같은 천한 유학자들의 모습이다[弟佗其冠, 神襌其辭, 禹行而舜趨, 是子張氏之賤儒也]"라고 했다. 이것은 자장의 학파에 대한 구체적인 묘사이다. 이 때문에 여기서 '당당(堂堂)'을 "오를 수 없을 정도로 높다[高不可攀]"라고 번역했다. 〈논어〉와 후대 유가들의 여러 책들에 의하면 증자(曾子)의 학문은 "마음을 바르게 하고 뜻을 정성스럽게 하다[正心誠意]"에 중점을 두었지만, 자장은 언어와 용모에 중점을 두었다는 것을 증명할 수 있기 때문에, 자유(子游)도 자장이 "아직 인(仁)을 성취하지는 못했다[然而未仁]"라고 비판했다.

吾가 聞諸夫子하니,
오 문저부자

내가 선생님께 들으니,

孟莊子[20]之孝也는,
맹장자 지효야

맹장자의 효 중에서

其他는 可能也어니와,
기타 가능야

다른 것은 모두 쉽게 할 수 있으나,

其不改父之臣與父之政은,
기불개부지신여부지정

그 부친의 신하들을 계속 기용하고 부친의 정치체계를 유지하는 것은

是難能也니라.
시난능야

하기 어려운 것이라 하셨다.

19

孟氏가 使陽膚[21]爲士師[22]라,
맹씨 사양부 위사사

맹씨가 양부를 법관으로 등용하자,

問於曾子한대,
문어증자

〔양부가〕 증자에게 물어 가르침을 구하니,

曾子가 曰
증자 왈

증자가 말했다.

---

20 맹장자(孟莊子) : 노나라의 대부 맹헌자(孟獻子) 중손멸(仲孫蔑)의 아들로, 이름은 속(速)이다. 그 부친이 노나라 양공(襄公) 19년에 죽었고, 그는 23년에 죽었으니, 대략 4년 정도 차이가 있다. 이 장은 "그 자식이 부친의 합리적인 부분에 대해 오래도록 바꾸지 않는다면, 효를 다했다고 할 수 있다[三年無改於父之道可謂孝矣]"는 문장과 같이 연결시켜서 볼 수 있다.
21 양부(陽膚) : 옛날 주석에서는 그가 증자의 학생이라고 했다.
22 사사(士師) : 사법을 관리하던 관직 이름이다.

上失其其道하여,
상실기도

현재 윗사람이 규칙에 따라 일을 행하지 아니하여,

民散[23]이 久矣니라.
민산　　구의

백성들이 벌써 마음이 흩어진 지 오래되었다.

如得其情이면,
여득기정

그대가 만약 죄인 진상을 심판하여 처리할 수 있다면,

則哀矜而勿喜니라!
즉애긍이물희

마땅히 그를 동정하고 가련하게 여길 것이지 절대 스스로 자랑해서는 안 될 것이다!

20

子貢이 曰
자공　왈

자공이 말했다.

紂[24]之不善이,
주　지불선

상나라 주왕(紂王)의 나쁨이

---

23 산(散) : 황가대(黃家岱)의 〈흥예헌잡저(嬹藝軒雜著)〉「논어다제노방언술(論語多齊魯方言述)」에서 다음과 같이 말했다 : "산(散)을 죄를 짓다로 해석하면, 상하 문장의 뜻이 대체로 연결된다. 양웅(揚雄)의 〈방언(方言)〉에서 '건산(虔散)은 죽이다라는 뜻이다. 동쪽 제나라에서는 산(散)이라고 했으며, 청주(青州)·서주(徐州)·회북(淮北)·회남(淮南) 사이에서는 건(虔)이라고 했다'라고 하는데, 건산은 죽임이라는 뜻이다. '민산구의(民散久矣)'라고 말한 것은 제나라 말을 사용한 것이다[散訓犯法, 與上下文義方接. 楊氏〈方言〉: '虔散, 殺也. 東齊曰散, 青徐淮楚之間曰虔.' 虔散爲賊殺義. 曰民散久矣, 用齊語也]." 번역문에서는 이 설을 따르지 않았지만, 참고로 적어 두었다.

24 주(紂) : 상나라의 가장 마지막 임금이다. 주나라 무왕에게 정벌되어, 스스로 목숨을 끊었다.

不如是之甚也러니.
불여시지심야

오늘날 전해지는 것과 같이 그렇게 심했던 것은 아니다.

是以로 君子가 惡居下流[25]하나니,
시이 군자 오거하류

그러므로 군자는 하류에 처하는 것을 미워하나니,

天下之惡이 皆歸焉이니라.
천하지악 개귀언

〔일단 하류에 처하게 되면,〕 천하의 모든 나쁜 명성이 그에게 집중되기 때문이다.

21

子貢이 曰
자공 왈

자공이 말했다.

君子之過也는,
군자지과야

군자의 잘못은

如日月之食焉이라,
여일월지식언

일식이나 월식과 같아서,

過也에,
과야

잘못을 할 때면

人皆見之하고,
인개견지

모든 사람이 볼 수 있고,

---

[25] 하류(下流): 주희의 주석에서는 다음과 같이 말했다: "하류는 지형이 낮은 곳으로, 모든 물줄기가 돌아가는 곳이다. 사람의 몸에 더럽고 천한 실제가 있으며, 또한 나쁜 이름이 모이는 바를 비유했다[下流, 地形卑下之處, 衆流之所歸. 喻人身有汚賤之實, 亦惡名之所聚也.]."

更也에,
경 야

人皆仰之니라.
인 개 앙 지

잘못을 고쳤을 때에는

사람들이 모두 우러러보게 된다.

22

衛公孫朝[26]가 問於子貢曰
위 공 손 조   문 어 자 공 왈

仲尼는 焉學고?
중 니   언 학

子貢이 曰
자 공   왈

文武之道가,
문 무 지 도

未墜[27]於地하여,
미 추   어 지

위나라 공손조가 자공에게 물었다.

공중니(孔仲尼)의 학문은 어디서 배운 것인가?

자공이 말했다.

문왕과 무왕의 도가

결코 없어지지 않고,

---

26 위공손조(衛公孫朝) : 적호(翟灝)의 〈사서고이(四書考異)〉에서 "춘추시대에 노나라에는 성(成) 땅의 대부 공손조(公孫朝)가 있었는데, 소공(昭公) 26년 〈전〉에 보이며, 초나라에도 무성(武城)의 윤(尹 : 수령) 공손조가 있었는데, 애공(哀公) 17년 〈전〉에 보이고, 정자산(鄭子産)에게 공손조라는 동생이 있었으니, 〈열자〉에 보인다. 기록하는 사람이 그런 연유로 '위(衛)' 자를 따로 두고 있다[春秋時魯有成大夫公孫朝, 見昭二十六年 〈傳〉, 楚有武城尹公孫朝, 見哀十七年 〈傳〉, 鄭子産有弟曰公孫朝, 見 〈列子〉. 記者故系 '衛以別之']"고 했다.
27 추(墜) : '잃어버리다'로 해석된다. '추어지(墜於地)'는 전해내려 오던 사실이 알 수 없게 되는 것을 말한다.

在人28이라.
세상에 흩어져 있습니다.

賢者는 識其大者하고,
현명한 사람은 그 큰 것을 잡고,

不賢者는 識其小者하니라.
현명하지 못한 사람은 단지 사소한 것만을 잡습니다.

莫不有文武之道焉하니,
문왕과 무왕의 도가 없는 곳이 없으니,

夫子焉不學이시며?
저희 선생님께서 어디선들 배우지 않으셨겠으며,

而亦何常師之有리오?
또 어찌 일정한 스승이 있어 따로 전수해 주었겠습니까?

23

叔孫武叔29이 語大夫於朝曰
숙손무숙이 조정에서 관원들에게 말했다.

---

28 재인(在人) : 주희의 〈집주〉에서 "재인(在人)은 사람들 중에 이것을 기억할 수 있는 자가 있음을 말한다[在人, 言人有能記之者]"라고 했다.
29 숙손무숙(叔孫武叔) : 노나라의 대부로, 이름은 주구(州仇)이며, 무(武)는 그의 시호이다.

子貢이 賢於仲尼하니라.
자공 현어중니

자공이 그의 선생인 중니보다 더 현명하다.

子服景伯이 以告子貢한대,
자복경백 이고자공

자복경백이 곧 이 말을 자공에게 알려주자,

子貢이 曰
자공 왈

자공이 말했다.

譬之宮牆³⁰컨대,
비지궁장

집의 담으로 비유하자면,

賜之牆也는 及肩이라,
사지장야 급견

내 집의 담은 겨우 어깨 높이쯤 되는지라,

窺見室家之好어니와,
규견실가지호

누구든지 집안의 좋은 것들을 살펴볼 수 있지만,

夫子³¹之牆은 數仞³²이라,
부자 지장 수인

선생님의 담은 여러 길이 되어

不得其門而入이면,
부득기문이입

대문을 찾아 들어가지 않으면,

---

30 궁장(宮牆) : '궁(宮)'은 둘러싸고 있는 담이 있다는 뜻으로, 예를 들면 〈예기〉「상대기(喪大記)」의 "임금은 오두막을 지어서 그것을 궁으로 삼는다[君爲廬宮之]"이다. '궁장(宮牆)'은 한 단어로 연결지어서, 오늘날의 '둘러싼 담'과 같다.
31 부자(夫子) : 본 장에서는 '부자'가 두 번 나왔는데, 첫 번째는 공자를 가리키고, 두 번째는 숙손무숙을 가리킨다.
32 인(仞) : 일곱 자[七尺]를 인(仞)이라고 한다(정요전(程瑤田)의 「통예록석인(通藝錄釋仞)」의 설을 따랐다).

不見宗廟之美와, 그 종묘의 웅위(雄偉)함과
불견종묘지미

百官³³之富니. 가옥의 다양함을 볼 수 없습니다.
백 관   지 부

得其門者가 或寡矣니, 그 문을 찾을 수 있는 사람이 아마
득 기 문 자   혹 과 의 많지 않을 것이니,

夫子之云이, 〔그렇다면〕 무숙의 이 말이
부 자 지 운

不亦宜乎³⁴아! 당연하지 않겠습니까?
불 역 의 호

24

叔孫武叔이 毁仲尼어늘. 숙손무숙이 중니를 비방하자,
숙 손 무 숙   훼 중 니

子貢이 曰 자공이 말했다.
자 공   왈

無以³⁵爲也하라! 그렇게 하지 마십시오!
무 이   위 야

---

33 관(官) : '관(官)'자의 본래 뜻은 가옥[房舍]으로, 후에 관직이라는 뜻으로 파생되었다. 유월의 〈군경평의〉 권 3과 양수달의 〈적미거소학금석논총(積微居小學金石論叢)〉 권 1에 보인다. 여기에서도 역시 가옥을 가리키는 말이다.

34 불역의호(不亦宜乎) : 숙손이 평범하고 어리석어 성인의 문에 들어올 수 없기 때문에 자공이 그의 선생인 공자보다 더 현명하다는 말을 한 것이다. 어리석은 사람이 어리석은 말을 한 것은 당연하기 때문에 "당연하지 않겠습니까[不亦宜乎]"라고 말했다.

35 이(以) : '이렇게[此也]'라는 뜻으로, 여기서는 부사로 사용되었다.

仲尼는 不可毁也니라.
중니　불가훼야

　　　　　　　　　　중니는 비방할 수 없습니다.

他人之賢者는,
타인지현자

　　　　　　　　　　다른 사람의 현명함은

丘陵³⁶也라,
구릉　야

　　　　　　　　　　언덕과 같아서

猶可踰也어니와,
유가유야

　　　　　　　　　　넘을 수 있지만,

仲尼는,
중니

　　　　　　　　　　중니는

日月³⁷也라,
일월　야

　　　　　　　　　　해와 달 같아서

無得而踰焉이니라.
무득이유언

　　　　　　　　　　아무도 넘을 수 없습니다.

人雖欲自絶이나,
인수욕자절

　　　　　　　　　　사람들이 설사 스스로 해나 달과의
　　　　　　　　　　관계를 끊으려 하지만,

其何傷於日月乎리오?
기하상어일월호

　　　　　　　　　　그것이 해와 달에게 무슨 손상을
　　　　　　　　　　입히겠습니까?

---

36 구릉(丘陵) : 땅이 높은 것을 구(邱)라고 한다. '구(丘)'는 '구(邱)'와 같다. 큰 산을 '릉(陵)'이라고 한다. 구릉은 흙을 쌓아서 이루어진 것으로, 높이가 비록 다르지만 평지에서 떨어진 것이 아니기 때문에 도달할 수 있는 것이다.
37 일월(日月) : 지극히 높은 것을 비유했다. 황간의 〈의소〉에는 '여일월(如日月)'로 되어 있다.

多^{38}見其不知量也^{39}로다.
다 견기부지량야

단지 자기 스스로의 분수를 헤아리지 못하는 것을 드러낼 뿐입니다.

25

陳子禽이 謂子貢曰
진자금   위자공왈

진자금이 자공에게 말했다.

子가 爲恭也언정,
자   위공야

그대가 중니에 대해 공손하고 겸손해서 그렇지,

仲尼가 豈賢於子乎리오?
중니   기현어자호

중니가 설마 그대보다 낫겠는가?

子貢이 曰
자공   왈

자공이 말했다.

君子가 一言에 以爲知하며,
군자   일언   이위지

고귀한 인물은 한마디 말로 그의 지혜로움을 나타내기도 하고,

一言에 以爲不知니,
일언   이위부지

한마디 말로 그의 무지를 표현하기도 하니,

---

38 다(多): 부사로, 단지[祇也]·다만[適也]의 뜻이다.
39 부지량야(不知量也): 황간의 〈의소〉에서는 이 구절을 "성인의 도량을 모른다[不知聖人之度量]"라고 해석했으나, 번역문에서는 주희의 〈집주〉를 따랐다. '야(也)'는 '이(耳)'와 용법이 같다.

言不可不愼也니라.
언불가불신야

말을 신중히 하지 않을 수 없는 것입니다.

夫子之不可及也는,
부자지불가급야

선생님을 따라잡을 수 없는 것은

猶天之不可階而升也니라.
유천지불가계이승야

마치 하늘을 사다리로 올라가지 못하는 것과 같습니다.

夫子之得邦家者인댄,
부자지득방가자

선생님께서 나라를 얻어 제후가 되거나 채읍(采邑)을 얻어 경대부가 된다면,

所謂立之斯立하며,
소위립지사립

그것은 바로 우리가 말하는 백성들을 사회에서 설 수 있도록 해주면 백성들은 스스로 사회에 서며,

道⁴⁰之斯行하며,
도 지사행

백성들을 이끌어 주면 백성들은 스스로 나아가며,

綏⁴¹之斯來하며,
수 지사래

백성들을 위로해 주면 백성들은 스스로 먼 곳에서 의지해 오며,

---

40 도(道) : '도(道)'는 거성으로, 황간의 〈의소〉에는 '도(導)'로 되어 있으며, 이끌다라는 뜻이다.
41 수(綏) : 위로하다라는 뜻이다.

動⁴²之斯和니라.
동 지사화

백성들을 동원한다면 서로 마음을 합쳐 협력하게 되는 것입니다.

其生也榮하고,
기 생 야 영

선생님께서는 살아 계실 때에는 영광스러웠고,

其死也哀니,
기 사 야 애

돌아가실 때에는 모두들 애석하게 여기니,

如之何其可及也리오?
여 지 하 기 가 급 야

어찌 따라잡을 수 있겠습니까?

---

42 동(動) : 주희의 주석에서는 "고무함을 이른다[謂鼓舞之也]"라고 했다.

20 요임금이 말했다
堯日篇

〈논어〉의 내용을 살펴보면, 일부 공자의 제자들이 공자의 언행을 기록한 것이 있고, 뒤의 몇 편은 공자의 문하생들, 즉 재전재자의 기록이다. 또 공자의 말이나 자공이나 자하와 같은 제자들의 말도 있다. 「요왈 편」은 단지 가장 마지막에 공자의 말이 조금 있을 뿐, 그 나머지는 대부분 요·순·우 삼대의 선위(禪位)와 그 시대의 역사에 대해 말하고 있다.
상론의 가장 마지막 편인 「향당 편」도 내용이나 체재 면에서 매우 특이했지만 「요왈 편」은 더욱 심하다고 할 수 있다. 왜 「요왈 편」을 〈논어〉에 넣었는지에 대해서는 정확히 알 길이 없다.

1

堯曰,
_{요 왈}

〔순임금에게 자리를 물려줄 때〕
요임금이 말씀하셨다.

咨[1]!
_자

아!

爾舜아!
_{이 순}

그대 순아!

天之曆數[2]가 在爾躬하니,
_{천 지 력 수   재 이 궁}

하늘의 천명이 이미 그대의 몸에 떨어졌으니,

允[3]執其中하라.
_{윤 집 기 중}

성실히 그 올바름을 지켜나가라!

四海困窮하면,
_{사 해 곤 궁}

천하의 백성들이 모두 고통과 빈궁에 빠지게 되면,

天祿이 永終하리라.
_{천 록   영 종}

하늘이 그대에게 준 녹위(祿位)도 영원히 끊어지리라.

---

1 자(咨) : 감탄사로 아무런 뜻이 없다.
2 력수(曆數) : 요즘 말하는 팔자나 숙명에 해당하는 말이다. 주희의 〈집주〉에서는 다음과 같이 말했다: "역수는 제왕들이 서로 계승하는 차례로, 세시와 절기의 선후와 같다[曆數, 帝王相繼之次第, 猶歲時氣節之先後也]."
3 윤(允) : '성실히'·'진지하게'라는 뜻이다. 일설에는 "잘못됨이 없이 아주 마땅하게"라는 뜻이라고 한다.

舜亦以命禹⁴하시니라.
순 역 이 명 우

〔우임금에게 자리를 물려줄 때〕
순임금도 이 말을 하셨다.

曰
왈

〔탕임금이〕 말씀하셨다.

予小子履⁵는 敢用玄牡⁶하여,
여 소 자 리   감 용 현 모

나 소자 리(履)는 삼가 검은 수소를
희생으로 써서,

敢昭告于皇皇后帝하노니,
감 소 고 우 황 황 후 제

분명히 광명하고 위대한 천제께
아뢰오니,

有罪를 不敢赦⁷하니라.
유 죄   불 감 사

죄가 있는 사람을 〔제가〕 감히
용서하지 않을 것입니다.

帝臣不蔽⁸니,
제 신 불 폐

당신 신하〔의 죄악을〕를 저 역시
은폐하지 아니하니,

---

4 이 장의 문장은 앞뒤가 서로 연결이 안 되어, 송나라 소식(蘇軾) 이래로 많은 사람들이 그 중간에 문장이 빠진 것으로 의심했다. 여기서는 단지 몇 개의 단락으로 구분하여, 단락마다 역주를 달아, 보기에 편하도록 했다.

5 여소자리(予小子履) : '여소자(予小子)'와 '여일인(予一人)'은 모두 상고(上古) 때 제왕들이 스스로를 칭할 때 쓰는 말이다. 〈사기〉「은본기(殷本紀)」에 보면 탕(湯)의 이름이 천을(天乙)이라는 것을 알 수 있으며, 갑골 복사(卜辭)에서는 '태을(大乙)'로 썼다. 또 전하는 바에 의하면 탕의 이름을 '이(履)'라고도 했다.

6 현모(玄牡) : 검은 수소를 가리킨다.

7 유죄불감사(有罪不敢赦) : 일설에는 '유죄(有罪)'가 걸(桀)을 가리킨다고 주장한다.

8 제신불폐(帝臣不蔽) : 〈묵자〉「겸애 하(兼愛下)」에서는 이 구절을 '유선불감폐(有善不敢蔽)'로 쓰고 있으나, 정현의 주석에서는 이 구절에 대해 "하늘이 그 착하고 악함을 가려 살

| 簡在帝心이니이다.
_{간 재 제 심} | 당신의 마음속으로도 진작 아시고 계실 것입니다. |

| 朕⁹躬有罪는,
_{짐 궁 유 죄} | 저에게 만약 죄가 있다면, |

| 無以萬方이요,
_{무 이 만 방} | 천하 만방에 연루시키지 마시며, |

| 萬方有罪는,
_{만 방 유 죄} | 천하 만방에 만약 죄가 있다면, |

| 罪在朕躬하리이다.
_{죄 재 짐 궁} | 모두 저 혼자 감당하겠습니다. |

| 周有大賚¹⁰하시니,
_{주 유 대 뢰} | 주대에는 제후를 크게 봉하였으니, |

| 善人이 是富하니라.
_{선 인 시 부} | 착한 이들을 모두 부귀하도록 했다. |

| 雖有周親이나,
_{수 유 주 친} | 내 비록 가까운 친척이 있으나, |

끔을 말한다[言天簡閱其善惡也]"라고 했다. 번역문은 정현의 설을 따랐다. 〈묵자〉「겸애하」와 〈여씨춘추〉「순민(順民)」에서는 이 글은 성탕(成湯)이 하걸(夏桀)과의 전쟁에 이기고 난 후, 큰 가뭄을 만나자 하늘에 비를 내려 주도록 기원한 문장이라고 한다. 〈국어〉「주어 상(周語上)」에 〈탕서(湯誓)〉의 "천자인 나에게 죄가 있으며, 백성들에게 아무런 연관이 없다[余一人有罪, 無以萬夫]"를 인용했는데, 여기서의 "저에게 만약 죄가 있다면, 천하 만방에 연루시키지 마시며[朕躬有罪, 無以萬方]"와 뜻이 비슷하다.

9 짐(朕) : 탕임금이 스스로를 일컫는 말이다.
10 뢰(賚) : 주다라는 뜻이다.

不如仁人이오. 어진 사람이 있는 것만 못하다.
불여인인

百姓有過면, 백성에게 죄가 있다면,
백성유과

在予一人[11]이니라. 마땅히 내가 감당할 것이다.
재여일인

謹權量하며, 도량형을 검사하며,
근권량

審法度[12]하며, 도량형을 심사하여 결정하며,
심법도

修廢官[13]하니, 이미 없애 버렸던 기관(機關)과
수폐관 일을 회복하니,

---

11 수유주친(雖有周親)……일인(一人) : 유보남의 〈논어정의〉에서는 송상봉(宋翔鳳)의 설을 인용하여 '수유주친(雖有周親)' 네 구절은 주나라 무왕(武王)이 제후들을 봉할 때 하는 말로, 특히 강태공(姜太公)을 제나라에 봉할 때 했던 말 같다고 했다.

12 근권량, 심법도(謹權量, 審法度) : 권(權)은 무게를 따지는 것이고, 양(量)은 곧 용량이며, 도(度)는 길이를 말한다. '법도(法度)'는 법률제도의 뜻이 아니다. 〈사기〉「진시황본기(秦始皇本紀)」와 진나라의 저울대ㆍ저울추[秦權], 진나라의 말ㆍ섬[秦量]에 새겨진 글자 중에 '법도(法度)'라는 단어가 있으며, 모두 길이의 분(分)ㆍ촌(寸)ㆍ척(尺)ㆍ장(丈)을 가리키는 것으로 인용되고 있다. 그래서 '근권량, 심법도(謹權量, 審法度)' 두 구절은 단지 '도량형을 잘 맞추다[齊一度量衡]'라는 뜻이다. 이러한 견해는 청나라 염약거(閻若璩)의 〈사서석지우속(四書釋地又續)〉에서 이미 실마리를 찾을 수 있다.

13 폐관(廢官) : 조우(趙佑)의 〈사서온고록(四書溫故錄)〉에서 말했다 : "어떤 때에는 그 일[職務]은 있으나 관직이 없고, 때로는 관직은 있으나 그 일을 하지 않는 경우가 있으니, 이를 모두 폐(廢)라고 한다[或有職而無其官, 或有官而不舉其職, 皆曰廢]." 이 이하는 모두 공자의 말이다. 문장의 풍격으로 보아 요임금이 순임금에게 말한 것과 성탕(成湯)이 비 내리기를 기원한 것, 무왕(武王)이 제후를 봉할 때의 문고체(文誥體)와는 다르다. 역대 주석가들은 대부분 공자의 말이라고 생각했으며, 대체로 믿을 만하다. 그러나 유보

四方之政이 **行焉**하니라.
사 방 지 정   행 언

전국의 정령(政令)이 모두 잘
시행될 수 있었다.

남의 〈논어정의〉에서 〈한서〉「율력지(律曆志)」의 "공자가 후대 왕의 법을 말했다 '도량형을 검사하여 정하며, 이미 없애 버렸던 기관(機關)과 일을 회복하니, 전국의 정령(政令)이 모두 잘 시행될 수 있었다'[孔子陳後王之法曰, 謹權量, 審法度, 修廢官, 擧逸民, 四方之政行矣]"를 인용하면서 "〈율력지(律曆志)〉의 이 문장에 의하면, '근권량(謹權量)' 이하는 모두 공자의 말이기 때문에, 하휴(何休)의 〈공양전〉「소공 32년」주에서 이 구절의 문장을 인용했는데, '공자왈'이라는 말을 앞에 덧붙였다[據〈志〉此文, 是 '謹權量'云云以下, 皆孔子語. 故何休〈公羊〉昭三十二年注引此節文, 冠以 '孔子曰'.]"라고 했으나, 증거로 삼기에는 부족하다. 왜냐하면 한대 사람들은 〈논어〉를 인용할 때, 공자의 말인지 확실치 않은 것도 '공자왈(孔子曰)'이라고 했기 때문이다. 〈곤학기문(困學紀聞)〉에서는 〈한서〉「예문지(藝文志)」에서 '소도가관(小道可觀)'을 인용하고, 〈후한서〉「채옹전(蔡邕傳)」에서 '치원공니(致遠恐泥)'(위와 같음)라고 인용한 것은 모두 자하(子夏)의 말을 공자가 한 말이라고 예를 들고 있다. 사실은 여기에 그치는 것이 아니다. 예를 들면 후한(後漢) 장제(章帝) 때 장수교위(長水校尉) 번숙(樊鯈)이 상주(上奏)하는 말에 '박학이독지(博學而篤志)' 세 구절을 인용했으며, 역시 자하의 말을 가지고 공자의 말이라고 했다. 또 〈사기〉「전숙열전·찬(田叔列傳·贊)」에서 "공자가 한 나라에 거하면 반드시 그 나라의 정사를 듣는다고 말했다[孔子稱居是國必聞其政]"라고 했고, 또 자금(子禽)의 물음을 공자의 말이라 했다. 유향(劉向)의 〈설원(說苑)〉에서 "공자가 말하기를, 군자는 전심전력으로 근본에 힘쓴다[孔子曰, 君子務本]"와 또 "공자가 말하기를, 태도와 용모의 정중함이 예에 합당하면[孔子曰, 恭近於禮]"을 인용하면서, 유자(有子)의 말을 공자의 말이라고 했다. 심지어는 정현 주석의 〈곡례(曲禮)〉·〈옥조(玉藻)〉와 왕충(王充)이 지은 〈논형(論衡)〉에서 「향당 편」의 문장을 인용하는데, 모두 앞에 '공자왈(孔子曰)'을 덧붙였다. 이는 곧 〈논어〉가 당시에는 마치 '공자(孔子)'의 별칭이었던 것으로 보인다. 예를 들면 '맹자가 지은 책[孟子書]'을 〈맹자〉라고 불렀던 것과 같은 것이다. 적호(翟灝)의 〈사서고이(四書考異)〉는 〈시자(尸子)〉「광택(廣澤)」에 근거해서 "묵자는 겸애(兼愛)를 중시하고, 공자는 공사(公事)를 중시하며, 황자는 절충(折衷)을 중시한다[墨子貴兼, 孔子貴公, 皇子貴夷]"라고 하여, 옛날 유가들은 공자를 여러 제자(諸子)들 중에 하나로 보았고, 또 〈논형〉「솔성(率性)」에 의거하면 "공자는 도덕의 시조로, 제자(諸子)들 가운데 가장 뛰어나다[孔子道德之祖, 諸子中最卓者也]"라고 했는데, 이는 당시 공자가 제자(諸子)에 해당된다고 말하는 것으로, 그 말은 아무런 근거가 없다고는 할 수 없다(〈고경정사삼집(詁經精舍三集)〉에 오승지(吳承志)의 「한인인공문제자언개칭공자설(漢人引孔門諸子言皆稱孔子說)」에 설명되어 있음). 만약 이와 같다면 유향이 제시한 것은 증거로 삼기에는 부족하다.

興滅國하며,
홍 멸 국

멸망한 나라를 부흥시키며,

繼絶世하며,
계 절 세

이미 대가 끊어진 것은 계승시키며,

擧逸民하니,
거 일 민

묻혀 있는 인재들을 뽑아 등용시키니,

天下之民이 歸心焉하니라.
천 하 지 민   귀 심 언

천하의 백성들이 모두 충심으로 기뻐하며 심복했다.

所重은
소 중

소중히 여기는 것은

民‧食‧喪‧祭러시다.
민   식   상   제

백성과 양식‧상례‧제사였다.

寬則得衆하고,
관 즉 득 중

너그럽고 후하면 군중들의 지지를 얻고,

信則民任焉[14]하고,
신 즉 민 임 언

성실하면 백성에게 임명을 받고,

---

14 신즉민임언(信則民任焉) : 〈한석경(漢石經)〉에는 이 다섯 글자가 없다. 〈천문본교감기(天文本校勘記)〉에서 "황본‧당본‧진번본‧정평본 같은 판본에는 모두 이 문장이 없다[皇本‧唐本‧津藩本‧正平本均無此句]"라고 했으니, 이 구절은 「양화 편」의 '신즉인임언(信則人任焉)' 때문에 잘못 붙여진 것으로 볼 수 있다. 「양화 편」에서 쓴 '인(人)'은 지도자를 말하며, 여기서 잘못 쓴 '민(民)'은 백성을 가리킨다. 성실하면 백성들에게

敏則有功하고,　　　　　부지런하고 민첩하면 공적이 있고,
민 즉 유 공

公則說[15]이니라.　　　　공평하면 백성들을 기쁘게 한다.
공 즉 열

2

子張이 問於孔子[16]曰　　자장이 공자에게 물었다.
자 장　문 어 공 자　왈

如何라야 斯可以從政矣니잇고?　어떻게 해야 정사를 잘
여 하　　사 가 이 종 정 의　　　다스릴 수 있습니까?

子曰　　　　　　　　　공자께서 말씀하셨다.
자 왈

尊[17]五美하며,　　　　다섯 가지의 미덕을 존귀하게
존　오 미　　　　　　여기고,

屛[18]四惡이면,　　　　네 가지 악한 정치를 제거하면,
병　사 악

임명을 받을 수 있다는 사상은 결코 공자가 가질 수 있었던 것이 아니며, 특히 이 구절은 원문(原文)이 아닌 것으로 보인다.

15 공즉열(公則說) : 황간본에는 '공즉민열(公則民悅)'로 되어 있으며, 번역문에서도 이를 따랐다.

16 자장문어공자(子張問於孔子) : 황간본에는 '문(問)' 자 다음에 '정(政)' 자가 있다.

17 존(尊) : 두 가지 뜻이 있다. 하나는 '존(尊)'이 좇아서 시행하고 우러러 존경하다라는 뜻이 있고, 다른 하나는 숭상하다라는 뜻이 있다. 두 가지 뜻이 모두 통한다.

18 병(屛) : 발음은 bǐng이고, 배제하다·제거하다라는 뜻이다.

斯可以從政矣리라. 사 가 이 종 정 의	정사를 잘 다스릴 수 있을 것이다.
子張이 曰 자 장 왈	자장이 말했다.
何謂五美니잇고? 하 위 오 미	다섯 가지 미덕이란 무엇입니까?
子曰 자 왈	공자께서 말씀하셨다.
君子는 惠而不費하며, 군 자 혜 이 불 비	군자는 백성들에게 혜택을 주되 스스로는 낭비함이 없으며,
勞而不怨하며, 노 이 불 원	백성들에게 일을 시키되 원망을 듣지 않으며,
欲而不貪[19]하며, 욕 이 불 탐	스스로 어질고 의로워지려 하지만 탐한다고 할 수는 없으며,
泰而不驕하며, 태 이 불 교	태연하게 자중하지만 교만하지 않으며,

---

19 욕이불탐(欲而不貪) : 뒷문장에 '욕인이득인, 우언탐(欲仁而得仁, 又焉貪)?'이라고 하며, 이 '욕(欲)' 자는 "어질고 의로워지다[欲仁欲義]"라는 것을 가리키는 말이다. 이 때문에 황간의 〈의소〉에서 "어질고 의로워지려는 사람은 청렴해지고, 재물과 여색을 구하는 사람은 탐하게 된다[欲仁義者爲廉, 欲財色者爲貪]"라고 했으며, 번역문도 바로 이런 뜻이다.

威而不猛이니라. _{위 이 불 맹}	위엄이 있지만 사납지 않은 것이다.
子張이 曰 _{자 장 왈}	자장이 말했다.
何謂惠而不費니잇고? _{하 위 혜 이 불 비}	백성들에게 혜택을 베풀되 스스로는 낭비함이 없으려면 어떻게 해야 합니까?
子曰 _{자 왈}	공자께서 말씀하셨다.
因民之所利而利之니, _{인 민 지 소 리 이 리 지}	백성들의 이익이 될 만한 것으로 그들을 이롭게 해주니,
斯不亦惠而不費乎아? _{사 불 역 혜 이 불 비 호}	이것이 백성들에게 혜택을 주고 스스로 낭비하지 않는 것이 아니겠느냐?
擇可勞而勞之어니, _{택 가 로 이 로 지}	일할 수 있는 것을〔시간 · 상황 · 백성〕가려서 시키니
又誰怨이리오? _{우 수 원}	또 누가 원망을 하겠느냐?
欲仁而得仁이어니, _{욕 인 이 득 인}	스스로 인덕이 필요해서 인덕을 얻었으니,

| 又焉貪이리오? | 또 무엇을 탐하겠느냐? |

君子는 無衆寡하며, 군자는 사람이 많건 적건,

無小大히, 세력이 크건 작건,

無敢慢하나니, 그들을 소홀히 대하지 않으니,

斯不亦泰而不驕乎아? 이것이 태연하면서도 교만하지 않는 것이 아니겠느냐?

君子는 正其衣冠하며, 군자는 의관을 정제하며,

尊其瞻視하여, 한눈을 팔지 않고 한길만 가면,

儼然人望而畏之하나니, 장엄하여 사람들이 우러르고 두려워하니,

斯不亦威而不猛乎아? 이것이 위엄이 있으면서도 사납지 않은 것이 아니겠느냐?

子張이 曰 자장이 말했다.

何謂四惡이니이꼬? 네 가지 악한 정치는 또 무엇입니까?

子曰	공자께서 말씀하셨다.
자 왈	
不敎而殺을 謂之虐이요,	교육시키지 않고 죽이는 것을
불 교 이 살 위 지 학	잔혹함이라 하고,
不戒視成을 謂之暴이요,	훈계하고 꾸짖지도 않고 공적
불 계 시 성 위 지 폭	올리기를 요구하는 것을 포악함이라 하고,
慢令致期[20]를 謂之賊이요,	처음에는 태만하다가 갑자기 기한을
만 령 치 기 위 지 적	정해 독촉하는 것을 해치는 것이라 하고,
猶之[21]與人也로되,	사람에게 고르게 재물을 주어야
유 지 여 인 야	할 때
出納[22]之吝을 謂之有司[23]니라.	인색하게 구는 것을 옹졸하다고
출 납 지 린 위 지 유 사	한다.

---

20 치기(致期) : 주희의 〈집주〉에서 "기한을 각박하게 하는 것이다[刻期也]"라고 했다.
21 유지(猶之) : 왕인지의 〈경전석사〉에 "유지여인(猶之與人)은 고르게 사람들에게 주는 것이다[猶之與人, 均之與人也]"라고 했다.
22 출납(出納) : 출(出)과 납(納)은 서로 상반되는 뜻의 단어로, 여기서는 연용해서 사용되었지만, 오히려 '출(出)'의 뜻으로 사용되었지 '납(納)'의 뜻은 없다. 여기에 대한 것은 유월의 〈군경평의〉에 상세히 보인다.
23 유사(有司) : 옛날 일을 관리하던 사람을 가리키는 말로, 하는 일이 비천하고 보잘것없었다. 여기서는 의역해서 '옹졸하다'라고 했다.

3

孔子曰
공자 왈

공자께서 말씀하셨다.

不知命이면,
부 지 명

천명을 모르면

無以爲君子也요,
무 이 위 군 자 야

군자가 될 수 없고,

不知禮면,
부 지 례

예를 모르면

無以立也요,
무 이 립 야

사회에서 발붙일 수 없고,

不知言[24]이면,
부 지 언

다른 사람의 말을 분별해 듣지 못하면

無以知人也니라.
무 이 지 인 야

사람을 알 수 없다.

---

[24] 지언(知言) : 여기서 '지언(知言)'의 뜻은 《맹자》「공손추 상(公孫丑上)」의 "나는 남의 말을 이해할 수 있다[我知言]"의 '지언(知言)'과 같다. 다른 사람의 말을 잘 분석하여, 그 옳고 그름과 선악을 판단할 수 있다는 뜻이다.

찾아보기

ㄱ

간공 431
강자 429
거백옥 434, 462
거보 393
걸익 555, 557
결 566
경 566
경공 356, 357, 507, 551
계강자 67, 166, 292, 309, 361, 362
계력 220
계로 152, 306
계문자 147

계손 77, 432, 442, 443, 489, 491, 494
계수 567
계씨 76, 80, 167, 319, 374, 488, 489, 497, 552
계와 567
계자연 327, 328
계환자 553
고(觚) 179
고시 320
고요 369
고종 448
고죽국 199
공경(公卿) 259

공구 205, 556

공명가 422

공문자 140

공백료 442~444

공산불요 520

공산씨 521

공서적 134, 162, 333, 338, 339

공서화 161, 215, 324, 330, 336

공손조 585

공숙문자 422, 428

공야장 126

공자 24, 28, 30, 31, 34, 37, 41, 45, 48~50, 58~66, 70, 72, 76, 78~81, 83~93, 95~98, 100~102, 106~108, 110~122, 126~138, 140~142, 144~155, 158~179, 181~185, 188~205, 207, 209~217, 221, 228~231, 233~237, 239, 242~244, 246, 248~251, 254, 256~268, 270, 272, 275, 292~301, 304~315, 317~330, 332, 333, 335~338, 342~346, 349~352, 355~364, 366~368, 371, 374~377, 380, 382, 383, 385~390, 392~401, 403~408, 410~420, 422~427, 429~436, 438~445, 447~452, 456~460, 462~465, 467~479, 481~486, 488, 490, 491, 495, 497~505, 514~524, 526, 529~538, 540~546, 550, 552~555, 558, 559, 561, 564, 600~602, 604, 605

공중니(孔仲尼) 585

과소군(寡少君) 511

「관저」 94, 234

관중 96~98, 418, 425~427

광(匡) 246, 247, 326

구이(九夷) 257

군부인(君夫人) 511

궐당 452

규 425, 427

극자성 352

기(驥) 440

기나라 84

기수(沂水) 336

기자 550

ㄴ

남궁괄 413, 414
남용 126, 308
남자(南子) 183
노공 566
노나라 66, 91, 93, 94, 127, 179, 210, 211, 258, 274, 316, 353, 383, 390, 431, 489, 494, 497, 551
노팽 188
「뇌문(誄文)」 216

ㄷ

단목사 166, 167, 321
달(達) 243
담대멸명 172
대부 311, 432, 497
동몽산 489
등나라 420

ㄹ

뢰(牢) 249
리(履) 595

ㅁ

맹경자 224
맹공작 419, 420
맹무백 54, 132~134
맹손 53, 432
맹씨 552, 582
맹의자 52
맹장자 582
맹지반 172
면(冕) 484, 485
무 566
「무(武)」 102, 466
무마기 211, 212
무성 518
무성현 171
무숙 588
무왕 237, 238, 522, 585, 586
무우 366
무우대(舞雩臺) 336
무의(巫醫) 400
문(文) 429
문공 424
문수(汶水) 168
문왕 238, 247, 522, 585, 586

문자 428

미생고 151

미생무 439

미자 550

민자건 167, 168, 306, 308, 315, 316

ㅂ

방성(防城) 424

방숙 566

백괄 567

백달 567

백씨 418, 419

백어 508, 530

백우 168

백이 150, 198, 507, 563, 564

번지 53, 177, 366~368, 380, 395

변장자 420

복상 83, 318

복자천 127

봉황 251, 554

부인(夫人) 511

비(費) 167, 491, 520

비간 550

비심 416

비현(費縣) 329

ㅅ

사 92, 138, 318, 319, 458, 545

사마우 345~347

사반(四飯) 악사 결 566

사어 462

산앵도나무 269

삼 117

삼반(三飯) 악사 요 565

상(商) 318

상나라 89, 238, 474, 583

상대부 273

〈상서〉 69, 448

서(恕) 118, 473

〈서경〉 201

석문 444

선 428

설나라 420

섭공 201, 393, 394

세숙 416

「소(韶)」 101, 197, 466

소고(小鼓) 566

소공 210

「소남」 530

소동(小童) 511

소련 563, 564

소사(少師) 양 566

소홀 425

「송(頌)」 258

송나라 84

송조 174

수 191

수양산 507

숙량흘 90

숙손 77

숙손무숙 586, 588

숙야 567

숙제 150, 198, 507, 563, 564

숙하 567

순임금 185, 235, 237, 238, 369, 459, 594, 595

슬 317, 334, 538

〈시경〉 43, 44, 49, 77, 83, 201, 223, 267, 382

시편(詩篇) 228

신(信) 265

신정 137, 138

ㅇ

「아(雅)」 258

안로 310

안연 152, 153, 194, 252, 262, 306, 309, 311, 312, 326, 342, 343, 465

안평중 142

안회 58, 59, 135, 160, 165, 169, 170, 262, 307, 309, 313, 321

애공 66, 94, 160, 353, 354, 431, 432

양 566

양부 582

양화 514

언언(言偃) 519

언유 578

〈역경〉 201

염구 133, 167, 170, 319, 320, 325, 332, 338, 339, 420, 488, 490, 492, 493

염백우 306

염옹 129, 158, 164

염유 80, 161, 162, 197, 199, 306,
  315, 324, 327, 328, 330, 336,
  385, 386, 389, 488, 489, 491
영공 429, 456
영무자 148
영윤 자문 143
예(羿) 413
예모 244, 251, 283, 298, 334
예복 251, 295, 334
예악 333
오(奡) 413
오나라 211
오맹자 212
오희 212
「옹편」 77
왕손가 88, 430
요순 451
요임금 185, 236, 238, 565, 594
우임금 235, 239, 240, 414, 595
우중 563, 564
원사 163
원양 451
원헌 410
위나라 198, 199, 258, 376, 383,
  385, 429, 445, 456, 585
위씨 419
유 64, 378, 459
유비 537, 538
유약 353, 354
유자 26, 38, 40
유하혜 468, 550, 563, 564
육예(六禮) 191
은나라 71, 72, 84, 448, 466, 550
은대 95
은사(隱士) 561
읍(揖) 274, 279
의(儀) 100
이반(二飯) 악사 간 565
이윤 370
이일 563, 564
임방 78, 81

ㅈ

자고 329
자공 36, 37, 42, 43, 61, 91, 128,
  135, 138, 140, 184, 198, 199,
  247, 248, 256, 306, 315, 318,
  350~352, 370, 396~398, 403,

426, 437, 441, 458, 464, 473, 537, 544, 545, 583~585, 587, 588, 590
자금 36
자로 131, 132, 140, 153, 154, 183, 194, 201, 202, 215, 254, 267, 301, 314, 315, 317, 323, 329~331, 336, 358, 374, 376, 377, 406, 420, 425, 432, 442, 444, 445, 449, 450, 457, 459, 488, 521, 524, 526, 543, 555~557, 559~562
자복경백 442, 587
자산 141, 417
자상백자 158
자서 417
자우 417
자유 55, 123, 171, 172, 307, 518, 519, 577, 580
자장 65, 71, 143, 145, 147, 322, 349, 355, 359, 363, 364, 448, 460, 461, 485, 522, 570~572, 580, 600, 602, 603
자하 32, 57, 82, 83, 307, 348,

368, 369, 393, 571, 573~579
장공 145
장무중 420, 424
장문중 143, 468
장부(長府) 316
장저 555, 556
재계(齋戒) 197, 284
재아 94, 95, 180, 306, 538, 540, 541
재여 136, 137, 542
적(赤) 134
전손사 318, 320
전유 488, 489, 491, 494
접여 553
정공 93, 390, 391
정나라 416, 466, 536
제나라 145, 161, 173, 179, 197, 356, 424~426, 431, 507, 551~553, 565
조씨 419
조정 272, 295
종묘 272
좌구명 152
주(紂) 238

주공 89, 191, 230, 296, 319, 566
주나라 72, 89, 238, 466, 474, 522, 567
「주남」 530
주대 95, 596
〈주역〉 401
주왕(紂王) 550, 583
주임 490
주장 563
중궁 158, 159, 306, 343, 345, 374, 375
중니 587~590
중돌 567
중모 524
중손 77, 432
중숙어 430
중용 184
중유 131, 132, 166, 255, 267, 316~318, 321, 324, 326~328, 337, 358, 493, 526, 557
중홀 567
증삼 223, 320
증석 330, 335, 337
증자 28, 35, 117, 118, 222, 224~227, 370, 436, 580~582
증점 334, 336
지신 216
직 414
진강 508, 510
진(陳)나라 149, 305, 456
진(晉)나라 419, 424,
진(秦)나라 566
진문자 145
진사패 210, 211
진자금 590
진항 431

ㅊ

채 143
채나라 305, 565
천신 216
체(禘) 85
체제(禘祭) 86
초나라 143, 553, 565
총관(總管) 133
최자 145, 146
축타 173, 430
충(忠) 118, 265

칠조개 130

ㅌ
탕임금 370, 595
태묘 90
태백 220
태사(大師) 98
태사 지 233, 565
태산 80, 81
태재 247, 248

ㅍ
필힐 523, 524

ㅎ
하나라 71, 84, 89, 465, 474
하대 95
하대부 273
한수(漢水) 566
향음주례(鄕飮酒禮) 291
형(荊) 383
호련 128
호향 208
환공 425~427, 498
환퇴 204
황하 251, 566